德语法学思想译丛

德语法学思想译丛

Rechtsstaat als Mittelweg

法治国作为中道

汉斯·凯尔森法哲学与公法学论集

张　龑 / 编译

中国法制出版社
CHINA LEGAL PUBLISHING HOUSE

本书系教育部人文社科项目（项目编号：11YJC820172）的阶段成果
本书系中国人民大学法律与全球化研究中心国际法理学项目的阶段成果

序 言

受张龑先生之托，为他编译的《法治国作为中道——凯尔森法哲学与公法学论集》作序，不胜喜悦。2005 年我在德国基尔大学法学院与他相识，当时他还是阿列克西教授的博士生。或许是因为我们的办公室只有一墙之隔，他时常询问我有关凯尔森的法学问题。2010 年他毕业回国任教。承蒙邀请，我参加了由他筹备的纪念凯尔森诞辰 130 周年的学术研讨会，会议影响甚大，在欧洲亦受到关注。会后他提出编译一本研究凯尔森思想的文集，不久便发给我一个堪称精当的文章目录。论集收录了多篇我的文章，想到我对凯尔森的研究可以译成中文，与中国学者共同思考，我为此深感荣幸。

回顾凯尔森漫长的学术生涯，他的理论有着非常广泛的涉猎面。若是一定要对之加以概括，大致可以归纳出九个领域：第一，法哲学与法律理论；第二，规范理论，就某些目的而言，它与第一个领域有所不同，特别是在凯尔森的后期学说中；第三，公法理论（国家法学），尤其是宪法；第四，宪法起草技术，也即凯尔森参与 1920 年 10 月通过的宪法草案的编写工作；第五，长达 10 年担任宪法法院法官的职务，在由他于 1920 年宪法当中首创的宪法法院里听审案件；第六，国际公法，其范围包括从认识论上的法律一元主义到关于联合国宪章的重大作品；第七，针对法律相关议题的人种社会学的研究，包括重要作品《报应与因果》(The Hague, 1940)；第八，尽可能最广泛意义上的政治理论，范围从早期对奥地利选举法的评论到联邦主义，以及对自由民主的经典辩护；第九，对古希腊哲学，特别是柏拉图的研究。

除却这些领域，还令人最为关心的问题是：何者居于凯尔森法哲学的内核？是什么使得人们对于解释他的作品有着非凡的兴趣？此种兴趣一直持续着，在这位“20 世纪法学家”辞世 40 多年之后，人们对他的兴趣更是与日俱增，如 2009 年在牛津大学召开的凯尔森法学思想研讨会，以及 2011 年在中国人民大学召开的纪念凯尔森诞辰 130 周年大会。在我看来，答案就是规范性，它居于凯尔森法哲学思想的核心。

19 世纪末，在一篇标题为《规范与自然法则》的文章中，巴登新康德主义哲学家文德尔班提出了规范性概念。正如凯尔森所理解的，他约略勾勒出一个基本的区分，规范学科有别于自然科学。利用文氏的区分，凯尔森在其首部专著《国家法学的主要问题》(1911) 的开篇罗列了各种规范学科，不仅包括伦理学、美学、逻辑学以及哲学，还包括法律科学。凯尔森从一开始就批评，自然主义对当时法律科学那种非常现实的入侵是如此顽固，而文德尔班对规范与自然主义的区分则为这位青年法学家的思想磨坊提供了有益的谷物。法律科学是一门规范科学，也就是说，是一门非自然主义的科学，凯尔森为自己设定的任务就在于表明法学实际上正是如此。

可以确定的是，凯尔森用以替代自然主义的大部分建设性作品都来得有些迟，他以新康德主义教义作为其理论出发点。在其最早的作品，如《国家法学的主要问题》，以及 10 年之后的《社会学和法学的国家概念》(1922) 中，凯尔森的任务是援引论据说明，自然主义在法律科学中是一个错误。作为例证，可以回顾他对耶利内克法律理论的批评，这会令人获益良多。耶氏的两层国家理论除了包含用以表达法之事实维度的“社会的”或曰“历史社会的”的一面以外，还描绘了“规范的”或曰“非自然主义的”维度，也就是“法律—规范的”一面，它无法化约到任何事实层面。然而，凯尔森非常正确地指出，在耶利内克的观点下，法律规范不会是“‘实然’——规则之外的任何事物，而‘应然’则——在心理上——反映了个人主观意识中受规则支配的行为”。由于建立在“彻底地以心理学为法律规范之导向”的基础之上，耶利内克的法理论说白了不过是自然主义的一个种类。

应该说，凯尔森论及耶利内克思想中的心理学导向绝非偶然。其理论中的反自然主义是在同期哲学上发展出来的其他反自然主义规划的反映，包括在逻辑学和知识论中反对心理主义的运动，也就是说，反对将这些领域内的素材化约为心理学现象。在对19世纪晚期有心理学倾向——或者用贬义的表达“心理学化倾向”——的逻辑学家的众多批评者当中，值得一提的首先是有哲学倾向的数学家戈特洛布·弗雷格和从数学家转为哲学家的埃德蒙·胡塞尔。凯尔森深知胡塞尔在此处的意义。

事实上，弗雷格与胡塞尔不过是20世纪末反对自然主义的大量哲学家中最为知名的两位。自然主义向心理学的转向可以充当例证。实验心理学中的激进派——其中最杰出者有瓦尔德·屈尔佩和爱德华·布拉德福特·铁钦纳——与大师威廉·冯特一道，在19世纪末实现了突破，在纯粹经验的基础上重构心理学。在反自然主义的批评者中，当推新康德主义哲学家海因里希·李凯尔特和胡果·闵斯特伯格。虽然就心理学来说两人支持的都是激进派的自然主义立场，但他们所共同寻求的是维护社会科学或人文领域内的自治。作为冯特影响力的反映，这些学科在早期都被看作心理学的基础，正是因此，依据自然主义重构的心理学将之视为一种重大的威胁。

简言之，凯尔森同其他哲学中人一道从事着一项共同的事业：与自然主义展开战斗以维护相关学科——如逻辑学、此种或彼种社会科学、法律科学——的固有规律性。在后期的论点中，凯尔森精心制作了自然主义的替代物，其所凭借的正是新康德主义的作品。

就凯尔森法理论中新康德主义的维度而言，一些评论追溯到了康德和马尔堡新康德主义者赫尔曼·柯亨的作品，并且争辩说，凯尔森的学术轨迹是继受了康德哲学或新康德主义的“回溯式”超验论证，目的是证成自己所代表的法律科学的非自然主义或曰规范理论的立场。基础规范，或更精确地说，归责的范畴，充当着合理的超验论证中的预设范畴，条件是再没有什么可对这种预设范畴进行有效的替代。然而，无论凯尔森还是任何其他人都不能表明这一点，尽管凯尔森的作品有时候看起来好像他可以做到似的。

尽管说，将超验论证归功于凯尔森可以找到文本上的支持，但另外一条同样有着文本支持的进路似乎更具说服力。这一进路反映了巴登新康德主义哲学对凯尔森的影响。在此处特别令人感兴趣的是关于方法论形式的学说，它在法律科学中充当的是凯尔森的“规范性法律”（Rechtsgesetz）。

作为文德尔班的学生，李凯尔特在1915年文德尔班逝世之后，成为新康德主义巴登学派的领袖人物。在他最后一本专著《知识的对象》（第6版，1928）中，李凯尔特区分了客观现实的“构成性范畴”与“方法论的形式”，前者的例证是永久性的范畴，而后者则是各种不同的常设学科的重要组成部分。李凯尔特的基本理念是，在超验上构成的客观现实，必须与对客观现实给定的材料的加工严格区分开来。客观现实通过现实的范畴得以构建，与此同时，对客观现实中材料的加工则是方法论形式的工作，它存在于常设学科当中。李凯尔特提供了合规律性（Gesetzlichkeit）作为自然科学中方法论形式的例子。事实上，这个例子必须被用作自然科学中方法论形式的种类（genus），因为它可适用于所有的自然科学学科。而这一种类形式的各种类型对于各种不同的学科来说都是特有的。因此，就如李凯尔特所主张的，物理学有其自身的方法论形式，心理学同样如此。

法律科学也有自己独特的方法论形式，即归责，或者如凯尔森时有提及的"规范性法律"。如他所释，"就如自然法则关联的是作为原因的特定实质事实和作为结果的另一个实质事实，规范性的法则联结的则是法律条件和法律结果（所谓的非法行为的结果）。如果说联结实质事实的模式是因果性的，那么另外一种联结模式则是归责，在法的纯粹理论中，归责被视为法律独有的合法性，被视为法律的自治。"

总之，凯尔森所从事的事业既是反自然主义的斗争，同时还谨守法律的自治，以及由此类推，维护法律科学的纯粹性。纵观凯尔森的一生，法哲学与公法学是他全部的事业，而"规范性"则是这一事业的点睛之笔。

斯坦利·L. 鲍尔森

目　录

CHAPTER 1

凯尔森的生平与影响

汉斯·凯尔森自传*

〔德〕马提亚斯·耶施泰特

童年时期

1881年10月11日，我在布拉格出生[1]。我的父亲阿道夫·凯尔森[2]来自加利西亚的布罗迪[3]，14岁那年，他只身一人来到维也纳，身无分文的他起先在一家小型工厂做学徒，之后又在商店做店员以维持生计。在自主经营愿望的驱使下，成年后的他在布拉格做起了电灯泡的生意，不久之后，他返回维也纳开办了一个作坊，在那儿开始自己生产灯泡、煤气吊灯以及电子吊灯。不出几年，这家小作坊成功地发展为一个小工厂。父亲在57岁的时候离开了我们。[4] 我的母亲奥古斯特·洛伊来自波希米亚的诺伊豪斯，目前

---

* 本文译自：Hans Kelsen, Autobiographie（1947），首次发表于《汉斯·凯尔森全集》第一卷，Tübingen 2007年，第29-91页。德国弗莱堡大学公法教授马提亚斯·耶斯代特（Mattias Jestaedt）编辑整理。鉴于全集中的一些注释过于细碎，对于中国读者和研究者来说没有太大意义，故有所取舍，只就部分重要的注释加以翻译。（译者注）

[1] 参见布拉格1881年出生登记条目 Lit.14 Abth. 9 —— 男孩，第196页（布拉格中央国家档案，HB Ma 2521）。

[2]〔奥〕阿道夫·凯尔森（Adolf Kelsen，1850～1907）。

[3] 布罗迪位于加利西亚的东北部，距离利沃夫约90公里，今天属于乌克兰，这个因其大型犹太聚居区而知名的城市最著名的公民是作家约瑟夫·罗特（Joseph Roth，1894～1939）。

[4] 阿道夫·凯尔森于1907年7月12日在维也纳去世。

依然健在。[5] 她的母语是德语，不过捷克语也说得十分不错。母亲家族中的一部分人起初在诺伊豪斯生活，后来搬到了捷克斯洛伐克，自视为捷克人。

在我 4 岁的时候，我们全家移居到了维也纳。我起初就读于维也纳第四区的新教公立小学[6],之后升入学术文理中学[7]。我当时就只是一名毫不出众的中学生，那些老师们并没有激发起我对上学的强烈兴趣。在那个时期，比起学习课堂知识，我将更多的精力花在了阅读优秀的文学作品，以及后来所致力钻研的哲学上。我对德国古典文学的所有认知，几乎都来自 13 岁到 18 岁期间阅读的文学作品。施皮尔哈根的《有问题的人性》[8] 在当时对我形成了巨大的冲击，让我完全痴迷于文学。两年前，当我由于一次偶然的机会，在加利福尼亚大学图书馆再次读到这本书的时候，我惊讶地发现，青年时期悲观厌世的人生态度是受到了这本顶多算得上中游水平的小说的影响。有一段时间我也自己尝试创作诗歌和短篇小说。值得骄傲的是，在中学五六年级的时候，我创作的一些诗歌被刊登在“维也纳家庭妇女报”的“诗歌册”（在栏目“家常菜单”后）栏目上，这份报纸我母亲也有订阅。然而，对于自己在艺术创作上缺乏天赋

[5]〔奥〕奥古斯特·凯尔森（Auguste Kelsen，1859 ～ 1950），娘家姓洛伊（Löwy）。凯尔森的自传写于 1950 年 2 月 2 日，不足两年半之后，他母亲便在当时的南斯拉夫的小乡村去世。早在 1940 年，她就同女儿格特鲁德［Gertrude（Trudy）Weiss, 娘家姓凯尔森（1886 ～ 1951）］以及女婿理查德·魏斯（Richard Weiss，1874 ～ 1944）从维也纳搬到这个小乡村。

[6] 1888 ～ 1891 年，出于经济上的原因，就读于维也纳乡第四区公立小学。

[7] 1892 ～ 1900 年。

[8]《有问题的人性》是凯尔森少年时期非常流行的一部小说，1861 年出版，作者是〔德〕弗里德里希·斯皮尔哈根（Friedrich Spielhagen，1829 ～ 1911）。

这件事，我也不得不做个充分的自我批评。在我生命中的这个阶段，起初主要受施皮尔哈根文学作品的影响，后期则是克努特·汉姆生（Knut Hamsun）。尽管之后我从未错过与现代诗歌特别是戏剧接触的机会，大学期间我几乎从未缺席任何一场在城堡剧院和德国人民剧院的演出，但自从开始从事学术工作，阅读小说和观赏戏剧便更多的是为了放松和休闲娱乐，而不像当初，为了从虚幻的小说中寻找真实生活的影子，可以把挪威作家汉姆生的小说《维多利亚》《潘神》和《神秘的人》一口气读完。

从爱好优美的文学作品到从事学术工作的转变，源自我在沉迷于文学期间对哲学问题越来越大的兴趣。和其他人一样，我是通过毕希纳的著作《力与物质》[9]了解了唯物主义世界观，不过这只令我沉迷了很短一段时间；它很可能最早唤醒了我对学校粗野的宗教立场的反对意识。而唯心主义哲学让我产生的印象则要深刻得多。我至今还能清晰地记得，在十五六岁的时候，当我第一次意识到外部世界的现实充满难题之时，我的心灵受到了多大的震动。受一位

[9]〔奥〕路德维希·毕希纳（Ludwig Büchner）:《力与物质——经验自然哲学研究，一种普遍可理解的阐述》（Kraft und Stoff. Empirisch-naturphilosophische Studien. In allgemeinverständlicher Darstellung）, Frankfurt a. M. 1855。毕希纳（1824～1899）算是庸俗唯物主义的先行者，在《力与物质》一书中，他尝试借助1850年期间的自然科学的水平用经验立场来回答所有哲学和神学的问题。

比我年长的朋友[10]的影响，我接触到叔本华[11]的作品，此外在中学时期就开始阅读康德的著述。我当时或对或错地以为，康德哲学的核心思想就是主体的理念，主体在其认知的过程中创造了客体。中学期间，我那不断受到学校损害的、短暂满足仍旧充满渴望的自我意识，很明显在哲学上就来自康德的主观主义诠释，即自我作为世界中心的思想。我中学毕业后原本打算去学习哲学、数学和物理学。对于当初没有完成这个规划，我后悔了一辈子。

大 学 学 习

很可能是后来发生的两件事情，令我作出了对未来生活具有决定性影响的决定——从哲学系转到法律系。第一件事是我在高级中

[10] 凯尔森在此处所指的人无法确证，可能的话是暗指〔奥〕奥托·魏宁格尔（Otto Weininger）。

[11]〔德〕阿图尔·叔本华（Arthur Schopenhauer，1788 ～ 1860），德国哲学家。1813 年从耶拿大学获得博士学位，1820 年在柏林大学通过教授资格论文，之后在柏林大学教授哲学课程直至 1830 年，1831 ～ 1832 年短暂停留曼海姆，为无固定职务的学者，1833 ～ 1860 年生活在美因河畔的法兰克福。如康德一样，他亦认为物自身是不可知的，但可通过反省（Introspektion）对之加以领悟。自然背后的不再有根据的原因，即物自身，存于我们的意志之中（形而上学的唯意志论）。然而世界并不只等于意志，而且还是与空间，实践和因果性相联系的表象（Vorstellung）。对于观察者来说，作为世界，作为客体而出现的，并非是客体自身，也就是不存在无主体的客体。就像在作为表象的经验世界一样，在作为意志的非经验世界中，自由的、也就是无理由地行动的人是很少的。叔本华重要的作品有：《论充足理由律的四重根》（Über die vierfache Wurzel des Satzes vom zureichenden Grunde），第一版，Rudolstadt 1813 年，第二版，Frankfurt a. M.1847 年；《论意志与表象的世界》（Die Welt als Wille und Vorstellung: vier Bücher），包括一个附录："对康德哲学的批判"（die Kritik der Kantschen Philosophie），第一卷，第二、三版，Leipzig 1844 年，第三版，Leipzig 1859 年；《附录与补遗》（Parerga und Paralipomena），两卷本，Berlin 1851 年。

学毕业会考后立即去服了一年的志愿役。[12] 兵役生活意味着，我之前专注于精神生活的状态完全被打断了。在这段主要是靠身体来证明自己存在意义的时期，哲学和自然科学问题对我而言就失去了现实意义。这时，我开始有了从事实用性职业的想法。在哲学系的学业似乎能给我创造的唯一机会就是成为一名中学教师。[13] 我压根儿就没有真正考虑过要成为一名大学教师或者学者。在我父母的社交圈子里，小律师和见习医生就已经是脑力工作者的代表。在我从小生长的社会环境中，像哲学家贡贝尔茨[14]、医学家诺特纳格尔[15]或者是罗马法学家埃克斯讷[16]都被视为永远无法企及的人物。在大学学习哲学，将来可以成为一名中学教师；由于我在高中的经历，我对这个职业已经完全失去了兴趣，于是我决定攻读法学专业，这样在将来可能成为一名律师，但是，我内心更希望能当法官。

维也纳大学法律和政治系的第一堂大课令我非常失望。讲授罗马法[17]的罗马法学者齐拉茨并没有注意罗马法与古罗马文明之间

---

[12] 一年志愿役是当时比较流行的一种兵役扩展形式，对象是应届高中毕业生，为他们将来以职业军官、职业军士、民兵军官以及民兵军士为业做准备。凯尔森在服一年志愿役的同时，还完成了武装训练，1914 年他以预备军少尉的身份被征召参服兵役。凯尔森的兵役期从 1900 年 10 月 1 日到 1901 年 9 月 30 日。

[13] 这里的中学教师也即文理中学的教师。

[14] 此处可能是指〔奥〕特奥多尔·贡贝尔茨（Theodor Gomperz，1832 ～ 1912），古典语文学家和哲学史家，曾任维也纳大学教授。

[15]〔奥〕赫尔曼·诺特纳格尔（Hermann Nothnagel，1841 ～ 1905），内科医生以及著名的诊断学家；自 1882 年成为维也纳第一专科医院的主管。他最先发现血压对疾病的重要意义。

[16]〔奥〕阿道夫·埃克斯纳（Adolf Exner，1841 ～ 1894），罗马法学者（法史学家，致力于罗马法的历史研究）；曾为苏黎世大学教授，自 1872 年后在维也纳授教；他曾是奥地利上院和帝国法院的成员。

[17]〔奥〕卡尔·齐拉茨（Karl Ritter von Czyhlarz，1833 ～ 1914），1892 ～ 1905 年在布拉格和维也纳大学教授罗马法。

的联系或者对当今社会的意义。我不久之后发现，这本他用枯燥的方式讲述了一个学期的课本[18]，我通过自学在几个星期内就能掌握。日耳曼文学老师察林格[19]是一位特别差劲的演讲者。他说话总显得十分费劲，听他讲课简直就是一场噩梦。教奥地利法学史的西格蒙德·阿德勒[20]是一个滑稽的人物。不久以后，我就没有再去上大部分的大课，而把精力转向了阅读哲学文献上。一位比我年长两岁的朋友奥托·魏宁格尔对于我在这个方向上的发展提供了许多帮助，他那时候正忙于撰写之后付梓出版的博士论文《性别与性格》[21]，23岁的时候他因自杀而英年早逝，这本书成为当时最有名的作品之一。

魏宁格尔的个性及其身后获得成功的作品对我决定从事学术工作有着决定性影响。但是，我起初并不十分清楚，按部就班地在大学学习能否达到这样的高度。之后，我在唯一一个每次都出勤的大

---

[18]〔奥〕卡尔·里特·冯·切拉茨（Karl Ritter von Czyhlarz）:《罗马法制度教科书》（Lehrbuch der Institutionen des römischen Rechtes），Prag，Wien und Leipzig 1889年。

[19]〔奥〕奥托·冯·查林格（Otto von Zallinger，1856～1933），日耳曼学学者（法史学家，从事德意志法史的研究）；他曾于1894～1906年在维也纳任教。

[20]〔奥〕西格蒙德·阿德勒（Sigmund Adler，1853～1920），法史学家；1889年任维也纳大学行政法史讲师，1890年任编外教授，1900年任正式教授。他最著名的作品是《奥地利领主地产法制史》（Zur Rechtsgeschichte des adeligen Grundbesitzes in Österreich），Leipzig 1902年。

[21]〔奥〕奥托·魏宁格尔（Otto Weininger，1880～1903），哲学家。在他的主要作品《性别与性格：一种基础性考察》（Geschlecht und Charakter. Eine prinzipielle Untersuchung, Wien und Leipzig 1903年）中，他提出了性别的哲学——心理学理论。尽管自己具有犹太血统，他却被认为是一个排犹主义者，厌女与厌身体立场的辩护者。《性别与性格》一书影响了一代又一代人，至今已经发行了47版。1903年10月4日，他在贝多芬去世的屋里自杀，时年23岁，从此成为一个学界的神话。

课上，也就是列奥·施特里佐沃[22]教授的法哲学史课上听到，诗人但丁·阿利吉耶里[23]也曾经写过一本关于国家学说的作品《君主论三书》[24]。我阅读了这部作品之后马上萌生了一个想法，根据但丁所处年代的国家学说思潮来论述他的国家学说。我询问施特里佐沃教授，这样的一篇论文是否有可取之处。他果断地劝阻了我，说但丁使用的文献数量浩如烟海，我应当先完成我的法律学业。可是我并没有因此而退缩，主要原因是我在研究但丁的现有文献中还没有找到关于他政治理论的专著，我激励自己，努力写一篇自己感兴趣的论文，也许永远不会出版的论文，但远强过在一次次的考试中完全失去对法律和政治的热情。事实上，我的论文《但丁·阿利吉耶里的国家学》在 1905 年我获得博士学位之前就已经在维也纳

---

[22]〔奥〕列奥·施特里佐沃（Leo Strisower，1857 ～ 1931），民法学者和法哲学家；自 1901 年起任维也纳大学国际私法编外教授，1909 年升任正式教授，1912 年后也教授民法。1908 年施特里佐沃被国际法学会选中（das Institut de Droit International）并于 1924 年当选为会长。他曾是海牙国际法学院管理委员会成员，重要作品：《战争与国际法秩序》（Der Krieg und die Völkerrechtsordnung），Wien 1919；“治外法权及其主要适用”（Lèxterritorialitè et ses principales applictions），载《课程汇编 1923》，第一册（Recueil des cours 1923, tome Ⅰ）（1925），第 233-287 页。

[23]〔意〕但丁·阿利吉耶里（Dante Alighieri，约 1265 ～ 1321），哲学家，欧洲中世纪著名诗人。但丁的作品因其在文学素养中交织着广博的哲学和神学学识而显得极为出众。他为家乡弗罗伦斯的独立与教皇国抗争，为此被剥夺了一切公共职务，并被威胁如若返回佛罗伦萨便会被判处死刑，而他最终还是被判处死刑。但丁在拉韦纳逝世。重要作品：《新生》（Vita nuova），产生于 1292 ～ 1295 年；《飨宴》（Convivio），1303 ～ 1306 年，未完成；《俗语论》（De vulgari eloquentia），约 1304 年；《君主论三书》（De monarchia libri tres），成书时间尚有争议，约 1317 年；《神曲》（La（Divina）Com（m）edia），1307 ～ 1321 年；《书信集》（Epistolae）。

[24]〔意〕但丁·阿利吉耶里：《君主论三书》，成书时间尚有争议，约 1317 年前后。在这部作品中，但丁主张在神圣罗马帝国意义上的全面的和解，就如同主张国家和教堂的分离一样。

国家科学研究出版社出版了[25]，而且在文学上也获得了比较大的成功。这也是我唯一一本没有受到外界批评的书。即使在意大利，这本书[26]的反响也非常不错。它的意义远非一篇非原创性的中学生论文可比。

当我还在钻研但丁的国家学说的时候，我对法学理论的问题开始越来越感兴趣，例如法人问题、权利问题以及法律主张的概念。我注意到，对于这些问题的通常论述全然缺乏精确性，并且从来没有为它们系统地奠定基础，但主要还是在如下问题上极度混乱：一方面，实证法是什么与其他——任何一种观点下的——法应当是什么往往相混淆；另一方面，主体根据实证法的观点应当如何行为的问题，与其实际上如何行为的问题，这两者的界限是含混不清的。实证法理论一方面与伦理学，另一方面与社会学的严格区分，在我看来是法学工作的当务之急。后来，当我读到赫尔曼·柯亨[27]的作

[25]〔奥〕汉斯·凯尔森：《但丁·阿利吉耶里的国家学》（Die Staatslehre des Dante Alighieri），Wien Leipzig 1905（《维也纳国家科学研究》，Wien staatswissenschaftliche Studien，第六卷，第三册）；这个系列最早由埃德蒙德·贝恩纳齐克与欧根·菲利波维奇（Eugen Phillipovich）创立，1922 年之后凯尔森成为这一系列的主编。

[26]〔意〕阿里戈·索里米（Arrigo Solmi）（书评）：汉斯·凯尔森：《但丁·阿利吉耶里的国家学》，载《意大利但丁学会公报——对但丁作品的批判性回顾》（Bullettino della Societa Dantesca Italiana. Rassegna critica di studi danteschi）1907 年第 2 号，第 98-111 页。

[27]〔德〕赫尔曼·柯亨（Hermann Cohen，1842～1918），哲学家，他曾在佛罗茨瓦夫与柏林学习神学与哲学。1875～1912 年任教于马尔堡大学，1913～1918 年则任教于柏林的“犹太教科学学校”。他是马尔堡新康德主义的奠基人。重要的作品有：《康德的经验理论》（Kants Theorie der Erfahrung），Berlin 1871 年；《康德对伦理的证立及其在法律、宗教和社会上的运用》（Kants Begründung der Ethik nebst ihren Anwendungen auf Rech, Religion und Gesellschaft），Berlin 1877 年；《哲学体系》（System der Philosophie），第 3 卷；《纯粹认知逻辑》（Lgoik der reinen Erkenntniss），Berlin 1902 年；《纯粹意志的伦理》（Ethik des reinen Willens），Berlin 1904 年；《纯粹感觉的美学》（Ästhetik des reinen Gefühles），Berlin 1912 年。

品时才清楚地认识到"方法的纯粹性"[28],而我更多的是出于本能而不是基于系统的思考，才产生这样的目标。在本科学业的后两年[29]，埃德蒙多·贝尔纳齐克教授[30]给我留下了十分深刻的印象。他不是一个空谈理论的人。在他的教授资格论文[31]出版之后，他几乎就再也没有发表什么有影响力的作品，而且估计已经有些年月没有从事学术研究工作了。我在与他讨论问题时发现，他对新文献一无所知，只对涉及奥地利宪法的现实政治问题感兴趣。他属于天生就具有批判性思维、洞察力敏锐而且讽刺尖锐的人，本质上来说，他是个愤世嫉俗之人。他有一次这么说道："我讲述的根本不是奥地利国家法，而是奥地利国家法中存在的漏洞。"实际上，古奥地利国家法这门课也给了他大量在课堂上彰显个性的机会，因此他也十分受学生们的欢迎，不是因为能从他身上学到特别多的东西，而是可以在他的课堂上畅所欲言。我也上过贝尔纳齐克的讨论课，也做过一些小篇幅的课堂论文，在我看来这些论文尽管得到了这位老师的赞赏，但并没有把理论问题阐述得十分透彻。但他的课仍旧十分吸

---

[28] 凯尔森在此明确提到的是柯亨在《纯粹意志的伦理》中宣扬的"纯粹性的方法"（柯亨，注 27）第 90，91，92，108，135，136 以及第 147 页和第 27 页及下页。

[29] 根据 1893 年制定的，期间虽经过一些修改但一直适用到 1938 年的教学规定，八学期的大学学制分成两个阶段：第一个阶段包括法律史专业，第二个阶段包括所有司法（民事法和刑事法）的、公法的以及经济的专业。

[30]〔奥〕埃德蒙多·贝尔纳齐克（Edmund Bernatzik，1854～1919）是当时奥地利国家法与宪法法领域的顶尖教授。1891～1893 年任巴塞尔大学教授，1893 年在格拉茨任教，从 1894 年直到 1919 年去世一直是维也纳大学的教授。他主编了《奥地利宪法》，Leipzig 1906 年，此外还有《一般的与奥地利的国家学》（Allgemeines und österreiches Staatsrecht）和《行政学和奥地利行政法》（Verwaltungslehre und österreiches Verwaltungsrecht），第一、二部分。

[31]〔奥〕埃德蒙多·贝尔纳齐克:《判决与实质确定力——行政法研究》（Rechtsprechung und materielle Rechtskraft.Verwaltungsrechtliche Studien），Wien 1886 年。

引我。一些年轻的编外讲师或者想成为编外讲师的年轻人也会经常参加贝尔纳齐克的讨论课，在这个课堂上我逐渐下定了决心，以后也要尝试获取大学任教资格。贝尔纳齐克在他编写的维也纳政治经济学论文中采纳了我关于但丁国家学说的观点，这更坚定了我走上大学教师之路的决心。

获取大学任教资格

在参加了第一次国家考试（法学史考试）后不久，我开始撰写一篇篇幅很大的论文，我打算在其中批判性地研究国家法学说的主要问题。在我看来，科学法学的基本概念就是法律语句（Rechtssätze）的概念，类似于因果律的概念与自然科学概念之间的关系。完全是基于现实的理由，我决定将这篇论文的内容限制在国家法学说的问题上，这样一方面不会使论文的涉及面太广，另一方面我相信凭我与贝尔纳齐克教授的私交可以很容易就获得国家法的大学任教资格。在我支付了一大笔印刷费用之后，这篇题为《国家法学的主要问题》的论文在1911年由图宾根的摩尔出版社出版，这为我在同一年成功地获得维也纳大学法律和政治系任教资格奠定了基础。

在这期间，我父母的经济状况开始急剧恶化。我父亲的小厂子已经很长时间不太景气了，根本无法适应与资本雄厚的大企业的竞争。1905年我父亲身患严重的心脏病，完全丧失了劳动能力。比我小两岁的弟弟恩斯特[32]极力地支撑着父亲的企业，以避免倒闭。可

[32]〔奥〕恩斯特·凯尔森（Ernst Kelsen，1883～1937）。

他当时只有 22 岁，既缺乏经验也缺乏资本。1907 年，在我父亲逝世后，这家企业最终还是不可避免地破产了。此前，大概是从 1905 年开始，我和比我小四岁的妹妹[33]就决定挣点钱补贴家用。她应聘了一个秘书的职位，我则去教一些准备司法考试的私人课程。这段时间里我也一直在准备毕业前最后的考试，因此我的论文《国家法学的主要问题》进展十分缓慢。只有成功获取一份巨额的奖学金，才有希望结束这个论文。为此，我向多个奖学金提出了申请。这时的我不仅已经发表了《但丁的国家学说》，还发表了一篇评论奥匈帝国议会新的选举制度的文章（1907 年）以及一些短文[34]，尽管这些都对我的奖学金申请有帮助，但起初申请并未成功。大概在 1907 年或 1908 年，我得到了一笔可观的游学奖学金，估计因为我是唯一的申请者。我有机会去海德堡大学学习一个学期，亲耳聆听

[33]〔奥〕格特鲁德·凯尔森 [Gertrude (Trudy) Kelsen，1886 ～ 1951]。

[34]〔奥〕汉斯·凯尔森：《奥地利帝国议会选举条例评注》(Kommentar zur österreichischen Reichsratswahlordung) [1907 年 1 月 26 日通过条例，《帝国法律公报》(RGBL) 第 17 条]，Wien 1907（凯尔森全集第一卷，第 332-544 页）；汉斯·凯尔森："选民名册和投诉权——对最新执政草案相关选举改革的考虑" (Wählerlisten und Reklamationsrecht. Unter Berücksichtigung der jüngsten Regierungsvorlage betreffend die Wahlreform)，载《法学公报》(Juristische Blätter) 35 (1906)，第 289-290，301-304，316-318，327-329 页（重刊于《凯尔森全集》第一卷，第 301-331 页）；汉斯·凯尔森："依据奥地利法律的归化与居民权" (Naturalisation und Heimatsberechtigung nach österreichischem Rechte)，载《奥地利行政文丛》(Österreiches Verwaltungsarchiv)，3 (1907)，第 195-204 页（《凯尔森全集》第一卷，第 545-560 页）。进一步还会出版七本书评（《凯尔森全集》第一卷，第 561-562，563-565，567-568，569-572，573-575，577-580，581-584 页）。

格奥尔格·耶利内克[35]的讲课，他在当时是一般国家学领域的权威人物，与此同时，我还要利用这个机会写完教授资格论文。[36]

在获得奖学金之后，我告诉了贝尔纳齐克教授要去海德堡学习的事情。他明确地告诉我，他认为我以大学老师为职业的发展前途不大，当律师或者银行职员或许是更好的选择。我在早些时候就已经注意到，他对我的态度已经冷淡了很多，在课堂上明显偏爱其他同学。我只能把他的这个态度变化部分归结于他对我理论立场的否定。主要原因大概是，在维也纳大学这个对犹太人不怎么友好的法律系，他可能想避免支持我这个想要获得任教资格的犹太人。我不

[35]〔德〕格奥尔格·耶利内克（George Jellinek，1851～1911），当时最重要的国家法和国际法学者。在维也纳大学获得教授资格，1889～1890年首先在巴塞尔大学任教，1890年之后一直在海德堡大学教授国家法与国际法。基于实然与应然严格的两分法，耶利内克提出了国家的“两层学说”，主要作品有：《关于国家联合的学说》（Die Lehre von den Staatenverbindungen），Wien 1882年；《法律与法规》（Gesetz und Verordnung），Freiburg i.Br. 1887年；《主观公权利体系》（System der subjektiven öffentlichen Rechte），Freiburg i.Br. 1892年（第二版，Tübingen 1905年）；《一般国家学》（Allgemeine Staatslehre），Berlin 1900年（第三版，Berlin 1914年）。

[36] 凯尔森在申请维也纳大学教授资格论文职位的简历（载《维也纳行政法文丛》，文教部卷宗第30728号，1911年）里写道，他在海德堡的1907～1908和1908～1909的冬季学期里曾经参加耶利内克和安舒茨的政治学讨论课。格哈德·安舒茨（Gerhard Anschütz，1867～1948）：历任图宾根（1899年起）、海德堡（1900年起），柏林（1908）公法学教授，之后再次回到海德堡（1908～1933）任教，是经历德意志德国和魏玛共和国的国家法学者，并且与理查德·托马（Richard Thoma，1874～1957）同为最著名的公民—自由制定法实证主义的代表人物，积极赞成魏玛体制；安舒茨是《魏玛宪法评注》的主要作者。由于政治原因，他于1933年申请退休。重要作品有：格奥尔格·迈尔（Georg Meyer）：《德国国家法教科书》（Lehrbuch des Deutschen Staatsrechts），自第6版开始，Leizig 1905年，由安舒茨修订；《德意志帝国宪法》（Die Verfassung des Deutschen Reichs），第一版，Berlin 1921年（第14及最后一版，Berlin 1933年）；《德国国家法手册》（Haudbuch des Deutschen Staatsrechts），与理查德·托曼（Richard Thoma）共同主编，两卷本，Tübingen 1930年与1932年。

相信他是一个反犹主义者。但是由于法律系的非雅利安人教授和讲师占很大部分，他实际上很难对一个犹太候选人采取支持行动。贝尔纳齐克的政治立场基本上是一个19世纪的自由党人的立场。

于是，在没有获得这位对我将来命运起决定性作用的教授的祝福的情况下，我只身前往海德堡。在那里，我用几个月的时间集中精力撰写《国家法学主要问题》。我没有时间去听大课，只去上了耶利内克教授的讨论课，这并没有给我带来什么特别的激励。而且我和耶利内克私下也不亲近。他的周围是一个由崇拜他的学生组成的、外人很难进入的圈子，他们以不可思议的方式取悦他的虚荣心。我还记得在一个他钟爱的学生所做的课堂报告中，除了引用耶利内克的文章之外几乎别无他物。这节课后，我陪耶利内克一起回家。路上他问我觉得这份报告怎么样。我表达了很有保留的认可态度，这令他十分愤怒。他认为这份报告非常出色，这个学生将来肯定能在学术上做出一番成绩。实际上这个人终其一生都十分平庸，并没有取得什么成就。耶利内克与其说是老师，更不如说是一个优秀的作家。他无法忍受一丁点反对意见，我认识到这一点时已经太晚了，因此彻底丧失了对他的好感。早在来海德堡之前，我已经非常认真地阅读过耶利内克的作品，发现他在法学理论领域还是比较薄弱，并没有原创的内容。然而在历史和哲学社会学领域，他对19世纪的国家学做出了巨大的贡献。刚巧那段时间我对法学理论特别感兴趣，因此我和他之间的关系矛盾重重。在课堂之外，我和他见面总共也不超过两三次。如果我没记错的话，他当时还是海德堡大学的校长，很少有时间花费在新来的学生身上。我很快就发现，耶利内克本人以及他的讨论课对我的论文并没有很大的帮助，于是就集中精力写论文了。十分遗憾的是，我错过了接近马克斯·韦伯[37]周围的圈子的机会，他当时在海德堡大学的教学已经大获成功，我在很久之后才拜读到他的著作。第一次世界大战之后，韦伯在维也纳工作了一段时间[38]，那时我才认识了这位杰出的哲学家。我在海德堡期间的人际交往不多，只与在维也纳时就已经认识的埃米尔·莱德勒[39]有过几次来往，他当时担任韦伯的助手，也是海德堡《社会学档案》杂志的主编。那时候我唯一的放松方式就是偶尔在莫尔肯疗养馆散会儿步，晚上到佩克欧餐馆喝上一杯麦芽啤酒。这是一段非常幸福的时光，在经过多年的经济窘迫以及病榻前辛苦侍奉病重的父亲之后，我终于可以把全部的精力投入到论文写作上，希望借此为今后的学术生涯开辟道路。在我的学术领域开辟一番新天地，我

[37]〔德〕马克斯·韦伯［Max（imilian Carl Emile）Weber，1864～1920］，法学家、国民经济学家以及社会学家，1897～1903年在海德堡大学任教。1903～1918年，在韦伯位于海德堡的住宅内会定期举行学圈内的讨论，参与者包括格奥尔格·耶利内克，弗里德里希·瑙曼（Friedrich Naumann），埃米尔·拉斯克（Emil Lask），卡尔·雅斯佩尔斯，维尔纳·松巴特（Wener Sombart），格奥尔格·齐美尔，恩斯特·布洛赫（Ernst Bloch），古斯塔夫·拉德布鲁赫，以及特奥多尔·豪伊斯（Theodor Heuss）。韦伯被视为作为价值无涉的学科——德国社会学的创立者，以及宗教社会学的共同创立者。重要作品有："新教伦理与资本主义精神"（Die protestantische Ethik und der „Geist" des Kapitalismus），载《社会科学与社会政治文丛》（Archiv für Sozialwissenschaft und Sozialpolitik），20（1905），第1-54页；《科学作为天职》（Wissenschaft als Beruf），München und Leipzig 1919年；《政治作为天职》（Politik als Beruf），München und Leipzig 1919年；《经济与社会》（Wirtschaft und Gesellschaft），Tübingen 1922年。

[38] 马克斯·韦伯1918年夏季学期在维也纳授课。正如其写给妻子的信（1918年7月2日）中所示，韦伯也参加了——至少是零星地参加——凯尔森主持的研讨课。

[39]〔德〕埃米尔·莱德勒（Emil Lederer，1892～1939），1918～1931年在海德堡任教，1923～1931年同阿尔费雷德·韦伯（Alfred Weber）一起领导着海德堡大学社会学与国家学中心。1933年移民美国纽约。

当时头脑里充满了这个想法。很多年以后我才发现，伟大的英国法学理论家约翰·奥斯丁[40]大概在半个世纪之前就与我一样，曾经试图奠定法学理论的基础。但是我在海德堡期间才刚开始学习英语，当时对英美文献几乎一无所知。

遗憾的是，我不得不提前中断在海德堡的学业，因为我的弟弟恩斯特在我外出求学期间和妹妹一起承担起了家庭的重担，他那时在德国找到一份工作，但收入还是不够赡养母亲以及当时还只是个孩子的幼弟[41]。于是我回到了维也纳。我起先在一家律师事务所找到了一份工作（在来海德堡之前我已经完成了一年的司法实习）。但是不久之后我就辞职了，因为我无论如何都不打算将来成为一名律师。这份工作让我没有时间写我的学术论文。我后来又在皇家周年纪念展览会秘书处工作了几个月，在这个企业破产后，我又在奥地利皇家商务博物馆成功应聘了临时方案助理一职。我在那里的工作非常无聊，但是能让我每天至少有两三个小时的时间来写教授

[40]〔英〕约翰·奥斯汀（John Austin，1790～1859），英国哲学家。1826～1835年任当时新建的伦敦大学法理教授。奥斯汀与他的老师边沁（Jeremy Bentham，1748～1832）同被视为命令理论的创立者。“真正意义上的法”是命令，“神法”和“由政治主权者或实在法设立的人法”都包含它。与之相对的则是“非真正意义上的法”；后者只是在单纯类推意义上被称为法，也就是说，属于“实在的道德规则”，“仅仅由观念设立或施加影响”，就如那些比喻和象征意义上的法。对于实定法是什么，奥斯丁随后贡献了“法学科学”，与此同时，实定法是“立法科学”的对象，正如它——在上帝法和实证道德基础上——应当如此。奥斯丁给普通法领域内的法哲学讨论带来了巨大的影响，时至今日他仍被视为现代英美实证主义最重要的先驱。重要作品：《法理学的范围》（The Province of Jurisprudence Determined），London 1832年；《法理学或实证法哲学讲稿》（Lectures on Jurisprudence or the Philosophy of Positive Law），三卷本，莎拉·奥斯丁（Sarah Austin）编，London 1863年。

[41]〔奥〕保罗·弗里德里希·凯尔森（Paul Friedrich Kelsen，1890～1975）；在1907年父亲逝世之后，凯尔森成为他最小弟弟的监护人。

资格论文。此外我还去教了一些私人课程。在这种情况下，我直到1910年才完成了论文初稿。1909年时，我获得了第二份数目可观的奖学金，让我有机会去海德堡和柏林进行短期游学，并且能支付出版论文所需的印刷费用。在论文出版之后不久，我就递交了大学任教资格申请书。在法律系负责此事的是贝尔纳齐克教授，以及担任国家法和行政法第二教席教授的阿道夫·门泽尔[42]。我在此之前很少接触门泽尔教授。他原先是民法学教授，后来才转为研究公法，主要研究领域是行政法，和我的研究方向相距甚远。他的学术兴趣在古希腊国家学上，但我当时还不知道，因为他很长时间之后才凭借在这个领域的多部优秀著作而声名鹊起[43]。他个人对我十分友好，给我上过一些非常有帮助的辅导课。但是对于我在教授资格论文中主要阐述的法学理论问题，他并不熟悉。或许他对我的论文给出了非常有利的鉴定意见。贝尔纳齐克教授很有可能完全没有读过我的论文。他的鉴定意见完全是附和门泽尔教授，即允许我进入大学任教资格申请之路的下一阶段。我多次试图了解贝尔纳齐克教授对我在论文中所提出的理论的看法，但都徒劳无功，因为他回避对此的任何讨论。我猜想，他根本就没有读过我的论文。据说，他在法律系一次重要会议上曾经说过，尽管他赞成我申请大学任教资格，但

[42]〔奥〕阿道夫·门泽尔（Adolf Menzel，1857～1938），法学家和政治学家，在布拉格的德意志大学获得教授资格，自1898年起任维也纳大学教授，1915年任校长；此外在1919～1920年他是德奥共和国宪法法院的副主席，1920～1930年根据1920年奥地利联邦宪法任宪法法院副主席。

[43]〔奥〕阿道夫·门泽尔：《苏格拉底之诉》（Untersuchungen zum Sokrates-Processe），Wien 1902年；阿道夫·门泽尔：《加里克利斯——对强者权利学说历史的研究》（Kallikles. Eine Studie zur Geschichte der Lehre vom Recht der Stärkeren），Wien und Leipzig 1922年；阿道夫·门泽尔：《希腊社会学》（Griechische Soziologie），Wien/Leipzig 1936年。

是根本不会考虑让我将来成为教授。只有研究法学史的巴伦·施温德教授[44]写了一份详细的鉴定意见，反对我获得大学任教资格。在后来我已经成为大学教席教授的时候，他还发表了一篇抨击我学术观点的、极其愚蠢的文章[45]，在这篇文章中他漏洞百出，例如甚至混淆了假设和本质的概念，我在撰写驳斥他的文章时就感到轻松自如。这篇题为《法学史与法哲学的对立》的反驳文章[46]大获成功，因为我听说很多人对他嘲笑不已。从他的朋友们对我的责难之声中我可以确信，施温德教授从未受到过如此大的打击。

1911年夏天我获得了国家法和法哲学的编外教师资格，秋天就开始了教学工作，讲授一个关于奥地利与匈牙利比较的大课。在第一次世界大战爆发前的三年里，我发表了一些很有影响力的文

[44]〔奥〕恩斯特·施温德男爵（Ernst Freiherr Baron von Schwind，1865～1932）1898年在格拉茨教授法史学，1899～1932年在维也纳，并于1919～1920年担任维也纳大学校长。

[45]〔奥〕恩斯特·施温德:《法的基础和基本问题——法理论上的思考和研究》（Grundlagen und Grundfragen des Rechts. Rechtstheoretische Betrachtungen und Erörterungen），München 1928年。

[46]〔奥〕汉斯·凯尔森:《对抗法哲学的法史学？一个答复》（Rechtsgeschichte gegen Rechtsphilosophie? Eine Erwiderung），Wien 1928年。

章[47]，并创立了《奥地利公法》杂志。我争取到贝尔纳齐克、门泽尔、拉马施[48]和胡萨雷克[49]教授名列这本杂志的策划人，曼茨公司作为出版社。虽然创办杂志的想法完全是我自己的，我一个人完成了所有的组织和编辑工作并且未获任何酬劳，但是我认为不让我的名字出现在创刊号的扉页是个正确的决定。我的名字只作为编辑助理出现在封一。随着第一次世界大战的爆发，杂志不得不中止发行。在大战结束和奥匈帝国解体之后，我起先在多伊提克（Deuticke）出版社，后来在维也纳斯普林格（Springer）出版社重

[47]〔奥〕汉斯·凯尔森:《国家法学的主要问题》（添加法律语句部分的扩展板）（Hauptprobleme der Staatsrechtslehre entwickelt aus der Lehre vom Rechtssatze），Tübingen 1911 年（第二版，1923 年）；凯尔森："法的社会学——批判性思考"（Zur Soziologie des Rechts. Kritische Betrachtungen），载《社会科学与社会政治文丛》，34（1912），第 601-614 页；凯尔森："政治世界观与教育"（Politische Weltanschauung und Erziehung），载《社会政治与立法历史记载》（Annalen für soziale Politik und Gesetzgebung），2（1913），第 1-26 页；凯尔森："关于国家的不法——同时也是关于法人不法行为的问题以及错误国家行为学说的文章"（Über Staatsunrecht. Zugleich ein Beitrag zur Frage der Deliktsfähigkeit juristischer Person und zur Lehre vom fehlerhaften Staatsakt），载格鲁互特主编:《当代私权利和公权利杂志》（Grünhuts Zeitschrift für das Privat-und öffentlich Recht der Gegenwart），40（1913），第 1-114 页；凯尔森："公法法律行为学"（Zur Lehre vom öffentlichen Rechtsgeschäft），载《公法文丛》（Archiv des öffentlichen Rechts），31（1913），第 53-98，190-249 页；凯尔森："奥地利宪法下的帝国法和州法"（Reichsgesetz und Landesgesetz nach österreichischer Verfassung），载《公法文丛》，32（1914），第 202-245，390-438 页；凯尔森："社会学和法学的国家理念（捷克语发表）"（Die soziologische und die juristische Staatsidee），译者卡瑞尔·英格里斯（Karel Engliš），载《法律和政府诉讼》（Sborník véd právnich a státních），14（1914），第 69-101 页。

[48]〔奥〕海因里希·拉马施（Heinrich Lammasch，1853 ～ 1920），自 1882 年开始在维也纳任教，1885 年在因斯布鲁克，1889 年再次回到维也纳；他曾是凯尔森的博士学位授予者。拉马施是奥匈帝国最后一任首相（1918.10.27 ～ 1918.11.11）。

[49]〔奥〕马克斯·胡萨雷克（Max Freiherr von Heinlein Hussarek，1865 ～ 1935），曾在维亚纳任教；他被视为奥地利国家教会法的主要代表。1918 年 7 月 25 日到 1918 年 10 月 27 日任奥匈帝国倒数第二任首相，并在 1918 年 10 月向卡尔一世建议宣布联邦制改革，希望通过"十月诏书"在奥匈帝国内部划定部分民族国家界线。

新出版了《奥地利公法》杂志，那时我的身份就已经是主编了。后来，我将编辑工作交给了我年龄最大的一个学生阿尔弗勒德·福尔德洛斯教授[50]。1934 年，编辑部和出版社强迫我放弃主编工作，理由是一个犹太人作为在奥地利发行的学术杂志的主编令人无法接受。

帝国战争部

1912 年我与在商务博物馆工作期间的同事阿道夫·德鲁克（Adolf Drucker）博士的妻妹玛格丽特·邦迪[51]喜结连理，德鲁克后来成为奥地利商务部的一名参事。商务博物馆与出口学院，即后来的世界贸易大学[52]合作紧密。获得这个学院中一个稳定的教职，当然是我事业起步阶段要努力的方向。这个学院的公法教授是时

[50]〔奥〕阿尔弗雷德·福尔德洛斯（Alfred Verdross），国际法学家与法哲学家；1918 ～ 1924 年任职于奥地利外交部，1924 ～ 1961 年在维也纳大学任教。1950 年成为国际法学会的成员，并于 1958 ～ 1977 年在欧洲法院担任人权律师。他与梅克尔同为凯尔森最重要的学生。他通过将国际法纳入法的层级结构而对纯粹法学产生影响。最早的时候，他以新亚里士多德、新托马斯自然法为基础，通过他激进的理论新方向从纯粹法学转向自然法学，在这里他总是反复尝试着整合纯粹法学的根本要素。值得一提的是，他将基础规范视为一种定位于价值秩序中的规范。重要作品有：《在国家法宪法基础上的法律世界观统一》（Einheit des rechtlichen Weltbildes auf Grundlage der Völkerrechtsverfassung），Tübingen 1923 年；《国际法共同体的宪法》（Die Verfassung der Völkerrechtsgemeinschaft），Wien 1926 年；《国际法》（Völkerrecht）第五版，Berlin und Wien 1937 ～ 1984 年。

[51]〔奥〕玛格丽特·凯尔森，娘家姓邦迪（Margarete Kelsen，1890 ～ 1973），是一对富有的维也纳夫妇的女儿。玛格丽特和凯尔森于 1912 年 5 月 25 日成婚，陪伴凯尔森近 61 年。

[52]“出口学院”成立于 1898 年 10 月 1 日，1919 年改为“世界贸易专科大学”，1975 年更名为“维也纳科学大学”。凯尔森自从 1909 年夏季学期在出口学院任教，零星讲授宪法和行政法学（关于巴尔干国家的宪法与行政管理的特别讲座），1909 ～ 1910 年冬季学期，他开设了关于奥地利宪法与行政管理的正式课程，1911 ～ 1918 年他拥有了固定的教学职位。

任教务科长的塞德勒[53]，后来他成为奥地利总理。他让我做他的助手。后来，我还担任大学兼职讲师，讲授一门关于巴尔干半岛各国宪法与行政管理的特殊课程。最终，在1914年第一次世界大战爆发前夕，塞德勒教授停止了他的教学工作，而我成了全职的公法讲师。这对我来说是意义非凡的一步，意味着我从此之后可以把所有时间花在学术工作上了。但是我的喜悦之情并没有持续多久。因为在我成为出口学院的讲师之后不久，战争就爆发了，我不得不作为预备役军官应征入伍。严重的肺炎使我的身体状况极差，所以官方对我“作出了最后决定”[54]，宣布我“只适合文职工作”。我起先在战争后勤处工作，后来被征召到帝国战争部的法务科。在这里，我的工作职责是为皇帝草拟赦免文书。这是个非常有趣、令我十分满意的工作。然而这份工作也没有持续很久。由于一次突发状况，我被调入战争部的部长办公室，被任命为战争部长的发言人。这次非同寻常的升迁是这样发生的：陆军总司令部的一名法务官沙格（Schager）少校（他后来在奥匈帝国末代皇帝卡尔·哈布斯堡的军事处任职，对皇帝的影响很大，在帝国解体后下场非常悲惨）打算创办一本《军事法》杂志，他让战争部法务科的主任要求该科的军官必须为这份杂志的创刊号投稿。在这之前不久，我刚刚写了一篇关于战后应实施宪法改革的长文，打算在战后发表在我自己的《奥地利公法》杂志上。在这篇文章中，有一个章节阐述了匈牙利方面拆分奥匈帝国军队的意图。我把这一章从我的原稿中一字不漏地摘

[53]〔奥〕恩斯特·塞德勒（Ernst Seidler，1862～1931），法学家和政治家。
[54]“作出最后决定（Superarbitrieren）”意味着：“被认为不适合服兵役。”

出，交给了我的主任，作为给新杂志的投稿[55]。由于不知道接下来发生了什么，我很快就忘了这件对我来说没什么意义的事。有一天，我的上司，一名陆军上校通知我说，我被命令向战争部长做个汇报。他问我，知不知道这是为了什么事情，我如实回答说我不知道。奥匈帝国最后一任战争部长施特格尔·施特纳（Stöger-Steiner）上将非常不耐烦地接见了我。他问我是否知道，战争部的军官只有经过战争部的批准后才能够发表文章。我反驳说，我在来到战争部以后再也没有发表任何文章。部长问道："那你在《军事法》杂志的文章是怎么回事？"这篇文章我确实忘记了；而且我也确实不知道这篇原稿后来怎么样了，这份杂志是否出版了。我为自己辩解道，我的文章是从正常的官方渠道，通过我的上司转交给杂志主编的，我无法想象的是，在一本由陆军总司令部的军官创办的杂志上发表文章会犯了什么忌讳。在接下来的盘问中我发现，部长怀疑我在为陆军总司令部办事，而战争部和总司令部之间由于一些人的妒忌之心而一直矛盾重重。在施特纳就任战争部长之后不久，奥匈帝国皇帝卡尔一世就向匈牙利政府承诺，迎合他们的要求拆分帝国军队，并委托施特纳研究此事，制定必要的措施。现在施特纳通过某种方式得知，由陆军总司令部主办的《军事法》杂志的创刊号将要发表第一篇关于军队拆分问题的文章，这让他担心陆军总司令部想抢走处理此事的机会。而这篇文章又是出自他手下的军官，他视之为一种

[55]〔奥〕汉斯·凯尔森："奥匈帝国国防军的宪法基础的变革"（Zur Reform der verfassungsrechtlichen Grundlagen der Wehrmacht Österreich-Ungarns），载《军事法杂志》（Zeitschrift für Militärrecht），1（1917），第 8-23 页。这一论文在报告时提及的只是其中的一章，并未完全出版也未被找到。

背叛。这些意思我只能从部长含混不清的暗示中猜出来。我很容易就说服部长，我完全不知道这件事后面的政治背景，除了对我的专业领域奥匈帝国宪法方面的知识感兴趣之外，我在政治上根本没有什么雄心壮志，除了他之外绝对不会听从于任何人。结果是，他立刻将我调入部长办公室，在离他最近的地方给我安排了一个办公间。我的任务是拟定包括动机报告在内所有必要的法律草案，经常向他报告我的工作进展。在这份新工作期间，我多次陪同他参加与总参谋长、副总参谋长，奥地利国防部长、匈牙利国防部长的联席会议，而且也曾经觐见皇帝，向他本人汇报工作。部长本人对我十分信任，这也表现在他在不久之后就用其他的宪法和国际法问题征求我的意见，甚至偶尔也会询问我对于一些纯粹政治问题的看法。这个工作岗位，使我有机会近距离地观察奥匈帝国最后衰亡的整个过程，并且深刻洞察了对于奥匈帝国的命运起决定性作用的一些事情和人物。遗憾的是，在这段多事之秋我没有写日记，因此忘记了许多精彩的细节，或者只剩下模糊的记忆。一些事情，特别是施特纳部长对于一些高层人物的评判我已经无法如实重现，因为我也不能判断，这些评判在多大程度上是基于客观的事实，又在多大程度上基于他个人的价值观。我对与施特纳部长的最后一次会谈至今还记忆犹新。一天午夜，他忽然打电话召见我。他身穿睡衣，在战争部大楼里的临时官邸的私人工作间接见了我，给我看了美国威尔逊（Wilson）总统发给他的电报，是威尔逊对奥匈帝国政府提出的停战建议的答复，即奥匈帝国要给予境内各民族以自决权，施特纳请我对威尔逊的方案提供一些建议。当我在看威尔逊的电报时，部长穿上了他的军服，请我和他一起去他的办公室。路上我们要经过球房，这个房间也属于他的临时官邸。这时他对我说，他也觉得在这么动荡的时期却住在这么华丽的地方很不好。我说：“尤其是当人们知道，这是奥匈帝国最后一任战争部长住过的地方。”“您疯了吗？”他反驳我道，“您怎么可以说出这么可怕的话呢！”我说道：“在看过威尔逊总统答复我们的电报后，我认为帝国已经毫无延续下去的可能了。”直到最后一刻，这位苍老的军官还是认为存在了几个世纪的奥匈帝国不可能马上就要退出历史舞台，尽管他清楚地知道帝国在军事上的失败是多么惨重。

不久之后，当我向他告别的时候，他脸色灰白地站在办公室里。之前他的座驾在开往战争部大楼的途中遭到了暴徒的石块围攻，一块碎玻璃划伤了他的脸颊。他握着我的手动情地说：“你说对了，我是奥匈帝国的最后一任战争部长。”

在保加利亚战线崩溃之后，每个了解军队状况的人都知道，这场战争已经彻底失败了。由于军队是将奥匈帝国维系在一起的唯一力量，因此我毫不怀疑，奥匈帝国的解体是不可避免的。如果没有人做一些尝试，这个国家在战后将以全新的形式呈现在世人面前。基于这个想法，我起草了一份备忘录，其主要内容是迎合威尔逊的建议方案，皇帝应成立一个由不同民族的利益代言人组成的奥匈帝国解散委员会，委托他们以有序的方式将奥匈帝国解散，根据人民的自由意愿建立民族国家，以避免发生经济和政治灾难。皇帝应当在发表的宣言中声明，他个人和皇室不会对此构成阻碍，但是他已经准备好，如果新成立的国家出于经济和政治原因有组成联邦的必要，他就会以任何一种方式担任这个联邦制国家的首脑。与建立一个欧洲中部的国际联盟相比，使奥匈帝国屹立于欧洲中心地带的经济与政治因素或许还足够强大。但是实现这个目标不能通过强制手段，而是要靠各民族的自愿决定。这个计划起初只适用于奥匈帝国的奥地利境内，这是为了不致从一开始就遭到匈牙利政府的反对，他们对让匈牙利民族以外的少数民族获得自治的任何计划都充满敌意。

尽管施特纳部长那时对于君主制政体的前景没有如我这么悲观，但他还是决定将我的备忘录呈交给卡尔一世皇帝。他确实这么做了，并且请皇帝尽快读完，作出他的决定。可惜请求没有得到满足。几个星期过去了，皇帝那边对此事还是没有任何消息透露出来。为了拯救君主制政体，好像他当时正在考虑由德国方面提出的其他计划。但是，10月中旬的一天晚上，我接到皇帝军事办公厅的电话；沙格少校（估计他也曾经劝说皇帝审阅我写的备忘录）在电话中对我说，皇帝最终同意了我的计划，让我立刻与内廷参事拉马施联系，将这份计划呈交给他，并问他是否愿意担任即将组建的奥匈帝国解散委员会的主席。拉马施在不久前刚刚退休并搬回了萨尔兹堡，此时刚好在维也纳著名的企业家迈因尔（Meinl）家里做客。我当晚就乘坐军事办公厅的公务车去拜访拉马施，他接受了这项任命。他在我呈交的行动方案上只添加了一个要点，具体内容我已经忘记了。第二天我就和拉马施一起去位于巴登的帝国大本营面见卡尔一世皇帝，在那里拉马施得到了正式任命。在首相胡萨雷克·海因莱因（Hussarek-Heinlein）领导下的奥地利政府直到这时对整件事还一无所知。

拉马施与各民族领导人的谈判一开始并不顺利。那位在战争期间曾经被判处死刑、后来又获得赦免的青年捷克党领导人克拉马尔茨[56]，正打算拿着奥匈帝国外交部开具的护照前往日内瓦投奔“他的政府”(由马萨里克[57]和本恩斯[58]领导),他明确表态不愿意在这样的一个联合政府里工作。看起来，拉马施在谈判时过于重视保留奥匈帝国的存在，这与原先的计划并不相符。拉马施告诉我说，克拉马尔茨曾经对他说过，他尽管是一名保皇主义者，但是在这件事上不想牵扯上什么关系。没有这名捷克领导人，我们的计划当然也就无法实现。在几个星期之前，当奥匈帝国的瓦解看起来还没有那么急迫时，或许还有可能成立这样的一个解散委员会，从而有机会在欧洲中部保留一个奥地利－匈牙利国家联合体，维持欧洲的势力均衡。而到拉马施着手这项任务时，明显一切都已经太迟了。

1918年10月20日下午，拉马施来到我的私人住处，告诉我他的任务已经失败了。他请求我发个电报，将此事告知正在格德勒(匈牙利)的皇帝。他是乘坐军事办公厅的公务车来找我的，我建议他跟我一同前往与皇帝本人有电话专线联系的战争部。我惊讶地发现车上还有一位乘客——与拉马施交好、或许也是被他拉来为这项任务提供建议的约瑟夫·雷德里希[59]教授。在从我的住处到战争

---

[56] 凯尔森指的是〔捷〕卡尔·克拉马尔茨(Karel Kramář)，19世纪和20世纪之交重要的捷克政治家。他在一战初期致力于捷克的独立，于1915年5月被捕，并在1916年因策动奥匈帝国军队内的捷克士兵逃跑而被判处死刑，后来被皇帝赦免了死刑，重获自由。他于1918年11月14日到1919年7月8日任捷克斯洛伐克第一任总统。

[57]〔捷〕托马斯·马萨里克(Tomáš Garrigue Masaryk，1850～1937)，1918～1935年任捷克斯洛伐克总统。

[58]〔捷〕爱德华·本恩斯(Edvard Beneš，1884～1948)，1918～1935年任捷克斯洛伐克外交部长。

[59]〔奥〕约瑟夫·雷德里希(Josef Redlich，1869～1936)，公法教授和政治家；1907年任教于维也纳，1926～1934年任教于哈佛大学；1918年10月到11月，在奥匈帝国的最后统治时期，任财政部长。

部的路上，雷德里希教授说服拉马施不要就这么简单地向皇帝复命，而是要建议皇帝解散以胡萨雷克为首的内阁，任命拉马施组建一个新的奥地利政府。拉马施起先对此还没有表态。当他直接询问我的看法时，我说，鉴于奥匈帝国目前正处于崩溃的局面，我不认为他作为奥地利政府的首脑还能有什么作为。但是，最终他被雷德里希的一个理由说服了，即如果他担任奥地利政府的首脑，那么作为广为人知的和平主义者，他就可以争取到更好的和平条件，这是任何其他人都做不到的。这个理由在我看来是相当牵强的，因为代表奥匈帝国参加和平谈判的是奥匈帝国中央政府的外交部长，而不是奥地利政府的首相，尤其是在这个时候，奥匈帝国在和平谈判时作为一个缔约方看起来已经几乎不可能了。但是，当我看到拉马施明显被雷德里希的这个理由说动了，并且没有再征询我意见的时候，我也就明智地保持了沉默。到了战争部之后，我邀请他们一起来我的办公室，商讨将要发送给皇帝的报告，以及关于重新组建奥地利政府的建议方案。我当然也将此事告知了战争部长，他也亲自来到我的办公室，向拉马施表示问候。

在确定需要向皇帝建议的部长人选名单时，拉马施表示，他坚持举荐他的一位朋友——萨尔兹堡天主教神学院的神学教授塞佩尔[60]担任社会事务部的部长，没有塞佩尔的话，他无法领导这个政府。这件事情比较棘手，因为至今为止在信奉天主教的奥地利还从来没有天主教神职人员担任部长的先例。作为平衡，他还想举荐两

[60]〔奥〕伊格纳茨·塞佩尔（Ingaz Seipel，1876 ～ 1932），神学家，教士以及基督教社会联盟政治家，1909 ～ 1917 年在萨尔茨堡教授道德神学，1917 年在维也纳。1922 ～ 1924 年以及 1926 ～ 1929 年任奥地利共和国联邦总理。

个犹太人。首先是由雷德里希担任财政部长。我猜测，这也正是雷德里希说服拉马施，让他建议皇帝重组奥地利政府内阁的真正目的。另外，拉马施还想推荐解剖学教授坦德勒[61]担任卫生部长。但是，雷德里希对此持反对意见，因为由于当时盛行的反犹主义，内阁中有两个犹太人部长看起来是很难让人接受的。我向负责操作电报机的军官口授了这份报告。根据我的记忆，当天下午我们才收到皇帝的批准意见。

拉马施向我许诺了一个在部长会议主席团的较高职位，但是我拒绝了。新的内阁，也就是奥匈帝国最后一任内阁只存在了几天，因为卡尔一世皇帝 11 月初就被迫退位了。

我在战争部的职位对于我的学术事业也帮助很大。1915 年，我按照常规获得了编外教授的头衔；由于我的犹太人出身，我原先将这个头衔看作在当时的社会条件下可以企及的最高目标。施特纳部长建议我战后留在部里工作，并允诺了很高的职位。而且很大程度上得益于我在战争部的职位，我还得到了去一个社会事务部工作的绝佳机会。在我决定未来人生的发展方向之前，我还是想确定是否有机会去大学工作。于是我去找贝尔纳齐克教授，告诉他我的想法，并说如果我真能得到编外教授的头衔，我就不打算接受任何一个在政府机构工作的机会。我非常了解在此之前贝尔纳齐克教授在法律系对我个人所持的立场，已经做好了被他直截了当或者婉转拒绝的心理准备。当贝尔纳齐克不假思索地问我想做哪个专业的教授时，我惊讶得无以复加。我提议自己去做公法专业的教授，以军事法作

[61]〔奥〕尤利乌斯·坦德勒（Julius Tandler，1869 ～ 1932），医生及社会民主党政治家。

为研究方向。他就答应我，尽快向法律系提出相应的申请。他确实这么做了，法律系也立即接受了申请。我一点也不怀疑，贝尔纳齐克对我的态度转变是由于我在战争部的职位决定的。这个职位给他留下的印象，远远超过我到这时出版的所有作品。

但是，对我的委任延迟了，原因在当时的情况下非常典型，这在我看来也是值得一提的。因为我是战争部的官员，所以包括皇帝给我的委任书在内的教育部档案，都必须要得到战争部的批准。这件事处理得很顺利。但是当档案经过战争部时，估计只能由一位普通官员或者皇帝的军事办公厅来处理。我的档案就由沙格少校处理。当他了解到，维也纳大学法律系要设立一个军事法编外教授的职位时，他想尽了办法说动他的上司，也就是军事办公厅的厅长，把这个职位给他。他有合法的资质，因为作为蒂罗尔军团的军事法官，他已经是军事刑法的编外讲师了。我认为，他在学术上的所有成就只不过是出版了一本军事刑法典。有一天，我从巴登的帝国大本营前往维也纳的时候遇见了时任教育部长的克茨威克林斯基[62]，他告诉我说，对我的任命还无法通过，因为有一个高层人物中意另一个候选人。当我回答说法律系除了我以外没有举荐其他人选时，他只能面带微笑地给出暗示，我立刻就明白了另一个候选人究竟是谁。我把这件事告诉了战争部长，他立刻就和军事办公厅着手处理，使事情朝着对我有利的方向发展。于是，1917 年我被任命为编外教授，但是作为军官仍保留了在战争部的职位。

[62]〔奥〕路德维希·克茨威克林斯基（Ludwig Alois Czwicklinsky，1853 ～ 1943），1917 ～ 1918 年任文化及新闻部长。

大 学 教 席

在战争部任职的三年半时间里，我没有放弃我的学术工作。我仍有充裕的时间进行有关国家主权问题的深入研究，并于 1920 年出版了《主权问题和国际法理论——纯粹法学的文章》一书[63]。同时我也召集了一些曾在 1911 ～ 1914 年间听过我的大课的年轻人，定期参加我在住所举办的私人讨论课。

其中最年长的两名学生，阿道夫·梅克尔[64]后来成为维也纳大学法律系国家法与行政法的大学讲师，阿尔弗雷德·冯·费德罗斯（Alfred von Verdross）则成为同系国际法的讲师；其他如弗里茨·桑

[63]〔奥〕汉斯·凯尔森：《主权问题与国际法理论——纯粹法学的文章》（Das Problem der Souveränität und die Theorie des Völkerrechts. Beitrag zu einer reinen Rechtslehre），Tübingen 1920 年（第二版 1928 年）。

[64]〔奥〕阿道夫·梅克尔（Adolf Merkl，1890 ～ 1970），国家法学者；1913 年在维也纳大学获得博士学位，紧接着在 1918 ～ 1921 年为国家总理工作，决定性地参与了联邦宪法的准备工作。1919 年在维也纳大学获得教授资格，资格论文题为《德奥共和国宪法》，涉及专业有一般奥地利国家法、行政法学和奥地利行政法。1920 ～ 1930 年任编外教授，1930 ～ 1932 年获得正式教授头衔，1932 ～ 1938 年任奥地利大学正式教授。梅克尔是凯尔森最早的、最重要的、最才华横溢的学生，并且是纯粹法学的共同创立者。特别是他通过层级学说，持续的对法的确定力理论和错误计算学说发挥影响。重要作品有："从法概念中发展而来的确定力学说——一种法理上的探究"（Die Lehre von der Rechtskraft, entwickelt aus dem Rechtsbegriff. Eine rechtstheoretische Untersuchung），Leipzig 1923 年；《一般行政法》（Allgemeines Verwaltungsrecht），Wien und Berlin 1927 年；"法律层级结构理论绪论"（Prolegomena einer Theorie des rechtlichen Stufenbaus），载福尔多洛斯主编：《社会、国家和法——对纯粹法学的研究，凯尔森 50 岁生日纪念文集》（Gesellschaft, Staat und recht. Untersuchungen zur reinen Rechtslehre, Festschrift für Hans Kelsen zum 50. Geburtstag），Wien 1931 年，第 252-294 页。

德尔[65]后来在布拉格德意志大学担任国家法教授，瓦尔特·亨里希[66]则成为捷克布尔诺德国科技大学的公法教授。此外还有费利克斯·考夫曼[67]和弗里茨·施莱尔[68]，他们后来成为维也纳大学的私人讲师。

考夫曼如今是纽约政治与社会科学研究所的教授；遗憾的是，许莱尔从纳粹集中营获释并移居美国后，在学术上再也没有建树。而当时已经是维也纳大学法律系私人讲师的莱奥尼达斯·皮塔米克[69]也参加了我的讨论课，他后来成为卢布尔雅那大学的教授，并担任南斯拉夫共和国的驻美大使。

贝尔纳齐克教授于1919年死于心脏病突发。根据国家法和行政法第二教席教授门泽尔的提议，维也纳大学法律系推荐我继任这

[65]〔奥〕弗里茨·桑德尔（Fritz Sander，1889～1939），国家法学者及法哲学家。

[66]〔捷〕瓦尔特·亨里希（Walter Henrich，1888～1955）。

[67]〔奥〕费利克斯·考夫曼（Felix Kaufmann），法哲学家。他在现象学的基础上再次发展了凯尔森的"纯粹法学"[《逻辑与法学——纯粹法学体系概论》（Logik und Rechtswissenschaft. Grundriß eines Systems der reinen Rechtslehre）]，Tübingen 1922年。他还是"维也纳学圈"和"维也纳法理学派"的重要居间人物。

[68]〔奥〕弗里茨·施莱尔（Fritz Schreier，1897～1981），1925～1938年任维也纳大学讲师，从达豪与布亨瓦特集中营释放。1938年移居到瑞士，在凯尔森1940年避难至美国之前，一直在日内瓦担任凯尔森的助教。1941年他也独自移居到美国，在加利福尼亚大学担任客座教授。重要作品有：《法的基本概念和基本形式——现象学上证立形式法学和国家学的构思》（Grundbegriffe und Grundformen des Rechts. Entwurf einer phänomenologisch begründeten formalen Rechts- und Staatslehre），Leipzig und Wien 1924年；《法律和法律行为的解释》（Die Interpretation der Gesetze und Rechtsgeschäfte），Leipzig und Wien 1927年。

[69]〔奥〕莱奥尼达斯·皮塔米克（Leonidas Pitamic，1885～1971），1918年之后在莱巴赫（Laibach，现在的斯洛文尼亚首都卢布尔雅那）大学讲授公法，特别是宪法、国家理论与法哲学，以及部分时间也讲授国际法。他发表的一系列文章，部分是支持纯粹法学，而部分是持批评态度的，首要针对的是基础规范理论。重要作品："法学在经济思想上的前提"（Denkökonomische Voraussetzungen der Rechtswissenschaft），载《奥地利公法杂志》（Österreichische Zeitschrift für öffentliches Recht），3（1918），第339-367页。

一教席。对我的任命即刻就下达了。当时教务部的国务秘书是社会民主党党员格勒克尔[70]。这项任命让我十分意外。我原本认为，格勒克尔作为社民党人不可能依从法律系的建议。在提名后不久，维也纳大学召开了一次教授联席会议，讨论决定大学是否要作为一个“企业”参加所在地区，即维也纳内城区的工人代表大会选举。在选举章程里，将公开声明或者以类似的形式设定以信仰马克思主义为参选的前提。我坚决反对参加这个选举。但是出于投机的想法，我在这次联席会议时没有参与讨论，以防我的立场会威胁到获得教席教授任命的机会。工人代表大会是由社会民主党建议成立的，就如人们所说的那样，教育部也已经被该党掌控。在这次会议上赞成参加工人代表大会选举的人中，还有一位同事也被视为接替贝尔纳齐克职务的热门人选。可他在此之前从来没有表明自己是马克思主义者。这让我非常气愤，以至于不顾之前的预案，愤起直言。我指出，工人代表大会的主张与科学自由的原则是不相容的，我提醒同事们回忆历史，维也纳大学在几年之前曾经十分低三下四地授予奥匈帝国王储弗里德里希大公荣誉博士头衔，这种行为很难谈得上是一个马克思主义组织所为。我由此得出结论，维也纳大学不应向任何强势势力卑躬屈膝。我相信，我的发言促使很多人反对参加工人代表大会选举。尽管如此，我还是被身为社会民主党人的教育部长任命为教席教授，这也算是政府保持客观中立的一个标志，因为第二候选人是一位专门为此加入了社会民主党的副教授，这种行为让我十分不屑。首先，因为我反对马克思主义的政治理论（无产阶级

[70]〔奥〕奥托·格勒克尔（Otto Glöckel，1874～1935），教育改革者，政治家。

专政——国家的消亡），我在《社会主义与国家——马克思主义政治理论研究》[71] 一书中曾对这个理论进行深入的批判。其次，我在过去和现在都坚持认为，社会科学领域的教师和学者不应加入任何政治党派，因为这会破坏学术的客观性。奥地利社会民主工人党的民主纲领尽管原则上是建立在马克思主义的基础上，但实际上与马克思、恩格斯的无政府主义国家理论毫无关系，我从一开始就毫无保留地支持这个纲领。但是我作为个人主义者，最初对该党主张经济国有化的经济纲领持拒绝态度。后来，尤其是目睹了战争带来的经济动荡之后，我越来越倾向于承认这一点：在现有条件下实现的经济自由化体系不会对广大无产阶级的经济安全构成保障，只有通过计划经济，也就是说，归根结底要通过工业生产的国有化才能保障经济安全。我在过去和现在都充分认识到，将工业生产的国有化与个体的政治自由结合在一起是非常困难的。但是我相信自己的立场足够客观，从而承认社会大众的经济安全比所有其他任何因素都要重要，我没有权利为了维护一种让我和像我这样的人受益的经济制度而在政治上施加影响，并且反对一种我不得不相信代表了社会大众利益的经济制度，而我们自己作为自由经济的既得利益者无论是否希望它出现，它都是未来的发展方向。因此，我个人对同时主张社会主义和民主主义的政党是抱有好感的，并且从不掩饰这种好感。但是，比这种好感更坚定的是我在职业生涯中独立于政党政治的立场。我不允许国家拥有限制科研和言论自由的权力，我也

[71]〔奥〕汉斯·凯尔森：《社会主义和国家——马克思主义政治理论研究》（Sozialismus und Staat. Eine Untersuchung der politischen Theorie des Marxismus），Leipzig 1920 年（第二版，1923 年；第三版，Wien 1965 年）。

不会由于加入一个政党，从而自愿屈从它的纪律以使它获得这样的权力。

1919 ~ 1929 年在维也纳的学术活动

在我担任维也纳大学法律系教席教授的这十年间，主要出版了《社会学和法学的国家概念》[72] 一书，这为 1925 年在柏林斯普林格（Springer）出版社出版的《一般国家学》[73] 奠定了基础。我从一开始就将国家理论视为法学理论的一个必不可少的组成部分。在 1934 年出版的《纯粹法学》[74] 和 1945 年出版的《法与国家的一般理论》[75]（哈佛大学出版社）中，我将自己的法理论和国家理论阐述为系统的统一体。在我看来，关于国家本质意义所在的关键问题是：在构成共同体的个体的多样性中，是什么构成了国家这样一个统一体。关于这个问题，唯一能在学术上成立的答案是：组成这个统一体的是一种特别的法律秩序，所有从元法律，也就是从社会学角度对国家这个统一体进行证立的尝试，都被视为是失败的。国家依其本质是一种相对集中化的法律秩序，因而国家和法律的二元化是虚构的，这种虚构建立在从万物有灵论对国家加以拟人化处理的基

[72]〔奥〕汉斯·凯尔森:《社会学和法学的国家概念——法与国家关系的批判性研究》，Tübingen 1922 年（第二版，1928 年）。

[73]〔奥〕汉斯·凯尔森:《一般国家学》，Berlin 1925 年。

[74]〔奥〕汉斯·凯尔森:《纯粹法学》（Reine Rechtslehre. Einleitung in die rechtswissenschaftliche Problematik），Leipzig und Wien 1934 年（第二版，Wien 1960 年）。

[75]〔奥〕汉斯·凯尔森:《法与国家的一般理论》（General Theory of Law and State），Cambridge（Mass.）1945 年。

础之上，人们通过这种方式来阐述国家的法律统一性。这个命题已经成为我的法学理论的主要组成部分。得出这种观点的主要原因可能是，那个与我关系最密切且根据我的政治经验最了解的国家，奥地利，很明显只是一个法律统一体。鉴于奥地利由很多不同的人种、语言、宗教和历史的族群组成的，尽管一些理论试图说明，国家统一体的基础是法学上属于这个国家的人之间存在的，某些社会心理学或者社会生物学关联，但是这些理论显然已经被证明是不现实的。只要这种国家理论是纯粹法理论的一个重要组成部分，纯粹法理论就能被视为一种奥地利特有的法律理论。出于可以理解的、主要是政治上的原因，这种理论既受到了强烈的反对（民族主义者尤甚），但是也得到了很多人的支持。我的多部作品在全世界范围内被翻译成几乎一切语言出版。[76] 据我所知，《纯粹法学》在西班牙、日本和拉美国家引起了巨大反响；而在德国、英国和北美地区则声名不彰。

对于我在 1919 ～ 1929 年间这段致力于学术研究期间所结交的人物，现在还能被我记得并值得一提的并不多。1922 年或 1923 年

[76] 截至 1947 年，《国家法学的主要问题》（1911 年）被翻译成日语和波兰语；《一般国家学》（1925 年）被翻译成日语和西班牙语；《一般国家学概论》（1926 年）被翻译成十种语言：中文、法文、希腊文、意大利文、日文、葡萄牙文、罗马尼亚文、西班牙文、捷克文、匈牙利文——来自凯尔森 1927 年的自述，参见《凯尔森全集》第一卷，第 19 页，此外，还被翻译成英语和波兰语。《民主的本质与价值》（1929 年第二版）被译成六种语言：法语、日语、波兰语、西班牙语、捷克语、土耳其语；《国家的形式与世界观》被译成三种语言：日语、西班牙语以及捷克语；《纯粹法学》（1934 年）则被全部或部分地翻译成约十一种语言：保加利亚文、中文、英文、法文、意大利文、日文、波兰文、葡萄牙文、瑞典文、西班牙文以及捷克文。

我被选为系主任[77]，之后一直尽力帮助我的老师、当时还是副教授的列奥·施特里佐沃晋升为教授，我将此事视为自己的义务。尽管他的作品并不多，但是他在国际法和国际私法[78]领域的著作获得了国际上的普遍认可。而他当选国际法学会[79]的成员，就足以说明这个事实。我提名他为正教授的建议遭到了一些人的反对，而反对的理由与他在学术上的突出贡献毫无关系。随后，我又提名了另一名国际法副教授巴龙·霍尔德·冯·费尔内克[80]，试图消除这些反对意见。法律系最后接受了对他们两人的提名，他们很快被任命为正教授。我的另一项人事安排让我树敌颇多，就是马克斯·阿德勒[81]博士的大学任教资格一事。在奥地利的马克思主义学者中，阿德勒是与奥托·鲍尔（Otto Bauer）齐名的作家。尽管我完全不同意他的基本观点，甚至在国家理论问题上与他发生了激烈的论战，因为阿德勒猛烈抨击了我的作品《社会主义和国家》，并且我也以强硬

[77] 此处凯尔森的记忆并不准确，他在 1920 ～ 1921 年间担任法律和政治系主任。

[78] 譬如参见〔奥〕列奥·施特里佐沃：《针对奥地利人在敌对国的财产法措施——其国际法上的影响和摒弃》（Die vermögensrechtlichen Massregeln gegen Österreicher in den feindlichen Staaten, ihre internationalrechtliche Wirkung und Zurückweisung），Wien 1915 年；施特里佐沃：《战争与国际法秩序》；施特里佐沃："中立思想的历史"（Die Geschichte des Neutralitätsgedankens），载《公法学杂志》，5（1926），第 184-204 页。

[79] 国际法学会（IDI）于 1873 年 9 月 8 日由 11 个来自世界各国享有盛名的民法学家在日内瓦和比利时设立；成员有 132 个。国际法学会设立的任务是，作为独立机构为国际法的发展做出贡献。1904 年获得诺贝尔和平奖。施特里佐沃是 1924 年学会在维也纳召开大会时的主席。

[80]〔奥〕巴龙·霍尔德·冯·费尔内克（Alexander Freiherr Hold von Ferneck，1875 ～ 1955），民法学家。重要作品：《违法——一般刑法学研究》（Die Rechtswidrigkeit. Eine Untersuchung zu den allgemeinen Lehren des Strafrechts），二卷本，Jena 1903 und 1905；《战时走私——国际海洋法改革》（Die Kriegskonterbande: ein Beitrag zur Reform des internationalen Seerechts），Wien 1907。

[81]〔奥〕马克斯·阿德勒（Max Adler，1873 ～ 1937），奥地利法学家、政治家和社会哲学家。

的措辞予以回击[82]，但是我在他获取任教资格一事上还是投入了巨大精力，因为他的作品学术水平很高，法律系里的反对意见也只是因为他是社会民主党党员。我的立场是，虽然我个人反对一名学者加入任何政党，但这不能成为将他彻底排除在学术圈之外的理由，当然前提是他的作品具备必要的学术水平。我的那些同事从未扭转我对马克斯·阿德勒的支持态度。

在这一时期对我造成较大影响的第三件事，是一段十分痛苦的回忆。在我的学生中，在这十年间获得大学任教资格的还有弗里茨·桑德尔（Fritz Sander）。大约在1915年，当他开始参加我的讨论课时，他就曾经提及，自己还没有以后从事学术工作的打算；他希望成为一名律师。受到我的课上活跃的课堂讨论的启发，他开始从事理论工作，并在我主办的《奥地利公法》杂志上发表了他的第一篇论文。这是一篇从康德的先验逻辑角度阐述法律理论的优秀文章。桑德尔毫无疑问是我最有天赋的学生之一，他做事勤奋，具有创造性的思维并且才智超乎常人。自然而然的，很快他就开始探索属于自己的道路，并偏离了我的学术思想。别的学生也或多或少地有这样的苗头，我对于他们（特别是桑德尔）独立的思想发展不仅没有设立任何阻碍，而且还尽量给予支持。我相信，一名教师的最大错误就是只希望他的学生不加批判地去接受其他人的观点。如果说我的功绩是成功地建立了这样一门法学理论的学派，那么很可能

[82]〔奥〕阿德勒对第一版《社会主义和国家》的批评主要参见其作品:《马克思主义国家观——社会学和法学方法论的区别》(Die Staatsauffassung des Marxismu. Ein Beitrag zur Unterscheidung von soziologischer und juristischer Methode)，Wien 1922 年。凯尔森对批评的回应参见第二版《社会主义和国家》，Leipzig 1923 年。

主要是因为我周围的每个学生在这里都能自由地施展自己的创造性思维。我为帮助桑德尔发展付出了巨大努力，除了克服巨大的阻力使他获得大学任教资格，还在我主编的《维也纳宪法与政治研究》丛书中出版了他两卷本的著作《国家和法律》[83]，虽然出版社对此十分不情愿，而我在很多方面也不赞同此书中的观点。随后的一天，桑德尔向我展示了一份希望能在《奥地利公法》杂志上发表的文稿，在文中他以非常尖锐，而且在我看来是不太扎实的方式批评了我的法学理论的一些方面[84]。我告诉他，我当然会发表这篇论文，但是我本人对此持保留意见。我对他这篇文章的回应也发表在同一期杂志上,题为“法学和法律——超越‘法教义学’的尝试”[85]。尽管我在学术上与桑德尔持对立的观点，但是当布拉格德国技术大学的一个教授职位空缺之时，我还是大力举荐了他。桑德尔获得了这个教授职位，我想这也主要是得益于我的举荐。当他公开发表反对我的意见，声称我的学说的主要部分是承袭了他的学术成果，而且还没有承认这一点[86]时，他获得这个教授职位的机会已经很小了，因为这是对我进行学术剽窃的严重指责。我当时立即申请对我本人进行

---

[83]〔奥〕弗里茨·桑德尔:《国家和法律——法律经验理论绪论》(Staat und Recht. Prolegomena zu einer Theorie der Rechtserfahrung)，第二版，Leipzig und Wien 1922 年。

[84] 凯尔森在这里指的是：弗里茨·桑德尔:“法教义学还是法经验理论？——汉斯·凯尔森法学的批判性研究”(Rechtsdogmatik oder Theorie der Rechtserfahrung？Kritische Studie zur Rechtslehre Hans Kelsens)，载《公法学杂志》，2(1921)，第 511-670 页。

[85]〔奥〕汉斯·凯尔森:“法学与法——超越‘法教义学’的尝试”(Rechtswissenschaft und Recht. Erledigung eines Versuchs zur Überwindung der „Rechtsdogmatik“)，载《公法学杂志》，3(1922～1923)，第 103-235 页。

[86]〔奥〕弗里茨·桑德尔:《凯尔森的法学——反对规范法学的檄文》(Kelsens Rechtslehre. Kampfschrift wider die normative Jurisprudenz)，Tübingen 1923 年。

纪律调查，最后得出了足以证明我清白的结果。此后桑德尔又多次企图与我恢复良好关系。我起初十分排斥他的示好之举，但是我的朋友，捷克斯洛伐克的纯粹法理论代表人物、捷克布尔诺德国科技大学的教授弗朗茨·维尔[87]劝我为了学校的利益放弃我的不妥协态度，接受桑德尔撤销对我剽窃学术成果的指责的声明。实际上桑德尔已经公开作出了这样的表示，最后我声明整件事经过调解已经得到了完美的解决。我相信，桑德尔与我恢复良好关系的愿望是真诚的。他的性格充满矛盾，他与我的关系是典型的爱恨交织，或者借用一个心理分析学的专业术语，就是恋母情结。在我和桑德尔个人关系的第一个阶段，我的学生中没有任何一个人像他这样对我表达出如此强烈的钦佩、爱慕和忠诚的感情。他向我反复保证，他视我为精神上的父亲，他仇恨自己的亲生父亲，并给我讲述了他父亲的很多令人气愤的故事。他多次向我诉说，是我让他走上了学术之路，如果没有我他就会失去思维的能力。他对我学术剽窃的指责是一种典型的弑父企图，我相信，实际上他后来也对此非常自责。当布拉格德意志大学的一个教授职位空缺出来时，有人请求我提交一份关于桑德尔的鉴定意见。尽管我和他之前发生了很多不快，但是我在鉴定意见中还是对他大加褒扬，然后他就得到了这个教授职位。

当我在 1933 年被科隆大学解职后，桑德尔再次成为布拉格德意志大学法律系里反对该大学聘用我的一员。在我接受捷克斯洛伐克政府多数党的提名，成为这所大学的教授，并于 1936 年秋季来

[87]〔捷〕弗朗茨·维尔（Franz Weyr，1879 ～ 1951），捷克法学教师和法哲学家。作为“布吕恩法理学派”的带头人，他是凯尔森证立和辩护纯粹法学过程中最紧密的同盟。1926 年他同凯尔森、莱昂·狄骥一道创办了《国际法学理论杂志》。

到布拉格之后，我如何处理与他私交的问题就出现了。我的朋友，该大学法律系的国民经济学教授弗朗茨·魏斯（Franz X. Weiss）为了让我获得聘用竭力奔走，他请求我，如果我在教授办公室碰到桑德尔，就主动向他伸出手来，从而至少从表面上保持和睦的同事关系。我也正是这么做的。桑德尔被大大触动了。当我返回自己下榻的酒店时，他陪我走了一路。他用非常衷心的话语感谢我，并邀请我去他家做客，现在我对他的那些话还记忆犹新。在我在布拉格任教这段时间，他不仅对我大献殷勤，而且还不断向我承诺，他对于和我重新恢复良好关系感到非常高兴。我是唯一一个可以与他在私下里交流思想的人。与此同时，布拉格德意志大学里受到纳粹思想蛊惑的大学生所举行的针对我的抗议活动，虽然不是他直接组织的，但他通过与国家社会主义学生会的密切联系从精神上予以支持。但是我仍然相信，他对我十分友善的态度并非假装。他曾经向我承认，如果我当时利用了他对我的信任，他会丢掉自己的工作。他对我说，他在与纳粹组织为伍的路上已经走得太远，不能再回头了，他不得不经常向纳粹组织报告大学的内部学术事务。1936 年他还告诉我，对于兼并苏台德地区，纳粹德国已经签署了协议，兼并行为在不久的将来就会发生。我对他说，由于他的犹太血统，所有这些对他来说是个十分危险的游戏。他耸了耸肩回答道，他别无选择。当纳粹德国占领捷克斯洛伐克，并从布拉格德意志大学驱逐了所有犹太人之后，桑德尔至少在起初仍保留了原先的职位，以作为他对纳粹党所做工作的感谢。但是他也没在这个职位上高兴多长时间，因为他很快就去世了，享年 50 岁，事先毫无疾病的征兆。有些当时身在布拉格的人告诉我，大家都认为他是自杀的。

编 订 宪 法

1918年10月底，在我退出军界并重新开始学术工作以后，我接受了临时德奥政府总理卡尔·伦纳[88]的任命，开始在总理办公厅工作，以准备与他人合作共同编写德国奥地利宪法的最终稿。这部宪法的初稿由伦纳本人亲自起草。不久之后，我就发现这个初稿需要进行大量补充。我只是偶尔地参与了这方面的宪法制定工作。我的主要工作是起草宪法的最终稿。因为伦纳要忙于和平谈判和解决棘手的经济问题，所以很少关注宪法问题。他只能给我指出一些根本性的政治方针：联邦国家体制，以及在代议制宪法框架内可行的民主制度。在这个过程中，当时仍处于准备阶段的魏玛宪法被我们视为范本。但是魏玛宪法只有很少一部分可以为我们所用，因为伦纳在总统问题的解决方案上所持的立场比魏玛宪法[89]更加民主。而且，魏玛宪法最具特色的部分，即关于基本权利的规定是我们不予

[88]〔奥〕卡尔·伦纳（Karl Renner，1870～1950），奥地利法学家和社会民主党政治家。1918～1920年任第一共和国总理；1919～1920年兼任外事国务秘书；1945年后任临时三方政府的政府首脑，在1920年的联邦宪法法重新生效后，任第二共和国的首届总统。伦纳与凯尔森在科学上彼此志同道合。重要作品：《奥地利改革》（Österreichs Erneuerung），三卷本，Wien 1916年；《马克思主义、战争和国际性组织》（Marxismus, Krieg und Internationale），Stuttgart 1917年；《国营经济、世界经济和社会主义》（Staatswirtschaft, Weltwirtschaft und Sozialismus），Berlin 1929年。

[89] 帝国总统的法律地位规定在魏玛宪法第一部分的第三章中［Art. 41-59 Verfassung des Deutschen Reichs vom 11.8.1919，RGBl. S. 1383（下面统称：WRV 1919）］，具有四个特征：公民直接选举，对德国国防军的最高指挥权，总统制政体以及紧急命令法。这些特征没有出现在1920年联邦宪法有关奥地利总统的规定中。联邦总统的选举由联邦议会进行，对联邦军队的指挥权以及对联邦政府的提名则由国民议会负责。

考虑的。基督教社会党成功阻止了关于基本权利的新规定获得通过，并让原先关于国家公民一般权利的奥地利国家基本法成为新宪法的组成部分；对此根本不需要感到遗憾，因为这部旧的国家基本法并不是19世纪政治自由主义的拙劣产物。

我的意图是，把上级指定的政治原则以在法律语言上尽可能没有瑕疵的方式编成法典，并在这个过程中有效地保证各个国家职能符合宪法。我认为，这部宪法在法学中的核心内容是关于保障宪法和行政管理的章节。根据这个方向，我可以将新宪法与原先奥匈帝国的国家机构联系起来：最高法院和高等行政法院。对后者只需做出一些无关紧要的改动就可继续沿用。而最高法院则要转变为一个真正的宪法法院，这是世界宪法历史上第一个采取这种形式的法院。在此之前，还没有任何一家法院获得这个权限：具有普遍效力地、而非效力仅限于特殊情况地取消某些违反宪法的法律。

为了能够考虑到各种不同的政治可能性，我拟定了多个草案。在草案的法律语言方面，我完全没有受到任何束缚。就像前面所说的，伦纳被其他工作占用了太多精力，而负责宪法准备工作的内阁成员是基督教社会党人，因斯布鲁克大学历史系教授密歇艾尔・迈尔（Michael Meyer），他当然对于专业的法学问题没有任何兴趣。他完全放手让我开展这方面的工作。我觉得，他认为自己的主要职责是防止宪法条文中出现基督教社会党不想要的规定。实际上，国民制宪大会只以较少的改动就通过了我编订的宪法草案。其中我最为看重的、视为自己个人成果的章节是关于建立宪法法院的部分，这在议会讨论中没有任何改动。

宪 法 法 院

根据新的联邦宪法成立宪法法院之后不久，我就被选为宪法法院的成员，后来被任命为常任法官之一。但我只能兼职履行这个职责，因为我这时还继续担任维也纳大学法律系的教授。我一直担任宪法法院成员和常任法官，直到宪法法院 1929 年由于宪法改革而被解散。这就是为什么我会离开奥地利并接受科隆大学聘请的原因。1929 年的宪法改革是基督教社会党发起的对社会民主党的政治进攻，社民党虽然从 1920 年联邦宪法生效开始就没有进入中央政府，但是控制着维也纳州政府和奥地利工人党。该党在 1927 年正义宫（Justizpalast）大火事件期间和在此之后的态度表明，它并没有像资产阶级阵营人士设想的那样强大，更不用担心它会有用革命手段夺权的危险。该党政治影响力的衰退，也反映在它在外交政策上越来越明显地对基督教社会党亦步亦趋：向意大利法西斯投怀送抱。1929 年由基督教社会党发起的宪法改革首要目标是，大大加强联邦总统和整个中央行政机构的权力，使政府在没有议会的情况下也能运作，因为议会中态度强硬的少数派社会民主党十分不受欢迎，基督教社会党只能通过与德意志民族党结盟组成多数派。宪法改革的次要目标是撤销宪法法院，至少使其现有形式不复存在。

宪法法院与政府存在矛盾。起先是因为宪法法院作出了一项不利于联邦警察职权的判决。但是之后关于特许婚姻的判决才是其最终被撤销的主要原因。在这里，并不合适探讨整件事的所有法律细节。而且对此我也缺少必要的资料，只能提一下我能记住的重要事情。

根据从1811年开始生效的奥地利民法典中的婚姻法，按天主教会程序结婚的婚姻是不能离婚的。也就是说，只有当配偶的其中一方死亡才能解除婚姻关系。但是奥地利法律允许法定分居，这样就解除了夫妻双方由于婚姻关系所产生的义务，特别是夫妻双方共同的财产义务。这样的法定分居并没有解除婚姻关系的法律效力。而夫妻双方中任何一方如果要重新结婚，就会面临婚姻障碍。当这部民法典生效时，奥地利不仅处于天主教会的巨大影响之下，而且本身也是一个专制王朝，但是此时，国家已经从教会手中接管了婚姻权。所以民法典也规定，皇帝或其在奥地利各州的代理人（即地方总督）有权向业已存在的婚姻障碍颁发特许令，也就是说，在有些情况下即使存在婚姻障碍仍然允许结婚。民法典并没有规定如何限制行政机关在这方面的权限。从民法典的资料可以看出，立法者在制定民法典的过程中讨论了这个问题：对于行政机关向婚姻障碍颁发特许令的行政行为是否要作出详细规定。立法者对这个问题作出的决定不受任何限制，因为他们认为颁发特许令是皇帝的一种仁慈行为，而人们是不能对皇帝的行为设定条条框框的。所以这部法典包含了两个截然相反的原则：一个是天主教会秉承的不能离婚原则；另一个是行政机关具有对现有的，也就是由于天主教认可而构成的婚姻障碍颁发特许令的无限权限。对于这种情况通常有两种解释，也就是将其中一个原则解释为受到另一个原则的限制。人们可以提出理由说，行政机关有权允许一个人结婚，只要他（她）已经和第一次婚姻的另一方合法分居，并且行政机关颁发特许令的行为会导致第一次婚姻的解除，否则就会触犯刑法上的重婚罪。但是人们也可以反过来陈述理由说，行政机关颁发特许令的权限针对的并不是由于天主教认可而构成的婚姻障碍，因为法律并没有明确地规定，这种行政行为具有解除现有婚姻关系的效力，因此有可能会导致应受刑罚的重婚行为。实际上在奥匈帝国时期只针对天主教认可的婚姻颁发了很少几个特许令，当然也仅限于非常有影响的人物。

在奥匈帝国解体之后成立的第一个德国奥地利议会中，由社会民主党和德意志民族党（Deutschenationalen）组成的多数派决定改革婚姻法，以适应德国的婚姻法。将民事婚姻用法律形式明确规定，包括天主教认可的婚姻在内的所有婚姻都可以离婚。受控于天主教的基督教社会党试图不惜任何代价阻止这个改革。这样双方就达成了一项妥协，据此社会民主党和德意志民族党放弃了他们原先计划的婚姻法改革，但是行政机关向由于天主教认可而构成的婚姻障碍颁发特许令的权力，相比在奥匈帝国时期，得到了极大的加强。根据这个由政治党派达成的协议，各州长官（取代地方总督）颁发了几千份这样的特许令。如果州长官是社会民主党人士或者德意志民族党人，那么申请解除婚姻障碍的特许令当然不会遇到任何困难。如果州长官是基督教社会党人，他就会设置障碍，因此就要上诉到联邦总理。尽管联邦总理从 1920 年开始就一直是基督教社会党人，但是他的副手，即副总理则是两党联盟中的德意志民族党人。为了履行两党在这个问题上所达成协议的义务，作为基督教社会党人的联邦总理出去作了一次短暂的旅行，以便来自德意志民族党的副总理能够公正地处理累积的特许令上诉问题。天主教牧师出身的联邦总理伊格纳茨·塞佩尔（Ignaz Seipel）也认识到了这个现实情况。根据传言，各州长官在这件事上是听命于塞佩尔的，所以他能够通过直接向各州长官下达命令来禁止他们颁发婚姻特许令。但是因为塞佩尔是基督教社会党人，有义务遵守他的党派达成的协议，因此他不能采取这样的措施，于是就需要违背他自己本人意志颁发特许令。塞佩尔对这个无奈的现实非常憎恨，这一点是可以理解的。我不知道他是否直接或间接地做了些什么，使他与行政机关在婚姻特许令一事上的对立态度最终由法院来干预。有一天，一个奥地利法院宣布一桩根据行政机关颁发的婚姻特许令而缔结的婚姻为无效，理由是行政机关颁发特许令的行政行为是违法的，因为不能对由于天主教所认可而构成的婚姻障碍颁发特许令。根据我的记忆，奥地利最高法院也认可了这项判决。从那时开始，法院宣布婚姻特许令为无效的案例越来越多。对此，法院的立场也不是非常坚定。他们没有宣布由于特许婚姻而出生的孩子为非婚生，对于尽管存在天主教所认可的婚姻而第二次结婚的人，也没有追究重婚罪。他们满足于将来会把第二次婚姻宣布为无效。从此，奥地利法律史上一个空前的丑闻开始了：一方面是行政机关明确允许缔结一个婚姻；另一方面是法院宣布这个婚姻为无效。国家的权威以最严重的形式受到动摇。此外，法院负责通过官方正式渠道检验现有婚姻关系是否合法有效，任何一方只需检举他人就能启动关于无效婚姻的诉讼程序。这种情况就被人用来进行无耻的敲诈。任何人只要生活在行政机关批准的特许婚姻关系之下，那么就要承受被人勒索的危险。利用行政机关颁发的特许令缔结第二次婚姻的夫妻，如果想解除这个婚姻关系，只需向负责的法院寄一张明信片，说明一下他们现在是特许婚姻就可以了。我自己在宪法法院时也处理过一件离婚案，为了迎娶一位年轻富有的荷兰女孩，一位已经与第一位妻子法定分居的建筑师向行政机关申请了婚姻特许令。他获得特许令后就与那个女孩结婚了，把她的财产在一年之内挥霍一空，然后他就真的只向负责的法院寄了一张明信片，声明自己目前是特许婚姻状态。法院通过正式渠道采取了措施，宣布这个婚姻关系为无效。该案的案卷附带了他第二任妻子的一份申请，其中指出了一个她闻所未闻、完全不能理解的事实：奥地利法院可以宣布一个婚姻无效，理由是奥地利行政机关颁发的婚姻特许令是违法的。她出于对奥地利和其政府部门的信任而结婚，而正是这个国家向她宣布，她之前被误导了，允许这个婚姻关系在她的全部财产被挥霍一空后解除。

宪法法院以下面的方式碰到了特许婚姻问题。我以前的学生，一个维也纳的律师，在一次婚姻无效诉讼程序中担任夫妻一方由法律指定的辩护律师，来找我寻求关于这件事的法律建议。我提醒他注意，可以向宪法法院提起职权冲突的诉讼。根据之前的司法实践，将这样的案例提交法院是毫无疑问的。根据现行法律，普通法院无权对行政行为的合法性作出判决。只有一个特别法庭，即行政法院才能判决行政行为是否合法。作为一个关于婚姻有效性的预先提出的问题，如果一个普通法院宣布婚姻所依据的行政行为是违法的，那么普通法院就逾越了法律赋予其的职权，并干预了行政机关或者行政法院的职权。在这个意义上，宪法法院已经对通路权的案例作出了判决，宣布一条穿越私人地产的道路为公有，是行政机关的职责。对行政机关的相关决定不满的地产所有人不会相信，行政法院能够撤销行政行为，因此向一个普通法院提起了私有财产占有妨害诉讼，诉讼对象是行政机关宣布道路为公有后的第一个使用者。普通法院支持了他的诉讼请求，理由是宣布这条道路为公有的行政行为是违法的。然后，负责的联邦部级机关就向宪法法院提起了职权冲突的诉讼案。宪法法院的判决是，普通法院在关于这个行政行为合法性的判决上逾越了自己的职权范围，所以撤销了这项判决。特许婚姻事件的法律情况与前面这个案例非常相似。于是，负责这个悬而未决的婚姻无效诉讼案的夫妻一方代理律师就提请宪法法院裁决职权冲突，宪法法院根据我的建议以多数票作出了与通路权案例相同的判决。只要宪法法院遵守在此之前的司法实践，就不会得出不一样的判决。从现在开始，涉及特许婚姻的婚姻无效诉讼案代理律师当然都来求助于宪法法院，后者也都作出相同的判决，也就是判决普通法院没有权力将颁发婚姻特许令的行政行为宣布为违法，并且根据这个理由取消了将特许婚姻关系判为无效的司法判决。对于这些判决，宪法法院的依据不仅是在此之前的职权冲突司法判例，而且另一个理由是，法院和行政机关的公开冲突威胁到了国家的权威性。宪法法院在这方面的态度，与行政机关颁发婚姻特许令并被普通法院判决为无效的行政行为究竟是否合法根本没有关系。宪法法院只是完成自己的任务，即维护法院和行政机关之间的职权界限。正是宪法法院这种真正意义上的保守态度，以及它根据职责支持现行法律和建立在法律基础上的国家权威，最终导致了自身被撤销。在天主教会的压力之下，基督教社会党控制的媒体发起了对宪法法院的猛烈抨击。而且我本人由于参与了宪法法院的这些判决而为人熟知，也成了这些有时十分恶毒的攻击的对象。我被指控助长重婚等类似行为。其中我还记得，有一次我的两个女儿放学回家后惊恐地说，我家房门上贴着一张海报，上面有很多攻击我的可怕语言。由于我当天根本没有出门，就没看到那张海报。上面充斥着下流不堪的性辱骂，称我妻妾成群还是其中最轻的指控。我马上把它撕掉了。在塞佩尔领导下的基督教社会党很明显决心利用一个机会铲除宪法法院。1929 年的宪法改革就为此提供了机会。根据 1920 年的宪法，宪法法院的成员是由议会选出并终身任职的。当时采用由议会选举而不是政府任命的方案，是因为一方面宪法法院的最基本职能就是审查政府行为是否符合宪法，另一方面，取消违宪的法律只是一个“消极立法”职能[90]。政府的计划是撤销现有的宪法法院，并用一个全新的、成员均由政府任命的宪法法院予以代替。这样的话，政府就能以某种方式组成宪法法院，使宪法法院不能继续坚持在特许婚姻一事上的司法判例。这样的改革必须通过宪法才能实现，而且需要获得议会的三分之二多数，没有社会民主党的支持是不可能的。为了在重组宪法法院一事上获得社会民主党的支持，政府宣布，在新的宪法法院 14 名候选成员中有两个名额将接受社会民主党的提名。时任社会民主党主席，同时也是维也纳市长兼维也纳州州长的卡尔·塞茨（Karl Seitz）想让我担任该党在新的宪法法院中的代理人，尽管我从来不是该党党员。我非常坚定地拒绝了。首先我不想作为任何党派的代言人行使司法权力，这样的行为在我看来与司法独立性水火不容。即使塞茨向我明确保证，我根本不需要向他的党派承担任何责任，我也没有同意。其次，我认为接受政府的这个建议是社会民主党的一个严重错误。在宪法法院

[90] 凯尔森将宪法法院撤销法律的功能刻画为“消极立法者”。汉斯·凯尔森：“宪法审查的发展和本质”（Wesen und Entwicklung der Staatsgerichtsbarkeit），载《德国国家法学协会会刊》（VVDStR），5（1929），第 30-88 页之第 55 页及以下；汉斯·凯尔森：《谁是宪法的守护者？》（Wer soll der Hüter der Verfassung sein?），Berlin 1931 年，第 27 页。

里，两个社会民主党的提名人选面对政府的 12 名代言人是毫无作为的。他们存在的唯一作用是，使判决披上一层客观性的外衣。我向塞茨市长解释，我认为撤销一个独立于政府的宪法法院，其后果更甚于当时已经非常明显的基督教社会党法西斯化倾向。接下来事情的发展正如我所料。但是社会民主党认为，为了拯救维也纳的自治地位必须要接受政府建议的宪法改革，否则政府就威胁对维也纳的自治予以限制。因此，联邦议会通过了包括宪法法院重组在内的宪法改革决议。新的宪法法院立刻执行了符合政府意愿的路线，公开违背原先宪法法院的司法判例作出新的判决，也就是将特许婚姻宣布为无效的普通法院没有逾越职权干涉行政机关。这样一来，尽管仍有可能颁发婚姻特许令，但是缔结特许婚姻的风险就非常大了。这是基督教社会党在当前情况下所能做到的极致。

科　隆

上述这些事情让我愤怒异常，失去了在奥地利继续工作的兴趣。恰好我当时刚刚收到科隆大学的聘请书。尽管科隆大学要求我必须讲授国际法的课程，而我在此之前对于这方面并没有投入过很多精力，但是我还是接受了这份聘请。如前面所提到的，1920 年我出版了《主权问题和国际法理论》一书，1926 年我在荷兰海牙国际法学院讲授了关于“国内法体系与国际公法之间的关系”[91] 的大课。无

[91]〔奥〕汉斯·凯尔森：“国内法体系与国际公法之间的关系”（Les rapports de système entre le droit interne et le droit international public），载《海牙国际法院演讲集》（Recueil des cours），第一册 14（1926），第 227-331 页。

论是我的书还是这个大课，主要内容都是国际法和国家法之间的关系。为了讲授关于实定国际法（positives Völkerrecht）的大课，我必须首先做细致的准备。实际上，学习实定国际法占用了我在科隆大学期间的大部分时间。我在这里从1929年秋季一直工作到1933年4月。这三年的时光给我留下了非常美好的记忆。物质条件是非常不错的。我在科隆近郊的马林堡租住了一个非常漂亮的别墅，带有一个很大的花园。我有一个自己的研究所和几位助手，并且有充足的资金来筹建一个国际法图书馆。系里的同事与我关系非常好，尤其是促成科隆大学聘请我的国家法教授弗里茨·施蒂尔－索姆罗[92]。可惜的是，他由于心脏病在1932年就去世了。

我在科隆大学任教期间，有一个夏季学期曾在日内瓦高级国际关系学院担任客座授课，并在海牙国际法学院主讲了一个关于国际法的夏季培训班，这两次课程都是用法语讲授的。1932年，我被选为科隆大学法律系主任。1933年希特勒上台担任德国总理，我是第一批被纳粹政府解职的教授之一。我当时正坐在桌旁吃早餐，顺手看着一份科隆当地的报纸，这时坐在我对面的妻子对我说，在这页报纸背面有你的名字！这就是将我解职的消息，我是通过这个途径才知道的。现在当然就是离开德国的最佳时机，尤其是在纳粹的宣

[92]〔德〕弗里茨·施蒂尔－索姆罗（Fritz Stier-Somlo，1873～1932），国家法学者，自从1910年任教于波恩大学，1911～1912年任教于杜塞尔多夫行政专科学院，1919～1932年在新建的科隆大学任教。1919～1920年、1929～1930年分别在各自任教的大学担任法学院院长，1925～1926年担任科隆大学校长。重要作品：《国际法手册》（Handbuch des Völkerrechts），19卷本，Stuttgart 1912～1939年（任主编）；《地方性国家法和行政法手册》（Handbuch des kommunalen Staats- und Verwaltungsrechts），两卷本，Oldenburg 1916～1919年；《法学小词典》（Handwörterbuch der Rechtwissenschaft），七卷本，Berlin 1926～1931年（任主编）。

传单上已经提出了要将我的护照没收，以防我出走国外的要求，理由是我曾经发动了仇恨德国的宣传攻势。实际上只有得到警察局的明确许可后我才能出国，而科隆警察局当然是在纳粹的掌控之下。我作为一个知名的和平主义者、奥地利民主宪法的领衔起草人，当时非常有可能被抓到纳粹集中营里去，我几乎陷入了绝望的境况。我向科隆警察局递交了出境申请，但是我不太相信会得到批准。一位我至今不知道名字的科隆大学下级官员来拜访了我，对我说，他是纳粹党的老党员了，因此他在警察局有朋友，他打算帮助我获得出境许可。我万分感谢地接受了他的提议，后来就真的得到了这份许可。我当时认为，这位恩人想要巨额的金钱回报。但是实际情况不是那样。他坚决地拒绝了任何酬劳。这个纳粹分子之所以挽救了我的性命，完全不是为了一己之利。我却从来没有注意到他的名字。

日内瓦

我离开科隆后先去了维也纳，以便为奠定今后的生存基础做些必要的准备。不言而喻的是，为了可以让我以任何形式继续我的学术工作，维也纳大学也做了很多努力。但是我收到了三份来自国外的聘请书，它们分别来自伦敦政治经济学院、纽约社会研究新学院和日内瓦高级国际关系学院。我决定接受来自日内瓦的聘请。主要是因为我的法语尽管说不上完美，但比我的英语好得多。日内瓦的外部条件是非常出色的。一周只有两节大课和一节讨论课。虽然工资比不上在科隆大学时期，但是已经足够让我全家生活舒适。但更主要的是我能有足够的时间进行学术工作。起初，我必须将大部分时间花在通过系统学习克服语言障碍上，尤其是要重视正确的发音。在最初阶段，我必须把让我讲授的大课内容翻译成法语，每一节课都要格外仔细地做准备。第一年，我每次上大课前都要自己先大声朗读三四遍。但是到了第二年，我已经能够十分流利地进行脱稿授课，并且参与课堂讨论时也不会感到很拘束。很快，我就能用法语进行写作了。我也出版了几部用法语撰写的著作[93]。在克服了语言障碍后，我重新开始着手一项早在我从维也纳迁居科隆之前就已经开始的工作，随着时间的推移这个工作也已经发生了变化。我最初的计划是系统地建立法律实证主义的理论，并同时评判自然法学说。我在做准备工作时发现，阐述自然法学说的历史也是必不可少的。我写了一本关于古典自然法学说的书。这本书本来由维也纳的斯普林格出版社出版。在对校样进行校对时，我确信，如果没有阐述希腊宗教对于社会哲学的影响，是无法把古希腊自然法学说讲清楚的。所以我在已经完成的书稿中又加入了关于公正思想的一章，这也正是源于希腊宗教的自然法学说的问题所在[94]。这本书后来就付梓印刷了。但是我还没有决定是否要出版，一方面因为古希腊罗

[93] 参见“国际条约理论的贡献”（Contribution à la théorie du traité international），载《国际法学理论杂志》（Revue international de la théorie du droit），10（1936），第 253-292 页；“纯粹法学视角下的国家”（Droit et état du point de vue d'une théorie pure），载《巴黎大学比较法研究所年鉴》（Annales de L'Institut de Droit comparé de L'Université de Paris）1936 年，第 17-56 页；“国际法到国内法的转换”（La transformation du droit international en droit interne），载《国际公法综述》（Revue Générale de Droit International Public）43（1936），第 5-49 页。

[94] 在凯尔森的学术遗产（第三箱）中，可以发现他对这一作品的重大改编，改编的题目为“在希腊宗教和诗歌中的正义理念”，这一改编有 188 页之多。

马自然法学说与古代的整个社会哲学理论联系非常紧密，以至于不可能将其分离出来单独阐述，而我已经写过两本关于柏拉图和亚里士多德社会哲学的大部头著作。另一方面我发现，如果没有其他民族的原始宗教是无法理解前荷马时代的希腊宗教的，于是开始了这方面的学习。我发现所有这些宗教的核心思想就是灵魂信仰，在我看来，最重要的任务就是证明在宗教发展的所有历史阶段这种灵魂信仰巨大的社会职能，以及它对正义理念的意义。从自然法学说的历史就演变出灵魂信仰的社会学。其基本思想是：在宗教发展的第一阶段，也就是在原始宗教阶段，灵魂是复仇的主体，这种复仇被视为在人世间可以实现公正的表现形式；而在宗教发展的第二阶段，灵魂成为在阴间可以实现的复仇的对象，被称为超凡之人的、在人世间复仇的灵魂变成了不死的鬼魂，阴间的神灵就对这些鬼魂进行复仇。由于灵魂信仰是所有玄学的核心思想，灵魂信仰的社会学就肯定成为所有玄学最基本的批判精神。在维也纳和科隆时期，我就已经搜集了关于这种灵魂信仰的社会学的人种学资料。我在日内瓦又继续开始这方面的搜集工作。我主要是在泰勒[95]、弗雷泽[96]、列维·布留尔[97]等人的著作中找到了很多素材。但是这些学者，和几乎所有的人种学者一样，都只认为这种原始的灵魂信仰是迷信，却没有看到其巨大的社会职能。此外，在现代人种学中占有统治地位的前万物有灵论学派使人们没有注意到这种灵魂信仰，原始世界观

[95] 凯尔森指的是人类学家〔英〕爱德华·泰勒爵士（Sir Edward Burnett Tylor，1832～1917）。

[96]〔英〕詹姆士·乔治·弗雷泽（James George Frazer，1854～1941），古典哲学家，律师以及人种学者。

[97]〔法〕吕西安·列维·布留尔（Lucien Levy-Bruhl，1857～1939），哲学家，心理学家，社会学家以及人种学者。

的本质是相信独立于灵魂信仰的巫术。这种理论我基本上认为是错误的。我必须查找上述作者在著作中引用的材料，用第一手的资料对原始宗教进行阐述，以此来证明我的论点。我将大约十二年的工作成果用德语写成了一部临时的书稿，用打字机打出了将近 2000 页[98]。作为这项工作的副产物，我在 1939 年向荷兰海牙的斯托库姆出版社投出了我的著作《报应和因果——一项社会学的研究》[99]。实际上，虽然这本书当年就已经印好了，但是直到 1945 年"二战"结束后才得以出版。在此之前，已经有一部分有些偏离主题的内容在芝加哥出版了英文版，书名叫《社会和自然——社会学调查》[100]，其西班牙语版[101]也在阿根廷的布宜诺斯艾利斯出版。我将自己关于灵魂信仰社会学的基本思想写成了一篇法语文章《灵魂和法律》[102]，其英语版本[103]发表在一本美国杂志上。而且我关于柏拉图和亚里士多德的书稿的一些章节也发表在法语、德语、英

[98] 凯尔森的科学遗产中有三箱内装着有关《社会学和灵魂信仰》的手稿和大量材料。凯尔森并没有出版这一作品。

[99]〔奥〕汉斯·凯尔森：《报应和因果——一项社会学的研究》（Vergeltung und Kausalität. Eine soziologische Untersuchung），Den Haag und Chicago 1941 年。

[100]〔奥〕汉斯·凯尔森：《社会和自然——社会学调查》（Society and Nature. A Sociological Inquiry），Chicago 1943 年。

[101]〔奥〕汉斯·凯尔森：《社会和自然——社会学调查》（Sociedad y Naturaleza. Una Investigación Sociológica），Buenos Aires 1945 年。

[102]〔奥〕汉斯·凯尔森："灵魂和法律"（l'âme et le droit），载《法哲学和法社会学国际研究所年鉴》（Annuaire de L'Institut International de Philosophie du Droit et de Sociologie Juridique），1935～1936 年度，第二年刊（1936），第 60-80 页。

[103]〔奥〕汉斯·凯尔森："灵魂和法律"（The Soul and the Law），载《宗教评论》（The Review of Religion）I（1936～1937），第 337-360 页。

语杂志上[104]。

布 拉 格

我在日内瓦任教期间，被美国哈佛大学[105]和荷兰乌特勒支大学[106]授予名誉博士学位。此外，我还在布拉格德意志大学短期地担任客座教授，这段经历并不太愉快。

在我被纳粹政府免职后不久，布拉格德意志大学法学院以多数票提名我担任国际法教授。这个提名是由我的朋友，该学院的国民经济学教授弗朗茨·X.魏斯发起的，他对我的事情非常热心。但是反对者耍了一些阴谋手段，延误了将对我的提名上交捷克斯洛伐克教育部，并要求对这件事重新进行讨论。第二次表决时虽然我仍得到了多数票，但是比第一次要少得多。对于纳粹德国政府日益膨

[104]〔奥〕汉斯·凯尔森："柏拉图式的正义"（La justice platonicienne），载《法国哲学和外国哲学评论》（Revue Philosophique de la France et de L'Étranger）114（1932）；汉斯·凯尔森："古希腊马可多尼政治和亚里士多德的'政治'"（Die hellenisch-makedonische Politik und die „Politik" des Aristoteles），载《公法学杂志》13（1933），第625-678页；汉斯·凯尔森："柏拉图式的正义"（Die platonische Gerechtigkeit），载《康德研究》（Kant-Studien），38（1933），第91-117页；汉斯·凯尔森："希腊马其顿的政治和亚里士多德的政治学"（La politique gréco-macédonienne et la Politique d'Aristote），载《法哲学与法社会学文丛》（Archives de Philosophie du droit et de Sociologie juridique），4（1934），第25-79页；汉斯·凯尔森："柏拉图的正义观"（Platonic Justice），载《伦理——社会、政治和法哲学国际杂志》（Ethics. An International Journal of Social, Political and Legal Philosophy），48（1937～1938），第367-400页；汉斯·凯尔森："亚里士多德的哲学与希腊马其顿的政治学"（The Philosophy of Aristotle and the Hellenic-Macedonian Policy），载《伦理——社会、政治和法哲学国际杂志》，48（1937～1938），第1-64页。

[105] 1936年9月18日。

[106] 1936年4月20日。

胀的势力，大家都越来越害怕。在长时间的犹豫之后，捷克斯洛伐克政府决定聘请我。我接受了这份聘请，条件是我在布拉格的工作要与在日内瓦的本职工作相互协调。我的计划是，一个学期在布拉格任教，然后一个学期在日内瓦。我并不想完全放弃在日内瓦大学的职位，迁居到布拉格，因为我对于得到布拉格这个职位的机会不抱任何幻想。结果证明我是正确的。但是我认为，在我失去了奥地利和德国的退休金之后，如果能得到一份可以领取退休金的职位，哪怕是机会再渺茫也不能让其从手边溜过。

1936 年 10 月中旬，我独自一人前往布拉格开始讲授我的大课，没有家人陪伴。我向日内瓦高级国际关系学院请了一段时间的假。在我第一次上大课的当天，这所大学的主楼已经被信仰法西斯主义的大学生以及该国日耳曼少数民族的群众组织占领。由于纳粹德国的媒体煽动对我的任命进行抵制，我不得不穿过由抗议人群组成的、狭窄的“欢迎”队列，来到系主任为我的首节大课准备的大教室。后来的事实表明，大教室也已经被纳粹组织占领。报名来听课的学生都被人以暴力胁迫，没有进入这个教室。所有这些没有系主任的默许是不可能发生的，他虽然作为基督教社会党人不站在纳粹分子一边，但是没有向我事先说明这一切。当我走进教室的时候，没有人从座位上站起来，这很明显就是对我的侮辱，因为根据学术礼节，学生在教师进来时必须站起来。在我刚说了几句话之后就有人喊：“下贱的犹太人，所有不是犹太人的都离开教室！”然后所有人就都离开了，偌大的教室空荡荡的，剩下我一个人。穿过狂热的纳粹支持者组成的人群，我在他们仇恨目光的注视下回到系办公室。然后我看到几个学生被人殴打，又从台阶上被推下去。这些是报名来听我的课的学生，纳粹分子将他们扣留在另一个教室里，现在用暴力赶出了教学楼。在系办公室里，系主任向我承诺说，对于日耳曼少数族裔大学生的行为他也非常震惊，因为这些人的头目已经向他郑重保证过，不会妨碍我的第一堂大课。为了避免再次发生类似的事件，捷克斯洛伐克教育部命令暂时关闭这所大学，对于学生来说这就意味着一个学期无课可上。这个措施确实起作用了，在经过几个星期之后大学又恢复了正常的教学秩序，日耳曼少数族裔的大学生再也没有举行抗议活动。他们企图用另一种方式阻挠我的大课——他们禁止所有本国的学生来听我的课。我的学生实际上只有几个犹太人和信仰共产主义的学生。此外，我还收到了几封画着纳粹标志的信，威胁我如果不放弃在大学的教学，就会要我的性命。对于这样的威胁必须予以重视，在不久之前特奥多·莱辛[107]教授被杀一事已经充分证明了这一点，他为了躲避德国纳粹的迫害而逃到捷克斯洛伐克，却在该国西部城市卡罗维发利遇袭身亡。杀人犯却没有被抓住。莱辛教授的遗孀找到我，对我提出了警告。她对我说，她的丈夫之前也曾经收到过恐吓信，但是没有放在心上。有一天我被叫到警察局去，有人告诉我，警察已经得到消息，一个完全受控于纳粹分子的学生组织——德意志演讲和朗读团的主要成员正

[107]〔德〕特奥多·莱辛（Theodor Lessing，1872 ～ 1933），哲学家和政论家，是实用主义的社会主义的代表。他引发了德意志民族和各种族之间的仇恨，当他在“兴登堡”一文中警告人们不要选举兴登堡（1947 ～ 1934）为魏玛总统的时候。为此他放弃了在汉诺威技术大学的教学（1922 ～ 1925），1933 年 3 月 1 日移居到捷克斯洛伐克。然而，1933 年 8 月 30 日他因纳粹的刺杀而受伤，于次日不治身亡。

在商量谋害我的计划。我在离开教室的时候会被学生包围，然后打死。这个细节详尽的计划是一个负责打扫该学生组织房间的女清洁工向警察告发的。这对我是一个警告。此外，警察还指派了两名警探全天陪伴在我身边。在我上课时，一名坐在第一排，另一名坐在最后一排，这是对学术自由多么大的讽刺！警官告诉我说，德意志演讲和朗读团的主席是一名来自德国的纳粹特务，还在医学系注册了学生身份。警官暗示我说，由于捷克斯洛伐克与德国的外交关系日益紧张，或许有可能对他和这个组织的其他成员采取行动，对整个谋杀计划也不必太过紧张。后来，这个特务就被逮捕了，在很长时间之后才对他提起诉讼，在法庭上他承认，他们曾经讨论过针对我的计划，但是并没有非常认真地对待这件事，更谈不上证人所说的将我"打死"，而是只想将我"打一顿"。他被宣判无罪当庭释放。根据警察和法院在这件事上的态度以及其他的一些迹象，尤其是这所已经完全纳粹化的大学的教务处软弱无力的政策，我认为捷克斯洛伐克政府感到无法承受纳粹德国的压力，更希望避免由在本国的纳粹分子的极端行为挑起冲突。在一次我与捷克斯洛伐克总统爱德华·本恩斯[108]会面时，我向他请求辞职，因为该国政府由于聘请我为教授承受了很大的外交压力。但是他明确向我表示希望我留下来，因为政府的威信目前岌岌可危。所以我一直待到冬季学期结束。由于我实际上只上了几个星期的课，我就无法实现夏季学期重新回到日内瓦大学教课的原计划。我夏季学期再次来到布拉格，这

[108] 参见注 58。

时学校里的局势已经有些缓和了。暑假我是在日内瓦度过的。但是1937～1938冬季学期是我在布拉格工作的最后一段时光。1938年夏季学期我向大学请假，然后重新开始在日内瓦高级国际关系学院教课。1938年秋季捷克斯洛伐克发生了政治动荡（德军侵占苏台德地区），我也就再也不能在布拉格德意志大学进行任何教学活动了。

在我来布拉格履新之际与贝奈斯总统的第一次会面时，我就谈到了宪法改革问题。我对他说，我认为将高度中央集权的捷克斯洛伐克国家体制转变为一个由捷克、斯洛伐克和苏台德地区组成的联邦制国家是非常值得研究的。鉴于苏台德地区日耳曼少数民族要求该地区脱离国家的运动愈演愈烈，这是最好的解决途径，同时也能满足斯洛伐克人的民族自治要求。贝奈斯总统坚决地拒绝了我的这个想法。他说，根本不存在什么斯洛伐克问题，而且只需要向苏台德人许诺中央政府的一些官位，就能平息苏台德地区的局势。在我看来，他严重低估了建立在1919年和平协议基础上的国际政治体系即将崩溃会给捷克斯洛伐克带来的危险。这个体系也是捷克斯洛伐克作为一个由捷克人统治的中央集权国家的生存基础。英国和法国仅仅承诺保证捷克斯洛伐克的存在，它们对希特勒扩张政策的容忍甚至是怂恿已经打破了凡尔赛体系。在如今这种情况下，捷克斯洛伐克已经不太可能继续维持中央集权的国家体制。贝奈斯对局势的判断很明显是太乐观了。1934年他还在担任外交部部长时，一次在日内瓦我想送给他一本我关于国际联盟的著作，于是主动提出想和他见一面。此事提醒我回忆起那次见面时他所说的话。我们当时谈到了意大利和德国的纳粹极权政府，以及它们对民主和世界和平的威胁。贝奈斯说，他相信这些极权政府是不会维持多长时间的，因为它们肯定会由于国内的经济危机而倒台。我提出异议说，经济上的困难对于独裁政权的威胁要比对民主政权小得多，他却对我的意见充耳不闻。此时他就已经表现出了过分的乐观。1938 年夏季，当捷克斯洛伐克的局势变得越来越紧张时，一位捷克斯洛伐克外交部的高级官员来日内瓦拜访我，他受贝奈斯总统的委托，请求我为几年前所提议的宪法改革拟定主要章节。这个工作我确实做了。但是为时已晚。英国当时已经决定强迫捷克斯洛伐克将苏台德地区割让给纳粹德国。

从 1938 年秋季开始，我就已经确信战争是必不可免的。当希特勒德国吞并了奥地利和苏台德地区却没有受到英法两国的任何阻挠时，但泽走廊就很明显挡不住纳粹铁骑了。至于瑞士在这场战争中能够保持中立，我认为是不可能的。当 1939 年战争爆发时，我就决心离开欧洲。我先是试图在美国找到一个全职工作岗位。但是起初这并没有成功，于是我打算碰碰运气，随便找一份工作。为此，我需要一个无配额签证，只有在美国学校里至少是暂时担任老师才有可能获得这种签证。为了让我避开欧洲的战火，纽约社会研究新学院的校长艾尔文·约翰逊（Alvin Johnson）向我提供了这样的一个职位，对他的恩情我始终铭刻在心。我怀着沉重的心情和我的妻子于 1940 年 6 月离开日内瓦，在这里绝佳的环境下我已经十分满意地工作了 7 年之久，以将近 60 岁的高龄来到一个对于官方语言我还不太熟练的国家，重新开始我的学术之路。

尽管我对瑞士会卷入第二次世界大战并被德国军队占领的假设后来证明是错误的，但是我从来不后悔来到美国的决定。对我而言，将工作语言转为英语当然不是件容易的事，我此前虽然能读懂英语，但是几乎从来没说过，也不会用英语写作。找到一个长期固定的工作也是件难事。我起先得到了一份讲师的工作，在哈佛大学法学院的霍姆斯从事讲座工作一年[109]。我实际上只讲了几次大课，授课的讲义后来就被哈佛大学出版社以《国际关系中的法律与和平》[110]为名出版；但是由洛克菲勒基金会资助的薪水足够我全年的生活了。第二年，同样是在洛克菲勒基金会的帮助下，我成为助理研究员，然后 1942 年夏季学期成为维斯利斯学院的客座教授。我还在哈佛大学社会学系讲授了一门法律社会学课程。即使洛克菲勒基金会承诺支付我薪水，哈佛大学校长还是拒绝第三年继续聘用我。他的理由是，延长我的工作许可会使这所大学承担道义上的责任，不得不始终保留我的工作岗位，而且哈佛大学此时并没有适合我的教授席位空缺。我怀疑这究竟是不是真正的理由。这次挫折对我打击很大，尤其是我本以为自己这个哈佛大学曾经的荣誉博士有望得到更好的

---

[109] 霍姆斯讲座是以〔美〕奥利弗·温德尔·霍姆斯法官（1841 ～ 1945）的名字命名的，霍姆斯自 1882 年起任哈佛法学院教授，是美国联邦最高法院（1902 ～ 1932）史上最了不起的法官之一。他同时也是美国法律实在主义的道路开拓者。霍姆斯讲座是为期一年的哈佛大学的授课，它每年都会遴选知名法学家开办讲座，并以“霍姆斯讲座”系列结集出版。凯尔森参加哈佛大学霍姆斯讲座是受到罗斯科·庞德（1870 ～ 1964）的邀请，庞德可谓是当时美国最重要的法学家，以“社会法理学”的带头人而知名。早在 1934 年，庞德就称凯尔森为“这个时代无可置疑的一流法学家”。

[110]〔奥〕汉斯·凯尔森:《国际关系中的法律与和平》（Law and Peace in International Relations），Cambridge，Mass. 1942 年。

待遇。

1942 年夏季，我收到了去加州大学伯克利分校担任一年的客座教授的邀请。我接受了这份邀请，在该校政治学系而不是法学院讲授国际法、法理学和法律制度的起源。1945 年我成为全职教授。我的教学工作令人十分满意。尽管我凭借纯粹法理论更适合在一个法律系任教。但是美国的法学院对法律的科学理论没有多少兴趣。它们只是培训学校，或者说法律职业学校，职能是培养律师这样的实用人才。而且只采用判例教学法，讲授的几乎全部是美国法律。由于美国法院的判决主要是以过往的案例为依据，因此很容易理解的就是，美国的法学院将让学生了解尽可能多的案例视为它们的教学目标。一名美国的法律专业毕业生，当然会比奥地利或者德国的同侪更适合从事律师工作。法律作为科学研究的对象，或许真的更适合在政治学、历史学或者社会科学系讲授。我在这个政治学系期间感到唯一遗憾的是，在这些聪明、勤奋和对我十分友善的大学生中间，很少有人对科学工作感兴趣。他们对考试的准备非常认真，写的讨论课论文也十分好。但是，这些年来我从来没有发现一个学生想在法学（法律理论）或者国际法领域深造。这或许是因为我的这些课程在政治学系只是辅修课，想将来从事教师工作的学生更可能选择其他课程来完成博士论文。但是我的教师工作让我自己有时间来从事学术研究。学校图书馆是一流的，对于气候和环境条件我也十分满意。我在伯克利买了一个带有花园的小房子，花园里种了一些玫瑰，常常带给我喜悦。

1943 年我被授予芝加哥大学荣誉博士学位。1947 年我获得维也纳大学荣誉教授称号，奥地利科学院将我选为通讯院士。

写下这篇回忆录时，我已经66岁了。此刻，我的目光穿过写字台旁宽敞明亮的窗户和花园，注视着旧金山海湾和金门大桥，远处的太平洋在阳光下熠熠生辉。

这里或许就将成为“疲倦的游子最后的安息之地”。[111]

1947年10月

[111] 凯尔森由于心脏停搏而于1973年4月19日上午11点在伯克利东部的奥林达养老院去世。这之前的18天他是在女儿玛丽亚·菲德（Maria Feder）的陪伴下度过的。遵其遗嘱，同他先已去世的妻子一样，死后火化，骨灰撒入太平洋。

20世纪法律实证主义的里程碑：凯尔森之《纯粹法学》与哈特之《法的概念》*

〔奥〕彼德·科勒**

一、导　论

如果说，精神世界有那么一些事物，其持续存在，而且总是不可避免地要经历一个快速的科学知识的变迁，那么，这种情况就是哲学思考的基础性问题。哲学的基础问题——追问知识的根基，询问道德本质及人类生活的本质——在今日一如既往地具有现实性。大量的哲学家都致力于回答这些问题，尽管他们具有令人窒息的洞察力，但是，这些问题的答案仍旧处于期待之中。对于法哲学思想中的基础问题，首要的是追问法的概念与本质来说，道理亦然。自从实证法作为同有组织的强制联系在一起的社会制度出现以来，关于法的概念与本质问题就激起了自然法学与法实证主义立场之间的观点争议。而且，尽管这两个法学思想中的每个方向随着时间推移

* 本文原文为：Meilensteine des Rechtspositivismus im 20. Jahrhundert: Hans Kelsens Reine Rechtslehre und H. L. A. Harts „Concept of Law“，载奥塔·魏因贝格尔（Ota Weinberger）、维尔纳·克拉维茨（Werner Krawietz）主编:《从其后继者与批判者中映射出的纯粹法学》（Reine Rechtslehre im Spiegel ihrer Fortsetzer und Kritiker），《国家与法研究系列》第81册（Forschungen aus Staat und Recht 81），Wien 1988年，第129-178页。

** 〔奥〕彼得·科勒（Prof. Dr. Dr. Peter Koller），奥地利格拉茨大学法学院法哲学与法社会学教授。

都经历了重要的变迁，二者之间的原则性冲突却持续存在。正如基础性的哲学问题似乎不再刻意寻找一个明确的答案一样，几乎没什么理由去接受，自然法学与实证法学之间的冲突会走向终结，因为就法在本质上为何物这样一个基础性问题来说，很明显根本没有什么最终的、普遍的、具有确信力的答案。[1]

然而，尽管关于这一问题肯定不会有统一的答案，而且这样一种统一答案无法用理性手段得到，在不同的法哲学传统中，在对事物日益提高的分殊化和合理化理解的方向上，似乎还是有着认知上的进步。在自然法学的框架内，那种老旧的、哲学上幼稚的上帝或自然给予的价值秩序观念逐步为一贯挑剔的评判所瓦解，它要求对实证法加以合法化和批判的基础性规范标准提供合理的证立，而在实证法传统的框架内，从最初的、非常简单的教义——法不过就是主权者命令的总体，变成了更为复杂的、与社会现实更为匹配的、方法上具有反思性的实证法观念。

正是在 20 世纪，法律实证主义通过一系列非常具有意义的方式获得了新的动力，取得了根本性进步。譬如，马克斯·韦伯、尤根·埃利希、特奥多·盖格尔和尼克拉斯·卢曼的社会学理论，以及围绕所谓的现实主义运动所产生的各种观念，特别是美国社会学法理学以及来自斯堪的纳维亚和美国的法学现实主义，都属于此种方式。这个世纪最著名的法律实证主义立场，当属凯尔森和哈特的

[1] 此外，在这个意义上，凯尔森也表明了态度，也就是说，在 1926 年于明斯特召开的德意志国家法学者协会大会上，他在提交的关于〔德〕埃里克·考夫曼（Erich Kaufmann）报告的讨论文章中写道：“实证主义并未完结，从来都没有过，它可不像自然法完结了那样，将来也不会完结。这种对比是永恒的。思想史指出的只是，时而这种立场，时而那种立场出现在前台。”《德国国家法教师协会会刊》（VVDStRL），第 3 期（1927），第 53 页及以下。

学说。它们不仅带来了对于各自形成时代具有先进性的法律实证主义的观念，而且从二者的时间先后顺序上，还可以十分清楚地识别出实证法思想的深入发展。下文将围绕着这两个先后决定性地影响了 20 世纪法学理论思考的观念而展开，以求说明一些内含在二者中的典型的中心问题，以及同时代实证主义范例中的法律理论产生的结果。

出于这一目的，我将首先尝试以很短的篇幅勾勒凯尔森纯粹法学的特殊性，正是这一特殊性使得他从早期的法律实证主义类型中脱颖而出。[2] 由此出发，我进而对照和比较凯尔森与哈特的法律理论中最重要的层面。这些层面包括：(1) 法律规范的概念；(2) 法律秩序的构造；(3) 法律效力的观念；(4) 法律与道德的关系。最终，我尝试将这些比较后的结果做一概述，展望一下明显存在着的一些问题。

[2] 为此我将论说限定在法理论的观点之中，这是凯尔森在第二版《纯粹法学》(Wien 1960 年)，尤其是第一版《纯粹法学》(Wien 1934 年) 以及《法与国家一般理论》(Cambridge, Mass. 1945 年) 中持有的观点。在凯尔森的晚期作品中，也就是其身后出版的《一般规范理论》[作为遗产，由〔奥〕库特·瑞格霍夫 (Kurt Ringhofer) 与〔奥〕罗伯特·瓦尔特 (Robert Walter) 主编，Wien 1979 年] 中，这一观点被推翻了，而且与他的“经典学说”有着本质的偏离，此处不考虑对此的研究。有关凯尔森的晚期学说及其与凯尔森早期观点的不同，参见〔奥〕魏伯格 (Ota Weinberger)：《规范理论作为法学和伦理学的基础》(Normentheorie als Grundlage der Jurisprudenz und Ethik. Eine Auseinandersetzung mit Hans Kelsens Theorie der Normen)，Berlin 1981 年。

二、纯粹法学的特殊之处

照凯尔森看来，纯粹法学想要成为一种“实证法理论”，其目标在于，“确定特定的方法与基础性概念，由此可以从精神上对随便哪种法都可加以把握和描述”，目的是给“无论是对特定的法还是对特定的法律制度的观察提供理论基础”。[3] 作为一种实证法理论，纯粹法学唯一和仅仅涉及的是“回答法是什么以及法是怎样的问题，而非回答法应是什么以及该如何做的问题”。[4] 可是，实证法一般来说是什么以及其实证性何在呢？

法是——如凯尔森言——“一种关于人之行为的规范秩序，而且是说，它是一种规制人之行为的规范体系。”[5] 规范意味着，“一些事物应当如此或应当发生，特别是，人应以特定的方式行为”，而且，规范是通过特定的人的意志行为表达出来的。每个规范因此不过是一种人之行为的意义，“它有目的地针对其他人的行为”，表达的是一种应然，也即命令、许可或授权。[6] “‘应然’是每个人的

[3]〔奥〕凯尔森：“何为纯粹法学？”（Was ist die Reine Rechtslehre?），载《民主与法治国》（Demokratie und Rechtsstaat. FS für Zacharia Giacometti），Zürich 1953 年，第 143-161 页，重刊于《维也纳法理学派——凯尔森、梅克尔与福尔德洛斯文集》（Die Wiener rechtstheoretische Schule. Schriften von Hans Kelsen, Adolf Merkl, Alfred Verdroß），〔奥〕克雷卡斯基（Hans Klecatsky）、马齐克（René Marcic）、沙姆贝克（Herbert Schambeck）主编，Wien 1968 年，第一卷，第 611 页；另参见凯尔森：《纯粹法学 2》，Wien 1960 年，第 1 页（以下简称：纯粹法学 2）。

[4]〔奥〕凯尔森：《纯粹法学 2》；凯尔森：“何为纯粹法学？”（注 3），第 616 页。

[5]〔奥〕凯尔森：《纯粹法学 2》，第 4 页。

[6]〔奥〕凯尔森：《纯粹法学 2》，第 4 页及以下。

意志行为的主观意义，其有目的地指向其他人的行为。但是，并非每个意志行为客观上都有这种意义。只有当它客观上具有应然的意义，人们才将应然称之为‘规范’。‘应然’也是意志行为的客观意义，这表达的是，意志行为有目的地指向的行为不仅从设定意志行为的个体的立场出发，而且从未参与的第三方立场出发都可被视为应当的行为。”[7] 可是，在哪些前提条件下，构成了有目的地指向其他人之行为的意志行为的意义的规范才可被视为“客观应然”，才可被视为具有法律约束力的规范呢？

19 世纪的实证主义者无一例外地认为，法律规范的效力可以回溯到某种社会事实。当其中一些人秉持的观点是，法律规范仅仅建立在规范义务人对其的承认［譬如比尔林（E. L. Bierling）、劳恩（R. Laun）、梅克尔（A. Merkel）以及贝林（E. Beling）］，另外一些人看到的则是国家权力作为立法权威的事实获得证立［就此来说，譬如盖尔伯（C. F. v. Gerber）、拉班德（P. Laband）以及贝尔格鲍姆（K. Bergbohm）］。[8] 这些观点统统导致，想要从存在性事实推导出法律规范的客观效力，也即应然。然而，这条道路——正如凯尔森同新康德主义哲学一致强调的——行不通，因为在实存与应然之间有着根本的逻辑上的差别，这使得“在一个逻辑推理的道路上，从其中一个范畴的领域成功进入另一个的领域”[9] 毫不可能。

---

[7]〔奥〕凯尔森：《纯粹法学 2》，第 7 页。

[8]〔奥〕瓦尔特·奥托（Walter Ott）：《法律实证主义》（Der Rechtspositivismus），Berlin 1976 年；厄尔岑（Peter von Oertzen）：《国家法实证主义的社会功能》（Die soziale Funktion des staatsrechtlichen Positivismus），Frankfurt 1974 年。

[9]〔奥〕凯尔森：“何为纯粹法学？”（注 3），第 614 页；凯尔森：《纯粹法学 2》，第 5 页。

实存与应然的二元主义禁止将法律的效力回溯到纯粹的实存事实，将国家仅仅归为事实上的权力关系。[10] 如果将实证法理解为一种有效的、立于应然效力之上的规范可以成功的话，那么，人们必然预设了，这些规范表达的是一种客观的、约束义务人的应然。而且，这之所以可能，只有“当对于意志行为来说，其主观意义是一种应然，而通过一个规范可以赋予其客观意义的时候，当这个意志行为通过一个作为‘更高’规范生效的规范而获得授权的时候，一个强盗的命令——交出钱来，才同税务官的命令一样具有相同的主观意义。这一主观意义是说，命令所指向的个体应该交出一定数量的金钱。可是，只有税务官的命令，而非强盗的命令才具有生效的、施加给相对方义务的规范的意义，只有前者，而非后者才是设定规范的意志行为：因为税务官的意志行为系从一个税务法中获得授权，而强盗的意志行为却并非建立在授权于它的规范的基础之上。立法行为就是这种情况，它具有主观意义的同时客观上也具有这种意义，也即具有生效规范的意义，因为宪法赋予立法意志行为具有客观意义”。[11]

以此方式，每个法律规范的效力最终都要回溯到宪法——实证法律秩序中一定数量的最高规范。因此要问的是，宪法的效力通过什么来获得证立。

凯尔森的回答如下：因为宪法的效力无法再回溯到一个更高的

---

[10]〔奥〕凯尔森:《自然法学与实证法学的哲学基础》(Die philosophischen Grundlagen der Naturrechtslehre und des Rechtspositivismus)，Charlottenburg 1928 年，重刊于《维也纳法理学派》(注 3)，第一卷，第 281-350 页之第 337 页。

[11]〔奥〕凯尔森:《纯粹法学 2》，第 7 页。

实证的法律规范，那么，如果把宪法应该作为一种客观约束力的应然来观察，就要预设一个更高一级的规范，它为立宪意志行为赋予客观的规范意义。它就是这种规范，“人们当如此行为，正如宪法所规定的”。[12] 凯尔森将这种规范称之为基础规范。

基础规范并非实证的，也即由一个法律权威设定的或者习惯法上生效的规范，它在实证法的内容安排上并未施加什么限制。它是一种纯粹思想中的规范，一种未经证实的假设，依照凯尔森的观点，基础规范构成了一个必要的前提，由此方可将构成法律现实的法律意志行为的主观意义解释为具有客观约束力的应然，从而可以将实证法作为一种生效规范体系来把握。而且，这个对于凯尔森来说似乎是一个足够的理由，必须将这样一种基础规范的假设不仅视为法律科学必不可少的认知理论上的前提，而且视为法之根本的和本质上的效力基础。[13] 尽管凯尔森所看到的基础规范是法律效力唯一的基础，他却认为法律秩序的效力只有满足一个条件才可得到：具备实际的效力（实效）。通过这一条件，根据实证主义的基本观点，凯尔森想要将基础规范的应用范围限定到那种所有规范在总体上具有社会实效的法律体系当中。[14]

借助他的基础规范理论——一种明显受到康德超验哲学影响的

[12]〔奥〕凯尔森：《纯粹法学 2》，第 8 页。

[13]〔奥〕凯尔森：《纯粹法学 2》，第 8 页以下，第 48 页及以下，第 196 页及以下。

[14]〔奥〕凯尔森：《纯粹法学 2》，第 219 页。

理论，[15] 凯尔森的目标一度在于，提出一种法律效力的方案，这一方案给予法的规范意义内涵应有的尊重，而这样一个维度却被那种老旧的、束缚于幼稚的经验主义的法律实证主义所忽视。此外，他却相信，在基础规范的观念中，同时还可以发现一个对于方法上统一的、从而关于法的严谨的科学知识具有基础性的认知理论上的前提。为了维护这样一种关于法的纯粹科学上的知识，凯尔森要求，法学必须将自身仅仅限定在，价值无涉地把握实证法的规范意义内涵，而不必考虑其他那些“属于并不明确作为法加以确定的对象”。[16] 凯

[15] 康德和新康德哲学对凯尔森思想的影响，参见〔奥〕沃尔夫冈·施尔德（Wolfgang Schild）:《多种纯粹法学》（Die Reinen Rechtslehren），Wien 1975 年，第 10，14 页；施尔德:“汉斯·凯尔森的理论与实践”（Theorie und Praxis bei Hans Kelsen），载《法学理论》10（1979），第 199-230 页;〔德〕君特·温科勒（Günther Winkler）:“实存与应然——超验逻辑在法理思考中的可运用性”（Sein und Sollen. Zur Anwendbarkeit der transzendentalen Logik auf das rechtstheoretische Denken），载《法理学中的论证与诠释学》（Argumentation und Hermeneutik in der Jurisprudenz），维尔纳·克拉维茨、奥普拉克（K. Opalek）、佩岑尼克（A. Peczenik）、施拉姆（A. Schramm）编，《法律理论》（副刊 1），Berlin 1979 年，第 177-193 页;〔德〕鲍尔曼（Rosemarie Pohlmann）:“归责律与因果律”（Zurechnung und Kausalität. Zum wissenschaftstheoretischen Standort der Reinen Rechtslehre von Hans Kelsen），载《汉斯·凯尔森的法律体系与社会基础》（Rechtssystem und gesellschaftliche Basis bei Hans Kelsen），维尔纳·克拉维茨、赫尔穆特·谢尔斯基编，《法律理论》（副刊 5），Berlin 1984 年，第 83-112 页;〔德〕霍尔斯特·德莱尔（Horst Dreier）:《汉斯·凯尔森的法学、国家社会学与民主理论》（Rechtslehre, Staatssoziologie und Demokratietheorie bei Hans Kelsen），Baden-Baden 1986 年，第 56 页及以下;〔德〕赫尔穆特·霍尔茨海（Helmut Holzhey）:“凯尔森的法学与国家学同新康德主义的关系”（Kelsens Rechts- und Staatslehre in ihrem Verhältnis zum Neukantianismus），第 167-192 页；以及〔德〕史蒂芬·哈默尔（Stefan Hammer）:“凯尔森的基础规范观念作为法的新康德主义认知理论”（Kelsens Grundnormkonzeption als neukantianische Erkenntnistheorie des Rechts），第 210-231 页，二者载斯坦利·鲍尔森、罗伯特·瓦尔特编:《对纯粹法学的研究》（Untersuchungen zur Reinen Rechtslehre），Wien 1986 年。

[16]〔奥〕凯尔森:《纯粹法学 2》，第 1 页；凯尔森:“何为纯粹法学？”（注 3），第 620 页。对纯粹性设想的批评，参见魏因贝格尔（Ota Weinberger）:“纯粹的抑或功能主义的法学观察？”（Reine oder funktionalistische Rechtsbetrachtung?），载〔奥〕魏因贝格尔、〔德〕维尔纳·克拉维茨主编:《从其后继者与批判者中映射出的纯粹法学》。

尔森特地将此种对象划归为道德上、政治上以及社会学上考虑的事物。

事实上，汉斯·凯尔森的法律理论学说，也即纯粹法学，从根本上将法实证主义教义安置到修正的、新的稳固的基础之上。通过将法的特定的规范意义维度放到前台，使其逻辑的、语义的结构成为它的考察对象，纯粹法学从根本上作出了贡献，将实证法理解为一种统一的社会规范秩序，而不纯粹作为实际上发生的权力关系和行为合规则性的构造物。进一步来讲，纯粹法学恰恰因为它尝试将法作为一种内在融贯的规范体系来解释而成为法的结构和动态普遍理论的基础，关于这一基础后文将予以详述。这一除了凯尔森之外，首要的是他的同事与朋友阿道夫·梅克尔所参与创制的理论，在其基本特征上与盎格鲁·撒克逊法哲学中的分析法理学传统具有很强的相似性。这种情况使得凯尔森在移民到美国之后可以将自己的纯粹法学事后归入到分析法理学的传统当中。[17]

就凯尔森学说的理论核心——基础规范概念——最终所涉及的来说，这个——在某种程度上高度争议的——学说展示了意义重大的贡献。因为不管人们是否认为基础规范的假设乃是法律效力和法律知识必要且充分的条件，毕竟还是有很多可以同意的地方，这种对每个法理论中的核心难题的态度使人意识到法律效力概念具有必要性，它使得我们可以将实证法作为一种经验现象来把握，同时还可以从它的规范意义内涵上来理解它。尽管凯尔森解决问题的尝试看起来并不那么令人确信，但是，将这个重要的难题以历史上从未

[17]〔奥〕凯尔森："法的纯粹理论与分析法理学"（The Pure Theory of Law and Analytical Jurisprudence），载《哈佛法律评论》（Harvard Law Review），55（1941），第 44-70 页。

达到过的明晰度展示出来，却是凯尔森的贡献。

概括来说，同阿尔弗雷德·福尔德洛斯（Alfred Verdross）的看法一样，凯尔森的纯粹法学超越了第一次世界大战前整个时代的幼稚的实证法学，提出了一个新的，“可认知到自身局限的，因而是批判性的法实证主义”[18]。从 20 世纪 20 年代到 60 年代的半个世纪的时间里，纯粹法学正确地将自己定位为最具进步性和历史意义的法实证主义方案。这一历史直到哈特于 1961 年出版其《法的概念》之后才发生改变。在这本书中，哈特给出了一种新的法实证主义理论，这一理论宣称要盖过纯粹法学，或者至少可与其势均力敌。[19]

三、法律规范的概念

对于老的法律实证主义来说，典型的法律规范观点在于，法律规范不过是国家权威的命令，运用这些命令，国家权威为每个民众规定了确定的行为方式，通过一旦不服从则施加强制性后果的威胁来谋得民众的服从。这一观点，习惯上也称之为命令理论，至

[18]〔奥〕阿尔弗雷德·福尔德洛斯（Alfred Verdross）：“汉斯·凯尔森的法学理论”（Die Rechtstheorie Hans Kelsens），载《法学公报》（Juristische Blätter），第 59 年卷（1930），第 421-423，重刊于《维也纳法理学派》（注 3），第二卷，第 1301-1309 页之第 1305 页；〔奥〕罗伯特·瓦尔特（Robert Walter）：“凯尔森毕生之作：纯粹法学”（Das Lebenswerk Hans Kelsens: Die Reine Rechtslehre），载《凯尔森 90 华诞纪念文集》（Festschrift für Hans Kelsen zum 90. Geburtstag），梅克尔（A. J. Merkl）、福尔多洛斯（A. Verdross）、马齐克（R. Marcic）、瓦尔特编，Wien 1971 年，第 1-8 页。

[19]〔英〕哈特（H. L. A. Hart）：《法的概念》，Oxford 1961 年；德文版：Der Begriff des Rechts, Frankfurt 1973 年。对哈特理论的导读，参见〔德〕霍尔斯特·艾克曼（Horst Eckmann）：《法律实证主义与语言分析哲学》（Rechtspositivismus und sprachanalytische Philosophie），Berlin 1969 年。

少可以回溯到托马斯·霍布斯的传统，[20] 但却为19世纪的大部分法律实证主义者所代表。最具知名度和精致度的命令理论当属约翰·奥斯丁的版本，在他的作品《法理学的范围》中，他广泛深入地阐明了命令理论。[21] 就其德语世界的代表来说，除了其他学者之外，当属鲁道夫·冯·耶林、恩斯特·鲁道夫·比尔林以及卡尔·贝尔格鲍姆。[22]

命令理论根据一种建立在纯粹强制基础之上的命令发布者和命令接收者之间的权力关系来解释法律。它因而是从此种法律观出发，这一法律观不仅预设了一个主权的，也即法律上不受限制的最高的规范制定机构，而且，它仅仅将法律规范的约束力作为同此规范相连的强制性威胁的法律制裁后果来理解。很明显，这种观点同前宪政的君主制度的法律经验视野密切相关，它很难提供一个同现

[20]〔英〕托马斯·霍布斯:《利维坦》，英文第一版，1965年，德语版由伊林·费舍尔（Iring Fetscher）编，第一版，Neuwied 1966年，再版于Frankfurt-Berlin 1976年，以及Frankfurt 1984年，第26章，第203页及以下。

[21]〔英〕约翰·奥斯丁（John Austin）:《法理学的范围》（The Province of Jurisprudence Determined），英文第一版1832年，London 1955年；从中摘选的关于奥斯丁规范构想的重要章节，在德语版中的标题是："法规范作为政治主权者的命令"（Rechtsnorm als Befehle des politischen Machthabers），载《法与道德——法哲学文集》（Recht und Moral. Texte zur Rechtsphilosophie），〔德〕诺博托·霍尔斯特（Norbert Hoerster）编，München 1977年，第16-20页。关于奥斯丁特别的规范构想及其普遍的法哲学，参见〔德〕罗文豪普特（Wilfried Löwenhaupt）:《政治功利主义与公民法思想》（Politischer Utilitarismus und bürgerliches Rechtsdenken），Berlin 1972年。

[22]〔德〕鲁道夫·冯·耶林（Rudolf von Jhering）:《法的目的》（Der Zweck im Recht），第一卷，第一版，1877年，第五版，Leipzig 1916年，第249页及以下;〔德〕恩斯特·比尔林（Ernst Rudolf Bierling）:《法的原则学说》（Juristische Prinzipienlehre），第一卷，Freiburg-Leipzig 1894年，再版于Aalen 1961年，第27页及以下;〔德〕卡尔·贝尔格鲍姆（Karl Bergbohm）:《法理学与法哲学》（Jurisprudenz und Rechtsphilosophie），第一卷，Leipzig 1982年，第94页及下页。

代法相匹配的图像。对应这种洞察，凯尔森早在他首部伟大的作品《国家法学的主要问题》（1911 年）中就对这种命令理论提出了尖锐的批判。[23] 针对在德语法理学界居于主流地位的命令理论的变体，凯尔森也提出了批判，特别是提出了下列反对意见：

代替那种在国家意志上将国家认知为一种纯粹的构造物，也即可归责到国家的国家机关的意志行为的总体，命令理论将国家以一种无法允许的方式归为一种愿望的心理功能。[24] 由于命令理论还将国家意志从纯粹心理学上理解为指向外部行为的、从因果上加以确定的意志，它在法律的概念建构上进一步纳入了因果科学的——阐释性的立场，这一立场不仅同法学的规范——法学方法不相一致，而且对于证立国家命令的约束性完全无能为力。[25]

30 年之后，凯尔森——首先是在 1941 年发表的英语论文“法的纯粹理论和分析法理学”以及随后出版的英文专著《法与国家的

---

[23]〔奥〕凯尔森:《国家法学的主要问题》(Hauptprobleme der Staatsrechtslehre)，第一版，Tübingen 1911 年，第二版增加前言版 1923 年，再版于 Aalen 1960 年，第 189 页及以下。

[24]〔奥〕凯尔森:《国家法学的主要问题》，第 189 页及下页。

[25]〔奥〕凯尔森:《国家法学的主要问题》，第 190 页及以下。凯尔森针对命令理论进一步提出的反对意见是，国家规范设置的目的要素，也就是通过法律主体相应的行为得出的状况，将目标视为法律规范的本质特征。但是，这种思考方式不仅依据方法论的理由是不允许的，而且它也没有为法律规范的动机作用提供满意的解释，因为赤裸裸的命令，“并不是那种指向他人行为的意愿在语言上的直接表达……没有包含任何保障，可以事实上导致他人的行为，目标是行为同命令者的意志相一致”(《国家法学》，第 203 页)。确切地说，只有当单个法律主体不仅有意识地作出来自国家意图的行为，同样也有兴趣，将他自身的意愿与法律规范规定的目的保持一致，这种保障才存在。实现这一目的的方法是对违反规范的行为加以惩罚的威胁（第 205 页）。但是这种反对意见只是空谈，因为大多数命令理论的支持者并不将法律规范解释为简单的命令，而是以威胁为支撑的命令，是强制命令；这不是简单的对某些行为的命令或禁令，此外，它还同对不服从相关命令或禁令施以惩戒的威胁联系在一起。

一般理论》（1945 年）中——对在盎格鲁—美利坚范围内居于主导地位的约翰·奥斯丁之命令理论提出了一个类似的、尽管有些弱化而且部分被修正的批判。[26] 奥斯丁将法定义为规则的总和，而每个规则又是一个命令，这样一来他就忽略了，命令作为一个人之意志的纯粹的表达，而其他人都应当照此命令行事，同命令作为一个有效的规范，一个法律上“具有约束力”的规范是两个不同的事物。不是每个命令都是一个有约束力的命令，也即一个有效的规范。一个这样的规范只有当发出命令者获得授权颁布这样一个命令的时候才存在。命令的约束力因此不是来自于命令自身，而是来自于命令被颁布所处的环境。[27] 进一步，凯尔森思考到，一个有效力的规范的约束力也可进一步存在，条件是以它为基础的作为一种心理现象的意志不再存在，而一个命令在命令者的意志存续期间一直具有实际效力。如此一来，即便对此法律作出决议的立法机构的成员已经去世很久，一个具有效力的法律仍旧具有约束力。因而，对于具有约束力的法，不可简单地将其回溯到立法者的心理意志，尽管一个这样的意志对于法的生成来说是必不可少的。[28]

在克服命令理论的缺陷的努力中，凯尔森建议道，法律规范形式上完全是一种应然的条件句式，或者正如凯尔森在其第一版《纯粹法学》中所言，将其作为一种“假设性判断”来观察，这些判断可分别同某些规定实际条件的法律后果相联系。[29] 在此，凯尔森

[26]〔奥〕凯尔森：“法的纯粹理论与分析法理学”（注 17），第 54 页及以下；凯尔森：《法与国家的一般理论》，Cambridge, Mass，1945 年，新版 New York 1961 年，第 30 页及以下。
[27]〔奥〕凯尔森：《法与国家一般理论》，第 30 页及下页。
[28]〔奥〕凯尔森：《法的纯粹理论与分析法理学》（注 17），第 54 页及下页。
[29]〔奥〕凯尔森：《纯粹法学 1》，第 21 页及以下；凯尔森：《法与国家的一般理论》，第 45 页。

对于那种法律规范的旧立场仍旧有所信任，他同这些立场相一致地认为，每个法律规范都是一种包含强制性的规范，也是因此同其他类型的规范相区分。“在这一点上，纯粹法学是 19 世纪实证主义法律理论传统的延续。它使得在法律陈述中同一个确定条件相连的结果成为国家强制行为，也即刑法和民事或行政的强制实施，通过这一行为，作为条件的（bedingend）事实构成可被识别为不法，而有条件限制的（bedingt）事实构成作为不法的结果。”[30]

凯尔森对法的强制要素的强调远甚于此前的几个世纪的法律实证主义者。因为后者将法律规范理解为由两部分而组成：一部分是要求臣民如此行为的命令；另一部分是在不服从命令的情况下给予制裁的威胁。凯尔森则相信，可以放弃第一部分，而将法律规范化约为特定条件下单纯对强制行为的安排。[31] 在他看来，法律规范是规定强制行为的规范，它们通过将特定的行为方式同一个制裁联系起来而规制人们的行为。因为当某一规范在实施了某一特定行为的情况下规定一个制裁作为应然性的，这仅仅意味着，这一行为被禁止，而它的相反方面则是被命令。“制裁的应然性存在包括行为的禁止性存在，后者是前者的特定条件，针对这一行为反面的命令性存在也包括其中。在此需要重视的是，在特定行为的‘命令性’或‘禁止性’存在中所指的不是这一行为或相反行为的应然性存在，而是这一结果的应然性存在，也即制裁。命令性行为不是应然性行为，具有应然性的是制裁。一个行为的命令性存在意味着，这一行

[30]〔奥〕凯尔森:《纯粹法学 1》，第 25 页。
[31]〔奥〕凯尔森:《纯粹法学 1》，第 26 页;《纯粹法学 2》，第 26 页。

为的相反部分成为制裁的应然性存在的条件。”[32]

这种将法律规范理解为制裁规范的解释，照凯尔森的观点，使得明确命令或禁止某一特定行为的规范看起来可有可无。因为这种规范要么是法律上不相关的，要么是法律上不独立的规范。如果它只规定了如此行为，却没有对违反此行为的情况规定制裁，那么，它通常是法律上不相关的。[33] 就它同其他对于不服从其指示而以制裁相威胁的规范一同出现来说，它并非独立的规范，因为它总归会间接地包含到其他法律规范当中。由于它仅仅规定的是条件，在条件不满足的情况下联结的是其他规范的制裁，故这一规范是多余的，如果制裁规范被全面说明的话。[34] 这个不仅对于刑法规范，就其涉及的是独立的规范而言，原则上对于所有法律规范都有效。因此，对于凯尔森来说，根据法律规范是否包含制裁威胁而对不同的法律规范加以区分是不可能的。所有法律规范都有一个制裁规范的结构，即便不是明示的，无论如何也是暗示的。照凯尔森的观点，不同法律规范的区别仅仅在于，它所规定的制裁采取的是怎样的方式。他区分了两种制裁：刑法制裁和行政制裁（强制执行）。两种制裁方式都表现为以强制方式施加恶行，也即以强制方式剥夺其利益：在刑法中，剥夺的是生命、自由和财产；在行政制裁中，则是对不法行为强制加以修正。[35]

---

[32]〔奥〕凯尔森：《纯粹法学 2》，第 26 页。

[33]〔奥〕凯尔森：《纯粹法学 2》，第 52 页及下页。

[34]〔奥〕凯尔森：《纯粹法学 2》，第 56 页。

[35]〔奥〕凯尔森：《纯粹法学 2》，第 114 页及下页；〔德〕霍尔斯特・德莱尔：《汉斯・凯尔森的法学、法社会学以及民主理论》（注 15），第 199 页及以下。

现在，将法律规范作为强制规范的解释就有可能避免一些困难。但是，正如哈特令人确信地证明，它同一系列其他问题相连，这些问题使得命令理论看起来很难被人接受。[36] 哈特认为，这些问题之一便是，为了可以观察到确定的、对于法律生活非常具有意义的作为强制规范和制裁规范的规范类型，人们肯定将强制概念也即制裁概念扩展到了不可知的地方。这个首要的及于授权规范，它赋予人以职权，在一定的条件下创设有效的规范，当某些对于职权的运用具有根本性的条件无法满足时，这些法律行为就无效了。对此的一个例证就是继承法规则，它强制性地规定设立遗嘱要遵守特定的格式要求。当然，也有这种情况，对于相关行为的合法完成的参与者来说若是非常合适的话，这种法律行为的无效就同强制威胁完全类似了。但是除了这种情况之外，正如哈特所确定的，还有着更重要的理由，“无效并不能同刑法相提并论，刑法相连的是一种规则，为的是不会触犯规则所禁止的行为。在刑法规则的情况下，我们可以区分与识别出两种要素：一种是规则禁止的某种方式的行为；另一种应该用于阻止该种行为的制裁。但是，我们应该怎样以同样的方式观察这些有用的社会活动，正如人们彼此所作的并未满足法定形式要件的承诺。在此，事情并不像刑法所要阻止的行为发生的那样，因为对于契约合法有效的形式要件加以确定的规则目标并不在于，压制这些承诺。规则拒绝给予它们以法律上的承认。同样荒谬的是，将立法计划未获得必要的多数这一事实视为

[36]〔英〕哈特:《法的概念》(注 19)，第 32 页及以下；德文版，第 53 页及以下。

制裁”。[37]

针对凯尔森所代表的强制规范理论，哈特提出了一个进一步的、非常严厉的反对意见：这一理论破坏了不同类型的规则所完成的社会功能之间的差异。根据凯尔森的观点，法律规范不多不少正好表达的是国家权力机关的安排，对于那些合乎特定条件的人施以强制性后果。如果这些条件涉及的是人之行为，那么所安排的强制后果就称为对行为的制裁，而该行为自身则被称为不法行为。法律上所规定的是这一行为的对立面。但是，在哈特看来，这种观点混淆了两类法律规则之间关键性的区别：一类规则，如刑法规则，想要引导人如此行为，为了达此目的对于非如此行为以实施制裁相威慑；另一类规则的目的并不在于改变人的行为，而是在满足特定条件的情况下规定某种令人不快的法律后果。“刑法实体规则的功能（而且在广义上也包括意义）不仅仅在于对运用刑法体系的机关加以说明，还在于对普通公民在其日常生活中的活动加以说明，这样一种想法不可被放弃，却无须超越原则上的区分，遮蔽法作为一种社会控制手段这一特殊的品质。针对犯罪行为人的刑法，比如一个金钱刑，和一个针对特定活动的税务规定是不同的，尽管二者都同公职人员的指令相关，都意味着失去同样多的金钱。两种情况的不同之处在于，只有前者（而非后者）预设了在违反规则意义上的犯罪或违法，而这样一个规则之所以被颁布，目的是引导普通公民的

[37]〔英〕哈特:《法的概念》（注 19），第 34 页；德文版，第 55 页（翻译有变动）。

行为。”[38]

哈特的批判表明，凯尔森的强制性规范理论不仅没有克服命令理论中最为严重的缺陷，而且，它甚至还表现得更为尖锐。因为尽管凯尔森的规范理论避免了对法律规范加以命令性解释中的心理主义趋势，但它仍旧完全同法的统治者中心观密切相连。更为糟糕的是：当凯尔森恰恰是在这点上（也即法律命令两分为行为安排和制裁威慑）同命令理论相偏离时，在这点上命令理论肯定明显是对的，凯尔森无修改地接收了命令理论中最具争议的部分——每个法律规

[38]〔英〕哈特：《法的概念》（注 19），第 38 页及下页；德文版，第 62 页（翻译有变动）。关于最后一个反对意见，哈特在他的文章“拜访凯尔森”中有着更确切的说明。在这篇文章中，他记录了 1961 年在加州大学伯克利分校法学院自己和凯尔森之间的讨论。他在书中说道，凯尔森认为，法律义务无外乎是行为的对立面，法律规范将之与法律制裁联系在一起，这一观点使得无法对犯罪行为和制裁概念给予恰当的法学定义。为了指出这一点，他再一次将罚金与税款规定放在对立面：“制裁可以是强制缴纳金钱的形式，例如罚金；但是这同样的事情也适合纳税。在这两种情况下，为了运用凯尔森的术语，个体的确定行为构成了条件，在这一条件之下，公职人员或者法律机构可要求此人支付金钱。如果我们局限于将制定法的内容仅仅视为如下正如它所表现出来的形式——‘如果 A，则应当 B’，那么，就不可能在用罚金威吓某些行为方式的刑法和规定某些活动应该纳税的所得税法之间做出区别。因为无论是被征税还是被处以罚金，它们的法律威吓是同样有效的，如果它们使用的是凯尔森提议的形式，那么这两种情况是等同的。因此在这两种情况中所处理的都是违法行为，如果我们没有通过采用突破凯尔森法律陈述形式的框架的标准来区分它们，所谓的突破框架意味着，罚金是对违反法律的行为施加的刑罚，而纳税则不是。”[“拜访凯尔森”（Kelsen Visited），载《加州大学洛杉矶分校法律评论》（UCLA Law Review），10（1963），第 709-728 页；重刊于哈特：《法理学与法哲学文集》（Essays in Jurisprudence and Philosophy），Oxford 1983 年，第 286-308 页之第 299 页及下页。] 类似的还有〔奥〕奥塔·魏因贝格尔：“制裁的概念及其在规范逻辑与法理论中的角色”（Der Begriff der Sanktion und seine Rolle in der Normenlogik und Rechtstheorie），载〔德〕汉斯·冷克（Hans Lenk）编：《规范逻辑》（Normenlogik），Pullach bei München 1974 年，第 89-111 页之第 107 页及下页。这篇文章可谓是对强制规范理论深刻的反对，魏因贝格尔在文章中指出，在这个理论的框架内有着十分明显的彼此矛盾的行为指引，这些指引来自于更多的强制规范，而非作为相互矛盾的规范而出现。

范都必定包含一种强制性威胁。但是，正如哈特所阐明的，鉴于不同的法律规范及其社会功能存有差别，这个观点是无法成立的。在所有的法律体系中都包含一整系列规则，将法律规范视为一种有条件限制的强制规范的解释对这些规则说不通。特别是那种“不要求人们应该做什么，相反还赋予其职权”的规范，“它并未施加义务，而是提供可能性，在法的强制性框架内随意创设权利和义务”，[39]就都属于这一系列规则。

考虑到法律规范的不同类型，哈特看到了区分两种基本类型规则的必要性：（1）为人们施加义务的规则，通过规定人们作为或不作为某些事情，而无论其是否愿意，来为人们施加义务（原初规则或义务规则）；（2）赋予个体公共或私人职权的规则，个体由此就有能力创制第一类型的规则，废止或修改旧的规则（次级规则）。哈特认为，每个法律体系都要将两种类型的规则联结起来，为了说明法的构造和动力，这些规则按照哈特的设想共同提供了一个恰当的分析框架。法构建了一个原初规则与次级规则之间的共同游戏。

哈特通过比较原初社会的社会秩序与发达法律体系的功能方式以求说明原初规则与次级规则共同作用的方式。原初社会的共同生活根本上只是通过原初义务规则的总体来规制的，这些规则的约束力受到大部分社会成员的承认，通过社会舆论压力来贯彻实现。[40]如

[39]〔英〕哈特：《法的概念》（注19），第48页；德文版，第74页（翻译有变动）。

[40]鉴于这样的事实，大多数原初社会至少还是有一些具有约束力的协定的，这个断言不仅仅是有问题那么简单。因为这样的协定预设了规则，参与者让出权限，通过相互之间的意愿一致创设权利和义务。这些规则用哈特的表述就是转让私人权能的次级规则。

果说一个这样的完全原初规则的体系对于一个处于相对稳定的环境条件下的小共同体来说是一种社会控制方面绝对足够的手段，那么，在一个复杂的、功能分化的有组织社会中，这个体系对于维护一种有秩序的社会生活来说便不敷适用。它们在三个方面有所欠缺：（1）它们是不确定的，因为在缺乏制度化的法律设定机构的情况下，不可能在争议案例中对于一个规则可否有效适用作出权威的确定；（2）它们是静态的，因为找不到一些手段可以通过废弃旧的规则或引入新的规则使得原初规则直接适应变动不居的环境；（3）分散的社会压力，它维持着原初规则在一个小的共同体中，若是为了规制一个大型社会的社会生活，这种压力就是充分有效的。所有这些原初规则体系的缺陷，哈特论述，都可能通过次级规则对原则规则的补充而获得消弭。而且，就任一所谓的缺陷只有通过引入次级规则而被补足的话，从前法律状态进入法律秩序状态就要迈出关键性的一步。[41]

为了化解原初规则之不确定性的缺陷，最简单的手段就是引入一个规则，为了使原初规则作为系统中的规则而被明确识别出，这一规则用来确定原初规则必须具有哪些属性。哈特将这种次级规则称之为“承认规则”，由于缺乏一个与之对应的德语词，故可能最好采用“承认规则（Erkennungsregel）”一词作为翻译。[42] 克服原

[41]〔英〕哈特：《法的概念》（注 19），第 89 页及以下；德文版，第 131 页及以下。

[42] 在哈特作品德语版的译者将“承认规则”反复称作“Erkenntnisregel”的同时（第 135 页及以下），它还有其他的表述“Anerkennungsregel”［参见〔德〕艾克曼（Eckmann）：《法律实证主义与语言分析哲学》（Rechtspositivismus und sprachanalytische Philosophie），Berlin 1969 年，第 89 页］。但是这两种表述看上去都是有误导性的，因为这个规则涉及的既不是单纯的认知，也不是承认肯定。出于这种理由，就可理解为什么会选择另外一种表述“Erkennungsregel”。

初规则静态特征的手段则是引入改变规则，其最恰当的形式在于，授权一个个体或机构设定新的义务规则，废止老旧的规则。最后，克服第三个缺陷，也即分散的社会压力、缺乏效率的手段是引入决断规则，它赋予某些人以职权来权威决断，在某些案例中一个义务规则是否被损害。[43]

尽管上述三种次级规则在很多方面都彼此区分，照哈特的观点，它们具有一些“共同的重要特征，而且在不同的方面彼此相连。如此一来，所有人都会说，次级规则建立在有别于原初规则的层面之上，因为它们全部都是原初规则之上的规则；如果说原初规则涉及的都是个体必须如此行动或可以不如此行动，那么所谓的次级规则涉及的是原初规则。它们所确定的是，原初规则如何最终被确认、引入、废止和改变，以及如何对于损害事实作出有约束力的决断的方式”。[44]

哈特的法律规范二元主义观乍看起来可能是无法抵挡的，但若更为细致地观察可以发现，与之相连的是更多的、绝非无关紧要的困难。这些困难中最为容易的是，哈特的类型很明显是不周延的：当他仅仅将命令规范和禁止规范归为对于直接涉及人们行为的原初规则，却没有将许可规范纳入视野，可授予公共权力职能的次级规则的义务性特征就此被遮蔽不见。哈特的阐述暗示着，这种授权规范似乎总是包含一个许可规范，而从来不曾包含创设规范的义务。然而，这同假设行为规范只有以施加义务的命令和禁令的形式出现

[43]〔英〕哈特:《法的概念》(注19)，第91页及以下；德文版，第135页及以下。
[44]〔英〕哈特:《法的概念》(注19)，第92页；德文版，第135页（翻译有变动）。

一样，都是不甚正确的。[45]

这一困难同另一个进一步的困难紧密相关，后者直接触及的是哈特的原初规则与次级规则间区别的核心：这一区分至少建立在两个不同的划分标准基础之上，这些标准涉及的是规则的不同维度，不允许有什么统一的分类。如果说哈特一度将原初规则与次级规则加以区分是因为一种规则施加的是义务，而另一种规则则是授予私人或公共的职权，那么，哈特在其他时候则谈及另一个区分标准，原初规则直接涉及的是人们的物理行为，而次级规则涉及的则是原初的行动。但是因为既非所有的行为规则都有助于施加给人们义务，也非所有的规则都能授以权力职能，从而成为规则之规则，所以，两个区分标准导致了彼此矛盾的结果。在此，哈特将规则的两个划分标准混合在一起，它们相互独立又彼此重合：确切地说，一方面在义务规则（命令规则、禁令规则）和许可规则之间加以区分，另一方面又在纯粹的行为规则与授权规范之间加以区分。若是人们将这两种区分的可能性加以交叉，那么总体上就会产生四种规则类型：（1）行为规则，它规定有义务如此之行为（行为之命令或禁

[45] 可以反驳的是，许可规范（Erlaubnisnormen）是必不可少的，因为它本来就是因缺乏对应的规定而产生的，它依据的是格言，如果没有禁止，一切都是允许的。但是就如魏因贝格尔所指出的，这个论据不仅预设了法律秩序的封闭性，而且还误判了允许规范的规范功能，尤其在对义务规则效力领域的限制和确保个体的自由空间之上。〔奥〕奥塔·魏因贝格尔："许可概念与规范逻辑的构造"（Der Erlaubnisbegriff und der Aufbau der Normenlogik），载《逻辑分析》（Logique et analyse），61-62，新系列 16（1973），第 113-142 页；魏因贝格尔："关于规范体系的开放性"（Über die Offenheit des rechtlichen Normensystems），《瓦尔特·维尔伯格 70 华诞祝寿文集》（Festschrift für Walter Wilburg zum 70. Geburtstag），Graz 1975 年，第 439-451 页；重刊于《法理学的逻辑分析》（Logische Analyse in der Jurisprundez），Berlin 1979 年，第 111-125 页。

令）;（2）行为规则，它明确允许如此之行为（许可规则）;（3）授权规范，委托特定人实施可施加义务的行为，在一定条件下颁发特定方式的规范（义务—授权规范）;（4）授权规范，赋予个体以职权，在一定条件下可随意设定规范（可以—授权规范）。[46]

就原初规则与次级规则的区分总体上既是必要的也是充分的来说，为了以适度的方式把握法律规范的多样性，很明显这一区分必须在行为规则与授权规范之间展开，在两种规范内部又分别都可在义务规则与许可规则之间加以区分。可是，这种区分如此有用，就大可怀疑，是否接受行为规范与授权规范之间原则上的二元主义具有必要性。无论如何，一个这样的二元主义可以长期被认为是有意义的，要两种规则回溯到一个统一的规范性规则的格式似乎是不可能的。[47] 但是，如果排除这种二元主义是否必要似乎颇成疑问不

[46] 我在这里遵循魏因贝格尔的观点，与凯尔森和哈特的见解相反，他代表的是一种完全一般性的形式化法律规则观，法律规则表现为一般性的条件规范，由此出发，他建议一种普遍法律规范的类型学，将行为规则、制裁规范、安排性规范、比较规范、授权规范等置于统一的基础之上。〔奥〕魏因贝格尔："法律规范秩序的结构"（Die Struktur der rechtlichen Normenordnung），载《法律理论与法律信息》（Rechtstheorie und Rechtsinformatik），君特·温科勒（Günther Winkler）编，Wien 1975 年，第 110-132 页；魏因贝格尔："法律动态的规范逻辑基础"（Die normenlogische Basis der Rechtsdynamik），载《立法理论、法学逻辑以及民法与程序法》（Gesetzgebungstheorie, Juristische Logik, Zivil- und Prozeßrecht. Gedächtnisschrift für Jürgen Rödig），克鲁格（U. Klug/T. Ramm/F. Rittner/B. Schmiedel）等编，Berlin-Heidelberg-New York 1978 年，第 173-190 页。

[47] 假如采纳普遍的条件规范陈述形式作为法律规则的根本模式，那么就有可能将法律规则的不同类型视为这种模式或多或少的复杂变体。关于授权规则，魏因贝格尔提出，它们被视为是两个规范部分的混合物，也就是:（1）行为规则，它规定或者允许某些人在某些条件下设定某些意志行为;（2）规则，它规定，当这些人以确定的内容来设定相应的意志行为之时，这些内容应当有效。参见魏因贝格尔："法律动态的规范逻辑基础"（注46），第 182 页及下页。此外，凯尔森在他身后出版的晚期作品中，对授权规范也持有类似的观点；凯尔森:《一般规范理论》（注 2），第 83 页；魏因贝格尔:《规范理论作为法理学语伦理学的基础》（注 2），第 60 页及以下。

谈，反正存在已被证明的质疑，那么为了对所有在法律上充当一定角色的规则类型加以把握，这种二元主义是否足够？由于这个问题已经远远越出了此处所要处理的论题——凯尔森与哈特的关系，故我先暂时将此话题搁置一边。在最后一节我将会简单地再加讨论。

四、法律秩序的构造

维也纳法学派最具意义和保留至今的理论贡献当属法的构造与动态的学说，抑或说——为了回溯到阿道夫·梅尔克的称法——法的层级学说。这一学说首先由梅克尔提出，凯尔森随后将之纳入到自己的纯粹法学说当中[48]，它将法之运转（Rechsgeschehen）的过程理解为法律创设和法律运用在多重的、不同等级的层面上的动态过程，由此根据它的法律相关性就形成一个法律规范的等级秩序。

传统法学——凯尔森的《国家法学的主要问题》很大程度上都还属于传统法学[49]——从根本上将法视为一种在制定法中书写下的

[48] 对此尤其参见〔奥〕梅克尔如下的作品："法的双重面目"（Das doppelte Rechtsantlitz），载《法学公报》（Juristische Blätter），第 47 年卷（1918），第 425-447，463-465 页，重刊于《维也纳法理学派》（注 3），第一卷，第 1901-1113 页；《法律效力的学说》（Die Lehre von der Rechtskraft），Leipzig-Wien 1923 年，第 201 页及以下（进一步的文献指示参见第 207 页）；"法律规范层级构造理论导言"（Prolegomena einer Theorie des rechtlichen Stufenbaues），载《社会、国家与法——凯尔森纪念文集》（Gesellschaft, Staat und Recht, FS für Hans Kelsen），Wien 1931 年，第 252-294 页，重刊于《维也纳法理学派》（注 3），第二卷，第 1311-1361 页。

[49]〔奥〕凯尔森：《国家法学的主要问题》，第二版，Tübingen 1923 年，前言，第 XII 页及以下；〔德〕尤尔根·贝伦德（Jürgen Behrend）：《梅尔克与凯尔森的规范层级学说研究》（Untersuchungen zur Stufenbaulehre Adolf Merkls und Hans Klesens），Berlin 1977 年，第 49 页及下页。

普遍法律规范构成的法律秩序，而梅克尔学说关键的新颖之处就在于，认为每个法律秩序都是作为前提条件的和需要前提条件的法律意志行为所组成的内在相互关联的组织结构，这些意志行为根据其条件关系构成了一个等级的秩序。凯尔森将作为前提条件的法律规范理解为可确定其他规范的创设与内容，从而可确定其效力条件的规范；与之相反，他将那种基于作为前提条件的规范而被创设的规范称之为需要前提条件的规范。[50] 就一个法律规范的效力归功于另一个规范来说，如梅克尔所言，前一个规范逻辑上依赖于后一规范，而且位居后一规范之下。在更多的法律规范之间，其中此一规范以彼一规范为条件，因此存在着一种上级规范和次级规范的关系，作为前提条件的法律规范是上级规范，而需要前提条件的法律规范则是次级法律规范。“据此，作为前提条件的和需要前提条件的一系列法律陈述表达的是一个等级系列，形象地说就是高一级和低一级意志行为的等级制度。”[51]

高一层级和低一层级法律规范组成的等级秩序在现代法律体系中被支撑起来，所借助的正是知名的法律创设和法律运用之间的机构分工，不同的法律机关创设法律的能力各自享有不同的比重，这一比重对应的是机关所创设的规范失去效力的能力：“一个法律陈述相对于另一个法律陈述具有使其失去效力的能力，而另一个法律陈述相对于前者却不具有此种能力，这一法律陈述据此就属于高一层级，而相比起这个可使其他陈述失去效力的法律陈述，可被失去

[50]〔奥〕梅克尔：“法律规范层级构造理论导言”（注 48），第 1339 页。
[51]〔奥〕梅克尔：同上书，第 1340 页。

效力的法律陈述属于低一层级。当与此相反——有别于前已谈及的单方面取消效力的情况——两个法律陈述彼此可以取消对方的效力，这就成为二者位居同一层级的知识根据。”[52]

如果人们安排法律体系中的规范——法律体系是这些规范，可以回溯到一个共同的效力基础——对应其条件关系和取消效力的能力，就形成了一个彼此高一层级和低一层级规范层次的等级结果，它令人想起一个层级结果或者金字塔般的层级构造，梅克尔恰当地称之为“法律的层级构造”。[53] 如果说，每个法律至少都表明一个作为条件的法律规范的层面，一个有条件限制的法律规范的层面，那么现代法律体系就是一个由作为条件的和有条件限制的法律规范连接而成的一个极长的链条。一个法律体系表现出多少规范层次，是一个经验性问题，它取决于相关体系的具体构造。现代法治国家的法律秩序习惯上至少包含如下规范层次：宪法法、法律、行政法规（其中又包含很多层面），以及最终大量的个别规范，也即在公共行政范围内的个别行政行为（比如通告），在司法活动中法院的裁判（判决、指令），以及在私人自治的法律安排的框架内，法律行为的规范（比如契约规范）。

正如已经说及的，在作为条件的和有条件限制的法律规范之间

[52] 梅克尔：同上注。

[53] 精确地讲，梅克尔代表的观点是一个体系内的法律规范存在两种不同的位阶秩序：一是依据条件性的位阶秩序，二是依据效力减损的位阶秩序（《导言》，第 1342 页）。不过，这种观点无法维持，因为一个规范乃是基于一个由其他规范授权的设定行为而产生，在这种情形下，这些规范之间通常无法产生等级的位阶关系。它们之间只存在时间上的优先关系，而无必然的等级关系。只有承认不同的效力减损，等级位阶关系才能成立。因此，法律的层级构造来自于规范的条件限制性和效力减损的结合。

的关系上，涉及的并非从后者逻辑推导出前者的内容，而是涉及低级规范通过高级规范来证立自身的效力。就此而言，当作为条件的法律规范表明了有条件限制的法律规范之法律效力的创设以及持续存在的条件时，前者就构成了后者的效力基础。法律规范，当它满足由更高一级规范所确定的条件而生成并且没有期满终止的话，就具有了效力。这个条件一方面涉及的是内容上的安排，另一方面则是低级规范依法创设的程序，而且就这一创设是通过人的意志行为来完成，它总是包含一个对确定的人或机关的授权，通过相应的意志行为使得这种规范获得效力。

由于作为条件的和有条件限制的法律行为之间的连接本质上建立在授权或代表基础之上，梅克尔将法律层级结构中的高级规范和低级规范之间的关系称之为代表性关联。[54] 其中，具有代表性的

[54]〔奥〕梅克尔："法的规范层级构造理论导言"，第 1344 页及下页。这里所观察到的梅克尔的论述不仅在术语上而且在论证上都是极度模糊的，在我看来甚至是非常矛盾的。梅克尔多次在代表概念的不同含义之间变换：他首先是在极度宽泛的含义内来表达代表概念，在这个意义上它在实践中包含其他规范依法产生的一切条件，后来，他又明显运用了一个特殊的代表概念，它仅仅涉及有效规范生成的形式前提。当他首先说，并非所有作为条件的和受条件限制的行为之间的关系都可表达为代表关系，而后来又断言，在作为条件的和受条件限制的行为之间，虽然只存在内容上的"指引关系"，但是必然会存在"生成关系"（也就是公开的形式授权关系），由此就形成了自相矛盾。此外，梅克尔似乎忽略了，在授权的规范生成之外，还存在"自动的规范形成"，就如魏因贝格尔所说的基于满足某些条件而自主生效的法律规范，这些条件根据法律规则而与特定的法律后果联系在一起。魏因贝格尔："法律动态的规范逻辑基础"（注 46），第 177 页及下页。对于魏因贝格尔，我注意到他在这一点上以〔捷〕阿道夫·普罗查卡（Adolf Procházka）为依据，〔捷〕维尔（František Weyr）将之称为"捷克人的梅克尔"。阿道夫·普罗查卡："规范理论与法律创设"（Normative Theorie und Rechtserzeugung），首版以捷克语出版，载《卡雷尔·英格里斯 50 华诞祝寿文集》（Festschrift zum 50. Geburtstag von Karel Engliš），Praha-Brno 1930 年，德文版刊于《布吕纳法理学派（规范理论）》[Die Brünner rechtstheoretische Schule（Normative Theorie）]，〔捷〕弗拉基米尔·库柏斯（Vladimir Kubeš）、〔奥〕魏因贝格尔编，Wien 1980 年，第 304-323 页之第 322 页；库柏斯：《纯粹法学的布吕纳学派对于规范逻辑的发展》（Die Brünner Schule der Reinen Rechtslehre für die Entwicklung der Normenlogik），第 41 页。

法律规范各自构成了创设性规则，即通过代表机关相应的法律行为而创设从属规范的法律效力。“作为条件的行为的总和是质料，从这一质料中有条件限制的行为获得安排，确切地说是除了机关意志的主观成分之外的客观成分。由凯尔森所引入的创设性规则表达的正是作为条件的行为和有条件限制的行为之间的关系，这一创设规则可以理解为作为另外一个行为的条件的行为的总和。由此，宪法表达的是立法的创设规则，宪法与法律表达的是法规的创设规则，形式的和实质的司法和行政法则表达的是法院行为和行政行为，以及所谓的私人法律行为的创设规则。”[55]

正如前文引用部分所明确表明的，梅克尔进一步发展了深受凯尔森法律理论观念影响的法律层级理论，而且，他还将此明确视为对纯粹法学的贡献。[56] 这使得凯尔森得以可能，不多不少地全盘接受这一层级结构理论，将其纳入他的纯粹法学体系当中，[57] 然而他却从没有想过，要对梅尔克的原创身份给予其应得的

[55]〔奥〕梅克尔：“法律规范层级构造理论导言”，第 1345 页。

[56] 参见梅克尔的导言，载《法律效力的学说》(Die Lehre von der Rechtskraft)，Leipzig-Wien 1923 年，第 VII；梅克尔：“法律规范层级构造理论导言”，第 1361 页。

[57]〔奥〕凯尔森：《国家法学的主要问题》，第二版，Tübingen 1923 年，前言，第 XIV 页及下页；福尔多洛斯：《汉斯·凯尔森的法理论》(注 18)，第 1303 页及下页；凯尔森："献给阿道夫·梅克尔 1960 年 3 月 23 日 70 岁生日"(Adolf Merkl zu seinem siebzigsten Geburtstag am 23. März 1960)，载《奥地利公法期刊》(Österreichische Zeitschrift für öffentliches Recht)，新系列 10（1959 ～ 1960），第 313-315 页；〔德〕贝伦德：《梅克尔与凯尔森的规范层级理论学说研究》，第 52 页及以下。

强调。[58] 凯尔森在其对于法律层级结构的表达中所特别予以依赖的地方在于，每个法律秩序的规范层级的等级结构自上而下必然要在某唯一的规范中发现其终点，这一规范构成了所有其他法律规范生成的起点，从而构成它们的最高效力基础。这一规范无他，正是——假设上被预设的——基础规范。[59]

相对于老的实证主义学说，法律层级结构的理论为法的内在结构与功能方式开启了新的和深入的理解，为此前一系列未能理解的法律体系的性质提供了一个可接受的说明。因而，通过将法律体系中的不同规范由于其可回溯到一个共同的效力基础，也即表现为一个最高的、不再可以回溯的创设规则解释为一种共同归属性，层级结构理论为法律秩序的统一性提供了令人确信的解释。[60] 进一步，它还澄清了如下事实：法规定自己的创设，由此它将实证法相对于其他社会秩序的规范秩序的自治纳入了考虑。[61] 此外，它还使人

---

[58] 凯尔森在其 20 年代相关的出版物中，首要的是第二版《国家法学的主要问题》的前言中，文章“国家的功能或者三种权力说”（首版于 1924 年，再版载《维也纳法理学派》，第二卷，第 1625-1660 页之第 1632 页），以及《一般国家学》（1925 年，第 402 页）中，不管怎样都注明了梅克尔的作品。到了后期，他越发忽略梅克尔的作品。在第一版《纯粹法学》中，梅克尔仅是在梅塔尔（Rudolf Aladar Métall）为《纯粹法学》增加的文献书目中多次出现，到了凯尔森的《法与国家的一般理论》（1945）和第二版《纯粹法学》中他就再也没有被提及。这在《法与国家的一般理论》中尤为遗憾，因为这部著作是纯粹法学第一次用英语进行全面的表述，它的目标是全体读者，并没有预设相关的德语文献知识。

[59]〔奥〕凯尔森：《纯粹法学 1》，第 74 页；《纯粹法学 2》，第 228 页。

[60]〔奥〕梅克尔：“奥地利国家的法律统一性”（Die Rechtseinheit des österreichischen Staates），载《公法文丛》，第 37 卷（1918），第 56-121 页，重刊于《维也纳法理学派》（注 3），第一卷，第 1115-1165 页。

[61]〔奥〕梅克尔：“法律规范层级构造理论导言”，第 1346 页；凯尔森：《纯粹法学 1》，第 74 页；《纯粹法学 2》，第 228 页。特奥·厄灵格（Theo Öhlinger）：《法秩序的规范层级构造》（Der Stufenbau der Rechtsordnung），Wien 1975 年，第 10 页；〔德〕贝伦德：“梅克尔与凯尔森的规则层级学说研究”，第 32 页及下页；〔德〕霍尔斯特·德莱尔：《汉斯·凯尔森的法学、法社会学与民主理论》（注 15），第 131 页及以下。

们注意到，在法的层级构造中所有法律行为——除了例外情况，即要么是最高的、纯粹作为条件的，要么是最低的、全赖条件限制的法律行为——同时既是法律运用行为，也是法律创设行为：就它由其他法律规范所代表，基于这些规范而被创设来说，它是法律运用的行为；就它“借助每个法律运用的规范行为而产生出一个新的法律陈述（或者一个法律陈述的复合体）”来说，它是法律创设的行为。[62] 最终，层级构造学说表明，法律创设和法律运用的过程可被理解为一种法律具体化，也即法律个体化时层层递进的过程，它引入了从宪法到法官的、行政机关的以及司法自治的法律造型。其中，从普遍的、内容上相对抽象的宪法规范借助于被代表的法律行为一步一步制造出总是更为具体的和内容上更为狭窄的规范，这样一个过程在贯彻机关和私人法律主体的个体化行为中最终走向终结。[63] 所有这些都证明了，不仅可以将法律层级构造理论作为纯粹法学的核心部分，而且一般将其视为对一般法律理论的开拓

[62]〔奥〕梅克尔：“法律规范层级构造理论导言”，第 1348 页；〔奥〕凯尔森：《纯粹法学 1》，第 82 页；《纯粹法学 2》，第 239 页及以下；贝伦德：上注书，第 30 页及下页。

[63]〔奥〕梅克尔：“法律规范层级构造理论导言”，第 1348 页及下页；凯尔森：《纯粹法学 1》，第 79 页及下页。

性贡献。[64]

在哈特的《法的概念》一书中，关于法的等级构造的极为俭省的论述同凯尔森的纯粹法学的层级结构理论是如此相似，以至于可以很容易地推测，它总体上是受到凯尔森在《法与国家的一般理论》中相关论述的激励。哈特使用的是多少有些不同的另一术语，然而也是因此术语，他的相关评论并未达到分析上的敏锐性。同梅克尔与凯尔森所论及的彼此相连的创设规则构成的等级秩序不同，哈特从如下问题出发：借助哪些标准，可以识别出法律体系中的有效规则。他的回答在于，这些标准是从相关体系的承认规则中产生出来的。因为在一个承认规则总是被承认的地方，这一规则为发现体系中的生效规则而提供了一些标准。在一个非常简单的法律体系中，只有其权力职能不受限制的君主的命令可作为唯一的法有效，用于识别体系中的规则的标准就在于如下事实：君主颁发了这一规则。与此相反，在一个现代法律体系中，包含着许多不同

[64] 因此自然不是说，这个理论没有提出一系列问题并且要求改善。不过此处不对这些问题加以处理。〔奥〕罗伯特·瓦尔特:《法律秩序的建造》(Der Aufbau der Rechtsordnung), Graz 1964 年，第二版，Wien 1974 年；特奥·厄灵格:《法秩序的规范层级构造》，Wien 1975 年;〔奥〕厄灵格:“法秩序的规范层级学说所具有的法理论与法政治上的内容”(Zum rechtstheoretischen und rechtspolitischen Gehalt der Lehre vom Stufenbau der Rechtsordnung)，载《法哲学与立法》(Rechtsphilosophie und Gesetzgebung)，约翰·莫克雷(Johann Mokre)、魏因贝格尔编，Wien 1974，第 79-96 页;〔奥〕托马斯·孔尼德斯(Thomas Cornides):“劳动分工的规范体系及其对法律理论的意义”(Arbeitsteilige Normensysteme und ihre Bedeutung für die Rechtstheorie)，载《法哲学与立法》，第 14-43 页;〔德〕贝伦德:《梅克尔与凯尔森的规范层级学说研究》；魏因贝格尔:“法律规范秩序的结构”(注 46);〔奥〕魏因贝格尔:“法律动态的规范逻辑基础”(注 46);〔奥〕贝蒂纳·施托伊兹纳(Bettina Stoitzner):“法律秩序的规范层级学说”(Die Lehre vom Stufenbau der Rechtsordnung)，载〔美〕斯坦利·鲍尔森、〔奥〕罗伯特·瓦尔特编:《纯粹法学研究》，Wien 1986 年，第 51-90 页。

的法律渊源，创设规则本质上更为复杂：“识别法的标准是多重的，习惯上它只包含一个书面宪法、立法行为和法院的先例。大部分情况下，它是预先准备用来防止可能的冲突，这些标准处于彼此相对的高一层秩序与低一层秩序的等级关系中。就此，英国法体系中的‘普通法’处于‘制定法’之下。”[65]

哈特因此假设，每个法律体系中都有一个承认规则，它为体系中所有其他规则的效力提供标准。由于承认规则可以说表达的是用于识别体系中所有其他规则的最终标准，故哈特称其为终极规则。为了阐明作为终极规则的承认规则的作用，哈特所运用的思考可以说几乎是逐字逐句地沿用了梅克尔和凯尔森的说明：“当提出问题，某一确定的规则是否在法律上有效的时候，为了回答这一问题，我们必须运用一个效力标准，它提供给我们任何一个其他规则。牛津郡议会的某一规章是有效的吗？是的，因为它是在一个为议会所同意的权力职能的框架内以及满足规定的程序而创设的，它由卫生部的法律规章来确定。在第一个层级，法律规章提供了一些标准，据此标准规章的效力得以确定。或许，并没有实践要求进一步研究，但无论如何还是存在去这样做的可能。我们可能去追问法律规章的效力，它的效力在一个授权部长颁布这一规章的法则中发现证立。当最终追问这一法则的效力，而这一效力在规则——所有议会作出的决议都是法——的指引下确定的时候，我们就走到了关于效力调查的终点：因为我们现在达到的是一个规则，它同前此所处理的法律规章与法律一样为其他规则的效力的确定提供标准，却同它们有所区别，在

[65]〔英〕哈特:《法的概念》，第 98 页；德文版，第 143 页（翻译有调整）。

它之外不再有进一步的规则来为它自己的法律效力提供标准。”[66]

然而，这种最终规则在哈特的观念中并非只是一种单纯的假设，就好像凯尔森基础规范那样的纯粹形式规范，而是一种现实存在的，由立法组织、法院、公职人员和市民承认的和法律事件确认的规则，它通常包括许多关于法律规则效力的不同标准。这些标准存在于等级秩序中，其中一个优先于其他所有因而是最高的。“我们可以说，法律效力的标准或者法律来源是最高的，当其在识别规则的帮助之下，在其同经由其他标准来识别的规则相矛盾的情况下，仍可被识别为体系的规则之时；与此同时，经由其他标准所识别的规则在同基于最高标准识别出的规则发生矛盾的时候，则不被承认是有效的。通过类似的方式，借助比较性的措辞，我们已然使用的‘上级’和‘下级’标准的概念就可得以确定。”[67]

正如轻易就可发现的，同哈特的最高标准和不同标准的相对位阶表述相类似的是，梅克尔和凯尔森那引人注目的法律规范等级位阶次序，以及与之对应的减损的效力。在这两种情况下不同规范之间的次序关系得以确定，所依据的是这些规范在冲突之时哪个优先。区别之处在于，哈特对规则的上级秩序和下级次序的描述，没有包含对时间上实现次序的关系，而凯尔森所提出的减损效力的标准则预设了处于观察中的规范在时间上的次序，在何种程度上后出现的规则可以废除早期的规则。就此而言，哈特确定的法律次序关系比减损效力的标准更为基础和一般化，后者显然只是单纯地构成了对

[66]〔英〕哈特:《法的概念》，第 103 页及下页，德文版，第 151 页（翻译有调整）。
[67]〔英〕哈特:《法的概念》，第 103 页，德文版，第 149 页及下页（翻译有调整）。

前者的一种可能的详细说明；可是，这个详细说明对于施行“后法优于前法”原则的发达的法律体系来说，毫无例外是恰当的。如此来看，梅克尔 - 凯尔森的法律层级理论的阐述比起哈特的说明具有更加丰富的思想内容和说服力。

此外，哈特的效力标准等级的观念在简洁和明确性方面远远落后于维也纳学派的层级理论。在与授权和废除概念相关联的设立规则（Erzeugungsregel）的概念中，规范层级理论已然发现了一个简单而又高效的分析工具，可被用来将法律结构从最高的、通过宪法规定的设立规则到个体的法律行为加以系统的划分，以及把握法的动态过程，将之解释为持续的、逐步发生的规范设立和规范运用的过程。相反，哈特对规则和标准的讨论方式看起来则是极度不确定和令人迷惑的。对此，哈特从没有准确地阐明“法律规则效力标准”独自存在于何处。所能明确的只有，这些标准通过规则来确定，而规则又只能借助这些标准来被承认为有效。这些标准所对应的真是梅克尔和凯尔森所谓的“设立规则”吗？倘若如此，最终规则也将会成为这样一个为所有其他规则“提供”效力标准的规则。可是同样，每个设立规则都可能被视为承认规则，而且可能不完全存在一个承认规则，如哈特所强调，它作为最终规则为体系中所有其他规则的效力提供标准，而是存在多个承认规则，其内在有着不同的层级，处于顶端位置的是最终的承认规则。但是，如果哈特的“标准”与凯尔森的设立规则并不完全重叠，那么它又是什么呢？而且，为何哈特总是仅仅谈及确定规则效力的标准，而不提及个别法律规范，如个别的执行行为呢？法的目的难道不是在于，它的许多规则最终塑造人们的具体行为吗？

从上下文中总的可以确定，哈特不仅对于三类次级规则类型，也就是承认规则、改变规则和裁判规则之间的关系未加明确，而且对于法的等级架构中两个最终规则类型的功能亦是如此。显而易见的是，改变规则和裁判规则为确定规范的效力提供了标准。但是并非一切改变规则和裁判规则，同时还有承认规则都能提供标准。为什么每个体系都只有一个承认规则，而同时却有许多改变规则和裁判规则呢？在效力标准的位序体系内改变规则和裁判规则又扮演了什么角色？哈特让所有这些问题都保持开放，同样的，他对法的动态和结构的观念也有类似的不明确之处。在这一点上，哈特的理论相对于纯粹法学，不能说展现了一种进步，它甚至处于劣势[68]。

五、法的效力

当我们同意凯尔森的观点，规范的“效力”或“有效性”意味着其作为一种并非纯粹主观规划，而是具有普遍约束力的应然而存在，并以此为出发点，那么，凯尔森肯定也会进一步同意，规范效力并不仅仅建立在自然事实基础之上。因为仅仅从描述事实的陈述中无法得出应然[69]。凯尔森由此成功得出这样的观点：规范的效

[68] 对哈特法的结构理论的批评，参见〔英〕尼尔·麦考密克：《H. L. A. 哈特》，Londen 1981 年，第 103 页及以下。

[69] 关于从纯粹的事实陈述中无法得出应然的不可推导性命题的详细说明和证立，参见〔奥〕魏因贝格尔：“逻辑规范语义的理念”（Ideen zur logischen Normensemnatik），载《存在于不存在的彼岸》（Jenseits von Sein und Nichtsein），〔德〕鲁道夫·哈勒（Rudolf Haller）编，Graz 1972 年，第 295-311 页，重刊于魏因贝格尔：《规范逻辑与法律信息研究》（Studien der Normenlogik und Rechtsinformatik），Berlin 1974 年，第 259-277 页之第 262 页及下页；魏因贝格尔：“规范作为思想与现实”，载《奥地利公法期刊》（ÖZÖR），20（1970），第 203-215 年，重刊于《法理学的规范逻辑》，Berlin 1979 年，第 95-110 页之第 99 页及下页。

力基础只能来自于另一个层级更高的规范，后一规范使得前一规范的意义内涵成为客观的，也即不仅从规范设定者的立场，而且还包括从非参与的第三方立场出发，具有约束力的应然。[70] 因为每个规范的效力基础都可以从另一个层级更高的规范那里寻找到，故规范的效力证立就进入一个循环，这一循环如果不应该变成无休止的，那么它就必须在一个最终的、效力最高的规范处终止。这个最高的规范肯定不可能是被设定的，而更可能是一个被预设的规范。“作为最高的规范，它必然被预设，因为它不是由一个权威所设定，它的权能肯定是建立在一个更高的规范基础之上。它的效力不再可能从一个更高的规范那里推导出来，其效力基础也不再会受到质疑。一个这样的、作为最高而被预设的规范在此就名之为基础规范。”[71]

就实证法效力来说，照凯尔森看来需要重视的是，法是一套规范的动态体系，也即一个这样的体系，它的规范并不因为有一个确定的内容而无效，而是因为它以一种确定的方式，也即根据一个确定的创设规则而设定，始才生效。出于这个理由，法可以具有任何随意的内容。[72] 法规定了自己的创设，也即它至少包含一个层级的创设规则，但习惯上包含更多层级的创设规则，这些规则确定其他规范在法律上得以生效的条件，从而构成其他规范的效力基础。当所有这些从创设规则中获得效力的规范都建立在这些规则乃至最终建立在宪法这一最高的、规定法律体系中所有其他规范之创设的

[70]〔奥〕凯尔森:《纯粹法学 1》，第 4 页及以下；凯尔森:《法与国家的一般理论》，第 110 页及以下；凯尔森:《纯粹法学 2》，第 7 页及以下。

[71]〔奥〕凯尔森:《纯粹法学 2》，第 197 页。

[72]〔奥〕凯尔森:《纯粹法学 2》，第 200 页及下页。

诸规范之总和的基础之上的时候，宪法自身的效力却无法再诉诸更高的实定法上的规范。为了可将宪法乃至整个法律秩序视为具有效力之物来观察，依据凯尔森的观点，就必须假设一个进一步可为宪法提供效力基础的规范：恰恰是基础规范，它将现行宪法设定为法律秩序中最高的规范创设的规则，而且仅仅意味着，人们应该按照宪法之规定行事，或者换种表述，按照立宪意志的主观意义，立宪者之规定行事。[73]

法的效力证立的观念看起来揭示了两种危险：首先，对于是否应当将某一确定的规范复合体视作有效的法律体系的判断，完全听任每个个体专断决定；其次，对于借助于基础规范的预设而作为客观、有约束力考虑的法律秩序，它努力为其谋求获得客观的，又似乎是道德的证立之证明。凯尔森尝试用一切办法来避免这两种危险。针对第一种危险，他将证立法律效力的基础规范的假设限制在实定的和有实效的宪法之中，也就是说，在宪法中：（1）“通过立法行为或者习惯事实上规定”，（2）它的“规范在大体上得到运用和遵守”[74]。为了实现这种限制，他运用了一个令人迷惑的、看起来经院式的构想，也就是，尽管基础规范构成法律秩序效力的唯一基础，但是它的实效在如下情况下仍旧是法律效力的必要条件，当一个法律秩序停止其实效时，便不再被视为是法律有效之时。“效力的基础，追问这一基础乃是为了回答为何遵守和运用法律秩序中的规范这一问题，就是被预设的基础规范，据此，人们应当遵守一个事实

[73]〔奥〕凯尔森：《纯粹法学 2》，第 199 页及下页。
[74]〔奥〕凯尔森：《纯粹法学 2》，第 214 页。

上设定的、大体上具有实效的宪法以及根据这部宪法而从事实上制定的、大体上具有实效的规范。在基础规范中，设定和实效构成效力的条件；实效在其必须结合设定的意义上才成为效力的条件，由此，作为整体的法律秩序就和单个的法律规范一样，都不会丧失效力。”[75]

就基础规范构想的第二个危险来说——其内在的暗示是说，诸如客观约束力这样的属性都可归属于实证法，凯尔森尝试通过如下方法来抵御这个危险，他将基础规范解释为纯粹假定的、可谓是单纯出于认知实用主义理由而采纳的前提，运用这一前提，“没有超越于实定法的价值会获得赞同”[76]。因为基础规范不是设定的，也非愿望的规范，而只是一种纯粹思想中的规范，故运用这一假设完全不需要什么设定规范的权威了。它并没有规定，人们应当遵从宪法以及从宪法中推出的法律规范，它只是如下目的的条件，为了可以将立宪行为以及根据宪法设定法律的行为的主观意义解释为客观有效的规范[77]。为了说明基础规范所具有的特殊的、本质上由认知理论证立的特点，凯尔森首先将基础规范称之为假设（Hypothese）[78]，随后在康德哲学基础上将其描述为“超验的—逻辑的”前提[79]，最终在其晚期作品[80]中，在凡辛格（Vaihinger）的好像的（alsob）哲

[75]〔奥〕凯尔森:《纯粹法学 2》，第 219 页。

[76]〔奥〕凯尔森:《纯粹法学 2》，第 204 页。

[77]〔奥〕凯尔森:《纯粹法学 2》，第 206 页及以下。

[78]〔奥〕凯尔森:《一般国家法学》，Berlin-Heidelberg-New York 1925 年，再版于 Aalen 1966 年，第 104 页。

[79]〔奥〕凯尔森:《纯粹法学 1》，第 67 页;《纯粹法学 2》，第 204 页及下页。

[80]〔奥〕凯尔森:《一般规范理论》（Allgemeine Theorie der Normen），来自去世后的手稿，〔奥〕库特・瑞格霍夫、〔奥〕罗伯特・瓦尔特编，Wien 1979 年，第 206 页及下页。

学的意义上，将之称作纯粹的虚构[81]。

法律效力的基础规范理论毫无疑问属于凯尔森纯粹法学的理论核心，它从一开始就产生了巨大的吸引力，就如它所引起的反对一样。这两种反映方式，在我看来，似乎都至少部分地可回溯到其特殊的歧义性，它在很大程度上是这一理论所固有的，而且特别是从如下两种特点中表现出来：（1）当我们习惯上对一个法律效力理论作如是之期待，它给我们带来经验问题的答案，在何种条件下，实定法事实上拥有效力，基础规范理论相反回答的乃是一个认知理论

[81] 对这一问题领域的深入阐述，参见〔奥〕罗伯特·瓦尔特："实效与效力"（Wirksamkeit und Geltung），载《奥地利公法杂志》（ÖZÖR），新版 11（1961），第 531-541 页；瓦尔特："纯粹法学的当代地位"（Der gegenwärtige Stand der Reinen Rechtslehre），载《法律理论》1（1970），第 69-95 页；〔奥〕汉斯·考席勒（Hans Köchler）："'基础规范'的超验结构"（Zur transzendentalen Struktur der „Grundnorm"），载《走向人之尊严与正义——纪念克雷卡特斯基》（Auf dem Weg zur Menschenwürde und Gerechtigkeit. FS für H. R. Klecatsky），1. Teilband，Wien 1980 年，第 505 页及以下；魏因贝格尔：《规范理论作为法理学和伦理学基础》，Berlin 1981 年，第 127 页及以下；〔德〕拉尔夫·德莱尔："基础规范理论评注"（Bemerkungen zur Theorie der Grundnorm），第 38-46 页；〔德〕欧根·布希纳（Eugen Bucher）："凯尔森假设性基础规范理论批判"（Zur Kritik an Kelsens Theorie von der hypothetischen Grundnorm），第 47-57 页；〔瑞典〕亚历山大·佩岑尼克（Aleksander Peczenik）："基础规范的两面"（Two Sides of the Grundnorm），第 58-62 页；三篇文章同载《科学论争中的纯粹法学》（Die Reine Rechtslehre in wissenschaftlicher Diskussion），Wien 1982 年；〔德〕格尔哈特·鲁夫（Gerhard Luf）："对凯尔森之基础规范观念的超验逻辑价值的思考"（Überlegungen zum transzendentallogischen Stellenwert der Grundnormkonzeption Kelsen），载《规范理论——魏因贝格尔 65 华诞祝寿文集》（Theorie der Normen. Festgabe für Ota Weinberger zum 65. Geburtstag），〔德〕维尔纳·克拉维茨（W. Krawietz/H. Schelsky/G. Winkler/A. Schramm）等编，Berlin 1984 年，第 567-581 页；〔德〕普利斯特（Jens-Michael Priester）："基础规范——一种幻象"（Die Grundnorm – eine Chimäre），载《凯尔森思想中的法体系与社会基础》（Rechtssystem und gesellschaftlichen Basis bei Hans Kelsen），克拉维茨、谢尔斯基编，《法学理论》（副刊 5），Berlin 1984 年，第 211-244 页；〔奥〕鲁道夫·梯纳尔（Rudolf Thienel）：《效力与实效》（Geltung und Wirksamkeit），载《纯粹法学研究》（Untersuchungen zur Reinen Rechtslehre），斯坦利·鲍尔森、罗伯特·瓦尔特编，Wien 1986 年，第 20-50 页。

上的问题，在何种前提下，我们可以将实证法律体系理解为是有效的。尽管说，在这两个问题之间一定存在着紧密的联系，但令人犹疑地是，用第二个问题完全代替第一个问题是否确有可能。倘使说，第二个问题的目标在于探寻作为经验对象的法的构成性所需要满足的认知性前提，那么第一个问题涉及的是这一对象的现实条件。法被理解为客观的、有约束力的秩序，凯尔森对这种可能性在认知理论上的前提加以全副精力的关注，完全可以决定性地去断定，法的实际的现实性在他的理论中只扮演一个边缘性的角色[82]。（2）虽然依据凯尔森的观点，基础规范理论的目标仅仅限于提供一种价值无涉的，也即一种清除了所有法律以外的价值观的实定法的观察方式，但一种法律应然的客观主义观念却是建立在它所存在的问题以及它的概念性上，这种观念将法律规范的效力模式与道德规范在范畴意义上的效力主张相提并论。因为当凯尔森认为，法律效力的根本问题在于，将法律行为的主观意义证明为客观有效的应然，而且，当他断言，这些问题都能通过基础规范来解决，他就为他的概念建构隐含地提出一个他既无意兑现，也无力兑现的主张，也即提出证立法律规范的客观约束力的主张，这意味着，人们应当事实上依照法

[82]〔德〕君特·温科勒："实存与应然——从社会现实与法律的关系视角观察实存与应然的关系"（Sein und Sollen. Betrachtungen über das Verhältnis von Sein und Sollen im Hinblick auf das Verhältnis von sozialer Wirklichkeit und Recht），载《法律理论》10（1979），第 257-280 页；奥塔·魏因贝格尔："纯粹法学的现实性与实证性"（Wirklichkeit und Positivität in der Reinen Rechtslehre），载《凯尔森思想中的法体系与社会基础》（Rechtssystem und gesellschaftliche Basis bei Hans Kelsen），维尔纳·克拉维茨、赫尔穆特·谢尔斯基编，《法律理论》（副刊 5），Berlin 1984 年，第 425-441 页；〔德〕霍尔斯特·德莱尔：《凯尔森的法学、社会学与民主理论》（注 15），第 121 页及以下。

律规定的那样行为[83]。而且正是因为凯尔森事后又努力撤销这一主张，所以他才需要，赋予基础规范以一个纯粹假设性的前提、一种思想中的规范或者最终一个纯粹的虚构这样一些特征，尽管他实际上从未完全澄清这个规范的不确定的地位[84]。即便凯尔森的基础规范理论为此值得受到关注，因为它富有说服力地、清晰地表明了一个法的规范解释的基础性、同样也是非常困难的问题，但是，他对此问题给出的答案却似乎是极度不自然和具有虚构性的，即在直觉上很难令人产生确信。

哈特发现了一条路径，可以解决实定法效力的问题：在法的规范领域内考虑效力问题，与此同时超实证的基础规范的预设还并非必不可少。这条路径通向他对两种不同视角的区分，在这些视角下可以观察社会规则："内在的"和"外在的"视角。当人们承认规则并且用以指导自身行为的时候，他就是在内在视角下观察这些规则；对社会规则的内在观察预设了对它的承认。如果相反，所研究的是那些人们自身不承认的规则，那就是在外在视角下观察它们。此处再次存在两种不同的可能："因为某个观察者在不承认这些规

[83]〔德〕沃尔夫冈·施尔德："汉斯·凯尔森思想中的理论与实践"（Theorie und Praxis bei Hans Kelsen），载《法律理论》10（1979），第199-230页之第223页及以下；〔德〕诺博托·霍尔斯特（Norbert Hoerster）："凯尔森与哈特的法律效力理论批评性比较"（Kritischer Vergleich der Theorien der Rechtsgeltung von Hans Kelsen und H. L. A. Hart），载《纯粹法学研究》（注81），第1-19页。

[84]〔奥〕罗伯特·瓦尔特："实效与效力"（注81），第532页及以下；〔奥〕鲁道夫·梯纳尔："效力与实效"（注15），第31页及以下；他代表的立场是，基础规范知识纯粹基于认知俭省的（erkenntnisökonomisch）理由而选择的假设，使之有可能考虑实效的秩序，好似它是有效的，这一点难以使人信服。这个立场使我们有两个选项，这二者都是不可接受的：一是关于能否将给定的法律秩序视为有效的决定，处于每个个体的自由意愿中（这是荒谬的），二是这种被视为有效的法律秩序是事实上有效的，这是一种循环论证。

则的情况下仍可断言，一个群体接受某些规则，因而他是从外在采用这个群体从内在视角观察这些规则的方式。但是不管它们可能是哪些规则，无论是游戏规则，如国际象棋或板球规则，还是道德或法律规则，只要我们愿意，我们就可以针对它们采用这种观察者的立场，一种在此种方式上从来与这个群体的内在视角无关的立场。这样一种观察者因此满足于记录所观察之行为的合规则性，对规则的遵守部分地存在于这些行为之中，而且，当这些行为违背相关规则之时，也会进一步记录下仇视行为、斥责或惩罚的行为的合规则性。”[85]

这种区分非常具有启发性，因为它比简单的凯尔森式的术语更好，它使得我们可以发现，哪些要素是我们需要的，从而可以将实定法作为社会现实来把握，还不会忽略它的规范性维度。首先，十分清楚的是，人们采用最后所描述的那种外在视角而打算把握住法律规范的义务特征——或者如凯尔森所说的——应然效力，是完全不可能的。因为一个从这种视角思考法律事件的观察者，不可能在其中观察到完全的行为合规则性，从而基于这一点他或许可以对人们未来极有可能怎样行为加以预测。[86] 由此可以得知，若是没有参照内在视角法律规则便无法获得充分的描述。对于一个完全是义务规则的体系来说这一点已然适用，对于包含各种次级规则的复杂的法律体系来说这一点更是有效。同这些规则相关联的概念，例如立法、司法、法律行为、法律效力等，如果我们没有“看到，立法

[85]〔英〕哈特:《法的概念》，第 87 页，德文版，第 128 页（翻译有变动）。
[86]〔英〕哈特:《法的概念》，第 87 页及下页，德文版，第 129 页。

程序、法院发现判决的过程、私人和公共的权限的运用以及其他‘法律行为’是如何与次级规则相关的”[87]，那都是完全不可想象的。

总的来说，哈特完全赞同凯尔森。从另一个方面来看，哈特的内在和外在观察方式的区分表明，为了从规范维度来把握法律体系，人们绝不会针对法律体系而让自己采取内在视角，从而必须接受体系中的规则。只要人们从外在视角出发，参考那些接受法律体系的规则并奉此为行为指引的人的内在视角来描述法，这就足够了。当然，这种观点预设了一种理解，也就是，接受规则并奉之为行为指引。可是，这就和人们为了理解他人的痛苦，很少需要先自己感受一下痛苦一样，对于描述其他人要遵守的规则来说，很少有必要先使自身接受这些规则。如果这是正确的，那么就完全没有理由支持凯尔森的假设，也就是为了把握法所具有的特殊的规范性含义，法学必须预设其规范自身——而且这只是假定的——具有客观约束力。这是哈特和凯尔森不一致的第一个关键点。[88]

接下来的第二点涉及法的最终效力基础。凯尔森的观点是，一切法律秩序——同样也是所有其他被理解为有客观约束力的规范秩序——的最终效力基础，在于预设了一个相应的基础规范。哈特则将法律体系事实上承认并加以运用的承认规则视为法律效力的最高标准。依据承认规则，法律体系中的其他规则的效力都可得以确定。这种承认规则包含内在视角和外在视角。人们可以据此一面将体系

[87]〔英〕哈特:《法的概念》，第 96 页，德文版，第 141 页（翻译有变动）。
[88]〔德〕诺博托・霍尔斯特:“凯尔森与哈特的法律效力理论的批判性比较”（注 83），第 2 页及以下。

中的规则理解为有约束力的规范，一面将其理解为事实上存在的规则，端赖于人们采用哪一视角。[89]

从内在观察，承认规则是那种受到法律共同体中，也就是共同体中权威成员共同承认的规则，尽管这一规则常常没有被明确阐述，但参与人为了识别出法律体系中有效的规则却始终遵守这一规则。由于这些规则是在合乎共同承认的承认规则的情况下形成的，所以它们可被参与者认定为有效的规则。如此看来，承认规则是体系内所有其他规则的最终效力基础，此外，没有任何的必要，再去预设一个进一步的、用于证立承认规则效力的规范。一个规则获得承认，对于承认该规则的人来说，就是足够的理由，他们可据此将该规则作为自己行为的准绳，而无须进一步的规范来证立它的效力。哈特由此反对凯尔森说——在我看来这是完全正确的，这是一种“不必要的重复”，除了宪法之外（也就是除了包含在宪法中的承认规则之外）还预设了一个进一步的规范作为它的效力基础。[90]

任何人为了确定体系内其他规则的效力而从内在视角观察承认规则并将之作为最高标准加以运用，都——哈特对此还有进一步论述——默示地预设了一个外在陈述（externe Aussage）：法律体系普遍具有实效，这即是说，相关承认规则不仅为法律体系自身所接受，而且还得到法律共同体完全普遍的接受，以及在法的运行中得

[89]〔英〕哈特：《法的概念》，第 99 页及以下以及第 105 页及以下；德文版，第 144 页及以下、第 152 页及以下。

[90]〔英〕哈特：《法的概念》，第 245 页及下页，德文版，第 351 页及下页；〔德〕诺博托·霍尔斯特：（注 83），第 8 页及以下（翻译有变动）。

到运用[91]。但是，这些陈述并不是单纯假定的或假设意义上设定的前提，而是经验的事实陈述，它的真实性可以通过普遍的法律实践的指示来得到证实或者驳斥。从外在观察，承认规则是一项事实存在的规则，它的存在可通过运行法的官员以及私人普遍接受和运用它来说明。在这一点上，承认规则区别于体系内的其他规则。如果说，断言其他规则有效或存在，总是预设了其与一个被接受的承认规则之间的关联性，从而总是包含了一个内在陈述，那么，断言承认规则存在只是一个有关普遍法律实践的外在事实陈述。“因为当体系中一个低一级规则有效并且在这种意义上‘存在’，即便没有任何人注意到它，承认规则便存在，但仅仅作为一个复杂的，通常情况下法庭、公职人员和私人共同一致的实践而存在，他们都是在参考一些确定的标准来识别法是什么。承认规则的存在就是一个事实问题。”[92]

就一个实存的法律体系所要求的事实性或实效性来说，哈特同样持有与凯尔森在本质上不同的立场。通过一个法律体系的诸规范在总体上被运用和服从就简单断定该法律体系具有实效，如果这个足够的话，哈特提醒人们注意到，在初级义务规则的作用原理与次级规则，特别是承认规则、改变规则和决断规则的作用原理之间，存在着重大的差别。当初级义务规则获得市民的普遍服从，而不管这种服从是因为自愿而发生，还是出于对不遵从会受到惩罚的恐惧，这对于次级规则具有普遍实效性已然足够的话，想要描述次级

[91]〔英〕哈特:《法的概念》，第 101 页及下页第 105 页及以下，德文版，第 146 页及下页，第 152 页及以下。

[92]〔英〕哈特:《法的概念》，第 107 页，德文版，第 155 页（翻译有变动）。

规则的作用原理，单凭遵守和服从的概念尚不足够。运行法的公职人员和机构与规定其法律活动的次级规则之间的关系，不能简单地刻画为遵守和服从，因为遵守和服从的概念并不必然意味着，服从者之行动乃是具有去做正确的事的自觉意识。可是，若缺乏这些良知，缺乏那些通过这些次级规则从事立法、司法和行政行为的人的共同承认，就根本不存在法律体系。不仅因为强制手段对于单纯使用暴力就想要使人们服从来说根本不够，而且还因为，在法律规则效力的共同标准缺失的情况下，法律体系的统一性和持续性亦不复存焉[93]。

基于此种思考，哈特成功地得出结论，法律体系的存在至少要以如下两个条件为特征，其中每个单个条件都是必要的，而合起来则是充分的："一方面，符合系统最终效力标准而有效的行为规则必须得到普遍遵从；另一方面，法律体系中提供法律效力标准的承认规则、改变规则以及决断规则事实上被公职人员作为其公务行为的公共标准而接受。"[94]

关于哈特的法律效力的观点有太多话要讲。尽管他的观点遭到一系列批评性反对意见，首要的是关于哈特忽视了法律原则，但有目共睹的是，哈特的法律效力观远远超过了凯尔森的理论。他以一种自然的和深思熟虑的方式解决了凯尔森所提出的法的规范意义的问题，而没有落入类似凯尔森的基础规范那样的陷阱，而且，他还提出了一种关于法的实效条件在本质上有别于凯尔森理论的图像。

[93]〔英〕哈特:《法的概念》，第 109 页及以下，德文版，第 158 页及以下。
[94]〔英〕哈特:《法的概念》，第 113 页，德文版，第 163 页及下页（翻译有变动）。

六、法与道德的关系

法与道德相分离的命题——“法是怎样的”严格区别于“法应该是怎样的”，可谓是所有实证法学共同的立场，而且令人惊讶的是极少有学说持此种立场[95]。实定法，也即事实上具有效力的法，总是意味着自身同那些从某些道德或者法政治信念的角度出发被视为正确的、恰当的或者合目的的法有着本质上的区别。值得强调的是，这种观点并不否定人的道德信念事实上具有相当大的影响，不仅影响到实定法在内容上如何塑造，而且还影响到它如何——或好或坏地——起作用；它只是说明，法的效力有别于对它的道德评价。哪些法在社会中享有实证效力，这是一个经验问题，对它的回答仅仅导向事实上的情况，而且还完全独立于我们是否赞同现存的法。

初看之下，法与道德的区分似乎十分简单、显而易见，实际上它却是极具争议的，一旦对其仔细观察便可发现诸多困难之处。这种区分不仅处于传统的自然法学的对立面，后者将自身所包含的那些原则大部分奠定在一个实证法的效力基础之上，或者为其主张的

[95] 对此参见〔英〕哈特：“实证主义与法同道德的分离”（Positivism and the Separation of Law and Morals），载《哈弗法律评论》，71（1958），重刊于〔英〕哈特：《法理学与法哲学文集》（Essays in Jurisprudence and Philosophy），Oxford 1983 年，第 49-87 页；德文版：Der Positivismus und die Trennung von Recht und Moral，载〔英〕哈特：《法与道德——三篇文章》（Recht und Moral. Drei Aufsätze），〔德〕诺博托·霍尔斯特编，Göttingen 1971 年，第 14-57 页；〔奥〕瓦尔特·奥特（Walter Ott）：《法实证主义》（Der Rechtspositivismus），Berlin 1976 年，第 28 页及下页，第 174 页及以下。

大多是有限的约束力，而且也同所有关涉价值的法概念相矛盾。此外，两者的区分一点也不明确、清晰；它将我们带入一个概念问题和哲学问题的迷宫当中，对这些问题所臆想的出路常常走向死胡同。因而，存在一系列不同的可能性，根据实证主义的分离命题来确定法与道德的关系。最后但并非不重要的是，实证主义学说的说服力最终取决于，它是否以及如何成功地处理从分离命题中引出的问题。

第一个同时也是最困难的问题在于，在法和道德的概念之间以恰当的方式为其划清界限。凯尔森相信，在强制的形式这一点上可以发现法与道德二者本质差别之处，如下两种规范秩序正可说明此点：如果说法被界定为一种强制秩序，“通过将违法行为同一个社会上有组织的强制行为联系起来，这一秩序寻求一种人们依照它之规定行事的结果”，那么，道德表达的则是另外一种社会秩序，“它没有规定那种制裁措施；它的制裁仅仅在于赞同符合规范的行为，指责违反规范的行为，而采取身体上的暴力通常并不在考虑之内”[96]。这种区别，由于其所援用的仅仅是以实证的，也就是说以习惯或者意识中的法则为基础的道德秩序而未考虑自主的道德信念，故在很多方面都颇易受到攻击。它不仅从一个太过简化的、针对社会承认的道德规则的制裁机制观出发，而且还同凯尔森的法规范，也即制裁规范理论的构想相关联并且从属于它。可惜这种规范理论就如我们在第三部分确认的，是无法成立的。不过，让我们暂时先不去考虑这点，而是去观察下，凯尔森关于法和道德之区别的基础都谈了些什么。

[96]〔奥〕凯尔森：《纯粹法学 2》，第 64 页及下页。

为了说清楚这种关系，凯尔森认为有必要区分两个不同的问题："法和道德的关系事实上是什么"以及"法和道德的关系应当是什么"[97]。就第一个问题而言，凯尔森主要运用它反对如下主张，即认为法依其本质而言是道德的，也就是说，法的规范必定与道德规范一致，因为只有满足道德要求的社会强制规范才会被视为法。他如此进行论证，如若不是从一个科学上不成立的假设出发，使用一个绝对的、对所有法律体系都有约束力的道德价值标准，那便根本不存在充分的理由，仅仅因为它不符合一些或者所有的迄今为止都有效的道德体系的要求，就认定这样一个强制秩序不是法。"因为当人们没有从先天（*a priori*）加以设定，也即预设绝对的道德价值，那就毫无可能去确定，在任何情况下，何者必须被认为是善的或恶的，是正义的或者是不正义的。于是人们就无法否认，前已言及的强制秩序所命令的内容可被认为是善的或正义的，而它所禁止的内容可被认为是恶的或非正义的；进而，这一强制秩序是——相对——合乎道德或正义的。"[98] 正是因此，每个法的强制秩序都是通过如下方式构成的，它是一个规范，也是一项价值，即法价值，后者同时也是一个相对的道德价值。然而，这一事实并不意味着，法表现的是最低限度的道德，或者说，一个强制秩序为了被视为法，就必须满足道德的最低要求。这些要求预设了绝对的、总是并且在一切领域都有效的道德，因为只有在这种假设之下，道德才能给法提供一个稳固的、不依赖于时间和地点条件的标准；但是这样一种

[97]〔奥〕凯尔森：《纯粹法学 2》，第 65 页。
[98]〔奥〕凯尔森：《纯粹法学 2》，第 67 页。

道德并不存在。

如果说，法和道德之间事实上的关系究竟是什么这一问题似乎关联的是如下问题，即法律体系和道德体系之间是否以及在多大程度上可能是不一致的，那么，法和道德之间的关系应当如何的问题所涉及的则是，如何从道德的立场对法进行评价和证立。通常对后一问题的回答就是要求法应当是道德的。可是，在凯尔森看来，这一要求要变得有意义，只有当法和道德之间发生矛盾的时候，“当容许存在不道德的、道德败坏的法的可能性的时候，当因而在法的定义中不纳入道德内容的要素的时候”[99]。而且，断言具有这种可能性，才正是实证主义区分道德与法律的愿望所在，这种愿望要求，实证法律秩序的效力应当完全独立，不论它与某些道德价值一致还是不一致。在此，法与道德的分离针对的尤其是“传统的、大多数法学者理所当然持有的直观感受，这一感受预设了，只存在一种独自有效的，也即绝对的道德，因而也就是绝对的正义。”[100]

凯尔森将这个他认为是站不住脚的直观感受同一种道德相对主义的观点对立起来。依据后者，不存在一个绝对的价值，只有若干相对的价值，这些价值不会出现在主张排除对立价值存在之可能性的场合。“如果人们仅仅预设相对的道德价值，那么，要求法应当是道德的，也就是法应当是正义的，就只意味着，实证法的安排应当符合各种可能的道德体系中的某一种道德体系；然而由此却无法排除如下要求的可能性：实证法的安排应当符合另一种道德体系，

[99]〔奥〕凯尔森：《纯粹法学 2》，第 68 页。
[100] 同上注。

而且当它事实上符合这一种道德体系的时候，它又与另一种不同的道德体系相互矛盾。”[101] 故此，相对的道德不会提出主张，认为可为评价实证法秩序提供绝对的标准。但这也不意味着，不存在任何标准；更确切地说，每个道德体系都充当着这样一种标准。这表明，当有人总是从道德上去评价实证法是好的或差的，他必须意识到，道德标准是相对的，无法排除其他道德评价。

这种对法与道德关系的刻画带来了一些问题，而且是悬而未决的问题。除了上面所说的，它从一个明显的、对法与道德的概念不充分确定的情况出发，它还将自己限制在一个法律规范体系和道德规范体系的纯粹消极的界限之内，对于这两个体系之间的相互联系鲜有言及。即便人们同意法律实证主义的命题，实证法作为具有实效的社会规范秩序，其效力独立于自身是否与道德规范相符，凯尔森的断言，法可能拥有一切任意的内容，仍旧远不能令人满意。如果道德标准在很多情况下无法从概念上限制实定法，那么它至少为实证法的自由安排（Gestaltungsfreiheit）设定了一个事实上的界限，因为法律规范具有效力的机会（Geltungschance）极大程度上依赖于法律共同体内占据支配地位的道德信念。同这些道德信念紧密相连的是某些基础性的功能要求，它们由每个社会规范秩序来提供，这种规范秩序被认定为法律秩序。每个法律秩序都肯定包含涉及财富支配的某种规范，涉及两性之间、父母和儿童之间的关系，以及对至少是大多数社会成员的生命、健康和财产的保障，所有这些都属于基础性的功能要求。又或者，一个不存在关于财产与产业、关

[101] 同上注。

于婚姻和家庭的规范，不存在禁止伤害他人的规范的法律秩序，是可以想象的吗？然而，由于凯尔森相信，法的本质可以仅仅通过它的规范的形式得以确定，不需要关注这些规范的内容，因此，他从一开始就将目光隔离到法的社会功能要求之外。可是，若是不对这些功能要求加以考虑，法就无法得到恰当的理解。一旦法完全成为与权威的强制实施联系在一起的大量的行为准则，而且也还不再是别的什么规范之时，那么，人们肯定也可将足球比赛视为法律体系。

凯尔森对法和道德关系的分析中另一个混淆点在于，认为法与道德的实证主义分离必然与道德相对主义联系在一起。这一观点尤其明显地表现在凯尔森的总结性说明“什么是纯粹法学”之中：“纯粹法学是法律实证主义；它完全是法律实证主义的理论；而且法律实证主义与相对主义手挽手共进退。这意味着，当被问及何为实定法的价值，何为实定法的正义之时，回答只能是，它是相对的，也即只能在预设了某一最高价值的情况下才是正义的，因此，它在预设了另外一个最高价值的情况之下也可被视为是不正义的，此种可能性同样不能被排除。”[102] 此处并非恰当的地方，深入到凯尔森所代表的价值相对主义的极端形式进行探讨。[103] 但是无论这种价值相对主义是否合理，法律上似乎相当特殊的是，实证主义法观

[102]〔奥〕凯尔森：“何为纯粹法学？”，第 621 页。

[103]〔奥〕彼得·科勒：“民主合法化中的一些问题”（Zu einigen Problemen der Rechtfertigung der Demokratie），载《凯尔森的意识形态批判与民主理论》（Ideologiekritik und Demokratietheorie bei Hans Kelsen），〔德〕维尔纳·克拉维茨等编，《法律理论》（副刊 4），Berlin 1982 年，第 319-343 页；科勒：“关于道德相对主义的明晰性与边界”（Über Sinnfälligkeit und Grenzen des moralischen Relativismus），载〔德〕费舍尔（M. W. Fischer/E. Mock/H. Schreiner）等编：《什么是不能引证的？》（Worauf kann man sich nicht berufen?），《法哲学与法社会学文丛》（副刊 29），Wiesbaden 1987 年，第 55-71 页。

念显而易见应当依赖于一个高位的哲学问题，也就是对道德标准的客观证立是否可能。当法的效力独立于对它的道德证立这一实证主义命题存在合理理由之时，那么很明显的是，实定法相对于其他社会规范秩序，特别是相对于道德，具有事实上的独立性，并因此需要对实证法效力的独立概念给予恰当的经验描述。但是，在此种预设之下，道德的基本准则是否得到客观证立完全是不重要的。即便对一些道德基本准则应当给予客观证立，法与道德的实证主义区分——正如哈特也着重强调的——仍旧具有重要意义[104]。

当法的效力根据实证主义分离命题独立于道德规范之时，那么仍有可能发生的是，法律和道德规范在二者不能同时得到满足的意义上会彼此冲突。在这种情况下，对相关当事人来说就会产生如下问题，他应遵循这两种彼此矛盾的规范中的哪一类。凯尔森令人吃惊地指出，在这种情况下两种规范秩序不可能同时有效。如果道德禁止的是法律所命令的，那么就肯定是，“谁将法视为有效规范的体系，就放弃了道德，而谁将道德视为有效规范的体系，那么就放弃了法律。……因此所说的不外乎是，不存在什么立场，由此出发法和道德可被同时视为有效的规范秩序”。[105]

凯尔森的这一观点不仅仅同实证主义命题——法律规范和道德规范彼此互不依赖而有效——相矛盾，而且还存在更多的理由来认定其不可接受。首先，就如哈特强调的，这种观点使得所有对实证法的道德批评基本不可能。因为它要求，谁若想要将实证法视为一

[104]〔英〕哈特：“实证主义与法同道德的分离”（注 95），第 53 页及下页。

[105]〔奥〕凯尔森：《纯粹法学 2》，第 329 页及下页；同一方向的详细研究，参见凯尔森：《法与国家的一般理论》，第 374 页及下页。

种有效规范的秩序，就只能采取法的立场，将每个与之相矛盾的规范都视为无效[106]。其次，这一观点预设了，为了可以将法描绘为具有社会效力的规范体系，人们必然要将该体系的立场变成自己的立场，同时还必须接受该体系中的规范是具有绝对约束力的规范；可是，正如我们在前文已然看到的，这一预设是无法证立的，它再一次地暴露出凯尔森思想中的混乱，当凯尔森将规范的社会效力混同于在约束性意义上理解的“客观”效力之时。[107]一般来说，这样一种如人们所想的客观的约束力无法单独从规范的经验效力中产生，而只能通过参与的个体对其的承认中产生。因此，一旦法律和道德规范之间发生冲突，就不存在任何理由要么将其中一个要么将另外一个视为无效；为了解决这个义务冲突，所需要的就是每个个体的决断，他想要接受相互矛盾的规范中的哪一种作为具有约束力的规范。而这对每个个体来说只能是一种道德决断[108]。

同凯尔森那粗糙的、有时候十分混乱的法与道德关系的论述相对的是，哈特对这一关系的分析给予极为小心的琢磨和推敲。尽管哈特和凯尔森一样，都支持法与道德相分离的实证主义命题，但是哈特描绘了一幅与之有着本质差别的图像。我简短地概括下他的重要命题。一如前面已经多次确定的，哈特将法视为初级义务规则

---

[106]〔英〕哈特:“拜访凯尔森”（注 38），第 302 页及下页;〔德〕霍尔斯特·德莱尔，同上书（注 15），第 176 页及以下。

[107]〔英〕哈特:“拜访凯尔森”，第 305 页及以下。

[108] 关于此问题，参见〔德〕马丁·克里勒（Martin Kriele）:《法与实践理性》（Recht und praktische Vernunft），Göttingen 1979 年，第 111 页及以下;〔德〕拉尔夫·德莱尔（Ralf Dreier）:“法与道德”（Recht und Moral），载德莱尔:《法、道德、意识形态》（Recht-Moral-Ideologie），Frankfurt 1981 年，第 180-216 页之第 194 页及以下。

和次级权能规则（Befugnisregeln）的统一体，它们的效力建立在对相应的承认规则的共同承认基础之上。关于道德的概念，哈特区分了两种道德类型:（1）一个社会或者社会群体中社会接受的或者“习惯性”的道德，它包含这个社会或团体共同分配到的行为标准；（2）道德原则和理想，个体依据个人的想法接受其作为行动的指针，尽管其他人并不分享这一指针[109]。

通常来看，个体性的道德原则和理想并不具备普遍的义务特征，而一个社会中获得承认的社会道德在本质上则是由如下行为规则所构成，它可施加义务，因而同初级义务规则颇为类似。“这些规则区别于其他规则之处，不仅在于它依赖于强大的社会压力，也在于它对个体利益和爱好的巨大限制，这些限制带来了对它的服从。”[110]但是，并非所有这种类型的社会承认规则都是道德标准；非法律义务规则与道德规则一道，例如好的举止或正确的说话规则、游戏规则以及礼节规则等，都属于类型上特殊的行为规则。哈特指出，道德规则区别于其他非法律义务规则的首先标准在于，它对社会生活具有更大的重要性，这种重要性一方面表现在它所要求的私人利益牺牲的范围，另一方面则是同它相连的一致性压力（Konformitätsdruck）的比重。恰恰是在这一方面，社会广泛承认的社会道德规则同法律上的义务规则具有极强的一致性：二者都主张绝对的约束力（因此言及二者的特征常常使用的是相同的表达，如“权利”“义务”等），而且二者在很大程度上涉及的都是同样的行

[109]〔英〕哈特:《法的概念》，第 165 页以及第 177 页及下页；德文版，第 223 页与第 251 页。
[110]〔英〕哈特:《法的概念》，第 165 页；德文版，第 233 页（翻译有变动）。

为领域[111]。

然而，若不考虑这些类似性，在法和道德义务规则之间有着本质上的区别。依据哈特，这种区别首先表现在法律规则和道德规则的时间变迁上、法律和道德对过错承担的责任特征上以及规则的贯彻实施上。依据规划通过相应的法律行为引入新规则，改变或者废止旧的规则，如果说这一点乃是法的特征的话，一个社会中的道德规则只能慢慢地改变，同人们的道德信念的变迁共进退；相对于法律依照规划的改变，道德规则具有免疫力。当对于未经允许的行为和违法行为所施加的法律责任更可能同人的实际行为联系在一起，有时候甚至独立于行为者的意图之时，道德责任更多的是去衡量主观的行为意图。道德过错因此很大程度上具有唯意志论的特征。其次，法律义务规则本质上以威胁和运用有组织的强制作为基础，而社会道德则通过道德压力的经典方式得以维护；这种压力在一开始并不会借助强制威胁来实现，更多的是通过呼吁良知、谴责、非官方的表示蔑视、撤销信任等方法。

鉴于所有这些情况，也考虑到一个社会中普遍接受的道德规则要么区别于法律规则要么区别于其他社会规则，哈特由此成功地得出结论，社会道德可通过如下四个特征来识别：（1）它的规则对社会共同生活所具有的重要性；（2）它对有计划的改变具有的免疫性；（3）道德过错具有的唯意志论特征；（4）道德压力具有的特殊形式[112]。

[111]〔英〕哈特：《法的概念》，第 168 页；德文版，第 237 页。
[112]〔英〕哈特：《法的概念》，第 169 页及以下；德文版，第 239 页及以下。

在哈特看来，社会道德规则包含了最低限度的行为规则，这些规则对于有秩序的社会共同生活来说必不可少。而除了这些社会道德规则之外，人类还承认各种各样的道德观念和理想，它们不需要无条件地保持一致。这样一种道德的形式大概就是许多道德哲学所代表的道德标准理性证立的观点，它建立在对人类需求和利益同等考虑的基础之上。理性道德的这种形式特别有助于对道德规则和社会关系加以检验和批判，看看它们是否以及在何种程度上促进人类的利益。进一步来讲，为许多人承认的道德理想也属于个人道德观念，它要求的并非是人们负有义务去做什么，而是表述了道德目标和美德，如若实现则会获得特别的褒扬；相应的例子如善的美德或者爱你的邻人[113]。

虽然哈特反对自然法的观点——实定法的效力标准必须包含某一道德或者正义的要求，但是他也不赞同凯尔森的观点，认为法的内容形态可以是任意的。同思想家托马斯·霍布斯和大卫·休谟的看法一致，他更多的是认为，法是一种保障人类生存的手段，考虑到人类存在和人类本质乃是一种偶然性事实，因而要赋予法一些确定的功能。这种偶然性事实中的一部分是如此基本与普遍，以至于人们在事实上可以说，每个可持续存在的社会组织都必然包含某些规则[114]。哈特借鉴休谟，特别将如下几点视为人类存在的普遍事实：（1）人的易受损伤性；（2）人的近似性；（3）有限的利他主义，即主观倾向，将自身的利益习惯性地置于他人利益之上；（4）相比起

[113]〔英〕哈特：《法的概念》，第176页及以下；德文版，第248页及以下。

[114]〔英〕哈特：《法的概念》，第186页及以下；德文版，第262页及以下。

人类需求资源的局限性；(5)人有限的认知和意志力，这同样将导致，当社会规则有助于人们的相互利益之时，这些人将会倾向于，为了自己的利益损害这些规则，并且给他人带来损害[115]。

在哈特看来，这些普遍和基本的真理表明如下观点是必然的：任何法律体系都肯定包含某些规则，以限制对抗他人的暴力的运用，这些规则建立起一个相互之间不作为和妥协的体系，确定对紧缺资源的使用权，以及对未能自愿服从法律规定的人实施强制。若是没有此类规则，人们就没有理性的理由自愿服从法律，而且在这种情况下，也无法强制一些不情愿服从法律的其他人遵守法律。因此哈特提出："这类规则事实上构成了所有社会的法和习惯道德的共同要素，它们前进得如此深远，以至于法和道德被区分为社会控制的不同形式。……这些得到普遍承认的行为原则，建立在关于人类及其自然环境和目标的基本真理基础之上，可以被视为自然法的最低限度内容，与之相对的则是以自然法之名作出的恣意善变的、争议不断的理论构想。"[116]

七、总结与展望

对汉斯·凯尔森纯粹法学和哈特法理论的总体比较表明了，后者比前者具有明确的优势。哈特的理论不仅对法律规范的结构和功能方式给予了恰当的解释，它还提供了一个更具说服力的法律效力

[115]〔英〕哈特：《法的概念》，第 190 页及以下；德文版，第 268 页及以下。
[116]〔英〕哈特：《法的概念》，第 188 页及下页；德文版，第 266 页（翻译有变动）。

的方案，以及在法与道德的关系上提供了一个从本质上更可区分的观点。此外，在其他一些本文没有涉及的比较点上它也盖过了纯粹法学。这首先表现在哈特所代表的，相对于法外经验事实和价值构想的法的开放性结构，它击败了凯尔森狭隘及无结果的、由法律体系封闭教条出发的观点，也就是说，认为实证法是一个由规范构成的无漏洞体系，对于所有法律案件都提供了足够的判决基础[117]。

哈特的理论只在一点上劣于纯粹法学：关于他对法的结构和动态的解释，在统一性和区别性上逊色于凯尔森采纳的梅克尔的规范层级理论。但是，由于哈特理论的这种不足尚在他的体系范围之内，似乎可以得到消除[118]，这使得他对凯尔森理论原则上的优势并没有中断。尽管如此，我们不应忘记，哈特的法理论在相当大的程度上是同先于其发生的凯尔森在理论上的努力紧密相连的，而且是建立在这种努力基础之上的。甚至哪怕是哈特与凯尔森的学说之间的巨大偏差，也表明了哈特受到他的影响，因为哈特理论构想的本质部分，恰好是在对纯粹法学的批判性讨论的过程中形成的。倘若没有纯粹法学，那么以当前形式出现的哈特的理论是完全无法想象的。

相对于凯尔森学说，哈特理论中各种关键性的改进拥有某些共同之处：它们都在更多内容性和更强社会学导向的法的思考方式上，摒弃了凯尔森极端形式主义和纯粹主义想法。这点既适用于法

[117]〔奥〕凯尔森：《纯粹法学 1》，第 100 页及以下；《纯粹法学 2》，第 242 页及以下；〔英〕哈特：《法的概念》，第 120 页及以下；德文版，第 173 页及以下；魏因贝格尔："关于法律规范体系的开放性"（注 45）。

[118] 相关的研究参见〔英〕约瑟夫·拉兹（Joseph Raz）：《法律体系的概念》（The Concept of a Legal System），Oxford 1970 年，第 121 页及以下；〔英〕尼尔·麦考密克：《H. L. A. 哈特》，London 1981 年，第 103 页及以下。

律规范的观点，也适用于对法律效力的阐释和对法与道德关系的分析。因为纯粹法学最重大的不足之处在于，它对法学上纯粹性的确定乃是以清除所有法外因素的对法的思考为基础。通过哈特的理论，可以驳倒凯尔森的纯粹的、安于自足的法学说的规划。建立在这一规划基础之上的乃是一种幻觉，某些法实证主义理论很容易臣服于它：法构成一个完全独立且自身封闭的体系，要与法外现象严格地划清界限。这一观点虽然认识到，将法作为法学经验的独立的对象范围加以尽可能明确和有选择的定义肯定具有概念界定上的益处，但它仍旧是错误的。它不仅从法史角度出发是站不住脚的，同时考虑到发达的市民社会中的社会现实，也就是法从其他社会规范的体系中深度剥离，独自成为一个相对独立的归责体系，它也是不正确的。因为正是在这样的社会中，法总是扎根到一个十分广泛的网络之中，这些网络由语言习惯、社会现实阐述、制度关系和价值等构成，法同它们一道处于多重相互关联之中。而且，尽管对于从理论上来把握这些错综复杂的关系来说，将事实上相互联系的事物加以分析性的辨别常常是必要且合目的的，但这并不会导致太过精练的定义方式，以至于在一个封闭且安于现状的统一体内构建法律，事实上，在这个统一体内，法同其他社会现象最紧密地联系在一起。

就法的理解要同社会现实相适应来说，相对于纯粹法学，哈特的理论无疑表明了重要的进步。然而，似乎总是存在对法的统一和独立有着太过完美主义的想象。即使哈特通过提及法的开放结构对此留有些许空隙，使社会价值观念可以闯入到法律的大厦中，但是为此他也受到了众所周知的批评，即认为这样远远不够，法外的道德和合目的立场对法的影响太大。哈特关于法作为初级规则和次级规则体系的观点，忽视了法官和官员在法律判决实践中常常考虑到的各种各样的原则和目的。当他提出，法律秩序中有效的规则和原则仅仅基于它们的最终规则，也就是承认规则，才能得到确认，他对法的统一性勾勒了一个太过简单的图景。[119] 此处显然不是合适的地方，逐一讨论这些批评并审查其合理性。但是，当它包含了一个真正的核心——我认为有一定理由这么说，那么不仅要对哈特的理论，而且对于所有迄今为止的法实证主义思想进行基本的修订都是必不可少的。法律实证主义因而面临着新的任务，期待一个答案。

[119]〔美〕罗纳德·德沃金（Ronald Dworkin）："规则的模式"，载《芝加哥大学法律评论》35（1967），第 14 页及以下，重刊于德沃金：《认真对待权利》，London 1977 年，第 14-45 页；德文版：Bürgerrechte Ernstgenommen, Frankfurt 1984，第 42 页及以下。关于这个问题，还可参见尼尔·麦考密克：《法律推理与法律理论》（Legal Reasoning and Legal Theory），Oxford 1978 年，第 152 页及以下。〔奥〕弗朗兹·布德林斯基（Franz Bydlinski）：《法概念的法学方法论》（Juristische Methodenlehre und Rechtsbegriff），Wien-New York 1982 年，第 277 页及以下。

CHAPTER 2

凯尔森的法哲学思想

汉斯·凯尔森的规范主义*

〔美〕斯坦利·L.鲍尔森

如果人们在规范性之内容命题的意义上对汉斯·凯尔森的纯粹法学加以解释，法律主体之守法义务就可以获得证立。然而，第二种规范性命题，也即模态的规范性，反映的则是凯尔森全心关注之事——与自然主义展开斗争。根据这一命题，用海因里希·李凯尔特的话说，它捍卫了法学的“方法论形式”。

一、导　论

“规范的”“规范性”“规范性的”以及“规范主义”，这些词指称的都是多变的规范概念，这个概念可以通过不同的方法加以解释。就概念起源来看，这些概念的历史要回溯到古罗马建筑师维特鲁威（Vitruvius）**。他在著作《建筑十书》（大约公元前27年）[1]中运用了“norma”的概念，用来指称建筑工程师的量角器，也就是那种

* 本文系作者在2004年7月14日，被授予德国基尔大学法学院荣誉博士学位时所做的报告。本文原文为“Der Normativismus Hans Kelsens”，载《法学家报》（Juristen Zeitung），2006年第11期，第529-580页。（译者注）

** 〔古罗马〕马尔库斯·维特鲁威·波利奥（Marcus Vitruvius Pollio，约公元前80年或前70年～公元前25年），古罗马作家、建筑师和工程师，生平不详，之所以为后人所知，是因为他写了一部《建筑十书》，这是一部用拉丁文写的关于建筑的论著，是目前西方古代唯一一部建筑著作。（译者注）

[1] 维特鲁威（Vitruvius）：《建筑十书》（Zehn Bücher über Architektur），Straßburg，1913年。

在建筑图纸中帮助画出直角的扁平状的直角工具。但是维特鲁威同样也将直角本身称作“norma”。他曾经指出，一个直角——也就是维特鲁威所说的“norma”——可以不需要建筑师的工具就能得出，也就是说借助毕达哥拉斯定理[2]得出。

> “取三根平直的小棍，a c 长 3，a b 长 4，b c 长 5，将三者拼合在一起，使其末端轻触，构成一个三角形，由此产生了一个完美的直角 b a c。”[3]

依据这样的起源，“norma”在建筑学中很快就在第二种意义上得以运用。[4]在《法律篇》中，西塞罗将自然称作“法则的规范”，是它们的标准，[5]托马斯·阿奎纳在他的代表作《神学大全》中，将“norma”作为“规章”（“regula”）的同义词使用[6]。而在康德的著作中，虽然“规范”的概念只是处于边缘，但在《纯粹理性批判》中，还是可以发现一段精辟且独特的表述：所有的经验法则都只是纯粹知性法则的特殊规定，“在这些规定之下以及依照它们的规范，大部分经验法则都是可能的”[7]。一个世纪之后，新康德主

[2] 同上注，XI, 6, 第 445 页。

[3] 同上注，第 445 页及以下。

[4] 参见〔德〕哈索·霍夫曼（Hasso Hofmann）：“规范”，载《哲学历史辞典》（Historisches Wörterbuch der Philosophie），第 6 卷，Basel 1984 年，第 906-910 页。

[5]〔古罗马〕西塞罗（Cicero）：《论法律》（De Legibus）II, xxiv, 第 61 页。

[6]〔意〕托马斯·阿奎那（Thomas von Aquin）：《神学大全》（I/II）101 问，第 1 条（Summa Theologiæ I/II, Frage 101, Artikel 1）。

[7]〔德〕康德（Immanuel Kant）：《纯粹理性批判》，里加 1781 年，第二版 1781 年（Kritik der reinen Vernunft, Riga 1781, 2. Aufl. 1787）（我将第一版的页码标为［A］，第二版标为［B］），A 128。

义巴登学派的文德尔班（Wilhelm Windelband）重拾康德体系中最根本的区分，更确切地说是采用了自然“立法”和规范“立法”的用语来表述，“心理学法则是自然法则”，它与所有的自然法则一样都反映了“对因果法则的运用”[8]。“相反，在我们的逻辑、伦理和美学认知中发现的‘法则’”，是“理想的规范，它们的价值被断定为绝对必须实现的”[9]。冯特（Wilhelm Wundt）和齐美尔（Georg Simmel）也在同一时期引入了类似的区分[10]。

受到文德尔班、冯特和齐美尔的影响——至少在开端的时候——凯尔森20世纪在对规范概念的理解上做出了比其他人更多

[8]〔德〕文德尔班（Wilhelm Windelband）："规范和自然法"（Normen und Naturgesetze），载《序曲》（Präludien），1884年，第211-246页之第217, 218页。关于文德尔班的规范概念，还可参见文德尔班："论规范与常规"（Über Norm und Normalität），载《犯罪心理和刑法改革月刊》（Monatsschrift für Kriminalpsychologie und Strafrechtsreform ）第3期，1906～1907年，第1-13页。

[9]〔德〕文德尔班："规范与自然法"（注8），第219页。涉及逻辑的规范性分类，胡塞尔和弗雷格都不打算追随文德尔班。这两人都尝试指出，逻辑的法则具有描述性的本质，同时它的规范性地位预设了一个补充添加的规定性的算子（präskriptiver Operator），所以应当遵从考虑中的逻辑法则。参见弗雷格（Gottlob Frege）：《代数的基本法则》（两卷本），1893/1903版，第一卷前言（Grundgesetze der Arithmetik, 2 Bde., 1893/1903, Bd. 1, Vorwort），第V-XXXII页中第XV页；胡塞尔（Edmund Husserl）：《逻辑研究》第一部分：《纯粹逻辑导论》，1900年版（Logische Untersuchungen, T. 1: Prolegomena zur reinen Logik, 1900），§ 41.

[10]〔德〕威廉·冯特（Wilhelm Wundt）：《伦理学》，第三版1903年，第一卷（Ethik, 3. Aufl., 1903, Bd. 1, S. 1-10 et passim），第1-10页；〔德〕格奥尔格·齐美尔（Georg Simmel）：《道德科学导论》（Einleitung in die Moralwissenschaft），1982年，第一卷，第1-84页以及其他各处。

的贡献[11]。就凯尔森的理论体系而言，它并不仅仅只与规范的概念相关，而且涉及促成规范性的不同方式，它们被视为对凯尔森法理论的竞争性解释[12]。其中有两种方式值得关注。在第一种方式中内容规范性命题处于中心地位，而第二种则以模态规范性命题为核心。第一类命题的出发点是，法律主体服从法律的义务可通过援引凯尔森的论证来加以证立。因此，正如约瑟夫·拉兹——凯尔森的内容

[11] 譬如参见〔奥〕汉斯·凯尔森（Hans Kelsen）:《国家法学主要问题》（Hauptprobleme der Staatsrechtslehre），1911 年；汉斯·凯尔森:《纯粹法学》（第一版），Leipzig Wien, 1934；汉斯·凯尔森:《一般规范理论》（Allgemeine Theorie der Normen），瑞格霍夫（K. Ringhofer）、瓦尔特（R. Walter）编，维也纳，1979 年。凯尔森这三本主要著作分别代表他一生中思想发展的三个阶段：这三个阶段分别是构成主义阶段（大约至 1920 年）、新康德主义阶段和晚期学说阶段（可以将起始时间确定为 1960 年）。就此参见斯坦利·L. 鲍尔森："凯尔森法理论的四阶段？对时期划分的思考"（Four Phases in Hans Kelsen's Legal Theory? Reflections on a Periodization），载《牛津法学研究》（Oxford Journal of Legal Studies）18（1998），第 153-166 页；斯坦利·L. 鲍尔森："达致可辩护的汉斯凯尔森法理论分期"（Arriving at Defensible Periodization of Hans Kelsen's Legal Theory），载《牛津法学研究》19（1999），第 351-364 页。此外，所谓凯尔森的晚期学说，表达的是一种法的意志理论，这同他的前两个时期形成鲜明对比，在对他的规范主义构想的说明中可以忽略。

[12] 就凯尔森的"体系"来说，我想将其理解为他的一整套方法，就如我假设的，它包含了比可放入这种或那种从融贯性上把握的、归属于凯尔森的法律学说更多的方法，无论以哪种形式。关于凯尔森的一般性介绍，参见〔奥〕莱蒙德·豪泽尔（Raimund Hauser）:《规范、法和国家》（Norm, Recht und Staat），Wien 1968 年;〔德〕霍尔斯特·德莱尔（Horst Dreier）:《汉斯·凯尔森的法理论、国家社会学和民主理论》（Rechtslehre, Staatsoziologie und Demokratietheorie bei Hans Kelsen），第二版 1990 年;〔德〕卡斯腾·海德曼（Carsten Heidemann）:《规范作为事实》（Die Norm als Tatsache），1997 年;〔意〕布鲁诺·策兰诺（Bruno Celano）:《汉斯·凯尔森的法律理论》（La teoria del diritto di Hans Kelsen），Bologna 1999 年;〔德〕加布里尔·迪亚兹（Gabriel Nogueira Dias）:《法实证主义和法理论》（Rechtspositivismus und Rechtstheorie），2005 年。关于凯尔森法学的新文章，参见〔德〕鲍尔森、施托莱斯（S. L. Paulson/ M. Stolleis）编:《汉斯·凯尔森——20 世纪的国家法学者与法理论家》（Hans Kelsen: Staatsrechtslehrer und Rechtstheoretiker des 20. Jahrhunderts），2005 年。最近出版的宪法领域的著作参见罗伯特·瓦尔特（Robert Walter）:《作为宪法法官的汉斯·凯尔森》（Hans Kelsen als Verfassungsrichter），Wien 2005 年。

规范性命题的支持者——所描述的：

> “法的规范性概念与服从法的义务的概念，二者在分析上是相互联系的。因此，只有当人们应当服从法之时，凯尔森才将法视作有效的，也就是说，视作规范的。”[13]

在这里，得出内容规范性命题的凯尔森的法理论，似乎更多的与自然法学说相似，而非同传统的以事实为基础的实证法理论相似。事实上，拉兹也就这一对比发表了看法：凯尔森与自然法学者有某些共同点，因为“尽管他拒绝自然法学说，但他坚定地使用了自然法的规范性概念，也就是说，经过证立的规范性概念”[14]。

这是怎么一回事呢？这样一种方式就如同每一种哲学理论一样，都要求通过论证来表明自己受到支持。依据凯尔森的纯粹性假定，既不可以援引道德，也不可以诉诸事实[15]。这表明凯尔森一方面对抗自然法学说，另一方面对抗传统的、以事实为基础的法实证

---

[13]〔英〕约瑟夫·拉茨（Joseph Raz）：“凯尔森的基础规范理论”（Kelsen's Theory of the Basic Norm），载《美国法学杂志》（The American Journal of Jurisprudence）19（1974），第94-111页之第105页，重刊于〔美〕斯坦利·鲍尔森、〔美〕邦妮·鲍尔森编：《规范性和规范——对凯尔森论题批评观点》（Normativity and Norms. Critical Perspectives on Kelsenian themes），Oxford 1998，第47-67页之第60页。

[14] 拉茨（注13），第110页及以下，或第67页。

[15] 引证凯尔森对纯粹性假定的与众不同的表述：“我已经在我的第一部作品中就学说的纯粹性或者——意义相同的是——法作为科学认知对象的独立性努力沿着两个方向加以处理。一是针对所谓的‘社会学’观察的主张，这种主张意图依照**因果**科学的方法侵入法学，将之视为**自然**得出的事实。二是针对自然法学说，因为它忽视了实定法中排他且单独给定的相互关联的基础，自然法学说的法学理论就在伦理政治的假定中，从实证的法学语句领域中抽离出来。”凯尔森：《国家法学主要问题》（注11），第二版前言（1923），第V-XXIII页之第V页。

主义的“双重战线”[16]。倘若因此存在一种论证,依据它可以维持内容规范性命题，那么它必须是一个不依赖于道德和事实的先验论证，仅仅以法的规范性的可能性前提为依据。凯尔森著作中的一些片段使我们有理由猜测，事实上他希望导向这种先验论证。

二、内容规范性命题

“先验的”（transzendental）在康德的作品中与认知可能性的条件相关[17]。“超越的”（transzendent）这个相反的概念自康德起表达的是那些超越所有人认知的事物[18]。在 1934 年出版的《纯粹法学》第一版中，凯尔森明确地遵循了康德的这种区分[19]。他将基础规范描述为先验范畴[20]，并且依照这种方式，将它同存在于现象之彼岸的[21]“超越的法理念”[22]明确地区分开来。凯尔森将他的法学

[16] 参见〔德〕霍尔斯特·德莱尔（注 12），第 27 页。

[17] “我将所有的认知都称作先验的，它不仅研究对象，还研究我们对对象的认知方式，只要它们具有成为先天（a priori）的可能。这种概念体系称作先验哲学。”康德:（注 7），B25。

[18] 同上注，A 296f./B，第 352 页及下页。

[19] “超越”的概念参见凯尔森:《纯粹法学》(第一版)(注 11)，§8(S. 14)，§10(S. 19)，§11(b)(第 24 页)，“先验”的概念参见：同上 §11（b)，(c)(S. 21-25)，§29(第 67 页)。这两个概念还可参见凯尔森:《纯粹法学》，第二版，Wien 1960 年，§34（d)(第 204 页)。

[20] 凯尔森的“范畴”术语绝非是精确的。无论是基础规范，还是边缘归责抑或是应然，都在特定的地方被理解为先验范畴，并且得到相应的称呼。参见〔德〕阿列克西（Robert Alexy):“凯尔森的相对先天的概念”(Kelsens Begriff des relativen Apriori)，载阿列克西等（R. Alexy/L. H. Meyer/S. L. Paulson/G. Sprenger）编:《新康德主义和法哲学》(Neukantianismus und Rechtsphilosophie）2002 年版，第 179 – 202 页。前面的研究在先验方式或者康德方式的框架内，只将基础规范——而非边缘归责或者应然——作为先验范畴进行考察。关于边缘归责，参见下面第三部分。

[21]〔奥〕凯尔森:《纯粹法学》(第一版)(注 11)，§11(b)(第 24 页)。

[22] 同上注，§8(第 10 页)。

范畴视为“在康德哲学意义上是认知理论先验的，而非形而上学超越的”[23]。在1960年第二版的《纯粹法学》中，他明确地提出了自己的先验问题：

> “在对事实构成的主观意涵加以解释的时候，如何可以不诉诸上帝或自然等元法律权威，就将其转变成在法律陈述中可描述的客观有效的法律规范体系？”[24]

通过诉诸基础规范，凯尔森对他的先验问题给出了回答：

> “只要通过基础规范的假定，就有可能将立宪事实的主观意义和根据规定事实的宪法的主观意义转变为客观意义，这意味着：将其解释为客观有效的法律规范，基础规范在对它的描述中通过法学——当将康德的认知理论概念类推运用到法学之时——可被称为此种解释的先验逻辑条件。”[25]

在凯尔森的作品中，这种先验的基础规范方法早在1925年出版的《一般国家理论》中就已出现。在书中他描述了基础规范和法律责任的相互联系：

> “奠定法律秩序体系的基础规范或起源规范的典型内容在

[23] 同上注，§11(b)(第24页)。
[24]〔奥〕凯尔森:《纯粹法学》(第二版)(注19)，§34(d)(第205页)。
[25] 同上注，§34(d)(第204页)。

于，设定权威和法律来源使它们的表达必定作为法律约束力而生效：你等当如法律权威——君主、国民议会、议会等——之命令行事，故此——出于明确的原因而简化为——基础规范。”[26]

凯尔森断言，作为一种范畴的基础规范最终赋予法以约束力。乍一看来，这暗示着作为范畴的基础规范是从内容的规范性命题的意义上获得解释的。

1. 一种先验论证？

众所周知，基础规范这一形象引发了一系列的难题[27]。特别是，作为范畴的基础规范赋予法以约束力如何方可证立？基础规范可赋予法以约束力的能力只有在上述先验论证的框架内才能展开，这一论证表明，此处受到质疑的对象——在凯尔森这里就是法的约束力——通过被理解为范畴的基础规范而被构建出来，而且，如果没有基础规范，法律无论如何都是不可能具有约束力的。[28]

然而，这种在康德意义上被理解为“先验”的论证从结果上看难以成立。凯尔森对这个命题进行了相对化，他承认，基础规范表达的完全不过是一种对所观察实质材料的可能的、而非必然的解释。

[26]〔奥〕汉斯·凯尔森：《一般国家学》(Allgemeine Staatslehre)，1925 年，§19(c)(第 99 页)。

[27]〔美〕斯坦利·鲍尔森：“‘基础规范’的不同表述”(Die unterschiedlichen Formulierungen der „Grundnorm“)，载鲍尔森等(A. Aarnio/S. L. Paulson/O. Weinberger/G. H. von Wright/D. Wyduckel)编：《法律规范和法律事实——维尔纳·克拉维茨 60 岁祝寿文集》(Rechtsnorm und Rechtswirklichkeit. Festschrift für Werner Krawietz zum 60. Geburtstag)，1993 年，第 53-74 页。

[28]“只有在基础规范的假设下，提供法律解释的经验材料才能成为法，也就表现为法律规范的体系。”凯尔森：《纯粹法学》第一版(注 11)，§29(第 66 页)。

当人们仿佛在进行"法律游戏"之时，在凯尔森看来，基础规范就不可或缺。但是人们并不一定要玩这样的游戏。为此人们就无法反驳那些立场，"如理论上的无政府主义，它拒绝相信在法学者谈及法的地方竟然还有不同于赤裸裸的权力的其他事物"。更一般地来说，人们无法证明，法的存在同"自然事实的存在和掌控自然事实的自然法则的存在"有什么不一样。[29]

不过，照凯尔森的观点，从这里无法得出先验论证是完全不可能的，相反所能得出的仅仅是，这样一种论证，在——用新康德主义者的话说——"法学事实"的立场之外是无法展开的。若依此种方式将会回到无政府主义者所提出的"可替代的异议"中去。

相反，当人们从法学的事实出发，先验论证便是可能的。事实上，这种从新康德主义那里为人熟知的科学事实[30]的出发点，对应的是上文谈及的表述：人们似乎在玩"法律游戏"。在1934年出版的第一版《纯粹法学》中，凯尔森运用了新康德主义的表述来说明自己所选择的出发点：

> "（法的规范学说的）可能性和必要性已经由几千年来的法学事实所证实，法学——只要法还存在——就作为教义法理学，

[29] 同上注，§16（第36页）。

[30] 譬如〔德〕赫尔曼·柯亨（Hermann Cohen）的表述："我认为……认知并非是一种意识，而是一种事实，它在科学中发生并且依照给定的基础继续进行，因而这个研究不再涉及主观事实，而是涉及一个增加的，但仍是客观给定的并且原则上证立的事实；不涉及认知的经过和工具，而是与同样的结果，与科学相关。那么导致的问题是，科学的事实从何种预设出发，可以推导出它的确定性。"赫尔曼·柯亨：《无穷小方法的原则及其历史》（Das Prinzip der Infinitesimal-Methode und seine Geschichte），1883年，第5页。

与对法的研究一道，服务于知识上的需求。”[31]

因此，从法学的事实出发，正表明基础规范这一前提的不可或缺。

2.“可替代性—异议”

为此我们再次面对这项任务，如何引入先验论证，尽管从现在起必须从法学的事实出发。必须说明的一点是，从何处出发这个问题，在缺乏基础规范这一前提的情况下是不可能的。出发点应当是一个事实，而且作为事实存在，它必须还是可能的。如此一来，从法学事实的可能性中就可得出：基础规范这一前提是必不可少的。

可是果真如此吗？“可替代性—异议”在此处再次出现，即便是凯尔森，也没有在法律秩序内，从当前的立场考虑过这个问题。出于比较的目的，我们再次采纳外在于法律秩序的立场。从这个立场出发，就如凯尔森明确承认的那样，无政府主义者准备将我们视为“规范的”素材另作他解，确切说就是诉诸纯粹的力量对比。因为存在这种替代选项——对此还有进一步的引证，先验论证就不再具有说服力。因为先验论证意味着，只要争议对象具有可能性就预设了由超验论证所提供的范畴。由此推导出范畴的必然性。然而，倘若有一种替代方式证明自己可充分解释这一对象的可能性，可以完全地把握住这一对象，那么，范畴就不可能是必要的。先验论证的影响力因而也就减弱了。

[31]〔奥〕凯尔森：《纯粹法学》（第一版）（注11），§16，第37页。

为什么从内在于法秩序的立场出发应有所不同呢？从另外一个立场出发进行观察时唯一会改变的，是可能的替换方案的属性。这些替换方案目前存在于与凯尔森法学相竞争的法学说当中，而且它还提出质疑：为什么应当选择凯尔森的法学说而非其他？

乍看之下，这似乎要动摇凯尔森法学说坚实的根基。因为，他一方面相信，只有两种基础性的替代方案，一是经典的自然法学说，二是传统的、以事实为基础的法实证主义。另一方面，他相信自己已经澄清过，这两种法学说都存在基础性的瑕疵。

让我们从后一个断言开始讨论。尽管凯尔森有很好的理由来否定以事实为基础的法实证主义[32]，因为——正如他所出色论证的——法实证主义无法解释法的规范性组成要素，但这并不理所当然就意味着，凯尔森否定自然法学说所采用的方式和方法是成立的。对此凯尔森并没有提供论据，相反太过经常的是一种不加区分的怀疑，部分表达还采用了十分激烈的言辞。因此，纯粹法学对康德的援引很自然地就同那些人产生矛盾：

> “他们在康德的伦理学中看到了真正的康德哲学。可是，可以很轻易地就被指出，而且是由那些在康德的先验哲学中

[32] 在凯尔森时代之前或者同时代，许多法学理论家都持有自然主义的立场，参见〔美〕斯坦利·鲍尔森：“纯粹法学是可超验证立的吗？”（Läßt sich die Reine Rechtslehre transzendental begründen？），载《法学理论》（Rechtstheorie），21（1990），第155-179页，或第159页及下页；以及斯坦利·鲍尔森：“汉斯·凯尔森早期作品中的构成主义，方法二元论和归责”（Konstruktivismus，Methodendualismus und Zurechnung im Frühwerk Hans Kelsens），载《公法文丛》（AöR），124（1999），第631-657页。

看到了最伟大的哲学贡献的人断言的，康德伦理学是毫无价值的。”[33]

从这种毫无理由支撑就对自然法学加以否定，一种完全是自然法怀疑论的表述出发，可以推导出，对凯尔森法学理论的替代方案一如既往是无法驳倒的。

但是——我先转向第一个断言，即便我们从如下情况出发，凯尔森可能已经提出了一个具有说服力的论据，由此可以一劳永逸地驳倒自然法学说，但也远远不会有太大的进展，达到他所想要我们相信的那种程度。因为他无法为这一断言提供论据，也就是这三种学说——即自然法学说，传统的、以事实为基础的法实证主义以及他自身的法学说——合起来并不能完全穷尽法学理论的多样性。在这里，凯尔森因某种方式，被自己设下的陷阱绊倒了。因为一旦人们可以，将凯尔森的法学表述为第三种法学说，与其他两种最初的法学构想类型居于同样的抽象层面，那么，传统的非此即彼（*tertium non datur*）的构想就此瓦解。从这一点推出的不仅是，第三种类型的法学说是可能的，而且第四种和第五种类型的法学学说也有可能。但是凯尔森对“没有第四种可能性”（*quartum non datur*）的格言完全不感兴趣，更别提证立了。简言之，从法秩序内部的立场出发，“可替代性–异议”并没有失去对抗力，更准确地

[33]〔奥〕汉斯·凯尔森：“纯粹法学，‘拉班德主义’和新康德主义——致雷纳多·特雷弗斯的信”（Reine Rechtslehre, „Labandismus“ und Neukantianismus. Ein Brief an Renato Treves），载汉斯·凯尔森、〔奥〕雷纳多·特雷弗斯：《法律形式主义和社会现实》（Formalismo giuridico e realtá sociale），鲍尔森编，凯尔森的信件注明的时间是 1933 年 8 月 3 日，1992 年，第 55-58 页（58）。

说，它的对抗力得到了加强。

尽管内容规范性命题最初颇具吸引力，却由于已被证明确实存在问题，因此就非常值得我们进一步将另一种方式，也就是模态规范性命题纳入考察的视野。

三、模态规范性命题

模态规范性命题涉及的是一种“方法论的”方式[34]。从这一立场出发，凯尔森法学理论中的康德，也即新康德主义维度就变得显而易见，因为方法论的概念可以回溯至巴登新康德主义学派的代表海因里希·李凯尔特的主要作品。

1. 方法论形式

在自己的专著《认知的对象》最后一章中，李凯尔特将“构成性的现实范畴”同关涉科学的“方法论形式”区分开

[34] 在当代的文献中，与凯尔森的“方法论”方式相关的文章要回溯到拉尔夫·德莱尔的作品。但他区分的方式有别于李凯尔特的区分方式。参见拉夫·德莱尔（Ralf Dreier）：“实然和应然——对凯尔森纯粹法学的评论”（Sein und Sollen. Bemerkungen zur Reinen Rechtslehre Kelsens），载《法律人报》27（1972），第329-335或第331页，重刊于〔德〕拉尔夫·德莱尔：《法、道德、意识形态》（Recht – Moral – Ideologie），1981年，第217-240页，即第222页以及第236页注释40。斯坦利·鲍尔森：“拉夫·德莱尔的凯尔森”，载《对拉夫·德莱尔法哲学的整体理解》（Integratives Verstehen. Zur Rechtsphilosophie Ralf Dreiers），2004年，第159-197页。

来[35]。作为构成性的现实范畴的例证，李凯尔特引入了有形实在（Dinghaftigkeit）的概念[36]，而方法论形式的例子则是自然科学中的法则性（Gesetzlichkeit）[37]。不过，这种法则性必须被视为一种方法论上的“类形式”（Gattungsform），因为它存在于所有的自然科学当中。李凯尔特进一步在类形式的另外一边谈及方法论形式，尽管并没有给出一些实际例证来说明[38]。这些方法论方式是每个单一科学（Einzelwissenschaft）所特有的。在法学这门科学中，方法论形式应当是法则规范这类形式。[39]

李凯尔特从“客观现实性”的概念开始展开论述。他的基本理念在于，客观现实性借助现实性范畴而形成，而与此同时，借助客观现实而给定的质料则由单一的科学依靠它们各自的方法论形式获得加工。用李凯尔特的话说：

> “由于在因果关系和有形实在的例子中所讨论的形式具有……唯一含义，故赋予这些形式以专有的名称是必要的，如

---

[35]〔德〕海因里希·李凯尔特（Heinrich Rickert）:《认知的对象》（Der Gegenstand der Erkenntnis），第六版，1928 年，第 5 章，§ § IV-V（第 383-432 页）。（1892 年出版的第一版是李凯尔特的教授资格论文。）对此的全面论述，参见〔德〕汉斯·米歇尔·鲍姆加特纳、格尔德·格哈德、克劳斯·昆哈特、格哈德·舍内里希（Hans-Michael Baumgartner/Gerd Gerhardt/Klaus Konhardt/Gerhard Schönrich）编：“范畴，范畴学”（Kategorie, Kategorienlehre），载《哲学历史字典》（Historisches Wörterbuch der Philosophie）第四卷，布鲁塞尔 1976 年，类目 714-776。

[36] 譬如参见下注 40。

[37]〔德〕李凯尔特:（注 35），第 406 页及下页。

[38] 同上注，第 404，407，410，411，424，426 页等随处可见；李凯尔特:《自然科学概念构建的界限》（Die Grenzen der natur- wissenschaftlichen Begriffsbildung）第五版，1929 年，第 208，210，217，221 页以及其他各处。

[39]〔奥〕凯尔森:《国家法学主要问题》，第二版前言（注 15），第 VI - VII 页；凯尔森:《纯粹法学》第一版，（注 11），§ 11（b）（第 22 页及下页）。

此可以使之对最初的方法论形式加以扬弃。依据客观现实的表述我们可以提出‘客观现实形式’。但是，我们宁可……采用‘构成性’这个术语。它所描述的恰好是，我们认为在这种形式内所预设的，具有构成性的完备产物或者认知的现实素材。因此，那些构成客观现实世界的事实既存物被称之为构成性的现实范畴。”[40]

构成性的现实范畴又回到了先验哲学，与此相反，对不同方法论形式的系统划分提出了“狭义的科学理论的问题”[41]。

这一套研究工具如何构成凯尔森方法论开端的基础，在处理这个问题之前要说明的是，我完全同意李凯尔特为新康德主义所作的根本区分具有重要意义。在有关新康德主义的文献中常常可以遇到此类的陈词滥调，认为它是那些运用到单一学科中的，康德《纯粹理性批判》先验分析学的构成部分。几乎没有人像凯尔森那样详尽地对这个观点加以补充。在凯尔森看来，康德肯定已经明确扩展了他的先验哲学的应用领域。在康德的实践哲学里可以最清楚地看到这一点：

“因为恰恰是在基督教学说重点落足之处，它的形而上学二元论，也就是康德在其理论哲学领域明确与之抗争的二元论，在自身学说体系内全线崩溃。康德在此处丢弃了他的先验方法。

[40] 李凯尔特（注35），第406页及下页。
[41] 同上注，第404页。

这种批判理想主义的矛盾已经被太多次地提到。由此，着重援引康德的先验哲学，从而为实证主义法学和国家学提供基础，康德始终保持着自然法学说轨道之外的法哲学家的形象。”[42]

因此用新康德主义的话说，康德必然更加广泛地运用“先验方法”，自然也用于法学和国家学之上。

面对认为新康德主义者就是那些将康德第一批判运用到单一科学上的陈词滥调，对如下论断的强调绝对是有价值的，即将先验哲学与其构成性范畴直接运用于单一科学，并非是李凯尔特的意图。与之对立的则是已然提到的，现实范畴与方法论形式的根本区别。李凯尔特为了运用精简的概念，引入了劳动分工。客观现实的构成是现实范畴的任务，与此同时，对现存材料的处理则托付给方法论形式。

2. 模态规范性命题的四种观点

李凯尔特在构成性现实范畴和方法论形式之间的区分构成了模态规范性命题的理论背景。就这一命题来说，有四种观点至关重要：第一是凯尔森在法学中与自然主义的斗争；第二是他的“两层世界学说”，这也是凯尔森从巴登新康德主义学派处吸纳的理论构想；第三是实定法的法（Rechtsgesetz）的引入作为法学的方法论形式；以及第四，从这种方法论形式推出的经过重构的法律陈述的模态。

---

[42]〔奥〕汉斯·凯尔森:《自然法学和法律实证主义的哲学基础》(Die Philosophischen Grundlagen der Naturrechtslehre und des Rechtspositivismus)，1928年，§40(第76页)；汉斯·凯尔森:“纯粹法学，‘拉班德主义’和新康德主义”(注33)，第56-58页。

（1）凯尔森与自然主义的斗争

如前所述，首先涉及的是凯尔森与自然主义的斗争，这种斗争从一开始就体现在他的作品当中。以他对耶利内克（Georg Jellinek）的批判为例。初看上去，就好像耶利内克希望以他的国家的“两层理论”的名义，将其中法学的一面视作是规范性解释上不可化约的[43]。但是凯尔森十分正确地断言说，根据耶利内克的观点，法律规范最终“无异于实然规范，其作为应然不过是以法为标准的行动者——心理上——主观意识上的反映而已”[44]。基于这种“对法律规范的本质完全从心理学上加以观察的基本观点”[45]，耶利内克的学说实际上就是一种极端经验主义。

凯尔森论及耶利内克的心理学上的基本观点，并非偶然。凯尔森法学中的反自然主义可被视为是对另一种、在同一时期得到遵循的反自然主义方案的反映，包括反对心理学至上论，也即认为心理学建立在逻辑和认知理论基础之上的观点。在这些方案中，首先要考虑的是弗雷格（Gottlob Frege）和胡塞尔（Edmund Husserl），他们的作品在世纪之交被视为与心理学至上主义斗争的典范[46]。对于

[43]〔德〕格奥格·耶利内克（Georg Jellinek）:《主观公权利体系》（System der subjektiven öffentlichen Rechte）第二版，1905 年，第 12–41 页；格奥格·耶利内克:《一般国家学说》（Allgemeine Staatslehre）第三版，1914 年，第 74，136-140 页。

[44]〔奥〕汉斯·凯尔森:《社会学和法学的国家概念》（Der soziologische und der juristische Staatsbegriff），1922 年，§20（第 119 页）。

[45] 同上注。

[46]〔奥〕弗雷格（注 9），第一卷，前言第 V-XXVI 页；戈特洛布·弗雷格:“评胡塞尔‘算术哲学 I’”（Rezension von: E. G. Husserl Philosophie der Arithmetik I），载《哲学和哲学批判杂志》（Zeitschrift für Philosophie und philosophische Kritik），103（1894），第 313-332 页，重刊于弗雷格:《凯尔森手稿》（Kelsens Schrift），安格莱利（I. Angelelli）编，1967 年，第 179-192 页；胡塞尔（注 9），§17-51。

这一点，凯尔森明确意识到胡塞尔的角色[47]。

但是，在当时被视为“与自然主义斗争的”德语哲学中，弗雷格和胡塞尔只是广泛传播的思潮中最突出的人物。例如，当“新心理学”兴起而可预见成为一门经验的学科之时，李凯尔特和闵斯特伯格（Hugo Münsterberg）就曾努力以社会科学自治的名义，捍卫这些学科的独立性[48]。

如同弗雷格、胡塞尔、李凯尔特、闵斯特伯格以及其他学者，凯尔森也深受激励，坚定了与自然主义的斗争。早在《国家法学的主要问题》中，这一信念，也就是将规范材料化约为事实情况在方法上从一开始就是错误的，决定了他的法学走向。可是，对自然主义的胜利并不会带来非自然主义法学说的创立，当然，胜利使得这一方案的剩余部分得以可能。因为当法律素材无法回溯为实际的事实之时，就再次引出了其本体论地位的问题。凯尔森的答案在于，他分三步将新康德主义的两个世界学说纳入到他的法理论当中。

（2）两个世界的学说

在这些步骤中，首先是采纳两个相互极为不同的思考方法；其次是引入同这些思考方法相对应的应然 / 实然的区分；以及最后，引入两个世界理论本身。

第一步，凯尔森采纳了两种思考方法的区别：一种涉及自然

[47]〔奥〕汉斯·凯尔森：《国家法学主要问题》（注 11），第 67 页，注 1，以及第二版前言（注 15），第 IX-XI 页。

[48]〔德〕李凯尔特：《自然科学概念构建的界限》（注 38）；〔德〕豪果·闵斯特伯格（Hogo Münsterberg）：《心理学基本特征》（Grundzüge der Psychologie），1900 年；闵斯特伯格：《价值哲学——世界观基本特征》（Philosophie der Werte: Grundzüge einer Weltanschauung），1908 年。

科学,另一种则关乎规范科学[49]。在冯特(Wundt)[50]思考的指引下,凯尔森指出了解释性学科和规范性学科之间的对立,具体如下:

"这种对于规范学科,尤其是法学具有重大意义的对立,建立在不同的立场基础之上,人们从这些不同的立场出发来观察对象。自然科学的任务是阐明和解释事物的实际表现,以求领会实然;相反,另外的学科则设置规则来确定人的行为,要求实然或者非实然,也就是规定一个应然。第一种立场可被称之为说明性的立场,后一种则是规范性立场;那些规定应然的规则被视为规范,相反,实然的法则则作为最广义的自然法则而有效。"[51]

从这两种思考方式出发,并且循着齐美尔[52]的指引,凯尔森在第二步引入了屡经考验的、与两种思考方式区别相对应的"应然/实然区分":

"自然法则和规范之间的彻底对立,只有在应然和实然彻底不一致的基础上才有可能。就如我对某事所做的断言,'这是',我也同样可以说,'这应当是',在这两种情形里所表达

[49]〔奥〕汉斯·凯尔森:《国家法学主要问题》(注11)第4,5页,另参见〔德〕文德尔班:《规范和自然法》(注8),齐美尔(注10)以及冯特(注10)。

[50] 同上注,冯特(注10)。

[51]〔奥〕汉斯·凯尔森:《国家法学主要问题》(注11)。

[52]〔德〕齐美尔(注10),第一卷,第8页及下页。

的陈述是完全不同的。”[53]

凯尔森宣称[54]，实然和应然是最普遍的思想根据（Denkbestimmungen），或者——再次遵照齐美尔的指引——是根本的思想模式。齐美尔将此种区分集中地同语法范畴中的将来式与过去式、虚拟式与祈愿式加以对比[55]。凯尔森则走得还要远：实然和应然比语法范畴还要根本，因为它们可谓是基础性模态，反映了两种彼此之间严格区别的推论模式，一种是直陈式，另一种则是规范式[56]。

实然和应然这两种思想形式在原则上的差异使得二者在凯尔森看来“表现为两个彼此隔离的世界”[57]。故第三个步骤就是彻底采纳两个世界学说[58]。在第一个世界既可以发现物理也可以发现心理，而第二个世界则由意义内涵（Sinngehalten）构成，包括法律的意义内涵。现在，凯尔森所面对的任务就是解释第二个世界的基本特征——重要的是为了理解规范性。

在这点上，凯尔森继受了一些巴登学派新康德主义方法的要素。其中，非常重要的是涉及新康德主义的哲学效力的理念，它构成了

[53]〔奥〕汉斯·凯尔森：《国家法学主要问题》（注 11），第 7 页。
[54] 同上注。
[55]〔德〕齐美尔（注 10），第一卷，第 9 页。
[56]〔奥〕汉斯·凯尔森：《国家法学主要问题》（注 11），第 6-10 页。
[57] 同上注，第 8 页。
[58] 尤其是李凯尔特这种新康德主义巴登学派学者，致力研究两层价值学说（Zwei-Welt-Lehre）和与之有关的问题。参见鲍尔森：“事实—价值的区别，两层价值学说以及内在意义”（Faktum/ Wert – Distinktion，Zwei-Welten-Lehre und immanenter Sinn），载《新康德主义和法哲学》（注 20），第 223-251 页，尤其是第 237 页及下页，第 246-251 页。

第二个世界的基本特征[59]：第二个世界的意义内涵并非作为“现实性”存在，而是作为——用李凯尔特的话说——“非现实的”实体而生效。在第二个世界内部，凯尔森区分了非规范性的意义内涵和规范性的意义内涵，并且在后一种规范性的意义内涵中又区分了非法律的意义内涵和法律的意义内涵。后者，即法律的意义内涵，是由经过重构的法律规范的意义内涵所组成，它的形式则是由那些对于法学来说具有根本性的方法论形式来确定的。

由此，凯尔森沿着两个世界的学说，这一学说构成了模态规范性命题的第二个方面，完成了他的三个步骤。第三个方面则是由已然勾勒出的作为方法论形式的法之律则所组成。

（3）实定法的法作为方法论形式

1923年《国家法学的主要问题》第二版面世，在它的新序中出现了“实定法的法”的概念。下面对这个新序的引述反映了凯尔森在1911年的作品中萌生的方法：

> “联系到文德尔班和齐美尔对康德的解释，在我看来，应然表达的是法学所确定的法的本身固有规律，它区别于‘社会学上’理解的社会实然。作为应然判断的规范对立的是自然法则的实然，具有规范资格的法律陈述对立的是社会学上特定的因果法则。为此，法律陈述于我而言作为特殊的法的实定性，也即作为实定法的法的表达，就成为核心问题……”[60]

[59]〔德〕李凯尔特：《哲学体系》第一部分：《哲学的一般基础》（System der Philosophie, T. 1: Allgemeine Grundlegung der Philosophie），1921年，第233-318页。

[60]〔奥〕汉斯·凯尔森：《国家法学主要问题》，第二版（注15），前言第VI页。

在此，可以清楚地看到法的特殊的实定性，也就是它的“本身固有规律”，与现实世界的因果法则性的彼此对立。然而，这其中仍旧有一些不甚明确之处。凯尔森想要如何解释他的与自然法则对立的法之实证法则？他的实定法的法怎样就同法律陈述发生了关联？

在第一版《纯粹法学》中，凯尔森进一步致力于阐明这两个论题：

> “就如自然法则将作为原因的特定事实构成与另一个作为结果的特定事实关联在一起一样，实定法的法则将法律条件和法律结果（也就是所谓的非法结果）关联在一起。前一种关联事实构成的方法称为因果律，而后一种则是归责律（Zurechnung），也就是纯粹法学所认知到的特殊的实定法。正如从结果可以追溯至原因，从法律结果也可以归因至法律条件；但是法律条件不可被视为那种作为原因而起作用的事物。法律（非法）的后果是由法律条件归责而来的。”[61]

在这段话里，不仅因果律再一次与“特殊的实定法的法”对立起来，而且后者还被以归责一词来加以把握。实定法的法，也就是法学的方法论形式，通过援引与因果律并行的边缘归责（*periphere*

[61]〔奥〕凯尔森：《纯粹法学》（第一版）（注 11），§ 11（b），第 22 页。

Zurechnung）[62] 来加以阐明。这种归责表达了一种二元关系，其由“法律条件”和“法律结果”所组成。

不过，为了一开始就能让人理解，凯尔森对边缘归责的表述过于精简，边缘归责指的是将法律结果归责至法律条件。凯尔森并不认为，任何一种法律结果都可以归责至一般性的法律条件。这样一种方式最终会导致将一般性的、以假设方式表达的法律规范混淆于以事实构成，也就是相应行为的形式出现的优先条件的满足。相反，边缘归责涉及的是满足事实构成本身。凯尔森正是如此认为，他在《一般国家理论》中写道：“边缘归责总是只能从一个事实构成导向另外一个事实构成。”[63] 这样的事实构成，或曰这样的行为，也就是满足一般性的、以假设方式表述的法律规范的行为，通过归责而得到法律后果。这类法律后果就是法律责任。

一个足够特殊的表述，其中预设了凯尔森所精简说明的一般性

[62]〔奥〕汉斯·凯尔森：《一般国家学》（注 26），§ 10（c）（第 48-51 页）；汉斯·凯尔森：《纯粹法学》第一版（注 11），§ 11（b），（第 21 -24 页）；凯尔森：《纯粹法学》第二版（注 19），§ 18-24（第 79-106 页）。关于归责，参见约阿希姆·伦茨科沃斯基（Joachim Renzikowski）：“汉斯·凯尔森纯粹法学中的‘归责’概念”（Der Begriff der „Zurechnung“ in der Reinen Rechtslehre Hans Kelsens），载《新康德主义和法哲学》（注 20）第 253-282 页；〔美〕斯坦利·鲍尔森：“汉斯·凯尔森法学中的作为先天范畴的归责”，载考夫曼等（M. Kaufmann/J. Renzikowski）编：《归责作为责任的唯实践论》（Die Zurechnung als apriorische Kategorie in der Rechtslehre Hans Klesens, in: Zurechnung als Operationalisierung von Verantwortung），2004 年，第 93-120 页（建议第 117 页）；以及约阿希姆关于归责概念的其他文章；〔德〕卡斯腾·海德曼（Carsten Heidemann）：《汉斯·凯尔森的归责概念》（Der Begriff der Zurechnung bei Hans Kelsen），载《汉斯·凯尔森——20 世纪的国家法学者和法理论家》（注 12），第 17-34 页。

[63]〔奥〕汉斯·凯尔森：《一般国家学》（注 26），§ 12（d）（第 65 页）。恰在这个层面上边缘归责区别于中心归责，因为这意味着对法律主体的归责。汉斯·凯尔森：《国家法学主要问题》（注 11），第 121-162 页。关于凯尔森作品的历史背景，他对中心归责的辩护，参见斯坦利·鲍尔森：“汉斯·凯尔森早期作品中的构成主义、方法二元论和归责”（注 32）。

的、假设方式表述的法律规范，可以如下方式来表达：

> 当实施一个类型为 *h* 的行为之时，这一行为就取得了证立法律责任的属性。[64]

责任与授权“互相关联”，如已说明的，一个人宣称对行为负责，就反映在法律机构获得授权，针对这个人施加惩罚。

凯尔森希望认识理解为边缘归责的法律准则，是一种借助用于处理法律材料的方法论形式。这种处理产生了以假设方式表达的、重构的法律语句。从作为法学方法论形式的法律语句出发，不仅产生了反映边缘归责形式的法律语句，而且还有其模态。

（4）重构法律语句的模态

重构性的法律语句表明了凯尔森对“理想话语形式（Sprachform）”，也即法律语句的理想表述的追寻结果。在《国家法学的主要问题》中，凯尔森用下述形式解释了有关这一点的规划：

> “是否法律陈述应被解释为命令（Imperativ）还是假设性判断，是关于法律陈述的理想话语形式抑或关于客观法的本质的问题。服务于具体法律秩序的实践语句对于问题的判决来说是无关的。法律语句必须从法律规定的内容出发来构建，而且，对其构建必要的组成部分常常无法在同样的法律规定中发

[64] 关于这一表述，感谢〔德〕马丁·博罗夫斯基（Martin Borowski）提供线索。

现，而是必须从更多的法律规定概括得出。”[65]

法律语句在其理想的话语形式中是以假设方式来表达的——换言之，它指向的是法律机构——这一点凯尔森在他的《国家法学的主要问题》已然清楚说明。

在20世纪30年代，凯尔森寻求法律语句的理想话语形式的进一步特征，由此发现了以假设方式表述的、以法律机关为义务方的授权规范。法律义务是非法结果的反映，这来自于对实施惩罚的授权的运用：

“当然，存在一种可能性，法律义务的概念——如果没有被废除的话——以权能（Kompetenz）的概念为基础，前者可以追溯至后者。当个体负有实施特定行为的法律义务，仅当其实施相反行为的情形下，另一个体得到法律秩序的授权对其加以制裁，从而使得这一义务总是作为行为的预先条件而被承认的情况下，而且，当授权设定制裁可被视为‘权能’而生效的时候，那么，一个人的法律义务就是以另外一个人的

[65]〔奥〕汉斯·凯尔森：《国家法学主要问题》（注11），第237页。同样，齐特曼（Ernst Zitelmann）提出法律语句的理想语言公式，如它的“逻辑公式”：“一切主观权利，无论时间和地点，都拥有一个相同的公式；这些法学思想的公式有能力容纳一切最为不同的实质内容，它完全是空洞的，只有形式，没有内容，但是作为这种公式它完全是相同的。它依据的是人类思维组织的特征。”〔奥〕恩斯特·齐特尔曼：“世界法的可能性”（Die Möglichkeit eines Weltrechts），载《奥地利法庭汇报》（Allgemeine österreichische Gerichtszeitung）39（N. F. 25）（1888），第193-195，201-203，209-212（194）页，重刊于恩斯特·齐特尔曼：《世界法的可能性》，1916年，第10页。

制裁权能为基础。”[66]

在 1945 年出版的重要著作《法与国家的一般理论》中，凯尔森进一步发展了他的这一新观点。[67] 此外，他还在书中指出，“应然”肯定不能被法律义务的概念所覆盖，它只能被单纯地视为一种“占位词”。[68] “应然”表明的是，一种制裁可在特定条件下被实施，而条件就是法律机构获得授权实施制裁。此外当我们说，法律机构 *A* 事实上有义务实施制裁，所说的不过是，假如 *A* 对法律主体疏于制裁，较高的法律机构被授权，对 *A* 实施有关的制裁。凯尔森从对授权规范两个层面的构想出发，构建了法律义务的概念，也就是为我们熟知的义务论概念——在此他的还原理论（Theorie-Reduktion）[69] 几乎不能被忽视。根据这些他在 20 世纪 40 年代完成的结构性转变，他并没有认识到还存在不依赖于授权的义务的概

[66]〔奥〕汉斯·凯尔森：“法和权能：对乔治·塞勒斯国际法理论的批判性意见”（Recht und Kompetenz: Kritische Bemerkungen zur Völkerrechtstheorie Georges Scelles），载凯尔森：《对纯粹法学的讨论阐述》，瑞格霍夫、瓦尔特（K. Ringhofer/ R. Walter）编，Wien 1987，第 1-108（75）页。（凯尔森的这部作品可以追溯到他 30 年代晚期的作品。）

[67]〔奥〕汉斯·凯尔森：《法与国家的一般理论》，Cambridge, Mass. 1945 年，第 61，62 页及下页。在这部作品中论述的发展到《纯粹法学》第二版（注 19），§ 28（第 120-130 页），§ 29（d）（f）（第 139-142, 143-149 页），§ 30（第 150-162 页），§ 32（第 167-172 页），§ 35（第 228-282 页），仍有进一步发展。

[68] 对于凯尔森稍后所做的表述，也就是“应然”被视作变量，因而要将之扩展理解为不同的情态动词（“必须”“能够”“可以”），参见凯尔森：《纯粹法学》（第二版）（注 19），§ 4（b）（尤其是第 4 页及下页），§ 18（尤其第 81 页），§ 28（b）（尤其第 124 页）；凯尔森：《一般规范理论》（注 11），第 25 章，§ ii（第 77 页）。

[69]〔美〕斯坦利·鲍尔森：《拉夫·德莱尔的凯尔森》（注 34），第 186 页及下页。

念。[70]

然而这里的问题是，凯尔森对授权模态的偏爱——就如对相互关联的责任模态、非授权模态和豁免权模态的偏爱一样——是否并非随意而为。对于这种反对意见可以用两种理由加以反驳。首先是还原理论运作的方向，同从事还原理论的目的相关。从法律义务的概念出发，凯尔森先是将义务论模态还原为授权等其他内容，由此可以证立（重构的）法规规范和道德规范之间的巨大差别。其次，这也是凯尔森的主要关注点：授权的模态可以追溯至边缘归责——法中之法作为法学的方法论形式。即使边缘归责可用责任的语言形式加以表达，一旦有人被某人认定要对相关行为负有责任，责任与法律机构的授权就产生了“互相关联”。

概括言之：凯尔森是在模态规范性命题的意义上理解“规范性”的。当自然主义在法学中被证实是方法上错误的，那么法律规范自身可以还原为实际的、也就是因果的事实情况，这种表述并不正确。当个体 A 服从个体 B 的法律权力之时，而 B 运用这一权力从而改变 A 的法律地位，那么，这种改变无法用因果律来解释，而只能

[70] 关于授权规范的一般理论，参见〔奥〕彼得·科勒（Peter Koller）:《法理论引论》（Theorie des Rechts. Eine Einführung）第二版，Wien/Köln/Weimar 1997 年，尤其第 87-89，110，118 页;〔英〕约瑟夫·拉茨:《实践理性与规范》,（Practical Reason and Norms）第三版，Oxford 1999 年，§ 3.2（第 97-106 页）;〔英〕迪克·鲁伊特（Dick W. P. Ruiter）:《制度法律事实、法律权力及其效果》（Institutional Legal Facts. Legal Powers and their Effects），Dordrecht 1993 年，德文版：Institutionelle Rechtstatsachen. Rechtliche Ermächtigungen und ihre Wirkungen, 奥利弗·雷米（Oliver Remme）英译德，1995 年;〔德〕托尔本·斯帕克（Torben Spaak）:《法律权能的概念——概念分析的小文》（The Concept of Legal Competence. An Essay in Conceptual Analysis），罗伯特·卡罗（Robert Carroll）德译英，Aldershot 1994 年。

通过规范性来解释。模态规范性命题表明，法中非因果律的改变对于试图将这种改变还原为事实情况的自然主义者具有免疫力。[71]

四、结　语

最后再次回到内容规范性命题：无论从系统性的还是历史性的视角观察，将凯尔森归为这个命题都是不合适的。同内容规范性命题必然联系在一起的法学理论的全套工具与凯尔森的体系[72]并不一致。此外，内容规范性命题反映的并不是凯尔森一般法学问题研究，也就是他与自然主义斗争的中心关注点。

模态规范性命题的研究结果则完全不同，它直接反映了凯尔森的中心关注点，针对自然主义[73]给出一个答复。借助这个命题，凯尔森准确地发现了他迫切寻求的：可捍卫法自身固有法则的工具。

[71]〔德〕迪特马·冯·普福德腾（Dietmar von der Pfordten）:《法伦理学》(Rechtsethik)，2001年。“凯尔森的规范理论和效力理论以如下问题作为出发点：为何伴随着因果法则下的确定事实，不存在因果法则下的法律规范”，第142页。

[72] 参见注12。

[73] 有关世纪之交的一般法学理论中的自然主义，参见〔德〕米歇尔·施托莱斯（Michael Stolleis）:《德国公法史》(Geschichte des öffentlichen Rechts in Deutschland)，第二卷，1992年，以及第三卷，1999年;〔德〕安内特·布罗克穆勒（Annette Brockmüller）:《德国19世纪法理论的形成》(Die Entstehung der Rechtstheorie im 19. Jahrhundert in Deutschland)，1997年;〔奥〕彼得·高乐（Peter Goller）:《自然法，法哲学或者法学理论？——奥地利大学内法哲学的历史（1848～1945）》[Naturrecht, Rechtsphilosophie oder Rechtstheorie? Zur Geschichte der Rechtsphilosophie an Österreichs Universtäten (1848～1945)]，1997年;〔德〕克里斯托夫·舍恩伯格（Christoph Schönberger）:《组织国家中的议会》(Das Parlament im Anstaltsstaat)，1997年;〔德〕安德烈亚斯·冯克（Andreas Funke）:《作为法学结构理论的一般法学说》(Allgemeine Rechtslehre als juristische Strukturtheorie)，2004年。

就此，在内容规范性命题的背景下，规范性概念的内涵被证实是具有误导性的，当这一概念涉及的是凯尔森的法学理论时。政治哲学追问政治义务是否以及多大程度上可以证立，内容性规范命题同此问题的联系过于紧密，以至于规范性概念的内涵在其他关联中就被当作不存在了，而凯尔森的法学理论正是一种完全不同的关联。因为凯尔森不止一次地提到，法律主体服从法律的义务能否得到证立的问题。因此，一方面为了避免与内容规范性命题有联系的内涵，但另一方面又要从概念上对凯尔森法学理论的规范的或规范性的维度给予恰当的把握，非常值得一为的就是将此种维度称之为凯尔森的规范主义，在模态规范性命题的背景中可对之加以恰当的理解和把握。

汉斯·凯尔森的"应然"概念*

〔德〕罗伯特·阿列克西**

汉斯·凯尔森"应然"概念的复杂性通常和他的理论一样令人难解。阐明这一概念的最佳方式是分析它和其他纯粹法理论的基本概念之间的关系，特别是它和规范、归责、授权以及义务之间关系的某些方面，这些方面都将在本文中予以详细讨论。

一、规　范

规范概念在凯尔森的理论中占据着非常关键的地位。"法——法学认知的唯一对象——就是规范"[1]。规范必须明确区分于"心理过程或物理事实"[2]。这样一种规范就是"意义(meaning)"[3]。既然规范具有"意义—内涵"，它就不属于"自然事实"而是"理念事实"[4]。

---

* 非常感谢斯坦利·鲍尔森（Stanley L. Paulson）给予本文的建议以及在英语表述上的润色。本文译自英文文章："汉斯·凯尔森的应然概念"（Hans Kelsen's Concept of the "Ought"），载《法理学》(Jurisprudence)，*Oxford:* Hart Publishing，第4卷第2号，2013年，第235-245页。(译者注)

** 当代著名法学家，德国基尔大学法学院法哲学与公法荣休教授。

[1]〔奥〕汉斯·凯尔森:《法学理论问题导论》(Introduction to the Problems of Legal Theory) 第一版（1934)，邦妮·鲍尔森（Bonnie Litschewski Paulson)、斯坦利·鲍尔森（Stanley L. Paulson）译，Oxford: Clarendon Press，1992年（以下简称：法理导论)，第11页。

[2] 同上注。

[3] 同上注。

[4] 同上注，第15页。

该理念事实可以比照弗雷格的“第三层世界”[5]来理解。这意味着，凯尔森的规范概念很容易受到所有反对一般形而上学命题的论证的攻击，这种命题认为，在物理学和心理学的世界之上存在一个抽象实体的世界，即理念的世界。关于这一问题在此不宜展开讨论。它足以说明，凯尔森的规范概念以及“应然”概念预设了这样一种第三层世界的存在。

二、归　责

凯尔森将规范界定为一种“意义—内容”，这种观点可被视为明确反对任何形式的自然主义法律观。但是，这种界定却没有对具有“意义—内容”的规范和其他“意义—内容”——尤其是涉及经验事实的“意义—内容”加以区分。有人可能会认为，凯尔森相当频繁地强调“实然”和“应然”的二分法，恰恰表明了这种区分。[6] 事实上，凯尔森也确实在这个方向上进行过论述。因此，他将“应然”的特征概括为一种可使得经验性“意义—内容”区别于规范性“意义—内容”的“形式性范畴”[7]。然而，他旋即补充道，这“仅仅界定出法律的种类属性(*genus*)而非种差属性(*differentia specifica*)”。[8]

[5]〔奥〕戈特洛布·弗雷格（Gottlob Frege）：“思想：一种逻辑探索”（The Thought: A Logical Inquiry），1918 年版，A.M.，马瑟勒·奎因顿译（trans. A. M. and Marcelle Quinton），《哲学逻辑》（Philosophical Logic），〔英〕彼得·斯特劳森（P. Strawson）主编，Oxford: Oxford University Press，1967 年，第 17-38 页之第 29 页。

[6] 譬如参见〔奥〕凯尔森：《法理导论》（注 1），第 32 页。

[7] 同上注，第 26 页。

[8] 同上注。

义务性是从种差属性来界定的："法律规范是义务性规范（一个设置义务的规范），并且……因此，确切说，法律规范区别于其他规范。"[9] 这可能会被称为法律"应然"的共有类属性模式（common-genus model）。这一共有类属性模式仅仅将法律和道德在弱意义上加以区分——法律和道德都在"应然"概念之下。但是，凯尔森通过明确假定道德规范概念和法律规范概念的严格区分而断然拒绝了这一模式。

> 纯粹法理论的意图在于：通过彻底区分法律规范概念及其（历史）渊源——道德规范，以及通过捍卫法律对抗道德法的自治性，它将法律的概念性特征从形而上学的因素（正如上文所述，即"善好、正确和正当"）中解放出来。[10]

这种理解可以描述为法律"应然"的自治性模式。该自治性模式致力于将法律与道德不仅从实质上，而且也从形式上加以区分。甚至连"应然"这一形式性范畴也不能够联系二者。在法与道德之间，预设了一个特定的法律范畴。根据凯尔森的理论，这一特定的法律范畴就是归责。[11]

归责律的概念与因果律的概念颇为类似：

[9] 同上注。

[10] 同上注，第 23 页。

[11] 凯尔森进一步区分了中心归责（central imputation）和边缘归责（peripheral imputation）。在此只有边缘归责，即在重建的法律规范中两个实质发生的事实彼此相互联结时发挥作用的归责，才是本文所关注的对象。同上注，第 51 页。

“正如自然法则在某些实质性事实之间以因果方式加以联接，实定法（在其基本形式中）则将法律条件和法律后果（所谓不法行为的后果）相互联结。如果说，一方面，联结实质性事件的方式是因果关系，那么另一方面则是归责的形式，在纯粹法理论中，归责被视为法所独有的法律属性——法的自治属性。”[12]

之所以将因果律和归责律放在一起解释，是为了表明二者存在着一些相同之处。因果律和归责律的共同特征在于，它们具有条件性或假言性结构。无论自然法则还是实定法则都将某些条件和某些后果联系起来。只要自然法则起作用，条件就是“原因”而后果就是“结果”。在实定法则的例子中，条件或条件从句是“原因”而后果或结果分句是“法律后果”。[13] 这意味着自然法则和实定法则的逻辑形式都属于条件性的。[14]

诚然，不是每个“后果”都可成为归责律中结果分句的候选项。如果每个“后果”都成为候选项，那么归责所独有的力量将会大为削弱。道德规范往往也具有条件性的结构。举例来说：“如果有人正在受苦，你应当帮助他。”根据凯尔森的观点，这一规范的条件性结构必须被补充以规定后果的义务性结构，从而才可被识别为法律规范。归责律中条件性的后果并非随便哪一种后果，而只能

[12] 同上注，第 23 页。

[13] 同上注，第 24 页。

[14] 关于第二个逻辑性质还有第二个特征必须增加进来，法律作为法律具备一个普遍的结构，这个可通过在条件部分增加一个全称量词来说明。如此一来，两种法则共同的要素形式就可以表达为：$\forall x(Ax \rightarrow Bx)$。

是“所谓不法行为的后果”[15]，也即是说，与义务本质上紧密相连的制裁。这是归责的第二个特征。[16] 在此基础上，自然法则和实定法则的区分依然被明确阐明了。在归责律中，条件与后果相联系的“唯一的意义”[17] 是“应然”，而在因果律中，联结条件和后果的则是“必然”：

> 自然法则说：“如果 A，那么必然 B。”
> 实定法则说：“如果 A，那么应当 B。”[18]

这意味着除了条件性和义务性之外，“应然”构成归责律的第三要素。然而，这就引发了一个问题。凯尔森之所以引入归责概念，意在避免一种同时成为法律和道德的共同要素的“应然”概念。然而现在一来，“应然”的概念作为界定归责时的要素重又出现。这是否就意味着，凯尔森建立“特有的合法性，法律的自治”[19] 的努力宣告失败？这取决于如何理解“应然”的概念被运用于区分归责和因果关系。

---

[15] 同上注，第 23 页。

[16] 归责律的第二个特征与自然法则的特征并不是严格对仗的。在自然法则的情况下，作为法则的实现的后果干脆说就是一种不能再进一步限定的法则的实现。在归责律的情形下，只有一种可理解的次级结果或“实现”可被作为制裁获得承认。这是归责作为一种规范特定的法律形式的表达。只有制裁可被理解为规范的基础形式产生的现实的法律后果。这意味着，归责律包含了超出必然内在于因果律中的包含的条件部分的那些要素。不过此处无意深入探讨，下面将直接把二者的平行关系作为基础而运用。

[17] 同上注，第 24 页。

[18] 同上注。

[19] 同上注，第 23 页。

三、“应然”与授权

1. 基础性概念和集合性概念

“应然”的概念一般以两种方式理解：作为基础性概念与作为集合性概念。阿尔夫·罗斯（Alf Ross）将其理解为基础性概念，认为“‘义务’是具有基础性的指令性范畴，在此范畴之内，任何一种规范都可以获得表达”。[20] 义务被描述为“独一的且不可化约的规范性范畴”。[21] 所有其他的规范性模态，包括授权模态或者权能模态，都可以还原为义务。[22] 与之相反，凯尔森则将“应然”的概念定义为包含所有义务模态的集合性概念。

如果法律规则可表达为，“在一定条件下，应当发生一定的结果”；换言之，如果在一个法律规范中被确定为条件和后果的不同事实之间通过规范创设性地联结可用“应当”这个词语来表达的话，那么这个词语不是在其通常意义上被使用，正如上文所说的那样。一般来说，“应然”表达的是一个命令，而非授权或许可。但是，在法律规则中连接着条件和后果的法律上的“应然”则包含以

[20]〔丹〕阿尔夫·罗斯（Alf Ross）:《指令与规范》（Directives and Norms），London: Routledge & Kegan Paul，1968 年，第 117 页。

[21] 同上注，第 118 页。

[22] 同上注，对此参见〔德〕罗伯特·阿列克西：“阿尔夫·罗斯的权能概念”（Alf Ross' Begriff der Kompetenz），载《约恩·埃克特纪念文集》（Gedächtnisschrift für Jörn Eckert），〔德〕霍耶（Andreas Hoyer）、哈藤豪尔（Hans Hattenhauer）、梅耶－普利兹（Rudolf Meyer-Pritzl）以及舒伯特（Werner Schubert）编，Baden-Baden: Nomos，2008 年，第 43-64 页之第 55-62 页。

下三种含义：命令，授权，以及对某一后果的明确许可。法律规则中的“应然”具有以上三项规范性功能。[23]

2. 三种模态

关于作为一种范畴的“应然”的意涵，有两种可能的解释方式。第一种方式在于，凯尔森意图引入三种模态来定义应然：（1）义务或狭义上的“应然”；（2）授权或权能（competence）；（3）明确的许可。然而，这种解释若要成立，只有当凯尔森未将这三种模态的任一种理解为最基础的模态。此为第二种解释方式，也即若将任何一种理解为最基础的从而成为应然的意涵，那么，第二种方式就是对的。显然，将基础性归为明确的许可的特征，这从一开始就不在凯尔森的考虑之列。因此问题就剩下，义务或者授权是否算是基础性概念，也就是说，是否算是那种为了完整地展现归责律而必须被嵌入条件格式的范畴。如果义务或授权二者中，依照凯尔森的理论，有一个模态算是基础性的，那么，第二种解释方式就是正确的。

3. 原初规范和二级规范

义务或授权是否是凯尔森纯粹法理论中的基础性概念，这一问题只能根据其对原初规范和二级规范所作出的区分加以回答。根据哈特的理论，原初规范是“赋予义务”的规范，而二级规范是“承

[23]〔奥〕汉斯·凯尔森：《纯粹法学》（Pure Theory of Law）第二版，1960年，〔美〕马克斯·奈特（Max Knight）译，Berkeley: University of California Press，1967年（以下简称：纯粹法学 2），第77页。

认权力——公权力或私权力”的规范。[24] 凯尔森的区分则与之相反，他认为，原初规范不是命令或禁止某类行为的规范，毋宁说，这才是二级规范。[25] 凯尔森写道：此种二级规范只不过是原初规范的“简略形式”，它具备以下形式：

“假定，在一种条件关系下，行为违背了规范所规定之避免制裁的情形，那么作为结果就将产生一个义务性行为。这一被重构的法律规范乃是其原初形式的法律规范。”[26]

4. 凯尔森的派生义务学说

如果直接规定以特定形式行为的规范是原初规范——正如凯尔森对“原初”一词的特征的使用，它们是那种真正的或严格意义上的规范，那么这将不可避免地导致将义务理解为具有基础性的规范性范畴。然而，凯尔森将针对法定官员而提出的条件性或假言性“应然”归类为原初规范，也引发了新问题，是否这个“应然”可被理解为义务还是授权。在其早期著作中，凯尔森经常使用一些表述，它们可被更好地理解为表达了一种针对官员这部分主体有义务施加制裁的法律义务。下面这部分来自出版于 1934 年的第一版《纯粹法理论》的引文可为例证：“然后，义务行为将作为后果而出现。”[27] 但是，正像斯坦利·鲍尔森所指出的那样，这还不算是凯

[24]〔英〕H.L.A. 哈特（H.L.A.Hart）:《法律的概念》（The Concept of Law）第二版，Oxford: Clarendon Press，1994 年，第 81 页。

[25]〔奥〕凯尔森:《法理导论》（注 1），第 30 页。

[26] 同上注。

[27] 同上注。

尔森的法律规范概念充分发展后的形式。[28] 在对乔吉斯·斯塞勒（Georges Scelle）写于 20 世纪 30 年代末却在 1987 年才得以发表的国际公法理论的研究中，凯尔森认为，具有可能性的是：

> “将义务概念立足于……权能概念之上，一种将法律义务追溯至权能的可能性。也就是说，如果法律施加给某人以特定的方式行为的义务，而只要在其实施相反行为时就会对其采取制裁，另一个人则被法律体系授权对前一个体施加制裁，并且，更甚一步，如果施加制裁的授权算得上一种权能，那么法律对一个个体施加的义务就建立在另一个人拥有施加制裁的权能的基础之上。”[29]

这一论证将法律义务概念化约为权能概念。在这个意义上，我们或可称其为“凯尔森式的化约命题”。[30] 凯尔森式化约命题可通

[28] 譬如参见〔美〕斯坦利·鲍尔森：“法律规范的授权理论”（An Empowerment Theory of Legal Norms），载《法理杂志》(Ratio Juris)，1988 年第 1 期，第 58-72，67-72 页；鲍尔森：“汉斯·凯尔森的规范主义”（Der Normativismus Hans Kelsens），载《法律人报》(Juristen Zeitung)，61 (2006)，第 529-536 页之第 535-536 页。

[29]〔奥〕汉斯·凯尔森：“权利与权能”（Recht und Kompetenz），载《关于纯粹法学的讨论》(Auseinandersetzungen zur Reinen Rechtslehre)，〔奥〕库特·瑞霍夫（Kurt Ringhofer）、罗伯特·瓦尔特（Robert Walter）编，Vienna: Springer, 1987 年，第 1-108 页之第 75 页。笔者采用的英译文来自斯坦利·L. 鲍尔森：《凯尔森纯粹法理论中有一个“被证立的规范性”命题吗？——答罗伯特·阿列克西及约瑟夫·拉兹》(A “Justified Normativity” Thesis in Hans Kelsens Pure Theory of Law? Rejoinders to Robert Alexy and Joseph Raz)，第 61 页，第 83 页。

[30] 凯尔森式的化约命题的结构可通过如下等式来表达：$Olp \leftrightarrow (\neg p \rightarrow Cs)$。其中，$Ol$ 是一种有资格的道义运算符，代表法律义务；p 代表被要求的行为，C 则代表权能的模态，最终，s 表示制裁。这个化约命题的关键点在于，Ol 不能被 O 无条件地替代，因为 O 也可能代表一种纯粹道德义务，在这种情况下，等式就不再为真了。

过引入系统性论证得以完善。如果设想官员 A 不仅获得授权施加制裁，同时法律也规定了如此行为的义务，那么进一步地以假言方式所描述的制裁规范就进入观察，这一制裁规范又授权官员 B 在 A 不施加制裁时对 A 加以制裁。可惜，这一制裁规范的链条不可能无限地延展。[31] 因此，“居于这根链条末端的最后制裁只能被授权，而不是被命令”。[32]

那么，授权或权能模态的基础性就此可以成立了吗？鲍尔森援引强有力的文本证据来证明，自从凯尔森在 20 世纪 30 年代后期回应乔治斯·斯塞勒开始，这曾一直是凯尔森的观点。[33] 但是，接受权能具有基础性特征这一命题，并将其作为一种解释性命题加以接受，切不可混同于就此也接受了将其视作“规范—理论”命题。而且，在“规范—理论”命题和解释性命题之间似乎存在某种联结关系。如果凯尔森关于权能的基础性特征的命题被证明为错误的或不充分的理论，这或许能很好地解释，为什么义务和责任（duty）的概念从未在凯尔森的作品中消失。相反，即使是在权能或授权的全盛时期，义务仍然无处不在。

---

[31]〔奥〕汉斯·凯尔森:《法与国家的一般理论》(General Theory of Law and State)，安德斯·威德伯格（Anders Wedberg）译，Cambridge Mass.: Harvard University Press，1945 年，第 60 页。

[32]〔奥〕凯尔森:《纯粹法学 2》(注 23)，第 25 页。

[33]〔美〕鲍尔森:“凯尔森纯粹法理论中有一个‘被证立的规范性’命题吗？”(注 29)，第 83-85 页。

四、三种反对意见

总体上有三种论证，目的在于将义务的道义模态理解为与权能模态具有同等基础性的模态。

1. 链条性论证

第一个论证是链条性论证。链条性论证始于对法律权能的分析，不同的法律权能并没有联结成一个链条，确切说，始于对作为个体法律立场的法律权能同其他在权威等级体制链条中的法律权能相互之间无法联结的分析。这种孤立的权能的确能够被轻易地从义务的所有因素中分离出，套用鲍尔森的话说，这种孤立的权能对应的是"应然"的"弱解释"。[34] 在鲍尔森看来，对此弱解释可通过下面的公式予以说明：

如果公民 C 没能作出 x 行为，那么某个法律权威 A 就被授权对 C 施加一定的制裁。[35] 这种弱解释的缺点很明显。鲍尔森在此引述了凯尔森所举的"偿还贷款"的例子。[36] 如果在债务人无力还贷的案例中，法院只要享有孤立的或弱的授权来启动执行程序，那么它就可完全自由地决定是否这么做，因为权能的概念中并不含有义务概念。如果假定只有权力而根本不存在义务，法院甚至没有义务

[34]〔美〕鲍尔森："法律规范的授权理论"（注 28），第 69 页。

[35] 同上注。

[36]〔奥〕汉斯·凯尔森：《一般规范理论》（Allgemeine Theorie der Normen），〔奥〕库特·瑞霍夫（Kurt Ringhofer）、罗伯特·瓦尔特（Robert Walter）编，Vienna: Manz，1979 年，第 77-78 页。

关注该诉讼。但是，这和凯尔森的理论并不相契合——在还贷不能的案例中，债权人，正如凯尔森所言，在“技术性意义”（technical sense）上享有诉权，而该“技术性意义”存在于“法律对某一个体的授权……在相关的法律义务未能履行的情形下通过提起诉讼以应对之”。[37] 如果法院在法律上完全自由地在该案中为所欲为，那就不存在债权人所运用的“法律授权”。毋宁说是从法律观点来看，所谈及的是一种要求和愿望的表达，只不过是法院权能有可能行使的一种条件而已。人们可能就此认为，这与凯尔森作为法律授权的技术性意义上的诉权观点有所矛盾。

现在，有人可能主张，这一缺陷源自于将权能视为个体法律地位加以思考。一旦这些权能同处于等级链条中的其他权能发生联系，麻烦消失了，更确切地说，这正是凯尔森对基础性规范模态所遇到的问题的解决之道。当然，一旦法律权威 A 没有对债务人 C 施加制裁，一个与法律权威 A 的授权毗连的（更高的）法律权威 B 就被授权对法律权威 A 施加制裁，那么，这种图景就的确从根本上发生了。鲍尔森将这一授权的联合称之为“应然”的“强解释”[38],并作了如下说明：

> 如果公民 *C* 没能作 *x* 行为，那么某个法律官员 *A* 就被授权对 *C* 施加一定的制裁 *y*，并且如果 *A* 没能对 *C* 施加制裁 *y*，那么法律官员 *B* 就又被授权对 *A* 施加一定的制裁 *z*。[39]

---

[37]〔奥〕凯尔森:《纯粹法学 2》（注 23），第 135 页（翻译有所调整）。

[38]〔美〕鲍尔森:“法律规范的授权理论”（注 28），第 69 页。

[39] 同上注，第 70 页。

据此，又存在第三个毗连的（更高的）授权，以此类推。只有在该链条中的最后授权不能仍然依赖于另一个授权——的确，如果它真的是最后的授权的话。

在这一“应然”的强解释中，义务观念表现为在规范性等级中处于毗连层级的授权。问题在于，是否这种表现暗示着义务观念以某种意义的面目出现，此种意义使得它能被划归为基础性的。鲍尔森认为并非如此。义务观念只是对毗邻关系的一对授权的“简称”。它“只能是来自一对授权”的建构。[40] 正是因此，鲍尔森提出了“凯尔森的派生义务理论”。[41] 一个仅仅被派生的义务在某种意义上属于义务，但是，作为一个仅仅被派生的义务，它不能算是一个独立的模态。根本上，独立性是这种或那种模态的基础性所预设的前提。

因此，链条性论证尚不足以建立义务的基础。它至多只是提供了通往义务模态的基础特征的第一步。而要想迈出决定性的第二步，则需要通过第二种论证——不法性论证——来获得。

2. 不法性论证

不法性（unlawful）论证以一个预设前提开始。派生义务学说预设所有法律上的相关命题都能在不诉诸义务概念的情况下予以表达。是这样吗？让我们设想一个法律体系，它由三个授权或权力的

[40] 鲍尔森（注29），第85页。
[41] 同上注，第83页。

链条所组成：E1，E2 和 E3。E1 是，譬如，在债务人还贷不能的案例中对初审法院施加制裁的授权。E2 是二审法院在初审法院对拖欠债务的债务人没有施加制裁时对初审法院施加制裁的授权。最后，E3 是关于最高法院的授权。现在假设在该案中贷款已被偿付，那么没有法院会行使权力。如果坚持认为只存在权能或授权——或许可以称之为“纯粹的授权假设”——所有这三个法院都将行进在法律上正确的道路上，因为没有被行使的权能也就不会被违反。在这个案例中，法律事态无非存在于仅有的三个授权以及——用霍菲尔德的表达——三个责任当中。[42] 实际状况都可添加到这里面，也即没有授权被行使，又或说，没有责任被确定。可以说，一直就存在而且有充分的理由认为仍旧存在责任可能被确定的风险，但这并非事实。

或许有人认为，可以将此案例理解为一种废弃（derogation）的情形。如果权能总体上长期未被行使，议会一百年都没有制定一部法律，人们可能会说，授权于它的权能规范已经失去了实效以及与实效相伴生的效力。在这种情况下讨论不法性就变得毫无意义，因为照此假定根本就不再存在法律。这一事态——一种或多种权能总体上不能行使——确实令人感兴趣。但它还不是此处要深入思考的问题。在此唯一值得感兴趣的情形是，在某个案例中法院没有行使它的权能。这不足以表示任何对权能规范的背弃。如果纯粹的授权假设是真的，那么将不会有任何规范受到违反。

[42]〔美〕韦斯利·霍菲尔德（Wesley Newcomb Hohfeld）:《应用于司法推理与其他法律文集中的基本法律概念》（Fundamental Legal Conceptions as Applied in Judicial Reasoning and other Legal Essays），New Haven:Yale University Press，1919 年，第 36，50-60 页。

在这个意义上，就不可能认为事态是不法的或与法相悖的。可是，若仍将之归类为合法的就显得很奇怪。人们可将其称之为“奇怪的责难”（strangeness reproach）。然而，只要义务——至少在初审法院和二审法院的案例中——被假设为对“他们的行为是不法的”这一命题赋予法律意涵时，奇怪性就是可以避免的。但是，这样一来，就产生了义务性模态的自治的、基础性的特征，它与凯尔森的派生义务学说并不兼容。

可能有反对意见会说，不法性论证尚不足以充分说明凯尔森的命题——在最高级，只有一种纯粹的权能是可能的。[43] 现在这一命题完全有理由受到驳斥，正如汉斯·纳维亚斯基（Hans Nawiaski）所为。[44] 但是该话题将不在此讨论。唯一的重点就是，凯尔森关于最高权能的纯粹性这一命题的真值性并非反对义务的基础性特征的论证。更进一步，最高权能的纯粹性命题——无论真假——在任何情况下都不能被普遍化。在权能等级体系中，低一层级的官方权能相关联的是较高级的、与该低一层级权能运用相关的权能，这唯一的事实赋予该低一层级的权能以鲜明的特征，它排除了任何将运用于最高级权能的命题加以普遍化的打算。不过，有人可能会想到如下问题：是否建立在法律体系最高层级的授权的纯粹性，如果说确

[43] 参见〔美〕斯坦利·L.鲍尔森：“‘基础规范’的多种描述”（Die unterschiedlichen Formulierungen der „Grundnorm“），载《法律规范与法律现实——维尔纳·克拉维茨纪念文集》（Rechtsnorm und Rechtswirklichkeit. Festschrift für Werner Krawietz），阿尔尼奥（Aulis Aarnio）、斯坦利·鲍尔森、魏因贝格尔（Ota Weinberger）、怀特（Georg Henrik von Wright）以及韦德克（Dieter Wyduckel）主编，Berlin: Duncker & Humblot, 1993 年，第 53-74 页之第 66-67 页。

[44]〔德〕汉斯·纳维亚斯基（Hans Nawiasky）:《一般法学作为法学基础概念的体系》（Allgemeine Rechtslehre als System der rechtlichen Grundbegriffe），Einsiedeln: Benziger, 1941 年，第 14 页。

实存在的话，足以为授权提供排他的基础性特征。决定性的一点似乎在于，还是有理由来支持授权的基础性特征，某种意义上还包括处于最高层级的权能授权。只是说，这一基础性特征之所以被认为是基础性的，依靠的是它在法律体系中的地位，因此也就是一种系统性的基础特征。但是，引发授权和义务性之间直面竞争的基础性特征并非一个系统性问题，而是一个概念性问题。

3. 超负荷论证

支持义务的基础性特征的第三种论证是超负荷论证。凯尔森采用归责和授权的概念乃是为了表达"法律的特有的法制性，法的自治性"。[45] 原因在于，凯尔森所感兴趣的是法律和道德在其各自规范的特定形式上的区分。确实，这有一定的好处，法律规范和道德规范业已在它们的意涵层面上，也就是说，在语义学的层面上被区分开来。但是，这一好处却要付出代价。如果法律规范被定义为一种假言式地授权公务人员施加制裁的规范，所采用的立场就是实证主义。将法律规范定义为以假言方式授权施加制裁暗示着法律实证主义的立场，因为该定义排除了建立在正当性而非授权基础之上的道德规范。[46] 凯尔森的派生义务学说因此并不只是关于规范理论的命题。它是一种关于法律的概念和本质的理论。现在通过一个规范理论命题似乎完全可能表达法律的一般理论，然而在这条路上继续

[45]〔奥〕凯尔森:《法理导论》(注 1)，第 22 页。

[46]〔德〕罗伯特·阿列克西:《从不正义施行的论证：对法律实证主义的回应》(The Argument from Injustice. A Reply to Legal Positivism)，首版于 1992 年，邦妮·里茨斯维斯基·鲍尔森、斯坦利·L. 鲍尔森译，Oxford: Clarendon Press，2002 年，第 87 页。

行进却并非必然。实证主义者还可以在效力的层面上将法律义务区别于道德义务。为达此目的，实证主义所需要的仅仅是主张法律义务的效力源自权威颁布并依赖于社会实效。或许在凯尔森“应然”概念中的谜题可通过此种方式得以避免。[47] 但是，凯尔森的本意似乎并不打算沿着这些路线前行。

关于凯尔森的“应然”概念还有许多可以讨论的地方。譬如，有人可能提出问题，作为归责结构中的授权和义务的模态如何同凯尔森的基础规范学说联系在一起呢？而且，反过来，这一学说又是怎样和作为“相对先天的范畴”[48] 的“应然”的分类联系到一起呢？这些问题在此均不予论证。[49] 此处说明这些内容便已足够，只要凯尔森的“应然”没有包含那种至少可与授权模态具有相同基础性的义务模态，那么它就是不完整的。

---

[47] 其中一个可以通过赋予义务以独立地位来避免的谜题是矛盾问题。如果只有可以施加制裁的权能存在，那就是不矛盾的，如果不仅在实施一个确定的行为过程中（p），而且在忽略这一行为过程的情况下（$\neg p$），公务人员都可被授权施加制裁。两种规范“$p \rightarrow Cs$”和“$\neg p \rightarrow Cs$”简直就等于说，在任何情况下都可以施加制裁。为了可以谈及一个矛盾（以一种对抗的形式），就需要有两个二级规范“$O\neg p$”与“Op”，也就是说，义务的模态。只有在极其奇怪的情况下，才无法谈及矛盾。

[48]〔奥〕凯尔森：《法理导论》（注 1），第 24 页。

[49] 参见〔德〕罗伯特·阿列克西：“汉斯·凯尔森的相对先天的概念”（Hans Kelsens Begriff des relativen Apriori），载《新康德主义与法哲学》（Neukantianismus und Rechtsphilosophie），罗伯特·阿列克西、卢卡斯·梅耶（Lukas H. Meyer）、斯坦利·鲍尔森以及格尔哈特·施普恩格（Gerhard Sprenger）编，Baden-Baden: Nomos，2002 年，第 179-202 页之第 193-202 页。

伟大的谜题：凯尔森的基础规范*

〔美〕斯坦利·L. 鲍尔森

序　　言

一直以来，基础规范都是凯尔森法哲学中最为著名的难解之谜。许多批评者发现其完全让人困惑，套用丘吉尔的话，就是“谜中之谜”。这个谜从形容词“基础的”开始。[1]“基础的（basic）”的含义与“根本的（fundamental）”或“基本的（foundational）”相近。在法律领域，基础规范、基本法、基础原则以及其他类似表述均被理解为根本的且具有实质的内容。举个简单的例子，战后德国宪法或者说基本法（Grundgesetz）规定了人之尊严、自由和平等的

---

* 特别感谢邦妮·L. 鲍尔森（Bonnie Litschewski Paulson）对笔者有关凯尔森著作的各个方面提出的有益意见，同样感谢罗伯特·阿列克西富有启发的讨论以及在基尔的热情款待。

本文系斯坦利·L. 鲍尔森教授参加 2009 年英国牛津大学纪念凯尔森诞辰 130 周年的学术研讨会提交的论文，原英文稿尚未正式刊出。（译者注）

[1]“基础的”是凯尔森之“基础规范”（Grundnorm）中的“基础”（Grund）所对应的形容词。

根本性权利或基本权利（Grundrechte）[2]。而凯尔森的基础规范则不同，它并无实质内容。[3] 的确，凯尔森的纯粹性假设 [4] 要求基础规范不具实质内容。

凯尔森为基础规范布置了很多任务，如为法律奠定“基础”、为法律提供根基，由此引发的困惑可以概念化为一种两难推理：要么基础规范的特征远未提供任何法律基础，相反成为循环论

[2] 分别参见德国基本法第 1，2，3 条。关于战后德国宪法的一般理论，参见〔德〕库里尔（David P. Currie）：《德意志联邦共和国宪法》（The Constitution of the Federal Republic of Germany），Chicago: University of Chicago Press, 1995 年；在该论述的附录中，库里尔展示了基本法条款。另见〔德〕罗伯特・阿列克西：《宪法权利理论》（A Theory of Constitutional Rights），德文版首版于 1985 年，尤里安・瑞弗英译，Oxford: Oxford UP，2002 年；阿列克西引用德国宪法，从“原则理论”的立场发展出一套宪法权利体系。参见如下理论脉络：〔德〕马丁・博罗夫斯基（Martin Borowski）：《宪法权利作为原则》（Grundrechte als Prinzipien）第二版，Baden-Baden: Nomos，2007 年；〔德〕扬・齐格曼（Jan Sieckmann）：《法作为规范体系——法的原则理论》（Recht als normatives System. Die Prinzipientheorie des Rechts），Baden-Baden: Nomos，2009 年。

[3] 阐述该内容匮乏性的一条路径是认为基础规范在每个法律体系中都是相同的。这与基础规范在其“图表式构想”中的解读同类。参见〔奥〕汉斯・凯尔森：《法理问题导论》（译自凯尔森第一版《纯粹法学》）（Introduction to the Problems of Legal Theory），邦妮・鲍尔森与斯坦利・鲍尔森英译，Oxford: Clarendon Press，1992 年（以下简称：法理导论），§ 28，第 57 页。此外，如果将基础规范解释为康德主义知性（intellectual）范畴的同类，那么它必然在每个法律体系中都是相同的，参见凯尔森：《纯粹法学》第二版，Vienna: Deuticke，1960 年（以下简称：纯粹法学 2），§ 34（d），第 204-205 页，转引自下注 24。过去，可能提到这一点自身就足以标示凯尔森基础规范与哈特承认规则之间的种类区别，因为哈特的承认规则总是与一个特定法律体系联系并反映后者，参见 H.L.A. 哈特：《法的概念》（The Concept of Law）第二版，Oxford: Clarendon Press, 1994 年版（以下简称：法的概念），第 108-109，292-293 页。这一点在近年关于承认规则的美国法著作中十分清晰，参见〔美〕阿德勒（Matthew D. Adler）、希玛（Kenneth Einar Himma）主编：《承认规则与美国宪法》（The Rule of Recognition and the U.S. Constitution），New York: Oxford UP，2009 年。

[4] 参见下注 7。

证（*petitio principii*）[5]，也即回避问题；要么——二难推理的另一端——尽管有这种或那种康德主义或新康德主义[6]观点看起来可以为基础规范提供支持从而使其具备基础性功能，实则找不到任何一种合适的康德主义或新康德主义论点可为基础规范及其基础性功能提供支持。

然而，支持基础规范的论点只能是康德主义或新康德主义的论点，毕竟凯尔森自我施加的限制——纯粹性假设[7]——排除了任何

[5] 就笔者对其的阅读而言，这是阿列克西对凯尔森基础规范理论的穿透性回应，参见阿列克西：《法的概念与效力》，英文译名为《从不正义施行论证》（The Argument from Injustice），德文版 1991 年，邦妮·鲍尔森、斯坦利·鲍尔森英译，Oxford: Clarendon Press，2002 年（以下简称：不正义论证），第 96-98 页。

[6] 康德自身的哲学与新康德主义（最主要是马尔堡学派及巴登学派）的哲学有很大差异——甚至可以说有巨大差异。在提及康德哲学一种或另一种新康德主义哲学时，凯尔森所用的言辞非常不明确。在下文第三部分，笔者刻意区别康德与引起对凯尔森的先验观点提出命题的新康德主义者。关于一个不常见的视角解释，参见〔奥〕哈默尔（Stefan Hammer）：“凯尔森纯粹法理论中法律认知的新康德主义理论”（A Neo-Kantian Theory of Legal Knowledge in Kelsen's Pure Theory of Law），载斯坦利·鲍尔森、邦妮·鲍尔森主编：《规范性与规范：凯尔森理论的批判视角》（Normativity and Norms. Critical Perspectives on Kelsenian Themes），Oxford: Clarendon Press，1998 年，第 177-194 页。

[7] 凯尔森最早在其著作——《主权问题与国际法理论》（Das Problem der Souveränität und die Theorie des Völkerrechts. Beitrag zu einer reinen Rechtslehre），Tübingen: J.C.B. Mohr，1920 年（以下简称：主权问题）——前言标题中使用“纯粹”法学的措辞，虽然实际上从他一开始的著作就很清楚地反映了纯粹思想。凯尔森通过纯粹性宣扬纯粹性假设，据此，只要法律与事实和价值无关联，法学就是纯粹的。无论反映自然主义还是反映道德的论证均无法支持纯粹法学。这在某种程度上反映了康德的纯粹观点，有效表述详见康德：《关于哲学中的神学原则的运用》（Über den Gebrauch teleologischer Principien in der Philosophie），首版于 1788 年，载《康德全集》，皇家普鲁士科学院编（迄今共 29 卷），Berlin: Georg Reimer/Berlin: Walter de Gruyter, 1902 年（以下简称：康德全集）第 8 卷，第 157-184 页，英文版《论目的论原理在哲学中的运用》（On the Use of Teleological Principles in Philosophy），君特·佐勒（Günter Zöller）译，载康德：《人类学、历史与教育》（Anthropology, History, and Education），君特·佐勒、罗伯特·鲁敦（Robert B. Louden）主编，Cambridge: Cambridge UP，2007 年，第 192-218 页。正如康德所言，所谓“纯粹”即不依赖于任何经验，《康德全集》第 8 卷，英文版，第 218 页。

对事实或价值的吁求。也就是说，纯粹性假设排斥任何一种要么反映自然主义观要么反映道德观的论点。凯尔森要让我们相信剩下的只有康德主义先验论证。但正如笔者将在第二章论证的那样，支持基础规范的此类论点均不牢靠。

到此，问题并未结束。凯尔森诉诸赫尔曼·柯亨（Hermann Kohen）以及其他新康德主义马尔堡学派学者的“先验方法”，从表面上为自己提供了获得恰当论点的手段，但也不那么让人信服。这是第三章的重点。

那么，可有替代方法吗？笔者在第四章转向将凯尔森的纯粹法学解释为无先验论证的先验哲学。[8] 笔者着重于在部分原始资料的基础上研究阿图尔·叔本华。通过诉诸叔本华理论有助于在某些方面填补空白，但按照假设它并未提供基本论点。

简言之，笔者的命题在于，凯尔森并未令人信服地证明其基本主张。正如在第四章说明的那样，笔者援用叔本华的重点部分表明了这样一种可能性——把“基础规范”简化理解为对法律人将“制定法概念化为有效力的体系，即规范体系”的解释活动给予的概括性说明。[9] 不过，要详细展开这种解释，还须另文专述。

在开始批评前，笔者在第一章考察了凯尔森形成基础主张的过程，这反映在他 1911 年的主要著作以及 1914 年的论文中。

---

[8] 该术语由保罗·古耶尔（Paul Guyer）使用。参见〔美〕古耶尔：“叔本华、康德与哲学方法”（Schopenhauer, Kant, and the Methods of Philosophy），载《剑桥叔本华指南》（The Cambridge Companion to Schopenhauer），珍娜卫（Christopher Janaway）编，Cambridge: Cambridge UP, 1999 年，第 93-137 页之第 93 页。

[9] 凯尔森：《法理导论》（注 3），§ 29，第 58 页。

一、基本主张的形成

早在1911年出版的凯尔森第一篇法学著作《国家法学的主要问题》（以下简称《主要问题》）中，基础规范尚未出现，[10] 但正如我们将看到的，这并非偶然。无论如何理解，凯尔森引入的框架都排除了基础规范的可能性。之后，凯尔森在1914年之前发生转变，要引入基础规范。

为了论述的方便，《主要问题》的框架包含“如何”问题与“为何”问题的区分。凯尔森将法学者的工作限定在前者，即“如何”的问题上。[11] 法学者解决诸如法律规范如何适用、如何被承认或知晓、如何理解其逻辑形式等。[12] 按标准的凯尔森式用语，此类问题提出形式事项，因此属于法律科学范围。实际上，凯尔森在《主要问题》的其他部分赞同胡果·普罗伊斯（Hugo Preuß）的

[10] 参见凯尔森：《国家法学的主要问题》（Hauptprobleme der Staatsrechtslehre），Tübingen: J.C.B. Mohr，1911年（以下简称：国家法），第33-57，142-188页以及其他各处；重刊于《凯尔森全集》，〔德〕耶斯代特（Matthias Jestaedt）主编，Tübingen: Mohr Siebeck, 2007年及以后（以下简称：凯尔森全集），第二卷，第117-144，248-300页以及其他各处。

[11] 参见凯尔森：《国家法》（注10），第353页，重刊于《凯尔森全集》（注10），第482页。

[12] 参见凯尔森：《国家法》（注10），第237页，重刊于《凯尔森全集》（注10），第353页。

观点[13],将法律科学的概念描述为"形式分类"[14]。形式分类是在凯尔森消除目的论、心理学、社会学、政治、道德和宗教等各类实质观点后的成果[15]。后者的消除当然是纯粹法学的中心任务，而凯尔森在从鲁道夫·施塔姆勒（Rudolf Stammler）接过"纯粹法学"旗帜前的十年间一直为此劳碌奋斗[16]。

同"如何"问题反映的形式论题形成鲜明对照的是，凯尔森告诉我们，"为何"问题指向的是遵守法律的理由，以及在未遵守法

[13]〔德〕胡果·普罗伊斯（Hugo Preuß, 1860-1925）是魏玛宪法的起草者，他也因其对奥托·吉尔克（Otto von Gierke）具有相当程度影响的法学理论著作而闻名。凯尔森与普鲁伊斯具有理论联系，即使他们的相关知识背景差异甚大，参见〔美〕斯坦利·鲍尔森："普罗伊斯与凯尔森——令人惊讶的平行性"（Hugo Preuß und Hans Kelsen – überraschende Parallelen），载米勒（Christoph Müller）主编：《郡、城与国：以胡果·普罗伊斯的宪法理论为视角》（Gemeinde, Stadt, Staat: Aspekte der Verfassungstheorie von Hugo Preuß），Baden-Baden: Nomos，2005 年，第 65-83 页。关于普鲁伊斯的一般著述，参见〔德〕谢菲尔德（Dian Schefold）："胡果·普罗伊斯（1860—1925）"，载海因里希（Helmut Heinrich）主编：《德国犹太血统的法学家》（Deutsche Juristen jüdischer Herkunft），Munich: C.H. Beck，1993 年，第 429-453 页。另外，对于普鲁伊斯法律理论的特别关注，参见谢菲尔德："导论"，载〔德〕利纳特（Detlef Lehnert）、米勒主编：《胡果·普罗伊斯全集》，第二卷：《帝国的公法与法哲学》，Tübingen: Mohr Siebeck，2009 年，第 1-76 页。

[14]〔奥〕凯尔森：《国家法》（注 10），第 92 页，重刊于《凯尔森全集》（注 10），第 185 页。

[15] 参见〔奥〕凯尔森：《国家法》（注 10），第 92 页，第 353 页以及其他各处，重刊于《凯尔森全集》（注 10），第 185 页，第 481-482 页以及其他各处。

[16] 虽然凯尔森纯粹理论中的"纯粹"观念的最终源泉是康德的哲学理论，参见注 7，直接渊源则几乎确定是来自施塔姆勒。凯尔森在《国家法学的主要问题》（注 7）第二版前言中提及〔德〕施塔姆勒，后者的著述：《法律科学的理论》（Theorie der Rechtswissenschaft），Halle: Waisenhaus，1911 年。在该著述中施塔姆勒尤其论证了建立一个"纯粹法理论"的"任务"与"可能性"，见上注，第 1-6，10-23 页。

律时执行法律的理由[17]。"为何"问题引起的都是实质论题，即一方面是解释，另一方面是证立。解释问题——例如遵守法律的动机的问题——只需借助心理学或社会学即可回答，而证立问题则只能借助道德或宗教来解决。

> 关于法律效力的基础与它可能的（实质）解读的问题不具有法律上的相关性。该问题要么解决的是法律行为的动机，由此构成心理社会学问题，要么以道德评判为出发点，由此构成伦理问题。[18]

总之，法律人禁止涉及"为何"问题。同样地，也禁止涉及基础规范，因其指向为了遵守法律和在未遵守法律时适用法律的目的而产生的至关重要的"为何"课题。将自身局限于仅产生形式事项的"如何"问题的法律科学将"为何"问题排除在外。

沿着《国家法学的主要问题》的脉络，笔者从一些关键的段落入手，探讨为何要遵守法律或者为何在法律未获遵守时要适用法律等重要的问题。凯尔森认为，从法律角度而言，提出上述问题毫无意义。当问到："为何法律规范应当被遵守和执行？"他的答案是：

---

[17] 法律规范的两重性教条同时涉及对规范的遵守和适用（制裁的施加应当在规范未被遵守时进行），以凯尔森的话来说即是"双重制度化"，而这在《主要问题》中已经很明显了，参见《国家法》（注 10），第 49-50 页即其他各处，重刊于《凯尔森全集》（注 10），第 136-137 页及其他各处。哈特将这种交集或"义务性初级规则与次级规则的结合"称为"一个无争议的法律体系"，这就是另一种对双重制度化的解读了，参见〔英〕哈特：《法律的概念》（注 3），第 94 页。

[18]〔奥〕凯尔森：《国家法》（注 10），第 353 页，重刊于《凯尔森全集》第二卷（注 10），第 482 页。

> 乍看起来，如此设问似乎很荒谬。因为从一开始，法律规范的概念就固有地包含了法律规范应当被遵守和被执行的意义。作为“规范”的法律规范在概念上就包含法律规范应当被遵守和被执行的条件，因此这一问题就等于是问——例如——为何规范应当被遵守？[19]

凯尔森巧舌如簧地设计此类提问明显是胡扯，它不过是如下论述的结果（result of proceeding），好像具备了独特的形式特征的法律科学可理性地提出和回答至关重要的“为何”课题，这在性质上属于实质问题。凯尔森在1911年持此类观点。

那么一切陷入混乱会发生什么呢？如法律科学的形式特性丧失，而换上自成一系的（sui generis）[20]、形式范畴的法律规范会怎样呢？

> 倘若……不假定法律规范的规范特性是内在的，并非从其他来源衍生出的独立特性，那么可将关于为何法律规范应当被遵守的问题理解为关于更普遍的、比相关法律规范层次更高的规范的问题，因为正是根据上述更高规范，遵守法律规范的行

[19] 凯尔森:《国家法》（注10），第352页，重刊于《凯尔森全集》第二卷（注10），第481页。

[20] 该术语出自〔丹〕阿尔夫·罗斯（Alf Ross），参见氏著:《法律渊源理论》（Theorie der Rechtsquellen），Leipzig and Vienna: Deuticke，1929年，第229页；另参见〔丹〕罗斯:《走向实在主义法理学》（Towards a Realistic Jurisprudence），福斯波尔（Annie I. Fausbøll）译，Copenhagen: Einar Munksgaard，1946年，第40-41页。

为看起来才是受到命令规定的、才是义务性的行为。[21]

此类“更普遍、更高的规范”属于道德规范或宗教规范。无论从道德还是宗教角度，均可自由地将义务问题作为实质事项、真正的“为何”问题而提出。

不过，除非确实一切都陷入混乱，法律人无上述自由。批判性地权衡对义务问题的回答是大多数道德哲学家的事情，对于法律人：

> 法律规范的规范特性属于不可动摇的预设，这一点无可辩驳。对法律人而言，即使知晓某项法律规范与道德规范相冲突，也不能改变其承认该法律规范属于规范的事实，即其不对应当予以遵守和执行有任何怀疑。一旦法律人持其他看法，则是自讨苦吃。借助于更高的道德秩序意味着放弃内在的法律体系，废弃独立的法律科学，以及法律科学在伦理学中消失殆尽。法律人无须质疑法律体系有效性的实质基础。法律人能提出的唯一课题只有形式课题。法律人不是去确定基础或“为何”，而只是确定“如何”[22]。

“法律规范的规范特性”是预设好的，凯尔森说，这一点如此明显，“无可辩驳”。

[21]〔奥〕凯尔森:《国家法》(注 10)，第 352 页，重刊于《凯尔森全集》第二卷（注 10），第 481 页。

[22]〔奥〕凯尔森:《国家法》(注 10)，第 353 页，重刊于《凯尔森全集》第二卷（注 10），第 481-482 页。

从凯尔森的观点来说，以上表述越深入越好。解决实质问题的可能性被消减了，毕竟，这是从法律科学的形式角度得出的结论。

问题仍旧在，凯尔森并未陷入困境吗？简单地说“法律规范的规范特性”显而易见、无可辩驳还远远不够。作为一名非常敏锐的理论家，凯尔森不会就此了事。因而，他在1914年转变了依据，[23]即至关重要的“为何”问题除了有可能的实质答案之外，他辩称还有完全在法律科学的范围之内的形式答案。对至关重要的“为何”问题给出的形式答案就是基础规范。他的转变是双刃剑。凯尔森放弃了在形式的“如何”问题与实质的“为何”问题之间的严格二分法。他此时说道，至关重要的“为何”问题可以有自己的形式上的答案。当这种至关重要的“为何”问题被理解为使自身获得形式上的答案之时，其特征发生了深刻的变化。它不再被理解为一种证立的问题，关于为何应当遵守法律的经典问题。相反，“为何”问题以凯尔森的基本问题的面目出现，即法律规范的“客观有效性”如何获得理论上的证立。

凯尔森转变的结果坚持的仍是形式特性，而非以自身名义回答“为何”问题。需要提及的是，这些“为何”问题——此处的基本点——并非证立的问题。凯尔森关注的是法律科学的法理学特性，后者一旦建立，即表明法律规范“客观有效”。早在1911年就已明显预设的法律规范的“规范特性”如今成为凯尔森认真应对的命题。

---

[23] 参见〔奥〕凯尔森：“奥地利宪法规定下的帝国法与州法”（Reichsgesetz und Landesgesetz nach österreichischer Verfassung），载《公法文丛》（Archiv des öffentlichen Rechts），32（1914），第202-245，390-438页之第215-220页；重刊于：《凯尔森全集》（注10），第359-425页之第370-373页。

可是，在按纯粹假设排除了所有自然主义和道德观点之后，凯尔森如何还能树立法律科学的法理学特性或其他东西呢？在他的著作中，多处反映出他的回答采用的是康德主义先验观点。

二、法律科学中的康德的先验论证

在《自然法理论与法律实证主义的哲学基础》（1928）以及之后的著作中，凯尔森提出了他自己的先验问题，按照独特的康德主义表述就是“可能性”：

> “制定法如何可能成为认知的对象、认知法律科学的对象呢？”[24]

通过诉诸基础规范，凯尔森回答了他的先验问题：

> 若只有预设基础规范才可能将（特定实质事实）的主观意义解释为客观意义，即解释为客观有效的法律规范，那么，基础规范在其特征界定上就可通过法律科学被描述为上述解释所需具备的逻辑—先验条件——如果康德知识论中的概念可被类推适用的话。[25]

---

[24]〔奥〕凯尔森：《自然法学与实证法学的哲学基础》（Die philosophischen Grundlagen der Naturrechtslehre und des Rechtspositivismus），载《康德协会的哲学报告》（Philosophische Vorträge der Kant-Gesellschaft）丛书系列第31号，Charlottenburg: Pan-Verlag Rolf Heise，1928年（以下简称：自然法），§ 36，第66页。

[25]〔奥〕凯尔森：《纯粹法学2》（注3），§ 34（d），第204-205页。

“可能性”用词是关键。康德的先验论证的回溯形式（regressive form）让哲学家从被附加条件的、无相关附加条件即不可能存在的东西出发。借助我们的上述用词提示，凯尔森的先验论证看起来如何呢？以下是可能的重构：

1. 共同代表法律体系的这些法律规范是客观有效的。（附加条件）

2. 仅当预设了基础规范时，这些法律规范才可能客观有效。（先验前提）

3. 因此，已预设了基础规范。（先验结论）

其中，前提1——此时假定[26]其反映康德自身先验论证的回溯形式——引入附加的对存在性无异议的实质内容。前提2表现出独特的康德主义用词中的可能性，即先验前提。随后，连续应用肯定前件式（modus ponens）后，非常直接地得出结论[27]。因此，凯尔森论证的问题不属于逻辑问题，而是先验前提是否真实的问题。

现有学科中所应用的先验论证均出现问题。特别是存在替代

[26] 在本文第三部分，笔者将提出关于该假设的可行性的问题。

[27] 回溯形式的先验论证可分解表述如下：

1.P（假设）；

2. 仅当Q成立，P才可能（先验前提）；

3. 因此，Q（先验结论）。

在第一前提中，“P”代表假设情况，在第二前提及结论中，“Q”代表预设的基础规范。论证在形式上有效，只要添加细小的前提——简称前提1a——到结果中，即如果P成立，就像在前提1中的情况，则P是可能的。之后，从假设情况回到在没有什么的情况下的基础规范——因而得出主张——假设情况不可能成立。

方式导致论证的先验前提不真实。

评估凯尔森的先验论证时，先要区分两个方面。一方面，从法律体系之外的角度，针对法律规范客观有效性的先验论证均缺乏说服力。凯尔森自己指出，对在法律体系之外且“拒绝在法律人谈及法律的地方看到赤裸裸的权力之外的东西”[28] 的无政府主义者来说，任何先验论证均无法保证可证明与无政府主义者立场相反的观点。[29]

另一方面，凯尔森没有去论述，先验论证不同于法律体系之外的视角，而是相信，从法律体系内部视角而言[30]，先验论证确实有说服力。常见的回溯式先验论证实践从附加条件开始，而凯尔森从法律科学事实开始[31]。法律科学在对法律的重述中采取的所有步骤均有类似附加条件。当然，若仅附加存在支持论证的条件，那就有意思了，而这正是先验论证打算提供的。

就性质而言，先验论证仅在能排除解决问题的替代方式后才有效。凯尔森认为以此为论证基础非常牢靠。他首先假定解决其问题的唯一替代方式是传统的、以事实为基础的法律实证主义和自然法学，其次假定两者均无抵御能力。但他未以有力论证来支持他关于自然法学无抵御能力的主张，而是往往立即简单地予以摒除。由此，自然法学成为凯尔森自身哲学的替代方式。

---

[28]〔奥〕凯尔森:《法理导论》(注 3)，§ 16，第 36 页。

[29] 凯尔森的该观点只是加强了对先验论证的回溯版本的限制。

[30] 参见〔德〕阿列克西:《从不正义施行论证》(注 5)，第 109 页。根据凯尔森观点的特征，他写道:“当然可以拒绝……参与法律的（完全真实的）游戏。但如进入游戏——确实有很多这样做的有力理由（至少实践中如此）——就不存在‘应然’分类的替代品，由此也不存在基础规范的替代品。”

[31] 参见下注 43。

而且，即使凯尔森能以有力论证反驳传统的、以事实为基础的法律实证主义和自然法学的可行性，他也无法按有利于他的方式解决问题。因为他损害了他的第一个假定：排中律（*tertium non datur*），当他引入自身的哲学，法的纯粹理论，将其视为与两种传统方式在抽象程度上并列的独特的法哲学类别。打开这扇门后，他便无法排除引入第四种甚至第五种独特的法哲学类别。因而，即使凯尔森继续反驳两种传统的以事实为基础的法律实证主义和自然法学，他无法反驳命题只能有真、假、不确定三种类型的原则（*quartum non datur*）。简而言之，凯尔森的哲学存在替代方式意味着先验论证——支持纯粹法学的唯一可能来源——不起作用。

凯尔森的康德主义或新康德主义先验论证的困难还没结束。因为他似乎最终在康德的先验论证与马尔堡新康德主义学派的代表（主要是赫尔曼·柯亨）发展的"先验方法"的论证之间来回摇摆。

三、新康德主义"先验方法"与凯尔森的摇摆

在康德自身哲学中，所谓的先验论证的回溯形式是借助其相对的顺进形式（progressive form）来理解的。论证的顺进形式主导着康德第一批判的先验分析内容，而回溯形式的论证仅作为顺进形式的简化形式[32]。特别是，论证的顺进形式将确定的弱的初步前提作

[32] 对于这两种回溯式和顺进式论证的并置，以及与它们各自的前提比较，参见〔美〕斯坦利·鲍尔森：《凯尔森纯粹法理论的新康德主义面向》（The Neo-Kantian Dimension of Kelsen's Pure Theory of Law），载《牛津法律研究》（Oxford Journal of Legal Studies），12（1992），第311-332页之第328-330页。

为出发点，借助必要的意识同一性，最终进入现实世界的客观经验。乍一看康德主义论证，弱的初步前提用来吸引怀疑者，并导出作为预定客观经验思想的课题。而怀疑者能同意康德的只是载明意识数据的初步前提。这样同意后，怀疑者不得不被引导到与其自身观点直接对立的观点，即现实世界的客观经验。

本文无须探究第一批判中的康德主义行动（对怀疑者的反驳）是否成功。凯尔森自己无意反驳怀疑者，他说：

> 法的纯粹理论深知，无法像证明自然实质事实的存在及其主导它们的自然规律那样来证明法律的存在，而且也无法给出可驳倒理论无政府主义之类观点的让人信服的论证。[33]

凯尔森在此指出他所理解的康德的成就，康德为实质事实的客观性及其适用的自然法则给出了先验说明。相比而言，没有先验说明可“证明法律的存在”。通过先验论证也无法驳倒凯尔森的怀疑者（即无政府主义者）。认识到这一点后，凯尔森转向法律秩序的内部视角，如此一来便不会引发与此相关的任何怀疑论观点。[34]

不是简单地因为缺乏质疑，还由于其他原因，凯尔森的先验论证似乎与马尔堡新康德主义学派的近似度远比与康德的任何观点都高。正如彼特·斯特劳森（Peter Strawson）说的那样[35]，康德的伟大

---

[33]〔奥〕凯尔森：《法理导论》（注 3），§ 16，第 34 页。

[34] 参见注 28-29 的引文。与凯尔森内在于法律体系视角类似的——确切言之，一个远距类比——是哈特的“内在观点”，参见哈特：《法律的概念》（注 3），第 4-6 章。

[35] 参见〔英〕彼得·斯特劳森（Peter F. Strawson）：《感觉的边界》（The Bounds of Sense），London: Methuen，1966 年，第 24，26 页。

论证的“基本前提”是意识同一性（unity of consciousness）或（按康德的深奥术语中的）先验统觉的同一性（unity of apperception）的必要组成部分[36]。在众所皆知的困难与冗长的论证中，康德主张必要的意识同一性造就了客观性，用康德的话说就是一个人对客体的经验。这意味着，若不论其他，经验主体可将这些客体与对其的特定经验区别开来[37]。康德通过诉诸个体的意识能力来阐明自己的论证，对于包括对可数字识别的客体加以再识别，从而排除类似经验唯心主义或教条唯心主义中发生的将客体化约为意识状态本身等情况在内的意识状态，个体有能力将其归因于自我意识[38]。简言之，康德用以上的论述证明了现实世界的存在。

然而，凯尔森的兴趣不在于表明现实世界的存在，而在于精确地预设现实世界，当他以先验论证来处理法律科学问题的时候。[39]

---

[36] 参见〔德〕康德:《纯粹理性批判》(Critique of Pure Reason)，首版于 1781/1787，瑙曼·史密斯（Norman Kemp Smith）译，London: Macmillan，1929 年（以下简称：纯批，采用 A 或 B 的页码格式），A 107；康德由莱布尼茨处继受了“统觉”，后者将该观念作为涉及自我意识的手段引入。在莱布尼茨的哲学中，统觉作为自觉的认识是一个来自“无意识的观念”的建构，参见莱布尼茨:《立基于理性之上的自然与恩典原则》(Principles of Nature and of Grace, Founded on Reason)，首版于 1714 年，莫里斯（Mary Morris）英译，载莱布尼茨（Gottfried Wilhelm Leibniz）:《哲学作品集》(Philosophical Writings)，帕金生（ G.H.R. Parkinson）编，London: J.M. Dent，1973 年，第 195-205 页之第 197 页。

[37] 关于彼得·斯特劳森（Peter Strawson）对康德客观性理论的解释，笔者已经引用，参见斯特劳森:《感觉的边界》(注 35)，第 89-112 页以及其他各处。

[38] 如康德所论证，这是〔德〕贝克莱（Berkeley）的立场，参见康德:《纯批》(注 36)，B 71，B 274。

[39] 关于这一点，参见〔德〕李凯尔特（Heinrich Rickert）:《关于对象的认知》(Der Erkenntnis des Gegenstandes)，第 6 版，Tübingen: J. C. B. Mohr，1928 年，第 406-407 页。

而在凯尔森的最接近阐明其先验论证当如何理解的作品中[40]，他的出发点——“法律科学事实”——正是可在马尔堡新康德主义学派的作品中发现的相同出发点，后者明确地论及“科学事实”：

> 若……我将认识不作为意识的形式和方式看待，而作为在科学中自我树立且在附加基础上继续成立的事实看待，则询问不再指向主观事实；而是转而指向无论如何自我衍生仍然不客观地作为依赖于原则的事实。换而言之，询问不指向认识的程序和方式，而是结果和科学本身。这样引发明确的课题：此类科学事实从什么预设衍生出确定性呢？[41]

凯尔森的出发点与其具有直接的可比性：

> 从古至今，法律科学的事实（das Faktum der Rechtswissenschaft）证明了法律规范理论的可能性和必要性……[42]

[40] 笔者已经提过，可在凯尔森的《纯粹法学》中找到关于外在于法律体系的视角与内在于法律体系的视角的清晰区分，凯尔森将其先验论证限制于后者，参见注28-30，另参见关于“法律科学的事实”的清晰陈述，该陈述被理解为凯尔森在该论证上的出发点，参见注释43。

[41]〔德〕赫尔曼·科亨（Hermann Cohen）:《极微方法的原则及其历史》（Das Prinzip der Infinitesimal-Methode und seine Geschichte），Berlin: Ferd. Dümmler，1883年，第5页。另参见〔德〕赫尔曼·科亨:《伦理的证立》（Begründung der Ethik）第一版，Berlin: Ferd. Dümmler，1877年，第24-25页。关于马尔堡新康德主义的先验方法，经常被引证的章句即保罗·纳托普（Paul Natorp）:“康德与马尔堡学派”（Kant and the Marburger Schule），载《康德研究》（Kant-Studien），17（1912），第193-221页。

[42]〔奥〕凯尔森:《法理导论》（注3），§ 16，第34页（翻译有所调整）。

为此，笔者将考察一些马尔堡新康德主义学派的详细观点，特别是其领袖赫尔曼·柯亨（Hermann Kohen）的作品[43]。因为是柯亨首先引入他以及马尔堡学派的其他人所谓的以法律科学为出发点的“先验方法”。[44] 柯亨未从意识材料开始（这样会让他追随康德的做法），而是以确定“衍生出科学事实的确定性的”预设为己任。

柯亨对哲学家任务的理解与康德不同，这并不令人意外。19世纪中叶的德国哲学变化不断。早期的“黑格尔共识”（Hegelian consensus）崩溃后，取而代之的显然是“科学实证主义”。因此，心理学在19世纪早期与当时盛行的后康德唯心主义背道而驰，到19世纪中期则获得巨大声望。康德对“心理学”的解读与雅各布·弗里德里希·弗莱斯（Jakob Friedrich Fries）和弗里德里希·爱德华德·贝内克（Friedrich Eduard Beneke）早期对心理主义

---

[43]〔德〕赫尔曼·科亨（1842～1918）在1876～1912年任马尔堡大学教授，接任朗格（Friedrich Albert Lange）之位，后者是《唯物主义历史》的作者，参见《唯物主义的历史》（The History of Materialism），首版于1866年，恩斯特·托马斯（Ernest Chester Thomas）译，第3卷，London: Trubner，1877～1881年。柯亨在就职教授的五年前发表了其第一部康德的论著，即《康德的经验理论》（Kants Theorie der Erfahrung）第一版，Berlin: Ferd. Dümmler，1871年。后来他发展了自己的“哲学体系”，其论著《纯粹认知的逻辑》（Logik der reinen Erkenntnis，Berlin: Bruno Cassirer，1902年）是核心著作，虽然“体系”涉及了伦理学和美学，也在这些领域发表了主要著述。

[44] 关于最近文献中有价值的讨论，参见〔德〕吉尔特·艾德勒（Geert Edel）:《从理性批判到认知逻辑》（Von der Vernunftkritik zur Erkenntnislogik），Freiburg and Munich: Karl Alber，1988年，第100-162，182-196页以及其他各处，第二版，Waldkirch: Edition Gorz，2010年，第81-129，145-155页以及其他各处;〔德〕尤尔根·施多尔岑贝格（Jürgen Stolzenberg）:《起源与体系》（Ursprung und System），Göttingen: Vandenhoeck & Ruprecht，1995年，第22-34页;〔德〕克里嫩（Christian Krijnen）:《后形而上学的意义》（Nachmetaphysischer Sinn），Würzburg: Königshausen & Neumann，2001年，第55-57页;〔德〕古伊多·克莱斯（Guido Kreis）:《卡西尔与精神的形式》（Cassirer und die Formen des Geistes），Frankfurt: Suhrkamp，2010年，第41-50页。

的解读相似，已由当代部分领袖理论家所确认和进一步发展，不仅在自身之间，还有物理学家、生理学家和哲学家赫尔曼·冯·亥姆霍兹（Hermann von Helmholtz）。

在柯亨的19世纪60年代的早期作品中，他开始也持心理学观点，这是在柏林期间受约翰·弗里德里希·赫尔巴特（Johann Friedrich Herbart）的追随者海曼·施泰因塔尔（Heymann Steinthal）和莫里茨·拉撒路（Moritz Lazarus）的影响。柯亨早期致力于心理学研究，柏拉图研究即为明证，例如他1866年的作品《柏拉图理念理论的心理学发展》[45]。诚然，在他1871年出版的专著《康德经验理论》第一版中[46]，柯亨将自身体系与他理解的康德的心理学学说远远分开。在上述早期专著中，心理学仍在起作用，因为仍受赫尔巴特哲学的后续影响[47]。但在1883年出版著作《极微方法》时[48]，柯亨摆脱心理学的漫长过程结束了[49]。

从柯亨的角度而言，他在其自身哲学研究中摆脱心理学，与

---

[45]〔德〕赫尔曼·科亨："心理学上展开的柏拉图理念学说"（Die platonische Ideenlehre psychologisch entwickelt），载《民族心理学与语言科学杂志》（Zeitschrift für Völkerpsychologie und Sprachwissenschaft），4（1866），第403-464页；重刊于科亨：《哲学与时代历史文集》（Schriften zur Philosophie und Zeitgeschichte），两卷本，Berlin: Akademie-Verlag，1928年，第一卷，第30-87页。

[46] 参见注43。

[47] 补充：关于赫尔巴特的哲学，参见科亨：《康德经验理论》（Kants Theorie der Erfahrung）（注43），第107页以及其他各处。

[48] 参见注41。

[49] 参见〔德〕艾德勒：《从理性批判到认知逻辑》（注44），这是一个对柯亨哲学发展的长篇且罕见优质的研究，笔者已经对此作出引用。

康德摆脱19世纪所谓的康德哲学的心理学层面部分上并不匹配[50]。正如柯亨在1883年的著作中所写的那样，康德“与心理学思想和需求做斗争”，而他则寻求“提供客观的事物”，“从形式到实质均遵守（康德的）批评体系和科学中的理性”[51]。特别是，康德的先验美学——他将空间和时间作为感受或直觉的纯粹形式——在柯亨看来，仍完全属于心理学范畴，在哲学上“毫无意义”[52]。对于柯亨以及作为康德受众的马尔堡学派其他人而言，知性范畴与感性多元化令人无法再忍受。而且，称柯亨不再是康德的受众，是指柯亨自身哲学中已剔除康德哲学中的“构建”层面。因而，若柯亨自身哲学中包含构建层面，则其形成肯定与康德在第一批判中的先验分析机制无关。这一机制已经荡然无存。

对凯尔森也同样如此。他坦然谈及法律科学的构建层面：

> 同样正确的是，就康德的知识论而言，作为法律认知的法律科学，如同所有认识一样，具有构建特性，由此“创设”其对象，只要其将对象视为有意义的整体。正如只有通过科学的排序认知才能让感官知觉的混乱转化为宇宙，即作为统一秩序的自然那样，相应地，法律官员制定的一般和个别的法律规范

[50] 因为其名气，它并不仅仅是19世纪的现象。〔英〕斯特劳森在《感觉的边界》中对康德加以批判的一部分取决于斯特劳森视之为康德哲学中有争议的心理学面向。〔德〕沃尔夫冈·卡尔（Wolfgang Carl）对斯特劳森和更早期的批评作出了回应；参见《范畴的超验推理》（Die transzendentale Deduktion der Kategorien），Frankfurt: Klostermann，1992年，第79-94页以及其他各处。

[51]〔德〕科亨：《极微方法的原则及其历史》（注41），第6页。

[52] 同上注23。

> 的总和——法律科学的实质部分——只有通过法律科学的认知才能转变为统一和一致的法律体系[53]。

说法律科学具备构建层面就是说先验论证起作用了，而且如我们所见，凯尔森将其基础规范理解为“逻辑先验条件”，类似于康德的一个范畴。可是，倘使说凯尔森确实追随柯亨的新康德主义的话，他没理由会借助于康德的范畴，因为康德哲学中成就构建维度的机制恰恰是其与马尔堡新康德主义学派的最显著区别。柯亨与康德的根本分歧意味着，若凯尔森仍继续追随柯亨所谓的先验方法[54]，那么他必须以独立于康德的方式为他的作品辩护。但凯尔森的全部作品中均无反映他做过此方面努力的文字凭据。

这是在对凯尔森为法律规范的客观有效性提供哲学奠基的研究中走进的又一死胡同。努力对先验论证加以完善是十分错误的吗？事实上，这正是叔本华的观点。

四、没有先验论证的先验哲学

众所周知，叔本华（1788～1860）哲学在被打入冷宫数十年后，却在19世纪后期流行起来并在当时及此后广为传播。他起初只是不为人知的圈外人，在早期不走运的教授生涯中，他自信地坚

---

[53]〔奥〕凯尔森：《纯粹法学2》（注3），§16，第74页。

[54] 同笔者在此提到的凯尔森-柯亨的联系具有显著差异的一种解释，参见〔德〕吉尔特·艾德勒：“基础规范之假设：汉斯·凯尔森与赫尔曼·科亨”（The Hypothesis of the Basic Norm: Hans Kelsen and Hermann Cohen），载《规范性与规范》（注6），第195-219页。

持将自己在柏林的讲座与黑格尔的同时举行，结果以无人听讲告终。他起初很不起眼，可以说，是他后期的读者中的大人物偶然热心发掘了他。19 世纪 60 年代，尼采曾在普鲁士骑兵队服役，有一次摔倒后腿受伤。康复期间，他在旧书摊上发现了叔本华的《作为意志与表象的世界》。他先是漫不经心地看起来，随后越来越钦佩这位“圈外人”。[55]

对叔本华的接受程度自从不靠谱的开端后不断提高，很快他的著作便成为家常便饭。据说维特根斯坦读过他的作品[56]，汉斯·凡欣格（Hans Vaihinger）及其他许多人也读过，其中也包括汉斯·凯尔森——他在较长的自传中提过。[57] 笔者认为，比上述证明更重要的是，凯尔森在《主权问题》中引用叔本华的章节和内容，认为以国内法为优先的一元论最终导致“对法律的否定，进而对法律认知和法律科学的否定”[58]。凯尔森上述法学理论的争辩同他自己标准文本中的观点不符，即对两种一元论的选择——究竟以国内法为优先还是以国际法为优先——无法从理论上判别，而要留待政治解决。

不过，叔本华对于凯尔森的重要意义在于其他方面。在他 1813

[55] 参见〔英〕克里斯托弗·珍娜卫（Christopher Janaway）：“作为尼采教育者的叔本华”（Schopenhauer as Nietzsche's Educator），载《自愿与虚无：叔本华作为尼采的教育者》（Willing and Nothingness. Schopenhauer as Nietzsche's Educator），珍娜卫编，Oxford: Clarendon Press，1998 年，第 13-36 页之第 16-19 页。

[56] 参见〔英〕格洛克（Hans-Johann Glock）：“叔本华与维特根斯坦：作为语言与意志的表象”（Schopenhauer and Wittgenstein: Representation as Language and Will），载《剑桥叔本华指南》（注 8），第 442-458 页。

[57] 参见〔奥〕汉斯·凯尔森：《凯尔森自传（1947）》（Autobiographie 1947），载《凯尔森全集》第一卷（注 10），第 29-91 页之第 33 页。

[58]〔奥〕凯尔森：《主权问题》（注 7），§ 63，第 317 页。

年发表的博士论文《论充足理由律的四重根》[59]中，叔本华讨论了充足理由原则（principle of sufficient reason）。它用最一般的形式阐述——叔本华此时引用克里斯蒂安·伍尔夫（Christian Wolff）的观点——“任何东西都不会没有其为何是这样而非不是这样的依据或理由”[60]。叔本华将该原则解释为四种形式。在每一形式中，叔本华先看到的是原则的依据，然后是依据所引出的“根”。最后，他将依据与可能的意识对象联系起来。充足理由原则的第一个依据是因果关系——“成为”的根，因果关系与感性指称（Vorstellungen）相联系。第二个依据是理由——“认知”（Erkennen）的根，理由与概念或抽象指称相联系。第三个依据是互相依赖——“是”的根，互相依赖与感觉、空间和时间（康德的纯粹直觉形式）的先天形式相联系。最后，充足理由原则的第四个依据是动机——“行为”的根，动机与意志相联系。

可以想见，上述依据、与之相应的“根”，以及依据与意识对象之间的联系等的详细情况，均为哲学难点和复杂点。叔本华用全部这些内容将他的图示构建成一个完整的形而上学。不过，有一点显得很严重，即叔本华认为无法举例论证充足理由原则。他写道：

（充足理由）原则无法自身证明。亚里士多德所说的适用

[59]〔德〕叔本华（Arthur Schopenhauer）：“论充足理由律的四重根”（Über die vierfache Wurzel des Satzes vom zureichenden Grunde）第一版，1813 年，载《叔本华全集》（Sämtliche Werke），第四次印刷，阿图尔·胡布什尔（Arthur Hübscher）编，Wiesbaden: F.A. Brockhaus，1988 年，第 7 卷，第 1-94 页，英文版《叔本华的早期四重根理论》（Schopenhauer's Early Fourfold Root），怀特（F.C. White）译，Aldershot: Avebury，1997 年。

[60]〔德〕叔本华：“论充足理由律的四重根”（注 59），§ 5，第 7 页，英文版（注 59），§ 5，第 4 页。

> 于上述不成功的证明："他们从无法给出答案的地方寻求答案，因为证明的起点本身并非证明。"每一证明包括寻找疑点和回到证实某些内容属实。如我们不断要求对后者予以证明，则无论那是什么，我们总会到达属于所有思想和知识的条件的特定原则。的确，鉴于所有思想和知识包括在对此类原则的运用中，且确定性与其同步，所以其自身确定性无法通过其他原则予以证明。[61]

充足理由原则无法在四种形式中的任何一种中予以证明，因为它是所有证明的基础并实现所有证明。

笔者在此姑且不论，叔本华将他辩护的关于充足理由原则无法自身证明而是所有证明的预设的观点归功于亚里士多德是否正确。相比而言，康德在早期作品中就主张可以证明无矛盾原则（non-contradiction）[62]，而且有人声称亚里士多德和康德的相似点就在于，

---

[61]〔德〕叔本华："论充足理由律的四重根"（注 59），§13，第 14-15 页；英文版（注 59），§13，第 9-11 页之第 10 页（以上引文译自德文本原著）。后来，叔本华于 1847 年发表了该论文的第二版，大幅扩充了篇幅，参见叔本华：《叔本华全集》（注 59）第一卷，iii-ix，第 1-160 页。笔者引自初版第 13 章的这一段落在与之相应的第二版第 14 章中大部分未被变动。叔本华文中引用的亚里士多德的语句来自《形而上学》IV.6，第 11-13 页。在此我引用了〔英〕罗斯（W.D.Ross）的翻译，参见罗斯译：《亚里士多德全集（牛津修订译本）》（The Complete Works of Aristotle. The Revised Oxford Translation），约翰纳·巴尼斯（Jonathan Barnes）编，第二卷，Princeton: Princeton UP，1984 年，第 1552-1728 页之第 1596 页（叔本华引用《形而上学》的 III. 6 作为出处，不过这是一个疏漏）。

[62] 参见〔德〕康德：《上帝存在之神迹的论证》（Beweisgrund zu einer Demonstration des Daseins Gottes），首版于 1763 年，载《康德全集》（注 7）第二卷，第 70-163 页之第 82 页，英文版：The Only Possible Argument in Support of a Demonstration of the Existence of God，瓦尔夫德（David Walford）译，载康德：《理论哲学》（Theoretical Philosophy），1755 ～ 1770 年，〔英〕瓦尔夫德、梅尔波特（Ralf Meerbote）主编，Cambridge: Cambridge UP，1992 年，第 107-201 页之第 126-127 页。

两者都寻求对无矛盾原则的必要性加以证明。[63]

此外的问题是：能否以叔本华的充足理由原则的观点（即该原则无法证明）通过类推论证来阐明凯尔森的基础规范呢？另一个相关问题是：若没有论证支持基础规范，也没有证明，那么它起什么作用呢？笔者将在下文回到这个问题。在此之前，笔者要先看下凯尔森对基础规范的两处文本表述，它似乎印证了所暗示的“无法证明的类推”。

在 1928 年的著作《自然法理论与法律实证主义的哲学基础》中，凯尔森写道：

> （基础规范）并非某种特殊法律理论的假设。它完全是从实证主义来把握一切法律质料的必要假设。[64]

类似地，凯尔森以更长篇幅在第一版《纯粹法学》中写道：

> 纯粹理论只是希望提高所有法律人都（往往不知不觉间）在努力提高的意识水平，当对提问的客体进行概念化时，他们拒绝将自然法作为实定法的基础，只是认为实定法是一个有效体系，即属于规范，而不仅仅是动机事实上的偶发性。法的纯粹理论运用基础规范来分析长期以来认知实定法的方法的实际

[63] 譬如参见〔英〕哈姆林（D.W. Hamlyn）：《叔本华》，London: Routledge & Kegan Paul，1980 年，第 11-12 页。

[64] 同上注，§ 4（第 12 页）。

过程，试图揭示该方法的先验逻辑条件。[65]

笔者认为，将基础规范解释为阐释方法已经非常清楚。特别是，用基础规范指称法律人不借助于自然法或（现代的）道德哲学而将法律视为“有效的体系、规范”时所作的假设。基础规范的任务是阐明，而非证明。

凯尔森对此所用的方法与赫尔曼·柯亨的哲学——更精确地说，是与柯亨哲学的一种解释——高度呼应。正如尤尔根·施托尔岑贝格（Jürgen Stolzenberg）论证的那样，柯亨排除了康德哲学中的一切构建维度，强调他自己的“先验方法”是“一种对自然科学事实的认知给予的阐释——即对某人选择自然科学事实作为出发点而最终接受什么给予的阐释”[66]。柯亨哲学与凯尔森第一版《纯粹法学》提出了基础规范的共同点十分清晰；柯亨的先验方法与凯尔森的基础规范都被理解为一种阐释方法。

不甚明确的是，为了可以纳入上述对基础规范的解释，究竟要对凯尔森伟大的法律哲学做多少改变。可以想到的有两点改变。第一，上述对基础规范的解释要求凯尔森放弃他在第二版《纯粹法学》中表明的关于相对法律而言，法律科学起构建作用的观点[67]。

[65]〔奥〕凯尔森：《法理导论》（注 3），§ 29，第 58 页。

[66] 参见〔德〕施托尔岑贝格（Stolzenberg）：《起源与体系》（Ursprung und System）（注 44），第 21-58 页之第 40 页；重刊于氏著：“赫尔曼·柯亨理论哲学中的最高原则和初始原则”（The Highest Principle and the Principle of Origin in Hermann Cohen's Theoretical Philosophy），哈恩（Colin J. Hahn）译，载《当代哲学中的新康德主义》（Neo-Kantianism in Contemporary Philosophy），〔英〕马克里尔（Rudolf A. Makkreel）、鲁夫特（Sebastian Luft）主编，Bloomington: Indiana UP, 2010 年，第 132-149 页之第 136 页（上述引文译自德文原著）。

[67] 参见注 41 的引文。

这一改变并非巨大损失，因为构建作用预设了凯尔森法律哲学中运用的康德之先验论证是可靠的，可惜该预设不可能实现。第二，凯尔森必须放弃他一再表明的关于纯粹法学是法律规范性的唯一可能方式，即独立于自然法学或道德哲学。这也并非巨大损失，因为正如有了第一点改变之后，凯尔森认为纯粹法学是法律规范性的唯一方式预设了运用在凯尔森法哲学当中的康德先验论证是正确可靠的，可惜这一假设经不起考验。

五、结　论

现在，回到我自己的中心主张，借助于基础规范而得出的凯尔森法哲学的根本维度经不起严格的检验。但这绝不意味着，凯尔森的法哲学这一庞然大物不值得关注，而是说，凯尔森的哲学肯定会同其他实证主义法哲学一道发挥作用，其影响和价值端赖于它的解释力。

论梅克尔的法律层级学说*

〔德〕马丁·博罗夫斯基**

一、导 言

本文的研究对象是阿道夫·尤利乌斯·梅克尔（Adolf Julius Merkl，1890 ～ 1970）的法律层级结构学说。梅克尔是维也纳法学派的重要代表人物之一，尽管长久以来，人们似乎遗忘了他身为法学理论家的事实。[1] 在德国，人们经常会把他和刑法学家阿道夫·梅克尔（Adolf Merkel，1836 ～ 1986）相混淆。梅克尔在奥斯

* 本文原文为：Die Lehre vom Stufenbau des Rechts nach Adolf Julius Merkl，载斯坦利·鲍尔森、米歇尔·施托莱斯（Michael Stolleis）主编：Hans Kelsen. Staatsrechtslehrer und Rechtstheoretiker des 20. Jahrhunderts（《汉斯·凯尔森——国家法与法理论的世纪法学家》），Mohr Siebeck:Tübingen 2005, 第 122-159 页。（译者注）

** 马丁·博罗夫斯基（Prof. Dr. Martin Borowski），德国海德堡大学公法、宪法理论与法哲学教授。（译者注）

[1] 梅克尔作为法理学家的不为人知与其对奥地利行政法学具有的重大影响形成了巨大反差。这一点给梅克尔打上了深深的印记，参见〔奥〕贝恩德 – 克里斯蒂安·冯克（Bernd-Christian Funk）："'法实证主义的维也纳学派'对奥地利行政法学的影响"（Der Einfluß der„Wiener Schule des Rechtspositivismus" auf die österrechische Verwaltungsrechtswissenschaft），载《古代统治以来的行政科学与法》（Wissenschaft und Recht der Verwaltung seit dem Ancien Regime），〔德〕艾尔克·沃尔克玛·黑恩（Erk Volkmar Heyen）编，Frankfurt a. M. 1984，第 105-128 页。

卡·比洛[2]、阿尔伯特·海内尔[3]和鲁道夫·比尔林[4]的研究基础上，建立并发展了法律层级构造学说。自从凯尔森将之纳入《纯粹法学》之后，这一学说得到了广泛的传播。毫不夸张地说，凯尔森的法律层级理论并没有对梅克尔著作中所包含的内容做出任何重大的扩展和改变。因此，对梅克尔版本的法律层级结构学说的研究，构成了理解这一学说的重要组成部分。

法律层级结构学说的基本理念在于按形式标准对法的现象进行等级划分。其中两种区分对法律层级结构学说具有特别的意义。

1. 法律层级结构学说的对象范围

第一个区分涉及了研究对象的范围。人们首先可能会问，每个法律秩序是否以及在何种程度上必然表现为不同的规范层级。这一对象范围涵盖了所有可能的法律秩序。其次人们可能要问，是否以及在何种程度上某一特定类型的法律秩序必然包含规范层级。作为这样一种特定类型的法律秩序，尤其要将“议会法治国”[5]的法律秩序考虑在内，目的是接纳梅克尔的概念。关于这种法律体系的类

[2] 特别参见〔德〕奥斯卡·比洛（Oskar Bülow）:《法律与法官职务》（Gesetz und Richteramt），Leipzig 1885年。参见〔奥〕梅克尔:“确定力学说——来自法律概念的发展”（Die Lehre der Rechtskraft. Entwickelt aus dem Rechtsbegriff），载《维也纳政治学研究》（Wiener Staatswissenschaftliche Studien），第十五卷，第二期，Leipzig/Wien 1923年，第182-188页。

[3]〔德〕阿尔伯特·海内尔（Albert Haenel）:《形式和实质意义上的法律》（Das Gesetz im formellen und materiellen Sinne），Leipzig 1888年。参见〔奥〕梅克尔:“确定力学说”（注2），第189-194页。

[4]〔德〕恩斯特·鲁道夫·比尔林（Ernst Rudolf Bierling）:《法律原则学说》（Juristische Prinzipienlehre），第二版，Freiburg im Breisgau 1898。参见梅克尔:“确定力学说”（注2），第194-197页。

[5] 对这种法律秩序特征的确定见第四部分1。

型，可能的疑问是，在法律体系的必要尺度之外，它是否另外还包含一些必要的层级，也就是由议会法治国的法律秩序的本质特征所产生的层级。这些额外的必要层级，可以称作相对必要的层级。如果并且就此而言否定对相对必要层级的追问，人们就可以进一步探询一种或然的但是典型的层级。最后，人们最后可能询问某个具体的法律秩序的层级结构。这种类型的研究首先是实证法的研究，尤其是宪法性法律的研究。[6] 在此项根本的法学理论研究中，只探究前两个问题。

2. 区分层级的形式标准

第二个区分涉及层级划分的客观标准。如果这些标准是法律的前提，或者反过来，是法律的限制，对此需要问及条件关联（Bedingungszusammenhang）。[7] 这些形式标准对于梅克尔来说很

---

[6] 有个例子是追问德国联邦共和国法律体系中，基本法第 25 条第 1 款的规定“国际法的一般规则”的位阶。代表 1）超宪法位阶，2）宪法位阶以及 3）位于宪法和普通联邦法律之间的位阶。参见〔德〕克里斯蒂安·柯尼希（Christian Koenig），载冯·曼戈尔特（H. von Mangoldt/F. Klein/C. Starck）等编：《波恩基本法》（Das Bonner Grundgesetz），第二卷，第四版，München 2000 年，基本法第 25 条，页边码第 48 页以下；〔德〕英格尔夫·佩尼斯（Ingolf Pernice），载霍尔斯特·德莱尔（H. Dreier）编：《基本法评注》（Grundgesetz Kommentar），第二卷，Tübingen 1998 年，基本法第 25 条，页边码第 23 页以下；〔德〕鲁道夫·盖格尔（Rudolf Geiger）：《基本法与国际法》（Grundgesetz und Völkerrecht），第三版，München 2002 年，第 167 页及下页。更老一些的关于奥地利法律情况，参见〔奥〕海因茨·彼得·里尔（Heinz Peter Rill）：“奥地利法律体系中国际法内普遍公认规则的序位”（Der Rang der allgemein anerkannten Regeln des Völkerrechtes in der österreichischen Rechtsordnung），载《奥地利公法杂志》（ÖZÖR），10（1959～1960），第 439-451 页。关于奥地利法律体系中的层级构造的一般性说明，参见〔奥〕罗伯特·瓦尔特（Robert Walter）：“奥地利法律中根据减损效力的层级构造”（Der Stufenbau nach der derogatorischen Kraft im österreichischen Recht），载《奥地利法学家报》（ÖJZ）1965 年，第 165-174 页。

[7] 参见第三部分 1.c）以及第四部分 2。

重要。人们还可进一步追问效力减损关联（Derogationszusammenhang）。在此关联中涉及的问题是，不同级别的规范的效力减损是否只是单向的，或者可能还是双向的。直到最后的研究阶段，梅克尔才开始将效力减损关系纳入他的观察之中，但是他并没有特别详细地进行讨论，结论也不是不容置疑的。[8] 事实上，要在凯尔森的著作中寻找效力减损关系是徒劳的，然而在现代层级结构学说的作品中它又十分重要。[9] 根据观察到的层级结构学说的不同对象领域以及划分层级的不同的形式标准，会产生不同的层级结构观念。

本文首先简要介绍梅克尔的法律层级结构学说的发展（第二部分），在随后的两个部分中分别考察他的所有类型法律体系的必要分级论题（第三部分），以及在“议会法治国”的法律体系中相对必要的分级（第四部分），最后就凯尔森吸纳梅克尔的层级结构学说进行评论，以及探讨梅克尔对维也纳法学派之纯粹法学的发展所作出的贡献（第五部分）。

---

[8] 参见〔奥〕特奥·厄灵格（Theo Öhlinger）:《法律秩序的层级构造》（Der Stufenbau der Rechtsordnung. Rechtstheoretische und ideologische Aspekte），Wien 1975 年，第 18 页：“几乎是毫无准备的”。

[9] 参见〔奥〕瓦尔特:《法秩序的建造》（Der Aufbau der Rechtsordnung），第二版，Wien 1974 年，第 55 页及以下；瓦尔特：“奥地利法律中根据减损效力的层级构造”（注 6），第 165 页及以下;〔奥〕海因茨·梅耶（Heinz Mayer）:“法律层级构造的理论”（Die Theorie des rechtlichen Stufenbaues），载罗伯特·瓦尔特编:《纯粹法学的重点》（Schwerpunkte der Reinen Rechtslehre），Wien 1992 年，第 37-46 页之第 41 页及以下。

二、梅克尔法律层级结构理论的发展

显然，梅克尔的层级结构理论的发展可分为两个阶段。[10] 第一个阶段是 1915 年至 1923 年。在弗里茨·桑德斯（Fritz Sanders）指控凯尔森抄袭事件的背景下，梅克尔自己提到，1915 年他曾在凯尔森的学生圈内做过一次报告，这是他对层级结构理论的初次阐述。[11] 在第一阶段中还可以继续区分出两个子阶段，分别是 1916 年至 1922 年期间发表的一系列文章，以及 1923 年梅克尔在《确定力学说》[12] 中扩充的一个章节。

第二个阶段开始于 1931 年凯尔森纪念文集中一篇名为《法律

[10] 毫无疑问，还可能存在其他的分期方式。人们可以把第一阶段的两个子阶段分成独立的两个时期。可以说，在《确定力学说》中第一次出现了有关层级结构学说的全面完整的论述。故厄灵格在《法律秩序的层级构造》（注 8）一书中，将三本书分为三个阶段：首先是《法的双重面目》（注 17）；其次，《确定力学说》（注 2）；最后是《绪论》一书（注 13）。另外，人们可以从时间顺序观察，不将 1916 年至 1922 年的作品与《确定力学说》分开来，正如所有作品都与《绪论》不在同一个阶段。由此得出的三阶段必然在比重上是不均衡的。进一步，人们还可考虑把 1924 年至 1930 年间的中间时期视为独立的时期。如若要对梅克尔所有的国家法和行政法学著述加以广泛细致的分析，则必须建立在更细致的研究基础之上，这一研究可能会用到这一时期。然而在这一研究的有限框架内，相关作品对于他的层级结构学说贡献有限，尚还没有到需要详加考察这一时空的程度。

[11]〔奥〕梅克尔:《反对规范法理学的斗争——与凯尔森法理论之争》（Ein Kampf gegen die normative Jurisprudenz. Zum Streit um Kelsens Rechtslehre），Wien 1924 年，第 7 页及下页，注 1（GA 1/1, 343 注 8）。以下对梅克尔这篇文章的引用基本依据它最早的出版信息。若是引用它是再版于梅克尔全集 [梅克尔:《全集》，多罗西亚·梅耶 – 马利（Dorothea Mayer-Maly）、赫尔伯特·萨姆贝克（Herbert Schambeck）、沃尔夫 – 迪特里希·格鲁斯曼（Wolf-Dietrich Grussmann）编，迄今为止共有两卷，各包含两部分，1993-2002]，将会标注缩略记号“全集”，并且标明是哪一册，如“(《全集》1/1)”，以及对应的页码。

[12]〔奥〕梅克尔:“确定力学说”（注 2），第 181-228 页。

层级结构理论绪论》[13] 的文章。梅克尔认为层级理论的发展绝对没有停止，而是希望可以继续研究下去。然而应当强调的是，他对法律层级结构理论的研究随着这篇文章而走向尽头。此后梅克尔再也没有系统地对这个主题进行过探讨。

1.1915 年至 1923 年的第一阶段

a）1916 年至 1922 年文章中法律层级结构

在第一个阶段的前半部分，梅克尔在论述一般法学说的不同问题的框架内，发展了一系列基本要素，这是他后期系统整合得出的法律层级结构理论的核心原理。这一时期梅克尔写就了大量文章，这里只需要强调其中四篇。[14] 按照时间顺序，首先要提到

[13]〔奥〕阿道夫・尤利乌斯・梅克尔："法律层级结构理论绪论"（Prolegomena einer Theorie des rechtlichen Stufenbaues），载《社会、国家和法——对纯粹法学的研究》（Gesellschaft, Staat und Recht. Untersuchungen zur Reinen Rechtslehre, Festschrift Hans Kelsen zum 50. Geburtstag gewidmet），福尔多洛斯编（A.Verdross），维也纳 1931，第 252-294 页。(《全集》1/1，第 437-492 页）

[14] 在梅克尔法学理论的早期作品中，他甚至强调了《制定法与法官法》，参见梅克尔："确定力学说"（注 2），第 207 页之注 4，以及此处未加展开研究的其他一系列国家法著作。在他后期的相关论文中，梅克尔指出了《确定力学说》《适用中的法》（注 15）以及《法的双重面目》（注 17）的重要性。参见梅克尔："法律层级结构理论绪论"（注 13），第 294 页之注 1 (《全集》1/1，第 492 页，注 8)。凯尔森在《国家法学的主要问题》第二版前言中，注明了梅克尔发表在杂志《公法文丛》（AöR）上的两部作品——《法的双重面目》和《适用中的法》，以及另外的《确定力学说》。（汉斯・凯尔森:《国家法学的主要问题》（Hauptprobleme der Sraatsrechtslehre），第二版，Tübingen 1923 年，第 XV 页）。在这一时期出版的文章中，他也提到要关注《适用中的法》和《确定力学说》[汉斯・凯尔森："国家的三种权力或功能学说"（Die Lehre von den drei Gewalten oder Funktionen des Staates），载《经济哲学与法哲学文丛》（Archiv für Wirtschafts- und Rechtsphilosophie），17（1923 ～ 1924），第 374-408 页之第 381 页之注释]。凯尔森在梅克尔 70 岁生辰献文中重新强调了上述两篇文章对层级结构学说发展的重要性。[汉斯・凯尔森："献给阿道夫・梅克尔 1960 年 3 月 23 日的 70 岁生日"（Adolf Merkl zu seinem siebzigsten Geburtstag am 23. März 1960），载《奥地利公法期刊》，10（1959 ～ 1960），第 313-315 页之第 313 页]。

1916 年到 1919 年发表在《德意志法官报》上题为《解释中的法》的系列文章。[15] 1917 年是一个重要的年份，在此期间他发表了一篇简短的文章《法律的不变性》。[16] 一年后随之发表《法的双重面目》。[17] 最后是 1922 年发表的《制定法和法官法》[18]，紧接着就是作为第一阶段后半段开始的标志《确定力学说》[19]，事实上，它与上文提到的文章同属一个系列。

在这些文章以及之后的作品中，梅克尔依据自身的见解，坚决反对他那个时代有关实定法过度僵化的法学。[20] 基本上，只要

[15] 前两部分最初出版时的标题为："解释镜像中的法"，载《德意志法官报》(Deutsche Richterzeitung)，1916 年，第 584-592 版面；梅克尔：《德意志法官报》，1917 年，第 162-176 版面。所有其他部分采用的则是文章中的标题，梅克尔：《德意志法官报》，1917 年，第 394-398 版面以及第 443-450 版面；梅克尔：《德意志法官报》1919 年，第 290-298 版面。还有一篇的标题轻微变动为《适用中的法》，并在略加修改后独立出版，参见梅克尔：《适用中的法》(Das Recht im Lichte seiner Anwendung)，汉诺威 1917 年。它只包含了在 1917 年出版的部分，在梅克尔作品全集中收录了对最初续篇和独立文章的汇集（注 11），第一卷第一部分，第 85-146 页。下面会用"解释中的法"来表示续篇形式的最初发表版本，并且会添加《全集》里汇集版本中的位置。

[16]〔奥〕梅克尔："法律的不变性——一个道德逻辑原则"(Die Unveränderlichkeit von Gesetzen - ein normlogisches Prinzip)，载《法学公报》(Juristische Blätter) 1917 年，第 97-98，109-111 页。(《全集》1/1，第 155-168 页)

[17]〔奥〕梅克尔："法的双重面目"(Das doppelte Rechtsantlitz. Eine Betrachtung aus der Erkennrnistheorie des Rechtes)，载《法学公报》1918 年，第 425-427，444-447，463-465 页。(《全集》1/1，第 227-252 页)

[18]〔奥〕梅克尔："制定法和法官法"(Gesetzesrecht und Richterrecht)，载《布拉格法学杂志》(Prager Juristische Zeitschrift)，2(1922)，第 337-344 版面。(《全集》1/1，第 317-327 页)

[19] 在这篇文章中，梅克尔指出他的"确定力学说"是"在现象上加以界定的"，参见梅克尔："制定法和法官法"(注 18)，第 337 页。(《全集》1/1，第 317 页，注 1)

[20]〔奥〕梅克尔："解释中的法"(Das Recht im Lichte seiner Auslegung)(注 15)，1917 年，第 163 版面及之后版面。(《全集》1/1，第 98 页及下页)；梅克尔："法的双重面目"(注 17)，第 425 页 (《全集》1/1，第 227 页)；梅克尔："制定法和法官法"(注 18)，第 337 版面及以下 (《全集》1/1，第 317 页及下页)。在这个意义上，他还谈到了立法者"给理论蒙上的""似神性的圣光"，梅克尔："法律的不变性"(注 16)，第 111 页。(《全集》1/1，第 166 页)

其他法源进入人们的视线当中，例如习惯法或法官法，似乎就会获得与制定法的并列关系。[21] 梅克尔将“平面”或“二维平面”的比喻运用在这一观念上。与之相反，他指出法律秩序是三维的空间，[22] 法可以形象地比喻为拥有很多楼层的建筑。[23] 梅克尔喜欢比喻的方法，因而他还使用过其他生动的形象。[24] 法的现象无疑不会只有一个等级，它是按照等级性的上下层级排列的。层级 [25] 或层级结构 [26] 的概念在这一时期只被偶然使用，梅克尔主要还是讨论有关法律现象的“等级” [27] 或者“法律等级”。[28] 在这些法的现象之

---

[21]〔奥〕梅克尔：“制定法和法官法”（注 18），第 338 版面。（《全集》1/1，第 318 页及下页）

[22]〔奥〕梅克尔：“制定法和法官法”（注 18），第 339 版面（《全集》1/1，第 320 页）；梅克尔：“法的双重面目”（注 17），第 426 页（《全集》1/1，第 230 页）。在后期的作品中这一隐喻再次出现，参见梅克尔：“法律层级结构理论绪论”（注 13），第 285 页。（《全集》1/1，第 480 页）

[23]〔奥〕梅克尔：“法的双重面目”（注 17），第 425 页（《全集》1/1，第 228 页）。这一隐喻在后期作品中再次出现，梅克尔：“确定力学说”（注 2），第 182 页；梅克尔：“法律层级结构理论绪论”（注 13），第 257 页（《全集》1/1，第 443 页）。参见梅克尔：“汉斯·凯尔森的纯粹法学理论体系”（Hans Kelsens System einer reinen Rechtsrheorie），载《公法文丛》（AöR），41（1921），第 171-201 页之第 187 页及下页。（《全集》1/1，第 304 页及下页）

[24] 其他的例子还有，在瀑布冲入的流水中，法学在颠簸的水域中肩负解释的任务。梅克尔：“解释中的法”（注 15），1917 年，第 175 版面（《全集》1/1，第 115 页）。进一步参见梅克尔：“法律层级结构理论绪论”（注 13），第 283 页（《全集》1/1，第 478 页），在这里还提到了“河流”的比喻。

[25]〔奥〕梅克尔：“解释中的法”（注 15），1917 年，第 173 版面。（《全集》1/1，第 112 页）

[26]〔奥〕梅克尔：“制定法和法官法”（注 18），第 341 版面。（《全集》1/1，第 322 页）

[27]〔奥〕梅克尔：“制定法和法官法”（注 18），第 340 版面（《全集》1/1，第 320 页）；梅克尔：“法的双重面目”（注 17），第 465 页。（《全集》1/1，第 251 页）

[28]〔奥〕梅克尔：“解释中的法”（注 15），1917 年，第 173 版面（《全集》1/1，第 112 页）；梅克尔：“法的双重面目”（注 17），第 444 页（《全集》1/1，第 236 页）；梅克尔：“制定法和法官法”（注 18），第 342 版面（《全集》1/1，第 323 页）；梅克尔：“法的双重面目”（注 17），第 465 页（《全集》1/1，第 251 页）：“法律现象层级的等级制度。”

中，存在着前提条件（Bedingung）与附条件（Bedingtheit）的关系，[29] 梅克尔还运用代表（Delegation）的概念。[30] 只有这种关系能够允许将不同的法律现象解释为统一的法律体系的一部分。[31] 梅克尔采纳了当时奥地利法律体系中存在的法律层级，这是他在不同的文章中以不同方式表现的重点。在《法律的不变性》一文中，最主要讨论的是宪法与实定法的关系，[32]《制定法和法官法》涉及实定法与审判权的关系。[33] 在这两篇长文中，他还把规章（Verordnung）也称作法的现象 [34] 并且在立法中区分了空白立法（Blankettgesetzgebung）和运行立法（Ausführugsgesetzgebung）。[35] 然而，梅克尔自己也不是十分清楚，应当把哪种法律现象置于法律等级的"上层"或"下层"。在《解释中的法》一文中，他把一般法律的层级置于宪法的层级之下，[36] 这与今天主流的图景相一致，宪法位于法律层级结构的上方，而非下方。随后出现的两处分裂相对化了他的观点。[37]

---

[29]〔奥〕梅克尔："制定法和法官法"（注 18），第 340，341 页。(《全集》1/1，第 320，322 页）；梅克尔："法的双重面目"（注 17），第 427 页。(《全集》1/1，第 232 页及下页）

[30]〔奥〕梅克尔："解释中的法"（注 15），1917 年，第 171 版面（《全集》1/1，第 109 页）；梅克尔："法的双重面目"（注 17），第 426 页（《全集》1/1，第 231 页）；梅克尔："制定法和法官法"（注 18），第 339 页。(《全集》1/1，第 320 页）

[31]〔奥〕梅克尔："法律的不变性"（注 16）第 98 页 。(《全集》1/1，第 158 页）

[32]〔奥〕梅克尔："法律的不变性"（注 16）第 98 页 。(《全集》1/1，第 158 页及下页）

[33]〔奥〕梅克尔："制定法和法官法"（注 18），第 339 版面以下。(《全集》1/1，第 319 页以下）

[34]〔奥〕梅克尔："解释中的法"（注 15），1917 年，第 165，394 版面。(《全集》1/1，第 100，117 页）；梅克尔："法的双重面目"（注 17），第 426 页。(《全集》1/1，第 229 页）

[35]〔奥〕梅克尔："解释中的法"（注 15），1917 年，第 394 版面（《全集》1/1，第 117 页）；梅克尔："法的双重面目"（注 17），第 427 页。(《全集》1/1，第 233 页）

[36]〔奥〕梅克尔："解释中的法"（注 15），1917 年，第 173 版面。(《全集》1/1，第 112 页）

[37]〔奥〕梅克尔："解释中的法"（注 15），1917 年，第 175 版面。(《全集》1/1，第 116 页)："在法律创设程序中较低的，或者如果人们愿意，也可以是较高的，至少都有进一步的层级……"

一个是在《法的双重面目》中，他开始把宪法当作基础，在其之上放置法律，这个“法之金字塔”最终通过“无数的判决、指令和认知”“获得冠顶”。不过他马上又提出了一种让金字塔倒置的可能性，也就是把宪法挪到顶端，[38] 随后，他再次说明这两种概念化都是可能的。[39]

在第一阶段前半部分的文章中提到的，或部分已经发展的梅克尔法律层级结构理论的核心原理中，需要特别强调的是：法律适用过程中对不同层级的具体化和个别化，[40] 法律创制和法律适用[41] 的交叉，以及法律适用中主观和客观要素，也就是法律适用中的确定性（Determiniertheit）和自由裁量的重叠。[42]

b）1923 年《确定力学说》中的法律层级结构

在上述系列文章中，梅克尔在探讨其他问题时，偶然且并不广泛地阐述了层级结构，但与此同时，他又用层级结构学说为《确定力学说》贡献了一个单独的扩展章节。不同于此前文章的阐述，这一章节显示出质的进步，因为它第一次做出了完整且系统的描述。在这一章的开头部分，梅克尔反对通行的过度僵化的法律，重申了他的法律作为多层建筑的形象。[43] 接着他详细阐述了比洛、汉内特

[38]〔奥〕梅克尔：“法的双重面目”（注 17），第 425 页。（《全集》1/1，第 228 页）
[39]〔奥〕梅克尔：“法的双重面目”（注 17），第 427 页。（《全集》1/1，第 234 页）
[40]〔奥〕梅克尔：“解释中的法”（注 15），1917 年，第 170 页（《全集》1/1，第 107 页）；梅克尔：“法的双重面目”（注 17），第 426 页。（《全集》1/1，第 229 页以下）
[41]〔奥〕梅克尔：“法律的不变性”（注 16），第 111 页（《全集》1/1，第 167 页及下页）；梅克尔：“法的双重面目”（注 17），第 426，464 页。（《全集》1/1，第 231，247 页及下页）
[42]〔奥〕梅克尔：“解释中的法”（注 15），1917 年，第 166 版面以下（《全集》1/1，第 102 页以下）；梅克尔：“法的双重面目”（注 17），第 464 页。（《全集》1/1，第 246 页）
[43]〔奥〕梅克尔：“确定力学说”（注 2）第 181 页及下页。

和比尔林所做的准备工作，[44] 同时也简短地提到了凯尔森。[45] 在这一章节里，梅克尔用大约超过 20 页的篇幅系统地发展他的层级结构学说。[46] 在这一著作中，梅克尔把他的学说明确地称为“层级学说”，[47] 并且在此清楚地表明，宪法在层级结构中位居上端，而非下层。[48]

2.1931 年第二阶段

a）《法律层级结构理论绪论》

如果说梅克尔在 1923 年至 1931 年间的出版作品中曾经谈到层级结构，那么也只是限于附带的评论，并没有超越当时已然获得的成就。[49] 然而在 1931 年的凯尔森纪念文集里，梅克尔再次对法律层级结构进行了深入的探讨。他此前的学说基本上得到了认可。然而从此时开始，他的观察明确地限定在议会法治国的“法律语句形式”（Rechtssatzformen）上。[50] 因此，他那直到今天仍被反复提及

[44]〔奥〕梅克尔：“确定力学说”（注 2）第 182-197 页。

[45]〔奥〕梅克尔：“确定力学说”（注 2）第 199-201 页。

[46]〔奥〕梅克尔：“确定力学说”（注 2）第 201-223 页。

[47]〔奥〕梅克尔：“确定力学说”（注 2）第 207 页。注 1，第 220 页及下页，注 1，第 221，223 页随处可见。

[48]〔奥〕梅克尔：“确定力学说”（注 2）第 215 页：宪法是“处于上级或者更高的法律现象，而一般法律是处于下级或者更低的法律现象”；梅克尔：“法律层级结构理论绪论”（注 13），第 259 页（《全集》1/1，第 446 页）：“宪法作为典型的法律创设规则，无论如何都只意味着法律程序的开端，而绝非终结。”

[49] 譬如参见〔奥〕梅克尔：《一般行政法》（Allgemeines Verwaltungsrecht），维也纳 / 柏林 1927 年，第 170-173 页；梅克尔：“法的连续性问题和统一法律世界观要求”（Das Problem der Rechtskontinuität und die Forderung des einheitlichen rechtlichen Weltbildes），载《公法杂志》（ZöR）5（1926），第 497-527 页之第 521 页及下页。（《全集》1/1，第 416 页以下）；梅克尔：“汉斯・凯尔森的纯粹法学理论体系”（注 23），第 187 页以下。（《全集》1/1，第 304 页以下）

[50]〔奥〕梅克尔：“法律层级结构理论绪论”（注 13），第 255 页（《全集》1/1，第 442 页）：“那么当前的研究应当建立在法律语句形式的基础之上，在所谓的以议会机构为特征的法治国中可以发现这些语句形式。”

的问题，即每个法律系统必须包含哪些层级的问题，在很大程度上退居幕后。[51] 梅克尔对“议会法治国”的层级结构进行了提炼和补充。例如，此前几乎作为同义词使用的条件关联和代表关联 [52] 自此得到了明确的区分。[53] 在系统性的观点下，引入减损关系大概是最有意义的补充，在梅克尔看来，这可能导向一个与条件关联不一致的层级结构。[54]

b）梅克尔停止研究法律层级结构

梅克尔在有关层级结构学说最后著作的标题里使用“绪论”[55] 一词，表明了他继续研究这一论题的愿望。但是这篇《绪论》在多处削弱了他的论证，毋宁说它是粗糙和不完整的，[56] 早在《确定力学说》中就已有了类似的评述。[57] 看起来就好像，梅克尔对系统地扩建层级结构学说这一任务的重要性怀有敬意，越是重要，就越是更专注地从事对它的研究。在《绪论》的结尾，最后一个脚注的最后一句话里，他明确预告了一个专题性的论述：“一部有关法律层

[51] 就此而言，人们可能不会推断《序言》一书似乎是梅克尔层级结构学说的最终和完整的作品。在没有进一步评定的情况下，就宣称在《序言》中发现了梅克尔层级结构学说的“最终表达”，这会带来传播误解的危险［例如海因茨·梅耶：“法律层级构造的理论”（注 9），第 37 页］。

[52]〔奥〕梅克尔：“制定法和法官法”（注 18），第 339 版面。（《全集》1/1，第 319 页）

[53]〔奥〕梅克尔：“法律层级结构理论绪论”（注 13），第 280 页。（《全集》1/1，第 474 页）

[54]〔奥〕梅克尔：“法律层级结构理论绪论”（注 13），第 284 页。（《全集》1/1，第 480 页）

[55] 可以改写为如“作为序言的评论”，“前言”或者“引言”。

[56]〔奥〕梅克尔：“法律层级结构理论绪论”（注 13），第 285 页（《全集》1/1，第 480 页）：“法律层级结构的实施情况……在这一框架内只做了简述，而无详尽的阐明”，以及简短的表达：“对法律层级结构学说的概略。”

[57]〔奥〕梅克尔：“确定力学说”（注 2），第 214 页：“微薄的暗示”以及第 221 页：“在这个地方只能用最外在的轮廓和关键词方式勾勒出的‘层级理论’。”

级结构理论的专著正在准备之中,而之前的绪论是简述的前言。"[58] 就像梅克尔其他关于这个论题的作品一样，这本专著并没有问世。后续工作停滞的原因不得而知。在 20 世纪 30 年代，梅克尔主要致力于提出宪法的问题。[59] "二战"之后，处于纳粹主义道德崩坏印象中的梅克尔进行了一次重心转移，从对法律规范的研究转向对法的内容上的观察。[60]

三、法的必要层级

1. 梅克尔的法的必要层级理论

在第一个阶段的作品中，梅克尔在必要的和仅仅有可能的法

[58]〔奥〕梅克尔:"法律层级结构理论绪论"(注 13)，第 294 页，注 1(《全集》1/1，第 492 页，注 8)。在《确定力学说》中梅克尔明确地宣告了一个专题性的探讨。层级结构理论的问题是:"在未来我必定保留作为专题进行讨论"，梅克尔:"确定力学说"(注 2)，第 224 页，注 1(从第 223 页开始)。同样，在后续工作的路线上这意味着进一步的评论，对于"法学的层级理论和自然科学的发展理论相类似"，梅克尔必须"做出区分的论述"，梅克尔:"确定力学说"(注 2)，第 220 页及下页，注 1。在《绪论》一书中没有对这一问题的深入处理。

[59] 也参见梅克尔在自传里的自我阐述，(《全集》1/1，第 XXXIII 页以下)。以及沃尔夫 - 迪特里希·格鲁斯曼:《阿道夫·尤利乌斯·梅克尔——生平和作品》(Adolf Julius Merkl. Leben und Werk)，Wien 1989 年，第 37 页及下页；罗伯特·瓦尔特:"阿道夫·尤利乌斯·梅克尔——品格及其科学作品"(Adolf J. Merkl. Persönlichkeit und wissenschaftliches Werk)，载《阿道夫·尤利乌斯·梅克尔——作品及影响力》(Ado1f J. Merkl. Werk und Wirksamkeit)，罗伯特·瓦尔特编，维也纳 1990 年，第 9-36 页之第 29 页及下页。

[60]〔奥〕赫尔伯特·萨姆贝克:"阿道夫·梅克尔的伦理学和民主"(Ethik und Demokratie bei Adolf Merkl)，载《阿道夫·尤利乌斯·梅克尔——作品及影响》,〔奥〕罗伯特·瓦尔特编，第 267-275 页之第 268，271 页；萨姆贝克:《阿道夫·尤利乌斯·梅克尔的生平和影响》(Leben und Wirken von Adolf Julius Merkl)，Wien 1990 年，第 18 页及下页;〔奥〕格鲁斯曼:《阿道夫·尤利乌斯·梅克尔——生平和作品》(注 59)，第 44 页及下页。

律层级之间作出了非常清楚的区分。[61]他以必要的分级为出发点。[62]法律秩序对于梅克尔而言是从属于同一整体的法律现象的体系。[63]法律现象一方面是法律规范或法律语句的上位概念，另一方面则是事实上的执行行为。[64]在此梅克尔并没有区分法律语句和法律规范，[65]而是按照通行的语言运用，把法律规范或法律语句描

[61]〔奥〕梅克尔："制定法和法官法"（注 18），第 339 版面（《全集》1/1，第 320 页）；梅克尔："确定力学说"（注 2），第 213 页。

[62] 尽管《绪言》的有些段落乍看起来是在反对分级的必要性，但人们不能认定他已撤销其在第二阶段的相关构想。来自第一阶段的法律形式二元主义的明确概念，在《绪言》中不再延续。在导言的评论中已然提过，那些只由法律语句构成的法律秩序内部的模棱两可的情况，这指出，事实的执行行为作为法律现象不会再获得更多的关注。当梅克尔随后反复暗示，他认为只有一个单一法律形式的法律秩序是可能的之时，[梅克尔："法律层级结构理论绪论"（注 13）第 252，254 页及下页，第 272 页（《全集》1/1，第 438，441，464 页）]，他似乎否定了早期作品中发展的法律形式二元主义。贝伦德确证了梅克尔在《绪论》中将视角转换至民主宪法国所带来的差异，〔德〕尤尔根·贝伦德（Jürgen Behrend）:《梅克尔与凯尔森的层级理论研究》（Untersuchungen zur Stufenbaulehre Adolf Merkls und Hans Kelsens），Berlin 1977 年，第 23 页及下页。即使这个视角转换不值得争论，它也不能证立对法律形式二元主义的否认。在每个法律秩序中都必定存在的内容，也必须存在于每个具体的法律秩序中，贝伦德从另一个角度出发也清楚地看到了这一点（贝伦德，同上书，第 19 页及下页）。当人们准确地阅读梅克尔，臆想的矛盾就消逝了，如他所述：在第二个阶段他并没有否定法律形式的二元论，而是认为只有一个法律语句形式的法律体系是可能的。在法律形式二元论中，有一个法律语句形式就足够了，即起源规范。另一种法律形式由事实执行行为的范畴组成，这不是法律语句，而只是法律现象。

[63]〔奥〕梅克尔："确定力学说"（注 2），第 218 页。前期梅克尔似乎把法律，也即法律秩序视为法律语句的总和（梅克尔：同上书，第 202，207 页）。然而，这一结论随着梅克尔在后期将事实执行行为作为法律现象而得到补充。这一明显的差异表明，在前期首要涉及的是，他反对那个时代的法学把法律渊源过分限定在法律之上，对此提出其他法律语句形式作为法律渊源。此时，他完全没有注意到事实的执行行为作为法律体系的组成部分的问题，直到后期的关联中才意识到。

[64]〔奥〕梅克尔："确定力学说"（注 2），第 218 页及下页。

[65]〔德〕贝伦德:《梅克尔与凯尔森的层级理论研究》（注 62），第 13 页之注释 9。

述为有关规定违法结果的国家意志的假设性评价。[66] 梅克尔将自己所处时代的法律秩序称为法律形式的典型范例，特别是其中的宪法、制定法、法规和司法或执行的单个行为。作为必要的层级或者“西方法律形式（Rechtsform）的最低限度……若是没有它们的法律体系将不堪设想”，对此梅克尔只承认两点：

> “即便是最简单的、回溯到必不可少组成部分的法律体系，也是二价的（zweigliedrig）并且同样也是双层的。”[67]

这也被梅克尔称为法律形式的“双重性”。[68] 这两个必要的法律形式一方面是逻辑意义上的宪法，而另一方面则是事实上的执行行为。

a）起源规范作为逻辑上的宪法

第一个必要的层级包含“起源规范”（Ursprungsnorm）[69] 或者“逻辑意义上的宪法”，[70] 它首先是授予立法权能的机关。用梅克尔的话来说：这可被“附会地理解为”（subintelligieren）一个法律规范，它“荣升为制定法律的权威”。[71] 那些被理解为“同属一个整

---

[66]〔奥〕梅克尔：“确定力学说”（注 2），第 219 页之注释 2；梅克尔：“法律层级结构理论绪论”（注 13），第 264 页（《全集》1/1，第 453 页）。

[67]〔奥〕梅克尔：“确定力学说”（注 2），第 210 页。参见梅克尔，同上书，第 208 页及下页。进一步参见梅克尔：“制定法和法官法”（注 18），第 340 页（《全集》1/1，第 320 页）：“任何法律秩序若不表现出至少两种法律构成形态是不可想象的；否则的话，根本谈不上所有法律秩序都内含法律等级秩序。”进一步参见梅克尔：“法的双重面目”（注 17），第 426 页及下页。（《全集》1/1，第 231 页以下）

[68]〔奥〕梅克尔：“确定力学说”（注 2），第 214 页。

[69]〔奥〕梅克尔：“确定力学说”（注 2），第 209 页。

[70]〔奥〕梅克尔：“确定力学说”（注 2），第 209 页注 1。

[71]〔奥〕梅克尔：“制定法和法官法”（注 18），第 339 版面。（《全集》1/1，第 321 页）

体的所有现象总和，也就是法律体系”的“混乱的法律形态”，必须“被断定为来自共同根源的结果”。[72]

b）事实上的执行行为

同处于每个法律体系最顶部的层级相对立的是同样必要的最底部层级，也就是事实上的执行。[73] 事实上的执行行为虽然本身不再制定法律，但是仍然与法律密切相关，因而尽管它具有事实的属性，却仍是法律体系的组成部分。[74] 因为法的概念必然包含强制要素，所以它是法律体系的组成部分。[75] 相反，道德缺乏强制性要素，它可以容忍自己的规范未被适用，随之而来的结果是，道德秩序完全是一种单形结构（einförmig）的应然秩序。[76]

c）必要层级之间的条件关系

两个必要层级之间的关系是条件关系。如果一个法律现

---

[72]〔奥〕梅克尔：“确定力学说”（注2），第210页。

[73]〔奥〕梅克尔：“确定力学说”（注2），第213页。

[74]〔奥〕梅克尔：“法律层级结构理论绪论”（注13），第282页。（《全集》1/1，第477页）

[75]〔奥〕梅克尔：“法律层级结构理论绪论”（注13），第260页（《全集》1/1，第447页）：“在法律概念中证立的法律秩序的强制本质。”

[76]〔奥〕梅克尔：“法律层级结构理论绪论”（注13），第253页（《全集》1/1，第438页）。它提出了这样一个问题，道德规范是否事实上对它自身的运用漠不关心。作为依照定义并非必然制度化的规范（关于道德效力的标准，罗伯特·阿列克西：《法的概念与效力》（Begriff und Geltung des Rechts），第二版，Freiburg im Breisgau/ München 1994，第141页及下页），不存在可类比法律的适用程序。然而问题是，道德规范，如作为特殊种类道德规范的人权，其内容在法律体系中的制度化是否并不具有道德上的要求。关于这一问题，参见罗伯特·阿列克西：“民主宪法国内的人权制度化”（Die Institutionalisierung der Menschenrechte im demokratischen Verfassungsstaat），载《人权哲学》（Philosophie der Menschenrechte），〔德〕施特凡·戈泽帕特（Stefan Gosepath/Georg Lohmann）等编，Frankfurt a. M. 1998年，第244-264页之第255页；〔德〕马丁·博罗夫斯基：“国际法中的商讨理论——通过商讨的人权”（Discourse Theory in International Law. Human Rights Through Discourse），载《德国国际法年鉴》（German Yearbook of International Law），44（2001），第38-71页之第44页。这种制度化可视为一种道德规范的适用。

象对于另一个法律现象来说是“产生和效力的前提，也就是根源”，那么这一法律现象对于另一法律现象而言是作为条件的（bedingend）。[77] 这种条件关系或曰附条件（Bedingtheit）关系对于梅克尔而言是“与法同等性质的代表观念”，[78] 是“法律体系中行为关系的原型”。[79] 此处作为条件的法律形式的优先绝不仅仅是“时间上”的，而且还是“逻辑上”的。[80] 附条件的行为并不“完全总是根据作为条件的行为而产生，它同时还是从作为条件的行为中”产生。[81] 梅克尔在这种关系中明确提出了由凯尔森引入的术语“产生规则”[82]，并且还使用了“权能规范”的概念。[83] 早在 1931 年，梅克尔就已经在一个令人印象深刻的章节里清楚表达了，命令性规范和禁止性规范这二者与权能规范之间有着根本的区别，这一区别在 30 年后被哈特称为“通向法理学科学的钥匙”[84]，同样也为其带来了世界性的声誉：

“一切法的自我产生的法学认知依赖于经验事实，即法律

---

[77]〔奥〕梅克尔：“确定力学说”（注 2），第 216 页；梅克尔：“法律层级结构理论绪论”（注 13），第 273 页。（《全集》1/1，第 465 页）

[78]〔奥〕梅克尔：“法的双重面目”（注 17），第 426 页。（《全集》1/1，第 231 页）

[79]〔奥〕梅克尔：“法律层级结构理论绪论”（注 13），第 273 页。（《全集》1/1，第 465 页）

[80]〔奥〕梅克尔：“法律层级结构理论绪论”（注 13），第 275 页（《全集》1/1，第 468 页）。关于“逻辑”优先关系同样参见梅克尔：“确定力学说”（注 2），第 217 页。

[81]〔奥〕梅克尔：“法律层级结构理论绪论”（注 13），第 280 页（《全集》1/1，第 474 页）。（强调为原文所加）

[82]〔奥〕梅克尔：“法律层级结构理论绪论”（注 13），第 280 页。（《全集》1/1，第 474 页）

[83]〔奥〕梅克尔：“法律层级结构理论绪论”（注 13），第 281 页。（《全集》1/1，第 476 页）

[84]〔英〕哈特：《法的概念》（The Concept of Law），Oxford 1961 年，第 79 页；第二版，Oxford 1994 年，第 81 页。

> 秩序由两个内容不同的部分组成：一方面是人的行为规则，另一方面则是规定如何创立、生成，简言之，产生这些行为规则的规则。”[85]

当人们在这两种必要的法律形式中运用条件关系时，起源规范是作为条件的（bedingend），相应地，事实的执行行为则是附条件限制的（bedingt）。在梅克尔意义上产生的“理想结构”[86]的特殊性是作为条件的和附条件限制的纯粹性。他把这些纯粹作为条件的和附条件限制的法律规范称为“法律世界的两极”。[87]纯粹作为条件的和纯粹附条件限制的法律规范之间的区别，还与绝对的法律制定层级和绝对的法律适用层级之间的区别相关。[88]

在梅克尔看来，法律体系的“理想结构”不仅是系统的，此外还是历史的。他多次使用法官王或首领的比喻，将事实的执行行为视为由设立权威的起源规范来限定条件的行为。[89]这种理想结构的“历史真实性”尽管是“毫无意义的”，但却是“非常有可能的”。[90]

---

[85]〔奥〕梅克尔：“法律层级结构理论绪论”（注 13），第 281 页。（《全集》1/1，第 475 页）

[86]〔奥〕梅克尔：“确定力学说”（注 2），第 215 页。

[87]〔奥〕梅克尔：“确定力学说”（注 2），第 216 页。

[88]〔奥〕梅克尔：“法的双重面目”（注 17），第 427 页（《全集》1/1，第 234 页）；梅克尔：“确定力学说”（注 2），第 218 页。

[89]〔奥〕梅克尔：“法的双重面目”（注 17），第 427 页（《全集》1/1，233）；梅克尔：“确定力学说”（注 2），第 210 页，注 2（从第 209 页开始）；也参见梅克尔：“解释中的法”（注 15），1917 年，第 448 版面。（《全集》1/1，第 130 页）

[90]〔奥〕梅克尔：“确定力学说”（注 2），第 209 页及下页，注 2。参见梅克尔：“制定法和法官法”（注 18）第 339 版面（《全集》1/1，第 321 页）：（法律逻辑意义上的）宪法以及判决是“可理解的，从而也是历史的”，“是受到根本要素限制的法律体系的独有部分”。

d）效力减损关系

在法律体系中，在其所属的规范之间，是否以及多大程度上存在必要的效力减损关系，根据梅克尔的阐述，这个问题可以得到明确的回答。对于效力减损关系而言，位阶秩序原则，正如强调的那样，仅仅是“在实定法上实现的”。[91] 这点还存在于法律体系最低配置的结果中，这一配置由起源规范和事实的执行行为组成。起源规范仅仅授予创制法律的权能，并且赋予进行相应的实际执行，此外绝不包含规定内容。在必要的法律形式之间不存在冲突，在这个意义上冲突是或然的。因此效力减损表达的仅仅是可能性，而非必要性。

此外，值得注意的还有，对梅克尔而言法律规范的可变性表明的并非任何必然的属性。相反，在《法律的不变性》中他假定了“规范逻辑的原则”，据此，法律的不容改变受到质疑。[92] 这绝不意味着，法律规范的可变性不能归入法律秩序中。而是说，法律规范的可变性从而形成的后天的减损并不必然会在每个法律体系中都获得承认。[93]

---

[91]〔奥〕梅克尔：“法律层级结构理论绪论”（注 13），第 284 页。（《全集》1/1，第 484 页）

[92]〔奥〕梅克尔：“法律的不变性——一个道德逻辑原则”（注 16），第 110 页。（《全集》1/1，第 163 页）

[93]〔奥〕梅克尔：“确定力学说”（注 2），第 238 页及下页；梅克尔：“奥地利国家的法律统一性——基于后天法学说的国家法研究”（Die Rechtseinheit des österreichischen Staates. Eine staatsrechtliche Untersuchung auf Grund der Lehre von der lex posterior），载《公法文丛》，37（1918），第 56-121 页之第 80，120 页及下页。（《全集》1/1，第 190，225 页）

2. 梅氏法律必要层级命题中的难题

梅克尔的法律必要层级命题引发的难题不少，这里仅探讨其中两个：

a）作为法律体系组成部分的事实的执行行为

汉斯·纳维斯基曾经反对把事实的执行行为包含进法律体系。在那之后他提出，鉴于事实的执行行为可能“没有提及……法律规范的属性”，也即：

> “必须从统一的法律体系中合乎逻辑地抽离所有这些行为，分配到社会学的各领域中去。”[94]

这种批评是对休谟法则严格强调的结果。依据休谟法则，从实然中无法推导出应然，[95] 因此要严格区分实然和应然。对这种区分

[94]〔德〕汉斯·纳维斯基（Hans Nawiasky），“对法的层级理论的批评”（Kritische Bemerkungen zur Lehre vom Stufenbau des Rechts），载《公法杂志》4（1927），第488-496页之第489页。

[95]〔英〕大卫·休谟：《人性论》，大卫·诺顿（David Fate Norton）编，Oxford 2000年，第302页。格奥尔格·齐美尔：《道德科学导论》（Einleitung in die Moralwisscnschaften），第一卷，Berlin 1892年，第58-61页及其他各处。

的强调在维也纳法学派的著作中占据了重要地位。[96] 然而它引发了一个问题，是否就此有必要排他性地只将规范视为法律体系的要素。梅克尔在《绪论》中对纳维斯基的批评作出了回应：

> “法律上意义重大的行为，尽管非常重要它们本身却并非法律语句，不可避免成为应然秩序的组成部分，这一应然秩序想要成为实然，也就是人的行为的动机性力量。”[97]

鉴于法的功能是规制人的行为，[98] 遵照规范的实然和不遵照规范的实然的区分构成了法的一个基本范畴。概念构建首先是一个合目的性的问题，将法律体系的要素局限为法律规范不可能完全从概念上加以排除。法的一个本质层面在于，如果事实的执行行为被视作法律体系的要素，那么遵循规范的实然和不遵循规范的实然的区

[96]〔奥〕汉斯·凯尔森：《法学和社会学方法的边界》（Über Grenzen zwischen juristischer und soziologischer Methode），Tühingen 1911 年，第 6 页；再版刊于：《维也纳法理论学派——汉斯·凯尔森，阿道夫·梅克尔，阿尔弗雷德·福尔多洛斯作品集》（Die Wiener rechtstheoretische Schule. Schriften von Hans Kelsen, Adolf Merkl, Alfred Verdross），第一卷，〔奥〕汉斯·克雷考斯基（Hans Klecotsky）、勒内·马齐克（René Marcic）、赫尔伯特·萨姆贝克（Herbert Schambeck）编，Wien/ Frankfurt a. M./Zürich 1968 年，第 3-36 页之第 6 页；凯尔森：《国家法学的主要问题》（注 14），第 7 页及以下。对此首要参见斯坦利·鲍尔森：“事实—价值的区别，两层价值学说以及内在意义”（Faktum/ Wert-Distinktion, Zwei-Welten-Lehre und immanenter Sinn.），载《新康德主义和法哲学》（Neukantianismus und Rechtsphilosophie），罗伯特·阿列克西、卢卡斯·迈耶（Lukas H. Meyer）、斯坦利·鲍尔森、格哈德·施普伦格（Gerhard Sprenger）编，Baden-Baden 2002 年，第 223-251 页。

[97]〔奥〕梅克尔：“法律层级结构理论绪论”（注 13），第 269 页。（《全集》1/1，第 459 页及下页）

[98]〔美〕朗·富勒：《法律的道德性》，第二版，New Haven/London 1969 年，第 96 页：法是“使人的行为服从规则治理的事业”。

分就只能发生在法律体系的内部。无论梅克尔，还是凯尔森[99]，当他们以事实上的执行行为构成法律体系的要素作为其出发点，肯定表达的是一种合目的性。

b）必要法律形式的中间层级的必要性

第二个难题在于，梅克尔在他的“理想法律体系”中实际处理的是否是自己所提出的两种法律形式。

aa）对梅克尔著作的阐释

正如尤尔根·贝伦德（Jürgen Behrend）曾经指出的，从梅克尔的阐述中可以推断发现，他的体系必须包含一个中间层级。[100]一方面，梅克尔区分了借由起源规范的绝对的法律创制和事实的执行行为中绝对的法律应用。[101]但是相反的还存在另外一种路径，在那里理想结构的特征通过两种法律形式得以刻画，它们分别是起源规范，和“彼此具有相同形态的、由起源规范推导而来的规范”。[102]这些推导得出的规范恰恰不同于事实的执行行为。相应地，他还把“判决或指令”称为“法的最终或全部的表象”。[103]如果把事实的执行行为归入法律体系，那这就是法的最终表象，而非那些在单一行为中完全具体化或个别化的法律规范。在梅克尔第一阶段著作中，一项更确切的研究的结论是，就必要的法律形式来看，他没有在个

[99]〔奥〕汉斯·凯尔森：《纯粹法学》（Reine Rechtslehre），第一版，Wien 1934年，第82页：“以立宪为开端的法律创设过程的最终阶段是对违法后果实施强制行为。”

[100]〔德〕贝伦德：《阿道夫·梅克尔与汉斯·凯尔森的层级理论研究》（注62），第26页以下。

[101]〔奥〕梅克尔：“法的双重面目”（注17），第427页（《全集》1/1，第234页）；梅克尔：“确定力学说”（注2），第218页。

[102]〔奥〕梅克尔：“确定力学说”（注2），第216页。

[103]〔奥〕梅克尔：“解释中的法”（注15），1917年，第164版面（《全集》1/1，第98页）；也参见梅克尔：“法律层级结构理论绪论”（注13），第261页。（《全集》1/1，第448页）

别化的判决规范[104]和在适用这些判决规范的事实执行行为之间作出充分的、一贯的区分。个别化的判决规范作为命令规范或禁止规范——另外还有起源规范和事实的执行行为——表现了必要的法律形式。

这种阐释还能以《绪论》中的论述为依据。如前所述，对必要的法律形式的追问在这篇文章中将大幅度地退居幕后。然而在这篇文章的开端却可以看到一些富有启发性的段落。首先他不太明确地写道："很难假设一个法律秩序中模棱两可的情形，这一法律秩序仅限于单个法律语句。"[105]随着文章的进程，他继续论述道，即使在"内容最简单的法律秩序"中，当更多的法律语句"把一种来自上位者的、内容上更详尽的确定行为变成下位者的义务"的时候，它们就同起源规范交织在一起。[106]"结构上最原始的法律秩序所勾画的情形已然……"表明"作为法律秩序组成部分的大量法律语句的必要性"。[107]其他的法律形式也必须进入起源规范和事实的执行行为中来。

---

[104] 单个的判决规范是那些在事实情况中完全个别化和具体化的规范，因此它们决定性地考虑所有与判决相关的事实属性。参见〔奥〕欧根・埃利希（Eugen Ehrlich）:《法律社会学基本原理》（Grundlegung der Soziologie des Rechts），第三版，Berlin 1967，第 97 页以下（第一版，München/ Leipzig 1913 年）；进一步参见罗伯特・阿列克西："法律判决的逻辑分析"（Die logische Analyse juristischer Entscheidungen），载阿列克西:《法、理性、商讨》（Recht, Vernunft, Diskurs），Frankfurt a. M. 1995 年，第 13-51 页之第 33 页及下页。梅克尔在这一点上的不细致令人十分惋惜，因为恰恰在对单个行为的法律语句品质所作的明确阐述中，对单个判决规范进行了描述或者接近这一规范，这是梅克尔法学理论的巨大成就之一。

[105]〔奥〕梅克尔："法律层级结构理论绪论"（注 13），第 252 页。（《全集》1/1，第 437 页）

[106]〔奥〕梅克尔："法律层级结构理论绪论"（注 13），第 252 页。（《全集》1/1，第 437 页）

[107]〔奥〕梅克尔："法律层级结构理论绪论"（注 13），第 252 页。（《全集》1/1，第 437 页及下页）

bb）法律体系中行为规范的必要性

处于起源规范和事实的执行行为之间的法律规范的中间层级，其必要性还可以通过系统的考量获得支持。起源规范不可能被解释为，可以直接决定事实的执行行为。前文已经强调，梅克尔在授权规范或权能规范与命令规范或禁止规范之间作出了明确的区分。[108]如梅克尔自己着重指出的，起源规范是一个单一规范。[109]作为权能规范它绝不会命令或禁止人的行为，而是授权制定规范。由此制定出的规范可能再度成为权能规范，不过大多数都是命令规范和禁止规范，直接规制人的行为。简言之，权能规范只能制约其他规范，而不能直接决定事实的执行行为。

另外，事实的执行行为表明了命令规范和禁止规范的适用结果。由此，在个别的判决规范意义上，作为中间层级的命令规范和禁止规范变得非常必要。它们以起源规范为先决条件，同时成为事实的执行行为的先决条件。即使是梅克尔多次提到的法官王，同时亦是他自身的执行者，当他实施事实的行为时，他的行为不仅可被理解为通过起源规范合法化的法的表达，此外，某一行为的实际执行还可被解释为作出了一个与之相应的个别判决规范，对这个判决规范的适用即代表了事实上的执行行为。

---

[108] 见第三部分 1.c）。

[109] 梅克尔："确定力学说"（注 2），第 209，223 页；梅克尔："法律层级结构理论绪论"（注 13），第 279 页。(《全集》1/1，第 473 页）

四、“议会法治国”中的法律层级

相较于理想结构，“法律形式体系的现实结构”[110]有着更多的法律层级。纯粹是可能的法律形式步入了必要的法律形式的行列。[111]梅克尔反复强调，在现实的法律体系中，有多少以及有哪些层级，如果是偶然的话，一定要同必然的法律层级区别开来。[112]特别是，那些据他观点被过高评价的制定法经他解释不过是“由实定法引入的偶然性”[113]。“法律形式的多元主义”代替了法律形式的二元主义。[114]法律形式的潜在数量是无穷尽的。然而梅克尔指出，区分法律形式的理由“已经在传统的法律形式的状态中得到实现，并且在对这一趋势的继续推进中，理性将变为荒谬，善举会成为痛苦”。[115]此外，在一个有关“向不同社会群体开放参与法律创制的比例”[116]的章节中，他多次将法律创制过程中的分工解释为上述区分的理由。[117]

[110]〔奥〕梅克尔：“确定力学说”（注2），第216页。

[111]〔奥〕梅克尔：“确定力学说”（注2），第213，216页。

[112]〔奥〕梅克尔：“确定力学说”（注2），第213页：“这一提高是纯粹可能的、偶然的法律形式的不确定数目增长的后果。”也见梅克尔：“制定法和法官法”（注18），第341版面（《全集》1/1，第322页）：其他的层级并“不是一开始”就是法律概念“内在固有的，而是历史性产生的”。

[113]〔奥〕梅克尔：“确定力学说”（注2），第213页。

[114]〔奥〕梅克尔：“确定力学说”（注2），第214页。

[115]〔奥〕梅克尔：“确定力学说”（注2），第214页。

[116]〔奥〕梅克尔：“确定力学说”（注2），第214页。

[117]〔奥〕梅克尔：“法的双重面目”（注17），第427页（《全集》1/1，第232页）；梅克尔：“确定力学说”（注2），第214页；梅克尔：“法律层级结构理论绪论”（注13），第253页。（《全集》1/1，第438页）

在梅克尔层级结构学说发展的第二阶段，除了依据一直发挥重要角色的条件关联所启动的层级结构，还有依据效力减损关联开始的层级结构。在这之后，梅克尔的研究对象，即“议会法治国”的法律体系几乎没有取得什么进展，故下面详细考察梅克尔关于这两类关联以及两类关联之间关系的观念建构即可。

1.“议会法治国”的法律体系

对于“议会法治国”的法律秩序，或者用梅克尔的话来说，“具备特有的议会组织的法治国”[118]的法律秩序，他并没有给出一个明确的定义。[119]然而毋庸置疑的是，这一法律秩序显示了民主宪法国法律秩序的基本特征。在梅克尔看来，法律层级结构和权力分工学说之间存在紧密的联系：“法律层级结构学说完全可以被理解为对国家功能的全新的意义赋予（Sinngebung）。”[120]在权力分工理论中分裂的且彼此疏远的内容，可以通过层级结构学说被融解在一系列连贯的国家功能之中：“所谓的国家权力，是……法律层级结构的阶层，它们不是由法，而是由法学解析出来的。”[121]

梅克尔把宪法和法律称作议会法治国法律秩序的法律语句形式，将法律行为以及行政行为和法庭判决称作个别的法律语句形式。[122]

---

[118]〔奥〕梅克尔：“法律层级结构理论绪论”（注 13），第 255 页。（《全集》1/1，第 484 页）

[119] 早在《确定力学说》一书中梅克尔就曾作过一些论述，其中指出彼时奥地利法律体系的类型：譬如“现代立法国的法律体系”和“历史上生成的法律体系的标准结构”，参见〔奥〕梅克尔：“确定力学说”（注 2），第 213 页及下页。

[120]〔奥〕梅克尔：“法律层级结构理论绪论”（注 13），第 285 页。（《全集》1/1，第 480 页）

[121]〔奥〕梅克尔：“法律层级结构理论绪论”（注 13），第 286 页。（《全集》1/1，第 481 页）

[122]〔奥〕梅克尔：“法律层级结构理论绪论”（注 13），第 259 页及下页。（《全集》1/1，第 446 页以下）

他还把规章（Verordnung）这种“不那么合规则（regelmäßig）”，却也“是经常出现的中间环节”补充进来。[123] 同议会法治国的国家形式“不一致”的法律语句形式同样被明确地排除在考虑之外，就如那些虽然是偶然出现的，但是对于议会法治国的类型来说并非根本的法律语句形式一样。在梅克尔法律层级结构理论发展的第二个阶段中，一方面不再涉及对法律体系完全必要的层级结构，另一方面它也与在一个特定法律体系中实现的层级结构不相关。他更多的是观察一个介于两者之间的中级层级，也就是民主宪法国中的法律层级结构，目的是使用一个现代的表现形式。[124] 伴随着对这种国家形式根本的法律形式及其必要分层的追问，同时也提出了对于这个国家形式相对必要分层的问题。因此，在梅克尔的意义上，必要的和非必要的法律形式之间的绝对区分，应当调整为一种相对的、与特定法律体系类型相关的、必要和非必要的法律形式之间的区分。至于梅克尔的“根本的法律形式”构想在何种程度上可以解释为相对必要的法律形式构想，则需要进一步的研究。从他的阐述中可以获悉，他把规章归为“根本的法律形式”，即使民主宪法国的立法者基本上可以自由决定，是自行规定某一问题，还是将规定委托

[123]〔奥〕梅克尔：“法律层级结构理论绪论”（注 13），第 262 页。（《全集》1/1，第 451 页及下页）

[124]〔奥〕特奥·厄灵格尝试理解这一中间层级，借用的方法是将层级结构的概念作为“理想类型的概念”归入奥民主宪法国之内。特奥·厄灵格：《法律秩序的层级构造》（注 8），第 30 页；厄灵格：“法律秩序层级理论的法学理论和法哲学内容”（Zum rechtstheoretischen und rechtspolitischen Gehalt der Lehre vom Stufenbau der Rechtsordnung），载《法哲学与立法——关于现代立法与适用基础的思考》（Rechtsphilosophie und Gesetzgebung. Überlegungen zu den Grundlagen der modernen Gesetzgebung und Gesetzanwendung），约翰·莫克勒等编，Wien/New York 1976 年，第 79-96 页之第 92 页。

给规章制定者。就此而言，规章概念的外延分类仍旧是空洞的。它应当如何与作为根本法律形式的规章地位相协调，这一点是完全不明确的。然而对梅克尔根本法律形式构想的一个精确的解释和评价，会打破这一研究的框架。这里可以坚持的只有，在梅克尔所强调的两种可能性之间，也就是法律形式的分类在所有法律体系中是完全必然的，以及只是或然的这两种可能性之间，还存在第三种有趣的变体，也就是相对于特定类型的法律秩序或者特定的国家形式来说必要的法律形式。

2. 依据条件关系的“议会法治国”的法律分层

如果人们把条件关系运用到议会法治国的典型法律语句形式中，就会展现出法律适用和法律创制特征的完整光谱，它具有极其深远影响。

a）条件关系

上文提出的[125]依据条件关系的分层是指，一个规范是另一个规范的法律创制规则，后者基于前者的存在而生成并且在时间上晚于前者。用当下的术语来说，以条件关系而彼此联系在一起的规范之间存在着一种谱系上的关联性。[126]

[125] 见第三部分 1. c）。

[126]〔德〕贝伦德:《阿道夫·梅克尔与汉斯·凯尔森的层级理论研究》（注 62），第 16 页;〔德〕托斯坦·埃克霍夫 / 尼尔斯·克里斯蒂安·桑德比（Torstein Eckhoff/Nils Kristian Sundby）《法律体系——法学理论中的系统理论导言》（Rechtssysteme. Eine systemtheoretische Einführung in die Rechrstheorie），Berlin 1988，第 159 页以下。梅克尔在其他地方也曾两次使用“谱系的”概念，梅克尔:“确定力学说”（注 2），第 217 页。另见凯尔森:《国家法学的主要问题》（注 14），第 XV 页:“法律秩序作为法律规范的谱系的体系。”

aa）条件的传递性

条件关系具有传递性（Transitivität）。[127] 当规范 A 决定规范 B，并且规范 B 决定规范 C 时，A 必然也决定 C。相应地，这也适用于相逆的关系，[128] 即被决定的关系，为此，条件关系也是对称的。[129] 如果 C 由 B 决定，并且 B 由 A 决定，那么 C 也是由 A 决定的。为了维持条件关系，这可以导出直接条件和间接条件的区分。[130] 如果在一个规范和由它决定的规范之间没有决定和被决定的中间环节，那么就存在一个直接条件。如果有这样的一种中间环节，那么条件关系就是间接的。

bb）条件和代表

在层级结构学说发展的第二阶段，梅克尔明确地区分了条件关联和代表关联。不同于导向“创制关系”的条件关系，代表确立了一种“指引性关联”。[131] 例如在宪法已经规定执行条例的情况

---

[127] 关于关系的传递性，参见〔德〕沃尔夫冈·施泰格穆勒（Wolfgang Stegmüller）:《科学理论和分析哲学的问题及成果》（Probleme und Resultate der Wissenschaftstheorie und analytischen Philosophie），第一卷:《说明、证立、因果律》（Erklärung, Begründung, Kausalität），第二版，Berlin/Heidelberg/New York 1983 年，第 108 页;〔德〕乌尔里希·克鲁格（Ulrich Klug）:《法律逻辑》（Juristische Logik），第四版，Berlin/Heidelberg/New York 1982 年，第 80 页;〔德〕马克西米利安·赫尔贝格（Maximilian Herberger）、迪特尔·西蒙（Dieter Simon）:《法学家的科学理论》（Wissenschaftstheorie für Juristen），Frankfurt a. M. 1980 年，第 147 页。

[128] 如果关系的前项和后项颠倒，那么这一关系相对于另一个关系就是逆向的，参见克鲁格:《法律逻辑》（注 127），第 79 页。

[129] 当一个关系总是适用于它的逆命题，那么这个关系就是对称的。参见克鲁格:《法律逻辑》（注 127），第 79 页。

[130] 梅克尔在《绪论》中对“间接制约性”有一个不同的用法，他说存在这样一种情况，如果依赖性的前提条件，没有实现法律行为的前提，那么它们就共同受到另一个规范的制约。梅克尔:“法律层级结构理论绪论”（注 13），第 275 页（《全集》1/1，第 468 页）。这个含义在目前的文本中无论如何都没有涉及。

[131]〔奥〕梅克尔:“法律层级结构理论绪论”（注 13），第 280 页。（《全集》1/1，第 474 页）

下，它的发布仍旧需要议会法案的授权，执行条例虽然（间接地）由宪法决定，同时（直接地）由授权法案决定，然而只能通过宪法获得授权。授权是满足一定条件的限制。[132] 直接的或间接的附条件限制可通过如下内容加以识别，在作为前提条件的行为中已经指引出附条件限制的行为，后者在前者中预见到了自身形成的前提条件。在梅克尔看来，从条件关联中还额外产生了代表关联。

cc）从属关系和并列关系

法律形式之间的条件关系将法律形式纳入从属关系或并列关系之中。由于梅克尔没有在这两种关系的对象之间，也就是在法律形式和法律现象，或曰法律规范之间做出足够精确的区分，从而造成了巨大的困难。[133] 每当法律形式包含的内容并不仅仅局限于法律现象，那么差别就总是可能存在。[134]

（1）从属关系

从属关系随着条件关系产生，并且基本上不会带来更大的难题。如果在法律形式之间存在上述的条件关系，在梅克尔看来它们就处于从属关系之中："一个法律现象的产生由另一个已经存在的法律现象决定，通过这一点就确立了从属关系。"[135] "法律现象"的概念是法律规范和事实执行行为的上位概念。梅克尔的论述因此尤其涉

[132]〔奥〕梅克尔："法律层级结构理论绪论"（注 13），第 280 页。(《全集》1/1，第 474 页）

[133] 对梅克尔阐述的解释在此背景下与在其他情况下一样变得复杂，例如，法律同样也代表了法律现象，在这种情况下，规范个体（勿与单个规范混淆），如法律一样可以代表法律形式。

[134] 梅克尔认为存在一种法律形式，它始终包含一个法律规范，这是在这一层级中的逻辑宪法的法律形式或起源规范的法律现象。

[135]〔奥〕梅克尔："确定力学说"（注 2），第 215 页。梅克尔："法的双重面目"，第 426 页（《全集》1/1，第 231 页），在这里他谈到了"从属和代表"。

及法律规范之间的从属关系，或者更准确地说，是规范个体之间的从属关系。[136] 另外，作为例子提到了“宪法”和“制定法”之间的关系，[137] 对此涉及了法律形式。

（2）并列关系

并列关系的情况并不那么错综复杂。梅克尔在早期的文章中已经引入了并列的概念。在那些文章中，他抨击了当时将法律渊源的排序刻画为“二维的”比喻，从而将不同的法律形式错误地安放到“并列”关系中。[138] 凭借根据条件关联建立的层级结构，梅克尔瓦解了所有法律形式之间的完全并列的关系，并借此引入了从属关系。但是，这种对并列的瓦解可能并不彻底，因为法律体系内所有法律形式或法律现象并不都是相互作为条件或相互受到条件的制约。形象地说，有必要保留并列关系的“安全岛”。运用此种比喻来委婉表达就是一个事件，对一个事物的精确重构当然就是另外一个事物了。如果在重构的框架内，以梅克尔的阐述为出发点，可以看到《确定力学说》对并列关系的介绍：“当两个法律形式共同受到另一类型的法律现象的限制之时，这两个法律形式之间就存在并列关系。”[139]

（2.1）作为并列对象的法律形式和法律现象

不同于从属关系的定义，对并列关系定义的论述并不排除法律

[136] 此外要注意的是，一个高度复杂的规范也可以毫无困难地被视为是规范个体。如果规范A决定规范B，B不仅仅合规则地直接受A限制，而是还间接地受到所有决定A的规范的限制。对这种意义下的复杂规范的说明例证，见梅克尔：“法律层级结构理论绪论”（注13），第274页。（《全集》1/1，第465页及下页）

[137]〔奥〕梅克尔：“确定力学说”（注2），第215页。

[138]〔奥〕梅克尔：“法的双重面目”，第426页。（《全集》1/1，第231页）

[139]〔奥〕梅克尔：“确定力学说”（注2），第215页。

现象，它更多地涉及法律形式之间的关系，也就是说，按照形式标准确定的法律现象类型，特别是法律规范的类型之间的关系。这一关系借由同一个法律现象的附条件限制性而得以形成。在梅克尔后期的论述中，他以法律渊源的并列关系为出发点，[140] 这在事实上对应了法律形式之间的并列关系。令人惊奇的是，在梅克尔当时的体系中从属关系和并列关系的对象并不相同。

与此相反，在何种前提下不同法律现象之间存在并列关系，梅克尔没有明确地将此问题论题化。不过，他把从属性归纳为法律现象之间的关系，从中可想而知，他同样把法律现象之间的并列关系也视作其构想的组成部分。这样一来，就引发了一些问题。第一个问题是，法律现象间的“并列”是否预设了，处于这种关系中的规范——因为首要涉及的是这种规范——会受到更高层级的同一个法律现象，特别是单个规范的条件限制。或者，当并列关系中的规范通过两种不同的法律现象，也就是通过不同的单个规范，被同一个更高的层级决定之时，是否已经存在并列关系。如果根据同一个议会法律的授权基础颁布两种不同的法律条例，就会出现第一种情况。第二种情形的出现则是因为，基于两种不同的议会法律授权基础颁布两种不同的法律条例。如果人们要求第一种情形，即受到同一个法律现象的相同的条件限制，就会有一个更加狭义的关于法律现象的并列关系的构想存在。若是还能满足第二种情形，那么所运用的是一个更加广义的构想。由于梅克尔在法律形式的并列情形中，要

[140]〔奥〕梅克尔：“法律层级结构理论绪论”（注13），第258，277页。(《全集》1/1，第445，470页)

求的是对同一个法律现象的共同的条件限制性，因而一个更加狭义的法律形式的并列构想才更接近他的本意。

（2.2）直接和间接的限制性作为并列的前提

紧接的一个问题是，法律形式或法律现象的并列，是否总是直接预设了共同的限制性，或者说，间接的限制性是否足够。在后一种情形下，人们还可以继续追问，间接的限制性是否必须是同级的。为了论述法律形式之间可能的并列关系，举例说明：依据宪法颁布了两部制定法。基于它们共同的、直接的先决条件——宪法，两者之间存在并列关系。根据制定法 G_1 产生了行政行为 V_1，根据法律 G_2 产生了规章 VO_2，并且据此又重新产生行政行为 V_2。考虑到设立这种联系的宪法，制定法 G_1 和制定法 G_2 是受到限制的第一层级，V_1 和 VO_2 是此条件下的第二层级，而 V_2 则是第三层级。在 V_1 和 VO_2 之间存在并列关系吗？甚或在 V_1 和 V_2 之间存在并列关系吗？此处也可能存在不同的或狭窄或宽泛的并列关系的构想。其核心部分涉及的问题是，法律体系中所有的法律形式或法律现象之间，是否要么一定存在从属关系要么一定存在并列关系，这两种关系彼此之间互不对应。这一点只在并列关系的特殊的广义构想中才有可能，这一构想包含法律形式或法律现象之间的一切关系，但却无法实现从属关系的前提。通过建立全部法律体系统一性的起源规范，这一点也许可能得到实现。倘使人们并不愿意如此扩展并列关系，那么不可避免地会形成不同法律形式或法律现象之间的关系，它们既不满足从属关系的要求，也不符合并列关系的需要。

（2.3）梅克尔的并列关系范例

倘使说在梅克尔的体系中，并列关系尚未与足够多的麻烦纠缠到一起，那么在一些梅克尔给出的关于并列关系的例子中，情况变得复杂多了。梅克尔的第一个例子是，联邦法律和州法律的共同前提都是宪法，这完全符合迄今为止的论述。两种法律形式共同以另一个法律现象为先决条件。第二个例子则完全不同，它没有更进一步的解说，而是直接地出现在同样的句子里："依据法律或规章作出的行政部门的裁定或指令。"[141] 这一例子在结构上与第一个例子有着根本的区别，因为某一行政法上的单一行为以特定的法律或者规章为先决条件。在此，对并列性的创立起作用的，并非同两个附条件限制的法律形式相对立的作为先决条件的法律现象，而是同两个作为先决条件的法律现象相对立的附条件限制的法律现象。并非位阶较低的附条件限制的法律形式之间的并列，而是位阶相对较高的作为先决条件的法律现象之间的并列。对此不能简单地说，梅克尔的例子是否不恰当，又或者，在第二个例子中，是否他至少暗示地想要将第二种并列关系形式引入他的理论构想中。此处所能确定的只是，梅克尔的并列关系的构想引发了一大堆的问题。

b）绝对法律创制和绝对法律适用之间的中间形式

在民主法治国的法律体系中，相对于梅克尔的理想法律体系，还存在一个已经提到的"议会法治国"的典型法律形式，这种法律形式介于起源规范和单个判决规范之间。当起源规范呈现出纯粹的决定性，而事实的执行行为表达了纯粹的附条件限制性的同时，所有这些中间形式，包括必然的中间形式与或然的中间形式，既是先决条件，同时也受到条件限制。当起源规范构建了纯粹的法律创制

---

[141]〔奥〕梅克尔："确定力学说"（注 2），第 215 页。

层级，而事实的执行行为构建了纯粹的法律适用层级之时，在中间层级上出现了一个“法律创制和法律适用的……持续的平行性”。[142]这展示了法的“双重面目”。[143]如果在法律的适用中颁布一个单一行政行为，那么法律获得适用，并且在这个框架中允许创制法律。梅克尔把它归纳为一个简洁的公式，“法律创制和法律适用”“只能通过观察的视线，而非通过对象”得以区分。[144]以他所处时代的方法论状况来看，这种看待整体层级结构的视角广度已经极具现代性。尤其是把立法作为宪法适用的想法[145]，绝非理所当然的结果，当时立法者被流行的观点理解为主权者，尽管宪法已然有效。

c）分层法律创制过程中的具体化和个别化

在采用分层方式进行法律创制和法律适用的过程中，有争议的法律规范的两个特征发生了变化。首先是关于它的义务人的类别：

> “较高层级的法律形式保持了一般的结构，用以指示较低层级的法律形式的个别结构。……层级与层级之间的跨越意味着从普遍到不那么普遍的跨越，直到最后，在法律形式的层级序列中达到彻底的特殊等级，因此也可以把法律创制的过程称为法的个别化过程。”[146]

[142]〔奥〕梅克尔：“确定力学说”（注2），第217页及下页。

[143]〔奥〕梅克尔：“法的双重面目”（注17），第427页。（《全集》1/1，第234页）

[144]〔奥〕梅克尔：“法的双重面目”（注17），第464页。（《全集》1/1，第246页）

[145]〔奥〕梅克尔：“解释中的法”（注15），1917年，第164版面（《全集》1/1，第99页）；梅克尔：“确定力学说”（注2），第218页；梅克尔：“法律层级结构理论绪论”（注13），第282页。（《全集》1/1，第476页及下页）

[146]〔奥〕梅克尔：“确定力学说”（注2），第221页。进一步参见梅克尔：“法律层级结构理论绪论”（注13），第291页。（《全集》1/1，第488页）

规范的第二个明显的改变是，超越不同层级的抽象性或具体性：

“只要从普遍到特殊的法律形式的跨越同时也意味着从抽象到具体形态的缓慢转变过程，那么就可以同样妥善地把法律创制的过程称为一个具体化的过程。”[147]

在这个意义上,他还把法律体系的层级称为“具体化层级”。[148]梅克尔差不多一次性地论述完了不同层级的个别化和具体化。[149]

值得强调的是，梅克尔凭借其对单个规范和具体规范的意义的强调，在方法论和一般法学说上彻底超越其时代一大截。被强调的内容通常是制定法，这被他采纳到自己的单一行为的构想中，换言之，也就是个别的判决规范[150]之中：

“法的最终以及全部的表象，也就是判决或指令，事实上应当具有那种唯一的品质，关于这种品质，人们错误地到那种比例关系上不发达的法律现象的发展阶段中寻求，就好像它是

[147]〔奥〕梅克尔：“确定力学说”（注 2），第 221 页。

[148]〔奥〕梅克尔：“法的双重面目”（注 17），第 426 页。(《全集》1/1，第 229 页）

[149]〔奥〕梅克尔：“法的双重面目”（注 17），第 426 页。(《全集》1/1，第 232 页）：“如所周知，法律制定或者法律适用在眼前的道路上前行，将法律机关给定的相对象和普遍的法律材料，或多或少地加以具体化和个别化。”参见梅克尔：“法律层级结构理论绪论”（注 13），第 283 页（《全集》1/1，第 478 页）：“那么人们可以……用法律作为法的具体化和个别化来定义……法律创设。”进一步参见梅克尔：“解释中的法”（注 15），1917 年，第 170 版面（《全集》1/1，第 107 页）；以及梅克尔：“制定法和法官法”（注 18），第 343 版面。(《全集》1/1，第 325 页及下页）

[150] 注 104。

法律似的。”[151]

d）法律适用和法律创制中的客观性和主观性

梅克尔的按层级方式构建的法律创制和法律适用，允许法律适用者对约束和“自由裁量”的关系进行一个颇有趣味的重构。如果并且只要较高位序的规范得以设置，它对于某个规范的适用者就有约束力。它们是法律运用者以及法学上容易达成的认知，它们的存在独立于个别主体，并且在这个意义上是客观的。倘若被适用的规范或者它的上级规范没有得到确定，那么对于法律适用者自身以及法学而言就不可能存在客观的认知。法律适用者还会遇上其他哪些规定，取决于它的“自由裁量”[152]，自由裁量不是在认知上而是在意志上产生的：“关于法律适用者保留的认知功能，一般来说具有权威性并且是所有法学理论都应当考虑的，它涉及的不是思想，而是有关意志或者行为。”[153] 对强制性规定之框架的“智力解释”同内在于框架的法律适用者的“原本解释（authentische Interpretation）是相互对立的。[154] 这构成了法律适用的主观部件。[155] 与此同时，

[151]〔奥〕梅克尔：“解释中的法”（注 15）1917 年，第 164 版面（《全集》1/1，第 98 页）；梅克尔：“法律层级结构理论绪论”（注 13），第 260 页及下页，第 264 页及下页。（《全集》1/1，第 447 页以下，第 453 页以下）

[152]〔奥〕梅克尔：“解释中的法”（注 15）1917 年，第 172 版面（《全集》1/1，第 111 页）；梅克尔：“法的双重面目”（注 17），第 427，464 页。（《全集》1/1，第 233，246 页）

[153]〔奥〕梅克尔：“解释中的法”（注 15）1917，第 172 版面。（《全集》1/1，第 110 页）

[154]〔奥〕梅克尔：“解释中的法”（注 15）1917，第 175 版面。（《全集》1/1，第 116 页）

[155] 这种法律适用的主观权能不能与梅克尔法的“主观表现形式”相混淆。在这一方面，他认识到“明确说明义务和权利的法律现象”。梅克尔：“法律层级结构理论绪论”（注 13），第 291 页。（《全集》1/1，第 488 页）

梅克尔把这种主观性的部件，也就是自由裁量，视为不受法律约束："自由裁量是法律大厦中的小门，通过它法律之外的动机能够渗透进来。"[156] 用另一个术语来说，梅克尔还区分了客观的"他治的决定因素"和主观的"自治的决定因素"。[157]

梅克尔强调，一个层级的主观成分会转向客观成分，并且所有这些又会在下一层级重新作为客观成分出现。仅就客观的框架为这一层级的法律适用者提供了独立规定的空间来说，这就取决于法律适用者的真实解释，取决于主观成分。于是在下一个层级上重复着对下一个更高层级的主观成分的客观化，并且如此继续下去。[158]

e）对法的动态观察

法律规范间的条件关系首先使得对法律体系的动态观察成为可能。只有凭借这些关系，才能在法律体系内对规范进行谱系上的排序。而且，只有当这些关系在法律体系中获得准许之时，才能从既存的规范中产生新的规范，它们补充甚至改变这一法律体系。如果法律体系缺乏权能规范，它必然是静态的："缺乏这种法律创制规则，那么早先形成的法律秩序是绝对僵化的，并且只有法律上的静态是可想象的，法律上的动态则不可想象。"[159] 可是，法本质上就是一种动态的秩序。[160]

---

[156]〔奥〕梅克尔：《一般行政法》（注 49），第 152 页。

[157]〔奥〕梅克尔：《一般行政法》（注 49），第 152 页。

[158]〔奥〕梅克尔："法的双重面目"（注 17），第 427 页（《全集》1/1，第 234 页）；梅克尔："确定力学说"（注 2），第 219 页。

[159]〔奥〕梅克尔："确定力学说"（注 2），第 217 页；梅克尔："法律层级结构理论绪论"（注 13），第 281 页。（《全集》1/1，第 475 页）

[160]〔奥〕梅克尔："法律层级结构理论绪论"（注 13），第 280-281 页。（《全集》1/1，第 473, 475 页）

f）法的自我创制

随着通过条件关系产生的法的动态而来的还有“法的自我创制”。虽然对法律创制而言，还要召集法律创制的机关。然而哪些机关在哪些前提下被授权进行法律创制，是由法律决定的。只有当存在这样一种合法性的时候，人的行为才被解释为创制法律。梅克尔把放弃“这样一种对法与不法的划分”称作“法学的自我放逐”。[161]

g）层级的构建

在梅克尔看来，富有启发意义的是构建法律层级的依据。他区分了两种情况，分别是自身可以被识别为法律语句的“法律程序中的决定性环节”，以及那些与之不符的情况。他还把前者称为“标准化可识别的半成品”。[162] 可作为法律语句加以识别的是法律形式的要素，这些法律形式是梅克尔认为议会法治国特有的，比如说一个特定的议会法律。与此相反，不能识别为法律语句的是某一层级的形成条件，例如有立法权的团体中的立法动议、法律决议或者宣布法律的行为。在一个静态观察的框架下，它们只有扮演独立的识别法律语句的角色，而在动态观察中，过渡条件（Zwischenbedingungen）也具有意义。梅克尔谈到的“法律程序体系”与“规范的体系”形成对比。[163] 过渡条件并不构建任何一个单独的层级：“因此，并不是法律程序中的任何一个阶段行为都能建立法律层级结构中的一个层级，只有那些内含规范性意义的阶段行为才可以。”[164] 梅

[161]〔奥〕梅克尔：“法律层级结构理论绪论”（注 13），第 280 页。（《全集》1/1，第 476 页）
[162]〔奥〕梅克尔：“法律层级结构理论绪论”（注 13），第 274 页。（《全集》1/1，第 466 页）
[163]〔奥〕梅克尔：“法律层级结构理论绪论”（注 13），第 274 页。（《全集》1/1，第 466 页）
[164]〔奥〕梅克尔：“法律层级结构理论绪论”（注 13），第 284 页。（《全集》1/1，第 479 页）

克尔尤其以如下方式论证这一观点，他认为追问不同过渡条件的较高层级，譬如追问立法动议的需求或者“法律决议的公告”，都是“毫无意义的”。

梅克尔的阐述指明了非常重要的一点。虽然立法动议、法律决议或宣告的需求可能在每个单独的宪法规定中得到确定。它们也有可能必须依次走完程序中所有的步骤。然而规定这些需求的三条规范，不是独立的授权规范或权能规范，也不是梅克尔提出的条件的技术性含义下的限制性规范。这更多涉及的是三个在层级结构中处于同一层级的法之颁布的必要条件，它们为了一个特定编年体秩序所需的其他必要条件而被补充进来。无疑，在这种程序步骤中追问行为的等级序列是毫无意义的，[165] 因为人们从来不会正确地说，立法动议“授权”进行法律决议，进一步地，法律决议再授权颁布法律。授权只在于立法，并且它的实施预设了，在遵守所有相关规定的情况下，实现所有提到的程序。

h）缺陷学说

法律层级构造似乎从自身得出了法的缺陷学说。无缺陷或有缺陷表达的并不是法律行为的无语境的、绝对的特征，而是指无缺陷或有缺陷总是相对于法律秩序而言，而法律行为正处于这种语境之中。当且仅当一种法律行为，依据法律秩序中法律行为的实现条件能够成立之时，鉴于这个确定的法律秩序，它就是“毫无缺陷的”：

> “较低层级内的行为只有与较高层级的限制性行为相符之

[165]〔奥〕梅克尔：“法律层级结构理论绪论”（注 13），第 284 页。（《全集》1/1，第 479 页）

时，才能得到完满的合法化，较高层级的行为对它而言是创制规则。行为缺陷性的认定理由和衡量标准，只能是在整个层级序列中作为其先决条件的上级行为。”[166]

这带来的问题是，例如法律行为的形成条件一旦被违反，如何能够重新恢复完整或者变得不那么严重，这种可能性在现代法律秩序中已经从根本上获得承认。为了这个目的，梅克尔引入了他的“缺陷计算”：

“因而，每一种法律设置都被视为缺陷计算，与较低层级行为相关的较高层级行为的需求，削弱了法律秩序在其他方面获得的标准，从而实现了把有缺陷的行为归因于国家的可能性。”[167]

只要一个机构能通过缺陷计算获得保障，它在司法上就是无缺陷的。[168] 这在梅克尔的确定力学说中得到进一步的强调。[169]

---

[166]〔奥〕梅克尔：“法律层级结构理论绪论”（注 13），第 292 页及下页。（《全集》1/1，第 490 页）

[167]〔奥〕梅克尔：“法律层级结构理论绪论”（注 13），第 293 页及下页（《全集》1/1，第 491 页）。梅克尔：“确定力学说”（注 2），第 293 页以下；梅克尔：“法院误判与法律真理”（Justizirrtum und Rechtswahrheit），载《整体刑法学杂志》（ZStW）45（1925），第 452-465 页之第 457 页以下。（《全集》1/1，第 375 页以下）

[168]〔奥〕梅克尔：“确定力学说”（注 2），第 297 页。

[169]〔奥〕梅克尔：“确定力学说”（注 2）；梅克尔：“法律层级结构理论绪论”（注 13），第 291 页及下页（《全集》1/1，第 489 页）。参见梅克尔：“法的双重面目”（注 17），第 445 页以下。（《全集》1/1，第 236 页以下）

3. 效力减损关系的层级

a）效力减损关系

在梅克尔法律层级结构学说发展第一阶段的工作中，毫无疑问，层级只按照条件关系得以确定。[170] 这种对分层的证立也为《绪论》所采纳，并将之总结为："相应地，一系列作为先决条件与受到限制的法律语句表明自身就是一种等级序列，形象地说，就是一种较高和较低行为的等级制度。" [171] 紧接着这一章节，梅克尔在没有给予读者们任何准备的情况下，直接介绍了依据效力减损关系的层级结构：

> "允许行为具有相对较高或较低资质的等级区分，并不单纯基于对其从属关系的逻辑评价的视角，来证实其法律设置能力，它同时也采用法律的视角。一个法律语句针对其他法律语句具有效力减损力量，与此同时，其他法律语句反过来对它却没有效力减损力量，基于这一理由它处于较高等级，而效力可减损的法律语句相较于具有减损力量的法律语句，则处于较低等级。" [172]

[170]〔奥〕梅克尔："解释中的法"（注 15），1917 年，第 175 版面（《全集》1/1，第 1169 页）；梅克尔："法的双重面目"（注 17），第 426 页及下页，第 444 页及下页（《全集》1/1，第 230 页以下）；梅克尔："确定力学说"（注 2），第 217 页。

[171]〔奥〕梅克尔："法律层级结构理论绪论"（注 13），第 276 页。（《全集》1/1，第 468 页）

[172]〔奥〕梅克尔："法律层级结构理论绪论"（注 13），第 276 页。（《全集》1/1，第 468 页及下页）

这种单方的可减损性应当区别于相互的可减损性，后者将导致依据效力减损关联采纳相同的级层。[173] 遗憾的是，在这一章节中梅克尔的措辞并非前后一致，并且还是没有涉及“法律规范”和“法律形式”的区别。当他谈论两个法律行为，也即法律规范之间相互的可减损性之时，有点令人感到困惑，因为涉及的那对具体的规范原则上[174] 只能是一个减损另一个，或者反过来。然而相当清楚的是，梅克尔在此处想到的是传统的冲突规则“上位法优于下位法”。在通过上位性确定的各层级内部，后（来制定的）法和特殊法具有优先性，就此而言，在同一个优先层级上的规范之间具有相互的可减损性。

b）效力减损关系的建立

如前所述，对梅克尔而言效力减损关系在法律上并不是至关重要的。这一点不仅适用于，是否要在法律体系中确立效力减损关系的问题，还适用于另外一个问题，假使效力减损关系已经存在，究竟该如何安排这种关系。对效力减损关系的确认要在考虑“一切实证法的要求”下进行。[175] 梅克尔在另一个章节里谈到了“各种设想中的和实定法上现实的等级秩序原则”。[176] 优先层级的引入和安排因而可能只是一个实定法的问题。如果通过说明其特征的法律形式来考察“议会法治国”，那人们就不能说效力减损关系的引入是或然的。在拥有复杂法律体系的分权国家，缺乏效力减损关系的层级

[173]〔奥〕梅克尔：“法律层级结构理论绪论”（注 13），第 276 页。(《全集》1/1，第 469 页)

[174] 不考虑一个规范因其他规范而效力部分减损的特殊情况以及相反的情况。

[175]〔奥〕梅克尔：“法律层级结构理论绪论”（注 13），第 277 页。(《全集》1/1，第 470 页)

[176]〔奥〕梅克尔：“法律层级结构理论绪论”（注 13），第 284 页。(《全集》1/1，第 480 页)

是行不通的。如果人们还认为法律和规章的相互可减损性不是排他的，那么一个宪法对其他法律形式不具本质上优先地位的国家，不应再被称为“议会法治国”。就这种国家形式而言，法律和规章对单一行为的优先性也是原则上不可放弃的。相对于议会法治国的国家形式，在宪法、低于宪法等级的普遍规范和单一行为中，依据效力减损关系的根本分级在原则上是必不可少的。只有对其他国家形式，或者在议会法治国内部对其他法律形式可以声称具有偶然性。

4. 梅克尔理论中依条件关系与依效力减损关系构建的层级结构之间的关系

梅克尔对效力减损关系的评论很少，因此，依条件关联与依效力减损关联构建的分层之间的关系并不是他关注的重点。然而极为明确的是，他坚持认为这两种层级结构可以导致不同的分级。在他区分了这两种类型的层级结构之后，就意味着：“据此即便是在同一个国家的法律秩序之内，都可以形成更多包含不同法律层级系列的等级顺序。”[177] 梅克尔试图将效力减损关联引入他的依据条件关联构建的体系中，不客气地说，这个任务并未完成。在他的著作中，只有一个明确的例子：程序行为链。

a）程序行为链中梅克尔的相反层级命题

在《确定力学说》中梅克尔已经指出，下级机关的行为表现了一个上级机关改变行为的条件。按照对法律行为的阐述它意味着：

[177]〔奥〕梅克尔：“法律层级结构理论绪论”（注13），第284页（《全集》1/1，第480页）。

> “例如单个行为，比方说法庭判决或者所谓的（就行政机关等级来看）下级机关的行政官方指令，同样是上一级机关修正行为的前提，以至于运行的是在对立意义上构成程序特征的程序行为的等级，就如同设想中与程序相关的机关等级一样。”[178]

梅克尔在《绪论》中也明确地坚持这种依据条件关联建立的等级秩序。但在彼处只添加了这样的内容，基于程序秩序中的规定，也就是实定法中的规定，根据效力减损关联上诉法院行为可归入更高一级的序列。[179] 由此，他为区分两种层级，也就是依据条件关联与效力减损关联的层级，所举的例子就是十分到位的。

b)“条件”概念的不同含义

很难否认的是，为了接受梅克尔所举例子的观点，就要存在一个判决，它构成了相应上诉法院作出判决的前提。如果在有争议的法律事件中尚还从来没有过一个判决，那么上诉法院便不能称为上诉法院。关键的问题在于，这是否与行为的前提条件相关，也就是与梅克尔的“条件关联”指涉的内容相关。这个问题指引出一种意义不可小觑的差别。不幸的是，梅克尔的术语恰好模糊了这个意义重大的差别，而他自己也可能成为这个现象的首位受害者。一个在梅克尔看来作为先决条件的规范，可能在今天的话语方式中被称作授权规范或权能规范。一项授权可以在某种意义上被看作规范的一

---

[178]〔奥〕梅克尔:“确定力学说”（注 2），第 215 页。

[179]〔奥〕梅克尔:“法律层级结构理论绪论”（注 13），第 278 页及下页。(《全集》1/1，第 472 页及下页）

个条件。当将人的行为解释为法律创制的一切必要条件全都获得满足时，就产生了立法机关预期的规范。但关键是，并非规范产生的每个条件——在条件概念一般用法的意义下——都是授权规范或权能规范的一部分，或者用梅克尔对此概念的技术性运用来说，作为先决条件的规范的一部分。从条件概念的一般用法来看，它代表了不确定的事件。[180] 规范的产生基本上依赖于各种类型的条件。例如，一个规定的效力可以依赖于，在规定公布之后某个博彩的第一次抽签中，所有抽到的数字横加数是否为三。尽管在此毫无疑问地涉及一个条件，但没有人会想到，某人（参加抽奖的人）或者某物（抽奖机器）被授权“颁布”规定。梅克尔条件关联意义上的条件，或者用今天的说法，一项授权，在这里可能只是一个不确定的事件，它的开启取决于人的意愿，因此这是一种义务方愿意实现的条件。[181] 但这不能用来反对梅克尔的论证，因为初审判决的宣布源自作出判决的法官的意志，因此可以将之视作一种义务方愿意实现的条件。对此必须作出更加细致的区分。实施一项授权不仅预设了人的行为，而且还预设了用于创制某项法律规范的意识和意志。当初审法院的法官作出判决之时，与之相伴随的是调停法律纠纷的主观意志，而且这一判决也是这些行为的客观意义。无论是否会意识到他们的判决可能在上诉法院中被撤销，法官们主观上并不愿意——带着其他必要的预设——引发更高级法院的判决，而且客观

[180]〔德〕路德维希·恩内克策鲁斯（Ludwig Enneccerus）、汉斯·卡尔·尼伯代（Hans Carl Nipperdey）:《民法总论》（Allgemeiner Teil des Bürgerlichen Rechts），2. Halbbd，第 15 版，Tübingen 1960 年，第 1185 页：“对人类知识未知状况”的依赖。

[181] 参见恩内克策鲁斯、尼伯代：《民法总论》（注 180），第 1190 页。

上他们的判决也并不会如此。因此，虽然下级法院的判决涉及的是上诉判决中义务方愿意实现的条件，但这并不能被理解为是对上诉法院宣布判决的授权。[182] 因此，梅克尔依据条件关联而对程序行为的分层作出的解释可与程序行为的减损等级相对立，这一点是无法成立的。

不过可以肯定的是，对于根据不同的关联而产生的不同层级的区分来说，他的例子仍旧是可以提供恰当支持的。若是在依据条件关联形成的并列关系 [183] 难以确定的前提之下，可想而知的是，不同的程序行为被视为与一般性法律一样的，受相应的程序秩序条件限制的从而与之并列的行为。[184] 因为程序秩序预见了通过上级法院的判决来撤销下级法院的判决，考虑到效力减损故后者服从前者，由此二者的差异就可以确定出来。

就在依据条件关联和依据效力减损关联形成的分级之间的关系来说，若说尝试在梅克尔的理论中寻找到系统的确定，如前已述，不过是徒劳而已。时至今日，寻求一个令人满意的、能够恰当联结这些要素的法律秩序层级结构的概念仍旧无果。但是，这是一个值得深入探讨的主题，必须留待专门的研究。

[182] 当贝伦德区分了“事实的前提”和“规范的前提”，或多或少就意味这一点。贝伦德：《梅克尔与凯尔森的层级理论研究》（注 62），第 40 页。

[183] 参见第四部分 2. a) cc)。

[184]〔德〕贝伦德：《阿道夫 · 梅克尔与汉斯 · 凯尔森的层级理论研究》（注 62），第 40 页。

五、凯尔森对梅克尔层级结构学说的接受

汉斯·凯尔森在自己的作品中吸收了梅克尔的层级结构学说。经过《纯粹法学》一书，以及凯尔森不但果断而且两极分化的辩护，层级结构学说开始闻名于世。

1. 凯尔森著作对层级结构学说的接受

早在《国家法学的主要问题》第二版序言中，凯尔森就把层级结构学说称作“纯粹法学体系”的“根本组成部分”。[185] 在几乎同时发表的文章“国家的三种权力或三种功能学说”中，凯尔森明确地接受了梅克尔的层级结构学说。[186] 这篇文章后来成为《一般国家学》的一部分，于1925年再版，其内容也未加大幅改动，[187] 此书也提到了梅克尔，[188] 但是只出现在脚注中，并且凯尔森首先标注了自己的著作，也就是《国家法学的主要问题》第二版的序言。[189] 在凯尔森为梅克尔七十大寿所写的赞辞中，人们甚至能找到凯尔森对他的评价，梅克尔必须被尊为纯粹法学的“共同创立者”。[190] 鉴

[185]〔奥〕凯尔森:《国家法学说的主要问题》(注14)，第XVI页。
[186]〔奥〕凯尔森:“国家的三种权力或功能学说”(注14)，第381页。
[187]〔奥〕凯尔森:《一般国家学》(Allgemeine Staatslehre)，Berlin 1925年，第229页以下。
[188]〔奥〕凯尔森:《一般国家学》(注187)，第234页。
[189]〔奥〕凯尔森:《一般国家学》(注187)，第402页。
[190]〔奥〕凯尔森:“献给阿道夫·梅克尔1960年5月23日的70岁生日”(注14)，第313页。

于层级结构学说在纯粹法学中[191]的核心地位，以及梅克尔对这一学说发展所作的贡献，这个评价非常符合事实，而不应单纯地视为是纪念活动和纪念文集中通常存在的恭维，从而忽视其重要性。毫无疑问，凯尔森深入完善了一系列与层级结构学说相关的观点，如基础规范问题。如果没有进入这个框架，就无法进入凯尔森法律层级结构理论的细节深处，[192]但是人们有充分的理由认为，凯尔森几乎未加大的改动就接受了层级结构学说的核心组成部分，尤其是法律体系内诸要素之间的谱系关联，条件关联以及关于法律具体化和个别化的分级程序的法律适用和法律创制在视角上的区别。[193]在第一版《纯粹法学》中，凯尔森花了 17 页的篇幅在层级结构学说上，[194]到了第二版则扩展至 55 页的篇幅。[195]鉴于凯尔森全然接受了梅克尔学说的中心要素这一事实，令人十分困惑的是，为何他在

---

[191] 关于层级构造学说的核心作用，参见〔美〕斯坦利·鲍尔森:“梅克尔的层级学说对于一般法理论的意义”（Zur Stufenbaulehre Merkls in ihrer Bedeutung für die Allgemeine Rechtslehre），载罗伯特·瓦尔特编:《阿道夫·尤利乌斯·梅克尔——生平和影响力》，Wien 1990 年，第 93-105 页。

[192] 关于凯尔森法律层级结构的观念，参见贝伦德:《梅克尔与凯尔森的层级理论研究》（注 62），第 49 页及以下；莱蒙德·豪泽尔（Raimund Hauser）:《规范、法和国家——对汉斯·凯尔森纯粹法学理论的思考》（Norm, Recht und Staat. Überlegungen zu Hans Kelsens Theorie der Reinen Rechtslehre），Wien/New York 1968 年，第 59 页以下。

[193] 譬如参见〔德〕贝伦德:《阿道夫·梅克尔与汉斯·凯尔森的层级理论研究》（注 62），第 93 页。然而人们经常会强调对这一接受的限制就是，凯尔森在他的理论中没有采纳效力减损关联，在此意义上，譬如参见瓦尔特:《法秩序的建造》（注 9），第 54 页之注释 94。我基本上同意这一点，虽然凯尔森偶然也对效力减损关系有过几句评价。凯尔森:《纯粹法学》，第一版，（注 99），第 75 页及下页。因此，他虽然没有把所提到的两种类型层级结构的关系问题整合到他的构想中去，但是仍然比梅克尔的概念——虽然目前仍然是暗含的——贫瘠得多。

[194]〔奥〕汉斯·凯尔森:《纯粹法学》第一版（注 99），第 73-89 页。

[195]〔奥〕汉斯·凯尔森:《纯粹法学》第二版，Wien 1960 年，第 228-282 页。

这些章节中一次也没有提到或引用梅克尔。而且，在第一版《纯粹法学》的前言中也没有提到梅克尔，而只是很一般地讲到了凯尔森“学派”。[196]

2. 凯尔森的学生梅克尔

在之前描述的背景下，人们一定会提出这样的问题，在文献中经常出现的梅克尔作为凯尔森的“学生”或凯尔森作为梅克尔的“老师”[197]的标签是否合理。首先可以确定的是，凯尔森多次将梅克尔称为自己的学生[198],正如梅克尔把自己视为凯尔森的学生一样。[199]梅克尔比凯尔森年轻九岁，并在他成为讲师的第一个学期听过凯尔森的授课。两个人的年龄差距并不是很大，并且梅克尔的事业上升得很快，1919年他在维也纳大学法学院完成教授资格论文，并于1921年成为那里的编外教授。

梅克尔在多大程度上影响了凯尔森，凯尔森在多大程度上影响

[196]〔奥〕汉斯·凯尔森:《纯粹法学》第一版（注99），第IX页。

[197] 在这个意义上，参见〔奥〕罗伯特·瓦尔特:《汉斯凯尔森的法学》(Hans Kelsens Rechtslehre)，Baden-Baden 1999年，第23页。进一步参见罗伯特·瓦尔特:《阿道夫·尤利乌斯·梅克尔》(注59)，第18页：梅克尔是“凯尔森第一个……和最忠实的学生”。在此意义上，进一步参见纳维斯基:“对法的层级理论的批评”（注94)，第488页。

[198] 特别参见〔奥〕凯尔森:“献给阿道夫·梅克尔1960年5月23日的70岁生日”（注190)，第313页。

[199] 仅参见〔奥〕梅克尔:《反对规范法理学的斗争——与凯尔森法理论之争》(注11)，第4页（《全集》1/1，第340页，注2)。他在自传中除了埃德蒙·贝尔纳齐克（Edmund Bernatzik）之外，还把凯尔森称为“学术导师”，梅克尔:《自传》(Autobiographie)，(《全集》1/1，第XXI页)。在他献给贝尔纳齐克的著作《确定力学说》里，他称凯尔森为他的“尊敬的导师、大师和朋友”，梅克尔:“确定力学说”（注2)，第VII页；他把四年后出版的《一般行政法》献给凯尔森:“衷心地献给汉斯·凯尔森”，梅克尔:《一般行政法》(注49)，第Ⅲ页。

了梅克尔，这个问题实在难以回答。梅克尔在很长时间内参于凯尔森学圈的活动，并且在那里做报告。鉴于当时的全部工作，他们彼此之间的相互影响是如此多重且复杂地交织在一起，因而完全地分开根本不可能。抛开层级结构学说，就凯尔森和梅克尔之间的全部关系而言，几乎毋庸置疑，这位罕见的天才汉斯·凯尔森曾经是阿道夫·朱利斯·梅克尔的老师。可是若只观察层级结构学说，凯尔森事实上未加改动地完全接受这一学说，人们不可避免地会得出这样一种判断，那就是梅克尔是“老师”而凯尔森是“学生”。这方面的评价在这个问题上大概无法避免，也必然会令人疑惑，因为老师和学生的区分建立在对两个人总体关系的考虑之上。

问题是，凯尔森在没有适当地提及原本的创作者的情况下就采用了梅克尔的学说，为什么梅克尔最终会容忍这一切。梅克尔那异常谦逊的性格可能在解释这个现象时起到很重要的作用。与此相对，凯尔森的自我意识似乎没有边界。人们可以猜测，梅克尔在凯尔森强势性格的压倒性优势下全然无法反抗。此外，这个永远诱人的问题，也就是对科学认知的原创者以及20世纪初期维也纳的师生关系的追问，或许还隐含了特别的爆炸性。假使人们看一看弗里茨·桑德斯对凯尔森的剽窃指控的事件，大概就可略知一二。[200]

---

[200] 可以感觉到这是桑德斯对凯尔森抄袭指责的极致，他胆敢将年长且显然更有名望的凯尔森称作“自己的学生”，〔奥〕弗里茨·桑德斯（Fritz Sander）:《自己的事务》（In eigener Sache），Prag 1923年，第6页；参见梅克尔:《反对规范法理学的斗争——与凯尔森法理论之争》（注11），第3页及下页，（注1）（《全集》1/1，第5页，注2）。

3. 概括评价

概括而言,《纯粹法学》对梅克尔法律层级结构学说的采纳完全是一把双刃剑。一方面,梅克尔的学说随着凯尔森的“纯粹法学”闻名于世;另一方面,实际上不再有人承认这是梅克尔的学说,当然除了梅克尔的同乡和一些尤其专注于维也纳法学学派的法学理论家之外。鉴于层级结构学说是“纯粹法学”中最有说服力的部分这一事实,[201] 即便没有经过凯尔森学说的吸收,它无疑也会被作为梅克尔的学说获得广泛的承认。“二战”之前,梅克尔的法学理论著作具有极高的品质,它理应从凯尔森作品的长期阴影中摆脱出来。在那些几乎被遗忘的法学理论家中,鲜有几人具有阿道夫·尤利乌斯·梅克尔这样突出的才能。

---

[201] 参见〔奥〕瓦尔特:《法秩序的建造》(注9),第53页。

纯粹法学的终结？[*]

凯尔森—克鲁格书信往来作为对凯尔森法学颠覆之开端

〔美〕斯坦利·L. 鲍尔森

一、导　论

在 20 世纪 60 年代左右，汉斯·凯尔森完全放弃了曾令他闻名世界的作为纯粹法学基础的康德哲学，也即新康德主义[1]的整套研究方法。可结果如何呢？在其所谓的 1960 ～ 1971 年[2]的晚期学说期间，凯尔森开始转而支持法的“意志理论”，也就是他曾经与之对抗了半个世纪之久的理论。对这种转变做出一个彻底的解释似乎

* 本文原德文为：Das Ende der Reinen Rechtslehre，发表于《法哲学杂志》(Zeitschrift für Rechtsphilosophie)，2013 年第 1 期，第 16-36 页。(译者注)

[1] 凯尔森法学思想中要么援引的是康德传统的超验论证，要么是新康德主义传统。基于这一事实，可以将其归为新康德主义者。至于说，凯尔森实际上究竟运用的是两种超验论证中的哪一种，则是一个颇为困难的问题。在本文第三部分，我讨论了第一种方式的超验论证，在那里，我已经放弃了对两种方式之间的某些基本差别给予说明。对此区别，可在康德和赫尔曼·柯亨之间做一比较，参见〔德〕柯亨的作品:《无穷小方法的原则及其历史》(Das Prinzip der Infinitesimal-Methode und seine Geschichte)，Berlin 1883 年。

[2] 凯尔森后期学说是指其思想发展分期中三个阶段中的最后一个阶段。关于这一分期将在下文第四部分简短论及。

已经不太可能，因为相关传记中的说明大部分都无所根据。[3] 不过，毕竟我们还有凯尔森作品的文本。

要对此种转变作出尽可能清晰的解释需要一个由两部分组成的研究。一方面，需要对凯尔森晚期学说的手稿加以分析，此种转变在其中是有文字材料可循的。另一方面，则是要分析凯尔森的早期作品，其中反映了某种特定的紧张关系。这种紧张关系涉及的是早在20世纪30年代就明显表现出来的，凯尔森在康德哲学和经验哲学之间的摇摆不定。就我的观察来说，这种紧张关系随年积累，不断升温，直至最后在其晚期学说中，经验哲学最终战胜了康德主义。

这两个部分涉及了非常复杂的问题，需要通过完整的专题论著才有可能将二者阐释明白。本文限于篇幅，在阐述凯尔森理论发展变化之时，仅就某几个角度对二者进行论述。

1960年7月，凯尔森表明了他的观点，放弃将形式逻辑运用到法中——这是其法哲学思想的一个转变，这一法哲学思想上的转变，第一次出现在1959～1965年与乌尔里希·克鲁格的通信中。[4] 本

---

[3] 凯尔森在20世纪30年代末到40年代初思想发生转变的原因不甚清楚。在30年代后期，他以如下方式写作，此种方式明白无误地告诉读者，经验已经战胜了康德主义。凯尔森当时已经同意了大卫·休谟的怀疑主义，确切地说，正如他明确地补充道，是以康德主义为代价。对此参见下文第六部分。但是，自他从瑞士移民到美国之后，凯尔森又回归康德主义——看起来就好像他与休谟及其怀疑主义的眉来眼去完全没有发生过一样。结果便是，正如应该已经表明的，在凯尔森法学思想中持续了20年之久的强有力的思想回归。为什么会发生如此回归仍旧是未解之谜。可能的情形是，凯尔森相信，康德主义可以让他在美国这个新家乡扎下根来。同样可能的是，在同休谟亲近了一段时间之后，他又萌生了别的想法。

[4] 参见〔奥〕汉斯·凯尔森、乌尔里希·克鲁格（Ulrich Klug）:《法律规范与逻辑分析——1959～1965年之间的信件往来》（Rechtsnormen und logische Analyse. Ein Briefwechsel 1959 bis 1965），Wien 1981年（以下简称：信件往来），特别是第42-50页（凯尔森1960年7月4日的信）。

文首先讨论的就是这些改变。或许这些转变纯粹只是对错误的矫正，也即凯尔森早期提出的而现在被视为有缺陷的理论，它认为法律是一个封闭的，无矛盾的体系。很有可能，这一转变正是上面提到的凯尔森法哲学被颠覆中的一部分。我的论题是：在这些与克鲁格书信来往中叙述的改变不仅是理论颠覆的一部分，更是理论颠覆的开始。

回到旧有的、现已为凯尔森所修正过的学说：逻辑上封闭的，也即无矛盾的法律体系，建立在体系中所有法律规范具有一致性的基础之上，这种所谓的必然的一致性包含了这样的学说——就如凯尔森于 1913 年业已表达的，“不存在两个彼此相邻的法律规范，其内容上却彼此相异”。[5] 这个立场部分是以他的学说中认识论为基础，关于这个认识论部分凯尔森在 20 世纪第二个十年业已隐约提及，恰恰是在 20 年代才被建立，也就是说通过援引康德传统的超验论证得以形成。[6] 伴随着否定逻辑在法中具有可适用性，凯尔森没有理由再进入这个领域，更不用说他采用超验论证作为论据。当康德主义与凯尔森其他学说的联系发生动摇之时——这并不说明他两年后（1962）最终做出的让步，他无法再坚持基础规范，[7] 在与克鲁格的信件来往中，可以充分证明该变化形成的过程，从而最终导致了纯粹法学的整体倒台。

[5] 凯尔森：“公法行为的学说”（Zur Lehre vom öffentlichen Rechtsgeschäft），载《公法文丛》（Archiv des öffentlichen Rechts），31（1913），第 53-98 页，第 190-249 页之第 200 页，重刊于《汉斯·凯尔森全集》，〔德〕马蒂亚斯·耶斯代特（Matthias Jestaedt）主编，第三卷，Tübingen 2010 年，第 247-316 页之第 285 页。

[6] 参见下文第三部分。

[7] 参见凯尔森等：“讨论会纪要”，载《政治理论中的自然法》（Das Naturrecht in der politischen Theorie），施莫尔兹（Franz-Martin Schmölz）编，Wien 1963 年，也即《奥地利公法杂志》（Österreichische Zeitschrift für öffentliches Recht），13，第 1-2 期（1963），第 117-162 页之第 119-120 页。（这一讨论举办于 1962 年秋季的萨尔茨堡）

本文的论述首先勾勒凯尔森的生平和作品（第二部分），从而转向阐述其纯粹法学的基本特征（第三部分）。接着对凯尔森学说的发展时期做一个简要的介绍（第四部分）。在此基础上重述凯尔森如何完成将逻辑运用到法上的类比适用的任务（第五部分），最终对凯尔森纯粹法学中存在的，在其晚期作品中日益强化的紧张关系做出论述（第六部分）。

二、汉斯·凯尔森的生平及其作品

汉斯·凯尔森，1881 年 10 月 11 日出生于布拉格。在凯尔森 3 岁之时举家迁移到他成长的地方——维也纳。1901 年开始学习法学，并于 1906 年获得法学博士学位。1911 年他完成了教授资格论文《国家法学说的主要问题》，1906 年到 1910 年间在维也纳和海德堡工作。[8] 第一次世界大战期间他首次成为维也纳军事律师代表，后期就职于奥匈帝国国防部司法机关的师团法庭。1918 年在奥地利临时政府总理卡尔·伦讷的委托之下，凯尔森参加了新宪法的起草工作。在起草和修订 1920 年 10 月 1 日生效的奥地利联邦宪法中，凯尔森起着关键的作用。[9] 自 1921 年到 1930 年间他作为法官任职于

[8]〔奥〕凯尔森:《国家法学的主要问题》(Hauptprobleme der Staatsrechtslehre), Tübingen 1911 年（以下简称：国家法），重刊于:《汉斯·凯尔森全集》第二卷，Tübingen 2008 年（以下简称：凯尔森全集 2），第 49-913 页。

[9] 参见《奥地利联邦宪法与汉斯·凯尔森——分析与材料》(Die österreichische Bundesverfassung und Hans Kelsen. Analysen und Materialien),〔奥〕菲利克斯·爱尔玛克拉（Felix Ermacora）编，Wien 1982 年;《1920 年联邦宪法的制定：材料与说明》(Die Entstehung der Bundesverfassung 1920: Materialien und Erläuterung)，爱尔玛克拉编，五卷本，Wien 1986 ～ 1993 年。

宪法法院[10]，同时也是维也纳大学法学院的正式教授。

随后，在基督教—社会党的策划下，他被解除了宪法法院法官的职位，[11]这使得他于 1930 年接受了科隆大学的聘任。20 世纪 30 年代晚期，由于声名狼藉的“公职人员重设法”，凯尔森丧失了科隆大学教席。需要指出的是，时任科隆大学法学院院长的汉斯·卡尔·尼伯代曾在柏林的政府部门发表辩护性演说，以求在凯尔森的个案中放弃适用这个法规。[12]法学院几乎所有的工作人员都在尼伯代的辩护信中签名——除了唯一的一个例外：卡尔·施米特。此前凯尔森曾以科隆法学院院长的身份聘任施米特，但这点似乎并未给施米特留下深刻印象。[13] 1933 年秋，凯尔森接受了日内瓦国际法研究所的教席。他在日内瓦一直停留至 1940 年。出于对瑞士无法保持中立的忧虑日益加剧，凯尔森和他的夫人玛格丽特遂做出离开欧洲的决定。1940 年的春天，已 70 岁高龄的凯尔森移民到了美国，

---

[10] 参见〔奥〕罗伯特·瓦尔特（Robert Walter）:《凯尔森作为宪法法官》（Hans Kelsen als Verfassungsrichter），Wien 2005 年。

[11] 所谓的“复婚争议”在他的解职过程中起着重要的作用。参见〔德〕克里斯蒂安·内什瓦拉（Christian Neschwara）:“凯尔森作为宪法法官”（Kelsen als Verfassungsrichter. Seine Rolle in der Dispensehen-Kontroverse），载《汉斯·凯尔森——20 世纪的国家法学者与法律理论家》（Hans Kelsen. Staatsrechtslehrer und Rechtstheoretiker des 20. Jahrhunderts），斯坦利·鲍尔森、米歇尔·施托莱斯（Michael Stolleis）编，Tübingen 2005 年，第 353-384 页，以及〔德〕乌尔里克·哈特曼（Ulrike Harmat）:“可撤销的婚姻?——奥地利 1918～1938 年的婚姻法冲突”（Ehe auf Widerruf? Der Konflikt um das Eherecht in Österreich 1918-1938），Frankfurt a.M.，1999 年。

[12] 参见〔德〕托尔斯滕·霍尔施泰因（Thorsten Hollstein）:《宪法作为“总则”——尼伯代（1895～1968）的司法模式与司法观念》[Die Verfassung als „Allgemeiner Teil“. Privatrechtsmethode und Privatrechtskonzeption bei Hans Carl Nipperdey（1895 ～ 1968）]，Tübingen 2007 年，第 45-51 页。

[13] 参见上注，第 45 页及下页。

从最初在哈佛大学的不确定的开端，直至1942年他在加州大学伯克利分校获得了讲师的位置。三年之后他获得了这所大学的教授席位。他在伯克利工作了近30年，直到1973年4月19日去世为止。[14]

当我们问到，在什么领域凯尔森可以被称为，一如霍斯特·德莱尔所形容的“世纪法学家”[15]之时，那么人们可以指出不少于九个领域，凯尔森在这些领域中发表了总共大约17 500页原创的文章，这九个领域分别为[16]：第一，法哲学和一般法理论；[17]第二，国家法学说，最主要的是宪法学说；[18]第三，规范理论（后面还将提及）；[19]第四，他参与起草1920年10月1日的奥地利联邦宪法草

[14] 凯尔森1947年写就的自传首次出版于：《汉斯·凯尔森全集》第一卷，Tübingen 2007年（以下简称：凯尔森全集1），第29-91页。

[15]〔德〕霍斯特·德莱尔（Horst Dreier）："汉斯·凯尔森（1881～1973）：'世纪法学家'" [Hans Kelsen（1881～1973）„Jurist des Jahrhunderts? "]，载《德国犹太血统的法学家》（Deutsche Juristen Jüdischer Herkunft），赫尔穆特·海因里希（Helmut Heinrichs）等编，München 1993年，第705-732页。

[16] 由马提亚斯·耶斯代特主编的《汉斯·凯尔森全集》（Tübingen: Mohr Siebeck），自从2007年着手开始编辑，目前已经出版了前三卷。参见注释5，8，14。按照规划，全集将有三十卷之多。

[17] 参见〔奥〕凯尔森：《一般国家学》（Allgemeine Staatslehre），Berlin 1925年；凯尔森：《自然法学与实证主义法学的哲学基础》（Die philosophischen Grundlagen der Naturrechtslehre und des Rechtspositivismus），Charlottenburg 1928年；凯尔森：《纯粹法学》（Reine Rechtslehre），第一版，Leipzig/Wien 1934年（以下简称：纯粹法学1）；凯尔森：《法与国家的一般理论》（General Theory of Law and State），韦德贝尔格（Anders Wedberg）译，Cambridge, Mass. 1945年；凯尔森：《纯粹法学》第二版，Wien 1960年（以下简称：纯粹法学2）。

[18] 参见〔奥〕凯尔森：《国家法》（注8）；凯尔森：《一般国家学》（注17）；凯尔森："国家诉讼的本质与发展"（Wesen und Entwicklung der Staatsgerichtsbarkeit），载《德国公法教师协会文集》（Veröffentlichungen der Vereinigung der Deutschen Staatsrechtslehrer），5（1929），第31-88，117-123页。

[19] 凯尔森的规范理论研究原则上属于早期研究领域的一部分，到后期学说（参见注2），他所关注的规范理论的问题，确切说是一种独立的技术方式和方法。参见凯尔森：《一般规范理论》（Allgemeine Theorie der Normen），库特·瑞格霍夫（Kurt Ringhofer）、罗伯特·瓦尔特编，Wien 1979年（以下简称：一般规范理论）。

案，包括宪法对他的建议未加修改而直接采纳的138—145条，这些就奠定了集中式宪法诉讼的模式；[20] 第五，凯尔森持续十年之久的作为维也纳宪法法院法官的活动；[21] 第六，国际法学说，既包括以逻辑认识理论为基础的一元论，也包括数不清的对国际法中实证法问题的研究论文；[22] 第七，一系列有关“人种—社会学”主题的研究，包括那本内容丰富的论著《报应与因果律》[23]；第八，政治哲学，不仅包括他在“一战”前所出版的对奥地利选举法的研究，还有作为对经典政治自由主义的辩护，对奥地利—马克思主义的批判；[24] 第九，对古希腊哲学方面论题的研究，首要的是柏拉图的哲

[20] 1920年10月奥地利联邦宪法，第137-148条，参见注9，以及〔奥〕艾尔马科纳（Felix Ermacora）：“奥地利宪法与汉斯·凯尔森”（Österreichs Bundesverfassung und Hans Kelsen），载《凯尔森90华诞祝寿文集》（Festschrift für Hans Kelsen zum 90. Geburtstag），梅克尔（Adolf J. Merkl）等编，Wien 1971年，第22-54页；哈勒（Herbart Haller）：《法律的审查》（Die Prüfung von Gesetzen），Wien 1979年。

[21] 参见〔奥〕瓦尔特：《凯尔森作为宪法法官》（注10）。

[22] 参见〔奥〕凯尔森：《主权问题与国际法理论》（Das Problem der Souveränität und die Theorie des Völkerrechts），Tübingen 1920；凯尔森：《国内法与国际法之间的系统关系》（Les rapports de système entre le droit interne et le droit international public），载《海牙国际法学院讲演集》（Recueil des cours），14（IV），1926年，第227-331页；凯尔森：《联合国的法》（The Law of the United Nations），London 1950年。

[23]〔奥〕凯尔森：《报应与因果——社会学上的考察》（Vergeltung und Kausalität. Eine soziologische Untersuchung），Den Haag 1941年（这本书实际上在“二战”结束以后才出版），重印于：Wien/Köln 1982年；另参见凯尔森：“报应原则中的因果律的形成”（Die Entstehung des Kausalgesetzes aus dem Vergeltungsprinzip），载《认知》（Erkenntnis），8（1939），第69-130页。

[24] 参见〔奥〕凯尔森：《奥地利参议会选举法评注》（Kommentar zur österreichischen Reichsratswahlordnung），Wien 1907年，重刊于：《凯尔森全集1》（注14），第332-544页；凯尔森：《社会主义与国家——马克思政治理论研究》（Sozialismus und Staat. Eine Untersuchung der politischen Theorie des Marxismus），Leipzig 1920年，第二版修订版，1922年；凯尔森：《民主的本质与价值》（Vom Wesen und Wert der Demokratie），Tübingen 1920年，第二版修订版，1929年。

学。[25]

但意义最重大者——不仅就其普遍的影响而言，也就本文的论题而言——是他的法哲学和一般法学理论。因此，此处要对凯尔森的纯粹法学做一个简要的介绍。

三、纯粹法学

凯尔森在一系列文章中将两种西方法哲学的主要思潮摆在了对立面。他在 1923 年第二版《国家法学说的主要问题》的序言中写到，纯粹法学必须与两种思潮区分开来。一个是经验的思考，“在其中法是自然设定的实在，并受到因果科学的方法的侵蚀”，另外一个是自然法学说，它将一般法理论“从实证法语句的领域抽离到伦理——政治假定中去”。[26]

因此凯尔森在传统的法理论中勾勒出这两种主要思潮。[27] 其一是现今被视为法实证主义的一种类型[28]，它将法最终化约为事实。

[25]〔奥〕凯尔森:《正义的幻象——柏拉图社会哲学的批判性研究》(Die Illusion der Gerechtigkeit. Eine kritische Untersuchung der Sozialphilosophie Platons)，瑞格霍夫、瓦尔特编，Wien 1985 年。

[26]〔奥〕凯尔森:《国家法学的主要问题》(Hauptprobleme der Staatsrechtslehre)，第二版，Tübingen 1923，前言，第 V 页［未收入《凯尔森全集 2》(注 8)，因为全集的卷是按照时间顺序划分的］。

[27] 详见〔奥〕彼得·科勒 (Peter Koller):《法理论》(Theorie des Rechts)，第二版修订和扩展版，Wien/Köln 1997 年，第三章。

[28]〔德〕诺博托·霍尔斯特 (Norbert Hoerster) 可能算是德国最为敏锐的实证主义法学的代表。譬如参见霍尔斯特:《为法实证主义辩护》(Zur Verteidigung des Rechtspositivismus)，载《新法学周刊》(Neue Juristische Wochenschrift)，39 (1986)，第 2480-2482 页。对于实证主义法概念的批判，参见罗伯特·阿列克西 (Robert Alexy):《法的概念与效力》(Begriff und Geltung des Rechts)，Freiburg/München 1992 年，第 39-136 页。

通过将法学现象援引实际的事实来加以分析，法始获得理解。另外一种思潮则是自然法学说，其断言在法和道德之间存在必然连接。每种思潮都有自己的道理。法实证主义将对法的注意力引向制度化的权力，而自然法学则强调法和道德之间有着部分的共同语言，例如"禁止""命令""允许"等概念不仅是道德概念，也同样是法的核心概念。

凯尔森从范畴上对这两种思维方式都加以拒绝。由此就引发问题，是否同时将这两种方法完全拒绝确实可行。这两种传统的学说相互排斥，并且常常为人所接受的是，这两种学说共同穷尽了法学理论的领域，在它们之外，不存在第三个选择。[29]

凯尔森驳斥了这个观点。他致力于寻找第三条路径，这被理解为康德主义，也就是新康德主义路径。[30] 按照某种解释，基础规范也为超验论证提供了简短的提示。[31] 就如康德所假定的，凯尔森也从超验上论证了矛盾语句的必然性——并且在其首批作品中业已做到，因此凯尔森如此假设，他基于一种超验论证阐明了法的规

[29] 对反映此种观念的两种学说的概述，参见〔意〕亚历山大·登特列夫（Alexander P. d'Entrèves）："关于法律的两个问题"（Two Questions about Law），载《存在与秩序——埃里克·沃尔夫 60 华诞祝寿文集》（Existenz und Ordnung. Festschrift für Erik Wolf zum 60. Geburtstag），〔德〕托马斯·乌藤贝尔格（Thomas Würtenberger）等编，Frankfurt a.M. 1962 年，第 309-320 页。

[30] 参见注 1。

[31] 参见下注 35 的引文。

范性[32]，法本身固有的属性。换言之：如果说凯尔森想要提出一种“纯粹”法学—— 一种既不是以事实又不是以道德为基础的法学，那么基础规范，更准确地说超验论证就必不可少。

超验论证的结构可以借助在业已暗示过的康德作品，也就是1763年发表的《证明上帝存在的唯一可能证据》中加以说明。康德将矛盾语句[33]表达为一种可能性的预设，他的论证如下：

> “当我在一个瞬间思考，为何那些‘相互矛盾的’是绝对不存在及完全不可能的，我意识到：因为通过矛盾语句，所有可思考事物的最终的逻辑基础，都被放弃，所有的可能性都消失，对此也没什么必要继续进行思考。我由此立刻就会接受，当我扬弃所有的定在，由此放弃所有思考的最终根据，那么，

---

[32] 凯尔森的规范性，也即规范主义，严格区别于约瑟夫·拉兹以及其他人所归结的那种“被证立的规范性”，参见拉兹：“凯尔森的基础规范理论”（Kelsen's Theory of the Basic Norm），载《美国法理学期刊》（American Journal of Jurisprudence），19（1974），第94-111页，重刊于：《规范性与规范——凯尔森论题的批判性观察》（Normativity and Norms. Critical Perspectives on Kelsenian Themes），斯坦利·鲍尔森、邦妮·鲍尔森编，Oxford 1998年，第47-67页。对于拉兹式的论证起点的批判，参见斯坦利·鲍尔森：“汉斯·凯尔森的规范主义”（Der Normativismus Hans Kelsens），载《法律人报》（Juristen-Zeitung），61（2006），第529-536页；斯坦利·鲍尔森：“纯粹法理论中有一个‘被证立的规范性’吗？”（A “Justified Normativity” Thesis in Hans Kelsen's Pure Theory of Law? in: Institutionalized Reason），载《理性的制度化》，〔德〕克拉特（Matthias Klatt）编，Oxford 2012年。关于规范性的问题，也参见〔德〕安德烈亚·冯克（Andreas Funke）：“我们还剩下一个尘世的皮囊，难以担负吗？——纯粹法学中的规范性”（Uns bleibt ein Erdenrest/zu tragen peinlich? Normativität in der Reinen Rechtslehre），载《法的纯粹性》（Reinheit des Rechts），〔德〕奥托·德朋豪尔（Otto Depenheuer）编，Wiesbaden 2010年，第21-53页。

[33] 也即是说：无矛盾律（principium contradictionis）。

同样地，所有可能性都消失，没有什么东西再可被思考。”[34]

作为超验论证的康德的论证的结构可以通过如下改造加以说明：

1. 我认为（作为事实给出的前提）

2. 仅当矛盾语句被预设之时，这个思想是可能的（超验前提）

3. 因此：矛盾语句被预设（超验论断）

另外，凯尔森在1960年出版的第二版《纯粹法学》中明确提出了自己的超验问题："一个不追溯至元法律权威，诸如上帝或自然，而要将某一事实构成的主观意涵解释可在法律陈述中加以描述的客观有效的法律规范体系，如何可能？”[35]

通过援引基础规范，凯尔森来回答这一超验问题：

> “就只有通过基础规范这一预设，方有可能将立宪的事实构成以及根据宪法而设定的事实构成的主观意义解释为客观意义，也就是说，解释为客观有效的法律规范，基础规范在法律科学上——如果康德知识论中的概念可借由类比的方式加以运用的话——可被表述为此种解释的超验逻辑条件。”[36]

---

[34]〔德〕康德："上帝存在的神迹证明”（Beweisgrund zu einer Demonstration des Daseins Gottes），首版于1763年，载《皇家科学院编撰的康德全集》，第二卷，1912年，第70-163页之第82页。

[35]〔奥〕凯尔森：《纯粹法学2》（注17），§ 34（d），第205页。

[36] 同上注，§ 34（d），第204页及下页。

借助这一说明，基础规范被视为凯尔森的法范畴[37]，因为超验的范畴对于凯尔森的目的来说，恰恰是他想要对“超验逻辑条件”作出的理解。

追随康德的超验推导模式，凯尔森超验论证的模式可通过如下公式说明：

1. 人可以认识那种构成法律秩序的法律规范（作为事实给出的前提）

2. 只有当基础规范被预设时，人们才可以认识这些法律规范（超验前提）

3. 因此：基础规范被预设（超验论断）[38]

任何超验论证都必须回答下列的问题，即它是否是合理可接受

---

[37] 至少有三个概念被凯尔森视为范畴来观察：基础规范、边缘归责（注 65）以及应然。参见凯尔森：《纯粹法学 1》（注 17），§ 11（b），第 21 页。然而，凯尔森对这三个作为范畴的概念却并没有详细的论述，尽管凯尔森至少是在边缘归责这个概念上曾经类推因果范畴加以解释说明。

[38] 在康德的语词体系中，这个超验论证表达的是回溯式论证，具体的论证形式如下：

1. P（给定的前提）
2. P 才是可能的，只有当 Q（超验前提）
3. 因此 Q（超验结果）

在第一个前提中，P 代表已被给定的条件，在第二个前提以及结论中，Q 代表被预设的基础规范。论证表明的是形式上的证明力，一旦引入一个额外的、完全不重要的前提，就可能意味着：如果给定 P（第一个前提），而 P 具有可能性（前面所说的第二个前提）。那么，人们就是回溯式地论证。因此，人们从给定的前提出发，在没有第二个前提的断言，给定的前提就是在不可能的情况下，成功地推导出基础规范。在对这一论证进行评价的过程中，评价结果所涉及的仅仅是第二个前提的可代表性。当存在一种法学既可保持规范性同时还没有被凯尔森排除出去的时候，他的第二个前提由此证明是不成立的。

的。尽管康德自己的，涉及现象世界客观性的论证可被认为是正确的，但并不能就此说凯尔森的法学就与康德哲学具有可比性。因为一个有效的超验论证预设了，所有可能的替代选项都被无保留地排除掉。凯尔森对此却并未给予说明。也没有什么可以支持，他似乎曾经对此有过论述。[39]

如前面所提出的，凯尔森哲学的发展在我的命题中占据着中心地位。这个发展将在下面对凯尔森理论发展分期的简单勾勒中做进一步阐述。

四、凯尔森作品中的三个时期

凯尔森的作品可以区分为三个发展阶段。[40] 第一个阶段是从1906 年到 1920 年前后，第二阶段直至 1960 年，第三阶段到 1971 年结束。在前两个阶段之间并不存在严格的区分界限，但两个阶段中各自代表性作品之间的区别确实不容忽视。第一个阶段是批判建构主义阶段。在那段时期，凯尔森通过一系列的论证，批判了各种自然主义和心理学至上主义在法学中的代表。而且，他在这个时期构建了一部作品，当然不是他最重要的作品，即 1911 年出版的《国家法学说的主要问题》，讨论了既非建立在自然主义亦非建立在

[39] 譬如参见〔美〕鲍尔森："凯尔森的规范主义"（注 32）；另参见注 38。

[40] 关于这三个时期中每一时期的详细论述，参见斯坦利·鲍尔森："凯尔森法律思想发展的四个阶段"（Four Phases in Hans Kelsen's Legal Theory. Reflections on a Periodization），载《牛津法学研究》（Oxford Journal of Legal Studies），18（1998），第 153-166 页；以及鲍尔森："达致一个可辩护的凯尔森法学理论的分期说"（Arriving at a Defensible Periodization of Hans Kelsen's Legal Theory），第 19 卷（1999），第 351-364 页。

心理学至上主义基础上的法学基本概念。

作为典型的例子，凯尔森当时的中心归责概念在那个时期产生了作用。一方面，这个概念强调了他们非自然主义，也就是非心理学上的部分；另一方面，显而易见，在第一个阶段存在着就凯尔森整体作品而言的独特的缺陷：他当时并没有提出对其概念和理论部分的证立。

在 1911 年出版的《国家法学说的主要问题》中，凯尔森以一种非常正统的方式[41]引入中心归责的概念："当一个判断，某一个人对某个事实负有责任，就意味着，这个人是一个被侵害规范的主体，那么这个判断就等同于，一个事实的归责实施到一个人身上。某个人是某个'过失'的外在结果，这意味着，某个人被归责至一个外在的结果之上。"[42]

凯尔森提出，归责律不能混同于因果律。就如"伦理—法学意义"上的意志与作为因果现象的意志全然不同，因此归责律与因果律存在极大的区别：

"需要指出的是，归责律建立的是完全不依赖于因果关系的要素之间的关联，一个判断，将一个人归责至一个外在结果之中，一个人对一个外在结果负有责任，绝不意味着或者说仅是有条件的意味着，一个结果是由一个人，也即一个归责客体由归责主体所'引起'。"[43]

[41] 作为正统的标准，康德一如既往地具有榜样地位。参见康德：《道德形而上学》，第一部分因《法学形而上学导论》而知名，载《皇家科学院编撰的康德全集》，第 6 卷，第 227 页。

[42]〔奥〕凯尔森：《国家法》（注 7），第 143 页，重刊于《凯尔森全集 2》（注 7），第 249 页。

[43]〔奥〕凯尔森：《国家法》（注 8），第 144 页，重刊于《凯尔森全集 2》（注 8），第 250 页。

那么一个被归责至事实构成的“人”的特征是什么呢？在这点上凯尔森严重地偏离了传统的归责概念：

“当某个物理上的人实施的某个行为在法律思维中并不被视为这个人的行为，而被视为一种与之不同的东西，那么此处存在着归责的特殊情况。在这个人的行为中所对应的事实构成，并不归责于这个人本身，而是其他什么。但是归责点也并不落入另外一个人身上。归责似乎是通过一个物理意义上的行动者以及他的物理意志行为，以及并不停留在另一个物理人身上，就如，儿童或雇员所为行为带来的损害责任，要由父亲或雇主承担。确言之，所有的归责路线都被集中在一个共同的、外在于每个物理主体的思考点上。”[44]

可是，如何理解“外在于所有物理主体”进行思考的点呢？凯尔森在第一个阶段并没有对这个问题给出令人满意的答案。

一方面，凯尔森发展出了中心归责学说，这个学说明确地分离了自然主义，即心理学的部分——这阐述了凯尔森当时思想中的核心点。另一方面，在当时他并无能力对该学说做出令人信服的证立。当一个学说无法得到真正的证立，那么这个学说便是既不可行亦不合理的。一个“外在于所有物理主体”的思考点，表述的是一个部分法律秩序，这个部分法律秩序最终涉及的是整体法律秩序作为中心归责关系的终点。[45]但是，整体法律秩序——至少当人们愿意追随爱德华·贝纳奇克之时，凯尔森对他的作品十分熟悉——必须自

[44]〔奥〕凯尔森:《国家法》(注 8)，第 183 页，重刊于《凯尔森全集 2》(注 8)，第 293 页及下页。

[45] 参见〔奥〕凯尔森:《纯粹法学 1》(注 17)。

我设定。[46] 不限于对卡尔·施米特来说，他在 1922 年对此做出强烈批评 [47]，贝纳奇克也即凯尔森的这种解释确实令人惊讶。

第二个阶段，经典或曰新康德主义阶段从 1920 年前后开始，于 1960 年结束。在这个漫长的时期中，凯尔森尝试证立他的那些部分业已在《国家法学说的主要问题》中采用的概念。中心归责的大部分作用由边缘归责和基础规范所代替 [48]，而基础规范——依照一种或多种可能的解释 [49]——则被理解为一种“超验逻辑条件” [50]，这一定义暗示着凯尔森采用上述的超验论证来加以证立。

第三个阶段涉及了凯尔森的晚期学说。从 1960 年与克鲁格的通信开始 [51]，凯尔森抛弃了他的新康德主义方法论。他开始转向法的“意志理论”——也就是，他对抗了半个世纪之久的理论。在随后的两年内他就不再抵抗对自身整个学说的颠覆。1962 年在萨尔茨

---

[46] 参见〔奥〕爱德华·贝尔纳齐克（Eduard Bernatzik）：“关于法人概念尤其是机关的法律人格的批判性研究”（Kritische Studien über den Begriff der juristischen Person und über die juristische Persönlichkeit der Behörden insbesondere），载《公法文丛》，5（1890），第 169-318 页之第 244 页及下页。

[47]〔德〕卡尔·施米特（Carl Schmitt）:《政治神学》（Politische Theologie），第一版，München/Leipzig 1922 年，第 53 页，也参见第 28 页。

[48] 参见《纯粹法学 1》中的引文。

[49] 根据我对凯尔森的不同的基础规范的界定的统计，这个在凯尔森法学中居于中心地位的概念总共有十种或部分时候十二种非常不同的解释方式。基础规范作为超验概念只是其中一种解释。参见斯坦利·鲍尔森（Stanley L. Paulson）：“‘基础规范’的不同阐述”（Die unterschiedlichen Formulierungen der „Grundnorm“），载《法规范与法现实——维尔纳·克拉维茨 60 华诞祝寿文集》（Rechtsnorm und Rechtswirklichkeit. Festschrift für Werner Krawietz zum 60. Geburtstag），〔芬兰〕阿尔尼奥（Aulis Aarnio）等编，Berlin 1993 年，第 53-72 页；鲍尔森：“凯尔森的规范主义”（注 31）。

[50] 参见注 37 的引文。

[51] 凯尔森 - 克鲁格：《信件往来》（注 4），第 42-50 页。

堡召开的自然法大会上凯尔森宣布，他放弃他的基础规范学说。[52] 结果是导致了纯粹法学的覆灭，凯尔森生后发表的作品《一般规范理论》[53] 为此提供了证明。

五、在法中间接或类比地运用逻辑的使命

此处再次引发之前在导论中所提出的问题：如何就导致了这种颠覆？在上面提到的写给克鲁格的信件中，凯尔森业已放弃了他的命题，逻辑可间接地或类比地运用到法律当中。[54] 事实上这一命题，就如凯尔森在他第二阶段末期的主要作品，第二版《纯粹法学》中所代表的那样，导致了在对实定法进行科学描述是的一些悖论与反常。为了指出这一点，首先来看一下凯尔森对这个论题的说明。

“由于法律规范作为规定，也即作为命令、允许和授权既非真又非不真的时候，就产生了这样一个问题，逻辑原则，特别是矛盾语句和结论规则，如何可能运用于法律规范之间的关系（就如纯粹法学一直以来的所为），当按照传统的观点，这些原则只可运用于既可能为真也可能非真的陈述之时。对于这个问题的回答是：逻辑原则，如果不是直接地，而是间接地可运用至法律规范中，那么就是可采用的，就它可运用于描述法律规范的，既可能真亦可能非真的法律陈述来说。两个矛盾的法律规范彼此冲突，因此不可同时被认为有效，当二者同描述它们的法律陈述之间发生矛盾的时

[52] 参见注 6。
[53] 参见注 18。
[54] 凯尔森 - 克鲁格:《信件往来》(注 4)，第 45 页。

候……”[55]

凯尔森的这个论题表明，实定法中不存在真正的法律冲突，[56]矛盾语句排除了冲突规范的可能性。法律秩序必然是一致的。

凯尔森是20世纪40年代初期就已经提出了法律语句，也就是应然语句，它的功能是“描述”相对应的法律规范[57]。法律语句是有关法律规范的语句。法律语句同其他类型的语句一样，可以是真的或者假的，而与此同时，规范则既不为真也不为假，它只能是有效或者无效。对于规范逻辑学家来说，一个共同的立场是，规描述一个规范与描述一个关于规范的语句在句法上是相同的——如果不是句法上必须相同，也是一种可能相同。借助一个著名的例子可对此加以说明，这需要回溯到著名的规范逻辑学先驱赖特（Georg Henrik von Wright）[58]

假定一个人在寻找一个停车场。他发现了一个空位，并立刻

---

[55]〔奥〕凯尔森：《纯粹法学2》（注17），§16，第76页及下页。

[56] 在实定法中，根本不可能有“真正的规范冲突”，凯尔森在第二版《纯粹法学》中如是说（注17），参见§34（e），特别是第209页及下页。如果人们打算接受凯尔森的命题，那么只要无法确定两个处于（所谓）冲突中的规范的其中一个有效，那么就至少存在一个规范冲突的表象。

[57]〔奥〕凯尔森：“分析法理学与纯粹法理论”（Analytical Jurisprudence and the Pure Theory of Law），载《哈佛法律评论》（Harvard Law Review），55（1941-1942），第44-70页之第51页，重刊于（压缩版）：凯尔森：《什么是正义》（What is Justice?），Berkeley Kalifornien 1957年，第266-287，390页（评论部分），268页。另参见凯尔森：《法与国家的一般理论》（注17），第45-47，50，163页及下页。在这本总结性的书中令人感兴趣的是：〔英〕赖特［冯·赖特（Georg Henrik von Wright）：《规范与行动》，首版于1963年，梅格勒（Georg Meggle）、乌尔坎（Maria Ulkan）译，Königstein/Ts. 1979年，第VI章，§9，第110页］针对〔瑞典〕因格马尔·海登纽斯（Ingemar Hedenius）的书《论法与道德》（Om rätt och moral）（Stockholm 1941年，第65页及下页）而断言，这是首次提出规范与规范陈述之间的区别。在同一年，凯尔森也引入了这一区分。

[58]〔英〕冯·赖特（Von Wright）：《规范与行动》（注57）。

将车子开向停车位，此时有人对他说，“你不可以在此处停车”。那么，这句话是作为一个规范来理解，还是作为一个描述，也就是规范的语句来加以理解呢？这取决于，谁对那个寻找停车的司机讲了这句话。一旦讲话的人是执行公务的警察，那么就存在保留街上这个停车空位的责任，语句“你不可以在此处停车”表达的是一个规范。从法律技术上说：警察向这个司机宣布了一条针对性的个别规范。但是对于一个路人而言，这些语词只是一种通知，街这一侧现在禁止停车，因此语句“你不可以在此处停车”表达的就不是规范，而是作为一个步行者对于业已生效的规范的语句的理解。

对应这种规范和规范语句也即规范陈述的区别[59]的是凯尔森在第二版《纯粹法理论》中所表达的法律规范和法律语句的区别。凯尔森还认为，从句法上看，对规范的设置可以反映出法律语句，也就是应然的设置。事实上他——在他的一些规范 / 语句区别的描述中——坚持法律语句和其对应的规范在句法上的相同性，这种相同性就在于义务论模态间的一致性（“应当”“允许”“不允许”等）。这就是说，应然语句作为一种基于事实的应然语句，它表明的是与规范说明中同样的义务论模态。

我们假设两个如下的冲突规范：

（1）你应当实施行为 h

（2）你不应当实施行为 h

[59] 就“规范与语句，也即陈述”来说，这一领域的专业术语是混乱的，因为不同的规范理论家运用的是不同的指称。事实上，这其中涉及三种区别：规范、规范—描述——有时也指“规范语句”——以及语句，也即关于规范的陈述。对于后一概念来说，凯尔森自从 20 世纪 40 年代初期（参见注 57）开始采用这一表达“法律陈述”。笔者则让凯尔森的术语保持原状，通过运用“语句”代替“陈述”作为对规范的描述，作为关于规范的解释。

它们各自对应的法律语句也就是应然语句是：

（1′）你应当实施行为 h

（2′）你不应当实施行为 h

因为（1′）和（2′）两个语句是对立的[60]，所以二者不可能同时为真，同样二者也不可能同时为假。从这点出发，凯尔森的论题是说，以错误的应然语句为基础的规范，无效，更确切地说是因为描述它的句子是错误的。统一和彻底地运用这个论题的结果会导致一个令人吃惊的结果：在实定法中真正规范冲突的所有可能性因此都被排除了。

如上所述，凯尔森在 1960 年 7 月 4 日给克鲁格所写的信件中直接拒绝了这个论题。信中提到，矛盾语句，“没有，同样也没有类推地应用”到两个彼此冲突的规范间关系上来。[61] 因此，凯尔森拒绝了上面所构建的模式，它们都说明了矛盾语句的间接的或是类推的应用。

[60] 应然语句，即文中的（1′）和（2′）彼此相互对立，二者可能都是假的（比如当应然语句“你不可以实施行动 h”是真的时候），这两个语句确实不可能都是真的。但是对于彼此处于矛盾的应然语句来说，情况则不同。下面的应然语句（i）与（ii）表明了这一点：（i）“你应该实施行为 h”与（ii）“你可以实施行为 h”。两个句子中有一个是真的，而另一个则是假的。在这个关联中还是有值得一说的，相比起彼此矛盾的应然语句，彼此对立的应然语句表明的是一种“强”规范冲突，确切地说，是在（1′）和（2′）并没有给予行为主体以出路的意义上说的。也就是说，如果行为主体遵守（1′），就会侵犯（2′），相反亦然。但是在相互矛盾的应然语句的情况下，行为主体是有出路的：当主体遵守（i），如是行为，所谓的规范冲突就解决了，因为（ii）表达的只是一种许可，对行为主体没有要求什么。

[61] 凯尔森－克鲁格：《信件往来》（注 4），第 45 页。

对这个问题的解决，正如凯尔森在其晚期学说中表明的[62]，就在于放弃法律语句与其对应的规范的句法上的相同性。取而代之，使用指令性句子就肯定可以满足，确切说：

（1″）规范（1）在这个法律秩序中生效。

（2″）规范（2）在这个法律秩序中生效。

这些句子描述的是彼此处于冲突关系的规范，这些句子的联合并不会产生矛盾。在一个做如此理解的法学中，假设存在真正的规范冲突在实定法上并无不妥。

因此，这似乎找到了在一开始就提出的核心问题的答案。它就是：凯尔森完全放弃了曾启发了纯粹法学的新康德主义方法，因此他认识到，这必然导向那个法律秩序总是必然一致的悖论。对核心问题的回答似乎并不站得住脚。给克鲁格的信件并没有包含这个谜团的答案。而这个悖论从一开始就包含在凯尔森的法学理论当中——也就是早在转向新康德主义的第二个阶段之前。早在1913年，在“国家法律行为学说”一文中凯尔森便已提到，法律秩序作为所有法律规范的整体必须是逻辑上封闭的，也就是一个无矛盾的体系。因为“两个内容上不一致的法律规范无法并存”。[63] 但是为什么凯尔森在半个世纪后才对这个悖论做出反应，而不是在他的法学理论开始构建指出？这并不是因为克鲁格将这个悖论解释出来。

[62] 参见凯尔森:《一般规范理论》(注19)，第57章。

[63] 参见注5。

克鲁格自己就是逻辑对于法律的可运用性的传统观点的代表人物。

这个谜团还在等待着答案。一些法理论家和法历史学家倾向于，将凯尔森晚期学说发生急剧转变的理由归因于美国人的影响。这就涉及凯尔森自 1940 年夏天起安家于美国而对他产生的影响。

事实上可以想象，在美国的停留至少从一个适度的，非常间接的方面来看起着一定的作用：在欧洲对凯尔森发展其法学理论起着重要作用的影响，到了美国实际上已不存在。但是，即便考虑到这种欧洲影响的终结，在美国的逗留对于回答为什么发生思想转变的原因所起作用仍旧有限。毕竟，在欧洲生活的最后十年，凯尔森转向经验哲学亦不可忽略。引发纯粹法学使命思考的过程早在美国生活之前就已开始。

六、凯尔森法学中的紧张关系

20 世纪 70 年代开始的被称为凯尔森晚期学说得名的原因与一种紧张关系息息相关，这种紧张关系可能早在纯粹法理论建立之初便已存在，而在 20 世纪 30 年代后期产生了戏剧化的加重。首先需要指出的是凯尔森在日内瓦时期的作品“报应与因果律”。[64] 在这本书中凯尔森致力于研究从报应原则产生而来的因果法则。他自己将这个研究命名为“人种—社会学的”，因为这以经验自然为基础。

倘若这个研究的对象彻底地超越了一般法理论，那么也许我们

[64]〔奥〕凯尔森：《因果与报应》（注 22）；另参见凯尔森：《报应法则中的因果律的形成》（Die Entstehung des Kausalgesetzes aus dem Vergeltungsprinzip）（注 22）。

就不能在1960年凯尔森法理论中看到对这个研究的阐述。但是同样地，他的30年代后期的“人种—社会学的”研究包含了法学理论上的自然的要素，正如制裁学说所证明的。此外，凯尔森在上述的作品中不仅是欣赏哲学家大卫·休谟的观点，而且明确支持这种有关因果律的观点。从这种对大卫·休谟观点的赞同可以得知，凯尔森在那时业已谈及法律规范的“意志功能”，这与凯尔森晚期学说中清楚明显提出的并无二致。为了使他的法学理论与下述断言一致，即他表达的带有经验或怀疑印记的因果原则，他必须更远地跨出他当时的新康德主义的限制。

由此所形成的紧张关系，通过在经典阶段，即新康德主义阶段所存在的观点与凯尔森在日内瓦所著的专著中表达的休谟观点之间的对立，可以被清楚地说明。在1934年出版的第一版《纯粹法学》中形成了一个妙不可言的简洁表达。凯尔森在作为新康德主义科学范畴的因果律和作为新康德主义法学范畴的归责之间做了一个类比。

“就如自然法则将作为原因的事实和作为效果的事实联结起来，法律法则将法律条件和法律后果相联结。以前种方式联结事实的是因果律，而后种则是归责，它在纯粹法学中作为法的特定的法律性而被认知。”[65]

作为范畴的归责的系统性能力——它的用以证立法具有自身独特的规律性的潜能——建立在类比因果律范畴的基础之上。那么此处涉及的不是作为范畴的基础规范，而是涉及归责律。因此，基础规范和归责在凯尔森的思想中是同一问题的两个方面。凯尔森将作

[65]〔奥〕凯尔森:《纯粹法学1》(注17)，§11(b)，第22页。

必要的修正的论证借用到规范性的领域中，以求——依照类比——同样在彼处可以“超验的”加以论证。这些行为对于凯尔森的方案没有产生太大的效果。因为如果说在他的方案中涉及对纯粹法学的证立，那么无论诉诸事实还是诉诸道德都将是不可能的。恰恰是这些影响深远的界限成为纯粹具有标志性，一如凯尔森所致力追求的那样。乍看之下，似乎凯尔森排除了所有证立纯粹法学的可能性。所剩下的就只有超验论证了。

问题是，如果没有康德哲学上的，即新康德主义的因果范畴，凯尔森的法学理论看起来会是个什么样子。这正是凯尔森在日内瓦所著的作品中表达的立场。倘若不存在因果范畴，那么也就不存在类比；倘若没有类比，也就不存在可应用于法理论的超验论证。

在20世纪30年代后期，凯尔森在其写作日内瓦的专著中肯定认识到这种根本性颠覆的结果，并在他当时理论规划的目的中也明确对此加以处理。就我们所知，康德虽然尝试将因果概念作为先天范畴来维护，然而没有认知，康德完全不可能做到。但是在这件事上——就如凯尔森当时所言——宁愿相对于休谟将目光向回看而不要再往前多看一步。[66]

既不是在日内瓦也不是逗留在美国的头20年期间——也就是从1940年7月到1960年7月——凯尔森所追求的是一种毁灭性结果，这来自于他对自己整体法学理论中的康德范畴的拒斥。正是在1960年事情开始发生：凯尔森彻底抛弃了他的全套新康德主义工具。这个决定并没有使他重新研究大卫·休谟，而是与克鲁格就

[66]〔奥〕凯尔森:《因果与报应》(注22)，第125页。

法律中逻辑可运用性的问题进行交流。凯尔森，这个一开始就坚定地法律中赋予逻辑以基础性角色的人，到1960年却从根本上改变了自己的立场。在1959年到1965年间与克鲁格持续的信件来往中，1960年7月4日的信件达到了“讨论的最高点”——如布柳金所言[67]。那时凯尔森写道，两个规范之间的冲突不是逻辑上的冲突，而是目的论上的对立。[68]在两年后的萨尔茨堡研讨会上他彻底放弃基础规范——如后期所证明的——将自己所有的推断都从悬崖上撤回。[69]

因此，最后可以确定的是，这种紧张关系最迟至1940年春天在日内瓦生活时期的凯尔森的法学理论依旧存在——这种紧张关系处于凯尔森在第二个时期作为基础的新康德主义和实证——法律经验之间。事实上这种紧张关系在更早前就已形成。因为当凯尔森全部的概念、方法、学说等都作为他的“体系”来理解的时候，并且从这个体系中剔除出规范主义的构成部分，那么所剩下的——在《国家法学说基本问题》的形成阶段，也就是1960年到1910年之间——则是恩斯特·马赫的科学实证主义的碎片中。换言之，这种紧张关系在20世纪一开始就肯定已经存在了。

[67]〔阿根廷〕欧亨尼奥·布柳金（Eugenio Bulygin）:“逻辑在法律中可否运用的疑难”（Zum Problem der Anwendbarkeit der Logik auf das Recht），载《乌尔里希·克鲁格70华诞祝寿文集》（Festschrift für Ulrich Klug zum 70. Geburtstag），两卷本，〔德〕君特·科尔曼（Günter Kohlmann）编，Köln 1983年，第一卷，第19-31页之第23页。

[68] 凯尔森-克鲁格:《信件往来》（注4），第46页。

[69] 参见注14。

CHAPTER 3

凯尔森的公法理论

论 主 权*

[奥]汉斯·凯尔森

一、概 念

虽然在国家法和国际法的历史理论脉络中，主权概念毫无疑问是最为核心的基础性范畴，但是它的含义却充满着歧义和可怕的矛盾。在晚近出现的文献材料中，最频繁遇到的、普遍被接受的主权含义在于，它是国家的一种属性，国家据此成为最高的权力或者人之行为的最高系统，这样一种“主权”含义对应的正是其源自拉丁文的“*superanus*”的原初意涵。然而，有些宣称国家本质上就是主权性的学者却对自己的立场加以限制，因为他们甚至认为国家要受到一般性道德规范——或者特定的宗教性道德，也即基督教道德——的约束，主权国家因而就要服从于这种作为更高秩序的道德性。与此同时，他们也尽力保留作为最高权威的国家主权的概念，这种最高权威只是法律领域里的最高权威，也就是说，主权作为一

* 德文版首次刊发于《国际法辞典》(Wörterbuch des Völkerrechts)，第二版，施劳绍尔(Hans-Jürgen Schlochauer)主编，第三卷，Berlin: De Gruyter，1960～1962年，第278-285页。英文版为编者译出。最早的英文版原题目为“主权与国际法”(参见下注5)。
本文译自英文版“Sovereignty”，载《规范性与规范——凯尔森论题的批判性观察》(Normativity and Norms: Critical Perspectives on Kelsenian Themes)，斯坦利·鲍尔森、邦妮·鲍尔森主编，Oxford University Press 1999年，第525-536页，文章为斯坦利·鲍尔森由德文译成英文。(译者注)

种权力或秩序不再受制于任何更高的法律秩序。

二、问 题

当国际法作为对国家施以义务和赋予权利的法律体系进入人们的视野之后，原有的国家主权概念就变得问题重重了。对国家施以义务和赋予权利的国际法体系要求国家按照一定规则来行动，这并不意味着，履行义务和享有权利的主体不是人而是某种超人的存在者或者超人的有机体。在社会里并不存在超人格的存在者或者超人格的有机体，在社会里唯一真实存在的东西就是作为个别的人类存在者。被称之为社会或者共同体的东西，要么是人类个体的实际共同存在，要么是他们相互作用之行为的规范体系。只有人类才能成为履行义务和享有权利的主体并按照一定的规则行动；只有人类的行为才能成为法律义务和权利的内容。如果国际法对国家施加义务和赋予权利从而使其按照一定规则行动，这就意味着，它是对人类存在者施加了义务和赋予了权利，而这些人以其个人能力充当国家之机关并按照一定规则行动。人类存在者作为国家的机关履行以及行使了国际法施加给国家的义务和权利，他们的行为就被当作国家的行为，并最终归属于国家。这就意味着国际法实施于人格化的法律体系，而在此体系之中，这些人被指定去履行和行使国际法对国家施加的义务和赋予的权利。在区别国家及其法律的较为熟知的法律术语的意义上，正是这样的法律体系就被当作是“国家的”法律。此法律就是一个相对中央化的强制体系，它的效力被限定在一定的领土范围之内。这种作为国内法律体系的法律体系有别于去集中化的国际法律体系，后者的法律效力范围不受领土范围的限制。国际法对国家施加义务和赋予权利使其按照一定规则行动只不过意味着，它把由谁来履行国际法义务和享有国际法权利之选择权交给了国家；换言之，国际法赋予国内法律体系这样的决定权。国家作为一个系统被人称为“它自己”的法律，一个特别的法律体系；国家作为人格，也就是作为国际法的主体，就是这种法律体系的人格化。国家作为超人格的存在者或者超人格的有机体只不过是这种法律体系的人格化的假设。而主权作为一个法律概念就是这个法律体系的属性。因此，一个国内法律体系的主权问题就存在于国内法律体系和国际法律体系的关系之中。

关于这种关系的两种理论是截然对立的：二元论和一元论。如果考虑到众多国家或国内法律体系的多样性的话，前者也可称之为多元论。根据二元论的主张，国际法和国内法（即单个国家的国内法体系）是不同的规范体系。这些体系在效力上彼此独立，但与此同时又是平等的。因此，根据二元论，特定的人类行为可以同时既从国际法的角度加以裁断，又从国内法的角度加以裁断，但是不能在它们两者中只选择一种加以裁断。而根据一元论的主张，国内法和国际法构成一个整体：要么国际法高居国内法之上，国内法的效力基础从国际法中获得（国际法优位说），要么相反，国内法高于国际法，因此国际法的效力基础依赖于国内法（国内法优位说）。

如若有人承认，国际法对国家施加义务和赋予权利只不过意味着，国际法将指定哪些人的行为可构成前述权利和义务之内容的权力交由国内法律体系，那么这种国际法和国内法之间关系的二元结构就解体了。此种二元结构要想得到保障，除非在国际法规范和国内法规范之间发生冲突，而这些冲突只能被以具有同等效力的法律体系为研究对象的法律科学用一种矛盾的陈述加以描述。如此一来，这两个体系的统一性——只是在认识论意义上的统一性——就是不可能的。然而，可以看到的是，法律科学以不含矛盾的方式描述国际法和国内法之间的关系是可能的，换言之，不存在致使二元结构成为必要的那些国际法与国内法的冲突。在实效性原则之下[2]，如果实定的国际法拥有一种能够决定国内法律体系的效力之界限和基础的规范的话，那么，国际法和国内法的关系在认识论上的统一性就是毫无疑问的。

三、一元理论与主权概念

对于主权问题的回答只能基于国际法和国内法之关系的一元论结构，这就是说，要回答主权问题，要么持有一种国际法优位的主张，要么持有一种国内法优位的主张。这两种一元结构的差异仅在于国际法和国内法之效力基础的不同，而非这些法律体系的内容的不同。国际法的内容在两种情形下都是一样的。从法律理论的角度上看，这两种结构都是同样可能的。它们之间的对立只是采取的参

[2] 关于凯尔森对实效性原则（Effektivität）的理解，参见〔奥〕汉斯·凯尔森：《法理导论》［德文版《纯粹法学》（第一版）］（Introduction to the Problems of the Legal Theory），邦妮·鲍尔森、斯坦利·鲍尔森译，Oxford: Clarendon Press, 1992）§30（c）（d），第61-63页，§50（g），第120-121页；汉斯·凯尔森：《国际法的原则》（Principles of International Law），第一版，New York: Rinehart，1952年，第212-226，288-291，412-415页；第二版由〔美〕罗伯特·W. 图克尔（Robert W. Tucker）主编，New York: Holt, Rinehart and Winston，1967年，第312-317，410-412，560-562页。

考框架的对立而已。

如果人们以作为一个规范体系并且拥有应然之效力的国内法为出发点，那么从这样的出发点来看，需要追问的就是国际法的效力是如何建立起来的。这一点唯有通过如下的假定方能办到，只有国际法对一国具有效力得到该国的承认，而且在承认的那一刻，国际法在其实际的形式上确实被承认对该国有效，它对一国才是具有效力的。因为有些国家可能并未明确承认国际法，但事实上遵守和运用了国际法，故此种承认也可能是默示的。正是这种承认理论，也构成了国际法规范对所有国家的国内法都有效的观点的基础。这种观点盛行于英美法中，表达在现代宪法的条款之中，它们规定，法律的实施机关应遵守由该国参与的条约所创制的一般国际法和特别国际法。因此，国际法就被理解成国内法律体系的构成部分，即“外部的国内法”。而且，国际法的效力基础转移到了国内法的法律体系当中，充当两种体系之间关系结构的出发点。这一结构表达了国内法对国际法的优位性，正是这种国内法的优位性在法律理论的框架内被标识为国家的主权。

在此意义上，主权并不代表着某种可感受到的抑或客观可以识别的现实之物的品质。相反，它代表着一种预设：规范体系作为最高的、无须再从其他更高的体系内获得规范效力的规范体系。因此，国家是否是主权者的问题并不能通过探询自然的或者社会的实在来加以回答。从法律认知的角度看，国家主权是令人感兴趣的，而其自身并不是一个真实而重大的权力。国家根本没有可与诸多重大民族（nation）相媲美的权力，与它们不相上下之处就在于它是“主权者”。国家是不是主权者的问题无非就是国内法律体系是否被预设为最高的法律体系的问题。而且在这种情况下，当且仅当国际法被国家所承认并且其效力基础被看成是国家之“意志”的时候，它才被认为是对该国具有效力的。

然而，如果人们的出发点是国际法作为一个具有效力的规范性体系，那么从这一角度出发，有问题的便是，国内法律体系的效力如何通过国际法来确立。既然如此提问，国内法律体系的效力基础肯定要在国际法中去寻找。而且，这也是行得通的，因为实效性原则，也即一个实定的国际法规范，规定了国内法律体系的效力基础以及范围。这种代表了国内法律体系效力的基础国际法规范可以扩展到如下程度，根据一般性的国际法，存在于清晰领土范围之内的共同体的政府，当它独立于其他类似共同体的政府并且对于其治下之成员能够实施有效的控制，就是一个具有合法性的政府；即便此政府实施有效控制乃是建立在最早由政府通过革命而创设的宪法的基础之上，处于此政府之下的共同体从国际法的角度上看就是一个国家。这意味着，正是一般性国际法中的某个规范，它授权个体或者个体组成的群体根据一部已具实效的宪法去建立和实施一个具有规范性的强制体系，从而将这个强制体系合法化为在特定领土和时间范围内都具有真正实效的应然法律体系，并且在国际法上使得此体系的共同体合法化为一个国家。如果国内法律体系的实效性被视为此体系具有效力的前提条件，而且这一条件还是由国际法的规范来设定，那么，国内法律体系的效力就奠定在国际法规范的基础之上。因此，国际法就可以被解释成居于国内法律体系之上的普遍的法律体系，它涵盖了作为次级法律体系的所有国家的国内法律体系，并且使得所有这些体系在空间上共存和在时间上连续得以可能。

这样一种国际法和国内法之间的关系结构就排除了国家主权这一表达的原初的和恰当的意涵。作为最高体系的“主权者”是国际法，而非国内法律体系。如果有人在此结构的语境之下谈论“主权”国家，这个概念就获得了一个全然不同于原初的和恰当意义上的意涵。在此，它表述了这样的意思，那就是国内法律体系只服从国际法而不服从任何其他国家的国内法律体系。因此，在法律的人格化的概念下，每个国家在法律上都独立于其他国家。于是，所谓的国家“主权”就只不过是这个国家与国际法的直接关系而已。若是有人的出发点是国际法优位，那么，具有误导性的国家“主权”概念就应该被国家与国际法的直接关系取而代之。有人可能不愿使用“相对”的国家最高主权的说法，因为此种表述会导致自相矛盾的结果。

只有预先假设国内法律体系优位的原则，人们才能够在原初和恰当的意义上谈论国家的主权。但是，似乎更有问题的是，那些偏爱此种国际法和国内法之关系结构的人却乐意接受基于这种结构的后果。因为根据这种结构，只有单一国家的主权才是被预设的，它反过来排斥所有其他国家的主权。但是，正是所有这些国家的主权——所谓“主权平等”，也即所有国家享有平等的主权，这种观念是说，就它们的主权来说，所有国家都是平等的——通过这种代表国内法优位的结构才能从质疑中获得拯救。实际上，任何国家无论怎样都有可能成为这种结构的出发点，但成为出发点的从来都只是单个国家。一个国家与其他国家的关系是由国际法确立的，对于充当这一结构的出发点的国内法律体系来说，国际法是它的组成部分之一。根据通行的国际法，一个国家将另一个共同体当作国家看待，并将构成这个共同体的体系视为一个具有效力的法律体系，只有当前一个国家依据国际法承认这个共同体为国家时，只有当作出承认的国家的授权机关认为这个共同体满足了国际法所规定的条件时，才是可能的。

如果国际法属于作出承认的国家之国内法律体系的组成部分，那么对此国家而言，其他国家作为一种法律存在之基础——也就是其他法律体系的效力之基础——就在于它们可被承认拥有自己的法律体系，或者形象地说，拥有自己的意志。据此，所有其他国家的法律体系必定会被看成是从属于可对其他国家加以承认的国家的法律体系，以及它的组成部分——国际法；所以说，它们不能被预设为主权者。作为其他国家取得承认之基础的国内法律体系的构成部分，国际法在国内法律体系中，在有权对其他国家加以承认的国家“意志”中，也可以发现自身效力的基础。因此，只有这种国家——而且只有这种可充当国内法优位原则的关系结构之出发点的国内法律体系——才能被视为主权者，也就是最高的法律体系，因为在其之上再也没有任何更高的具有效力的法律体系了。

如果国际法作为国内法律体系的一个构成部分的话，那么就必须对狭义上的国内法律体系和广义上的国内法律体系作出区分。狭义上的国内法律体系包含宪法规范以及根据宪法通过习惯、一般性立法、判例和行政立法而设定的规范。而广义上的国内法律体系此外还包括国际法（在狭义上的国内法律体系基础上获得承认的国际法），也就是那些此外还通过国家间的惯例和条约所创设的规范。考虑到国际法的内容，构成广义上的国内法律体系的两个要素之间的关系必须被解释为上位规范和下位规范的关系。当谈及一个国家承认国际法对自身具有效力从而使自己服从于国际法的时候，这种关系就得到了颇为形象的表达。在与国际法（广义上的国内法律体系的其他组成部分）的关系上，狭义上的国内法律体系，就像其他国家的法律体系一样，都是属于下位层级的，因而并不比它们拥有更多的主权，但是却享有和它们一样的与国际法的直接关系。狭义上的国内法律体系是承认国际法的，就像所有其他国家的国内法律体系一样在国际法上拥有其效力基础。然而，国际法并非国内法律体系的终极效力根源，这就使得国际法成为国内法效力的组成部分，并且充当了代表国内法优位之关系结构的出发点。因为国际法自身所拥有的效力基础就在于所谓的国家“意志”之中，也就是广义上的国内法律体系。在国际法和国内法之间的关系就具备了国内法优位的特征，它仅仅存在于广义上的国内法律体系和作为其组成部分的国际法之间。只有这个法律体系，而非狭义的国内法律体系，才是主权者。而且，主权在此只不过意味着，虽然国际法被认为高于狭义上的国内法律体系，但不被认为高于广义上的国内法律体系，它只是其构成部分而已。既然当谈及国家主权时，肯定意味着的只是（或无论如何首要的是）狭义上的国内法律体系或是通过它而建立的共同体，那么主权概念就仅仅表达一种与国际法的直接关系。只有广义上的国内法律体系，其可赋予国际法作为其构成部分以效力，才能在此概念唯一被允许的意义上被称为“主权者”。因此，如果选定这样一种国内法和国际法之间的关系结构，那么还是使用国内法优位说比较好，而不是使用那个令人误导的国家主权的概念。

无论是选择两种国际法和国内法之关系结构中的任何一种，也就是说预设或不预设国家主权，都不会影响到国际法的内容。同样，无论此种关系结构如何，以及无论国家是否被预设为主权者，国内法的内容也不会受到影响。当唯有建立在实定的国际法或国内法的基础之上而作出的决定来自于主权的概念——此种情形一再发生，那么它要么是对此关系结构的误用，要么（导致同样结果的）是对主权概念的误用。因此，国际法优位说的支持者声称，既然国家是服从于国际法的以及国际法是相对于国内法更高的法律体系，那么由此可以推出，当国际法和国内法发生冲突的时候，国际法效力优位，而那些与国际法相冲突的国内法规范则变得无效。可是，一国国内法中的规范只可能被废弃不用（invalidatable），[3] 却无法使其无效。而且，由于它所谓的"同国际法的矛盾"，如果国际法或者国内法提供了一种可使其废弃不用的程序的话，它也只能是被废弃不用了。然而，一般性的国际法并不提供这样的程序，而且假设其高于国内法也无法弥补此程序的缺失。[4] 实定的国际法仅仅是对国内法中有疑问的规范附加了一个制裁条款，此种制裁条款针对的是其国内法中包含这类规范的国家。因此，无论从国内法的角度还是从国际法的角度上看，国内法律规范依然具有效力；而国家确实也会接受来自国际法的制裁。此种情形可以在逻辑上以毫无矛盾的方式加以描述，因为法律规定的是一种特定的行为，只有当发生与之相抵触行为的时候，该法律才会施加强制性的制裁。两种规范，一种是对特定行为附加一个制裁条款，另一种是对相反行为附加一个制

[3] 关于"invalidatable"（"vernichtbar"），参见凯尔森:《法理导论》，§ 31（h）（第 73 页，第 56 页）。

[4] 在此可以将"程序"（procedure）理解为德语的"规范"（norm）。

裁条款，两者都可以是有效力并可被适用的。如果一种规范是国际法规范，即对特定行为附加制裁条款（如战争或者反击），另一种是国内法规范，对于相反行为实施国内法制裁（如刑罚或者剥夺财产权）。从法律政策的角度看，这样的情形是不合人意的，它暗示着，在国际法或国内法上采取一种制度化的手段将那些“与国际法相抵触的”国内法规范废弃不用。如果不是这种情况的话，国内法和国际法规范都是有效的。这里存在着的是目的上的冲突，而非逻辑上的矛盾，无论是在国际法和国内法的关系之间，还是在描述它们的陈述之间都不存在逻辑上的矛盾。根据国际法优位说，为了保证国内法和国际法在认识上的一致性，无论废除还是取消那些“与国际法相抵触的”规范之效力都是不必要的。

从国际法居于国家之上这一事实中，我们可以推出如下结论，一个国家的主权本质上是有限的，这也使得一个有实效的世界法律组织成为可能。在和平主义的政治意识形态里，排斥了国家主权的国际法优位说发挥着决定性的作用。然而，受国际法优位说排斥的国家主权完全不同于受到国际法限制的国家主权。前者意味着最高的法律权威，而后者则意味着国家行动的自由或者国内法律体系具有不受限制的权威。无论国际法被理解为一种居于国家之上的法律体系，还是被理解为国内法律体系的组成部分，一国国内法律体系的权威都要平等地受到国际法的限制。只要有上述两者中任何一种国际法和国内法的关系结构存在，一个有实效的世界法律组织就是可能的。

比国际法优位说更容易导致误用的是国内法律体系优位说，一种建立在国家主权这一前提基础之上的优位说。假定国际法的效力只能建立在受国家承认的基础之上，从而国际法变成国内法律体系的组成部分之一，就等于是假定国家是主权者。从这一假定可以得出如下结论，国家并不必然受到其已参与签订的国际法条约的约束，因为同国家的主权性质不相一致的是，国家——甚至是在它已参与签订的国际条约中——服从于可作出强制性裁断的国际法院，或者受制于某合议庭机构的多数决定，即便这一机构及其程序乃是依据该国参与签订的国际条约创设的。正如国际法优位说在和平主义意识形态中发挥着决定性作用一样，在帝国主义意识形态中，国内法优位说即国家主权同样发挥着决定性作用。同之前阐明的一样，关键的问题还在于主权概念的模糊性。但是，如果国际法已经获得了国家的承认从而对于此国家具有效力，那么它就是有效力的，就如同它是一种居于国家之上的法律体系一样。无论通过条约所确立的国际法规范之内容到底是什么，令那些参与条约的国家接受条约限制的国际法规范都是有效的。根据国际法的规定，就因为这些条约创设的规范与参与签订条约的国家的性质发生矛盾，特别是同这个国家的主权发生矛盾，是不能将规范的内容排除在外的。不存在居于国家之上的国际法规范可限制国家主权，同这一事实完全一致的事实在于，一个国家基于自身的主权承认国际法，从而将国际法转变成自己国内法律体系的一部分，也就是说，国家通过假设承担由一般性国际法以及它所参与的条约设定的义务而对自己的主权加以限制——也就是对自己的自由行动与权威加以限制。关于国家主权在多大程度上受到该国所承认的国际法约束这样的问题，只有在国际法之内容的基础上才能得到回答，而不能从主权概念中寻找。然而，实定的国际法并没有设定边界以对国家主权（也就是国家的行动自由和权威）加以限制。一个国际法条约可以创建一个国际组织，它具有很强的集中性以至于具备了国家的特征，其结果就是，诸多参与签订条约并加入此组织的国家反而失去了其国家的特征。一国政府在多大程度上可以和应该受到国际条约对其行动自由的约束实为一个政治问题。对此问题的回答既不能从国内法优位说也无法从国际法优位说中找到答案。

> 国际法和国内法之间两种一元结构关系的相互对立，也就是两种可达致所有生效法律在认识论上的统一性的道路，严格地对应于主观主义世界观和客观主义世界观这样两种截然相反的立场。为了理解外在世界，主观主义视角将一个人的自我主权“我”选为出发点，从而就将这个世界理解为一个内在的世界，理解为“我”的观念和意志，而全然不是外在的世界。同理，从国内法律体系优先原则出发，为了理解法律的外在世界，国际法和其他国家的国内法律体系就将一个人自己的主权国家选为出发点，从而将这个外在世界仅仅理解为内在世界，理解为自己国家的国内法律体系的组成部分。国内法律体系优位说的适用结果就在于，只有一个人自己的国家可被理解为主权者，因为这个国家的主权排除了所有其他国家的主权。在这个意义上，自己国家的国内法律体系优位说就可被定义为国家的主观主义，实际上也就是国家的唯我论。与之相反，以国际法体系优位说为其特征的结构，为了理解所有单个国家的法律存在，

> 就将外部世界——国际法——作为有效力的法律体系选为出发点，但因此赋予那些国家的国内法律体系以效力，而这些国内法律体系仅仅作为次一级的法律体系纳入国际法，而不是主权权威。关于世界的科学认知完全不受主观主义和客观主义之间对立的影响。而且，无论这个世界被设想为“我”的内在世界还是“我”被设想为在世界之内，作为认知对象的世界以及描述世界的自然法则仍旧是一样的。同理，两种法律结构之间的对立不会对国际法或者国内法的内容发生影响，而无论是人们将国际法想象为包含于国内法之中的法还是将国内法想象为包含于国际法之中的法，描述法律内容的各种法律命题仍旧是一样的。

这两种法律结构之间的对立也可以同托勒密的地心说和哥白尼的日心说之间的对立进行类比。根据前一种法律结构，一个人自己的国家居于法律世界的中央，同理，在托勒密的观念里，地球是宇宙的中心而太阳围绕着地球旋转。而根据另一种法律结构，国际法才居于法律世界的中心，就如同哥白尼的理论，太阳才是宇宙的中心而地球是围绕着太阳旋转的。但是，这两种天文学观念的对立只不过是两种不同的参照物框架之间的对立而已。正如马克斯·普朗克所说：

> 比如说，如果一个人接受了一个与地球密切关联的参照物框架，他就会说太阳是在天空中运转的；但是如果他转而以一个恒星作为参照物框架，那么太阳就是静止不动的。在这两

种彼此对立的描述中，既不存在矛盾也不缺少明晰性；所存在的只不过是两种相互对立的不同视角。根据当代明确成为物理学的基本原理之一的相对论，这两种参照物框架以及与之相应的观点都是同样正确和同样有理据的；如果不是任意而为的话，基于某种测量和计算而想在它们之间做出选择根本上是不可能的。[5]

国际法和国内法之关系的两种法律结构也同样如此。它们之间的对立乃在于采取了两种不同的参照物框架。一种框架与自己的国内法律体系密切相关，而另一种则与国际法体系密切相关。两种参照物框架都是同样正确和同样有理据的。想要基于法律科学在两者之间做出选择，同样也是不可能的。法律科学仅仅能展示出这两种情形，一旦决定了国际法和国内法之间的关系，那么其中的一种或另一种就能被选择了。而做出决定本身则是法律科学之外的事情。这样的决定只能是基于非科学的考量，尤其是政治上的考量。凡是重视自己国家主权理念的人，因为在强化的自信当中他将自己与国家相等同，他就会偏爱国内法优位说，而非国际法优位说。凡是认为世界法律组织的观念更令他满意的人，就会偏爱国际法优位说，而非国内法优位说。但是这也并不意味着，就实现世界法律组织的理想来说，国内法律体系优位说会做得不如国际法体系优位说好。前者似乎可以为反对任何对国家自由行动加以重大限制的政治活动

[5]〔德〕马克斯·普朗克："意志自由的本质"（Vom Wesen der Willensfreiheit），1936 年 11 月 27 日在德国哲学学会上的演讲，载马克斯·普朗克著：《报告与纪念文集》（Vortrage und Erinnerungen），Stuttgart：S. Hirzel，1949 年，第 301-317 页之第 311 页。

提供证立。然而，这样一种证立却建立在一个谬见之上，将会以一种灾难性的方式陷入——意味着最高的法律权威以及不受限制的行动自由的——主权概念的混乱当中。这种谬见乃是帝国主义政治意识形态及其运行中的国家主权教义的永久性组成部分之一。若对之加以必要修正，它同样适用于对国际法优位说的偏爱。对于实现理想，即对国家行动自由意义上的主权概念施加最小可能的限制来说，国际法优位说较之个别性国内法律体系优位说并不逊色。然而，在对国家之行动自由施以重大限制如何证立的问题上，国际法优位说似乎比国内法体系优位说做得更轻松。这同样也是一种谬见，但它在和平主义的政治意识形态中却发挥着关键性的作用。

在澄清了这些错误并将它们从逻辑证明无可辩驳的一切托词中清除干净之后，以及在将它们还原回难免遭遇批驳意见的政治论辩当中之后，法律科学为此种或者彼种政治发展开辟了道路，而无须对二者加以假设和证立。作为一门科学，法学认为二者与自己毫不相关。[6]

---

[6] 凯尔森此论文的结论第一次出现在一部关于国际法的论文之中，读者可以参考在国际法和主权概念上的议一元论上相关主题。〔美〕梅利亚姆（Charles Edward Merriam）:《卢梭以来的主权学说史》（History of the Theory of Sovereignty since Rousseau），New York: Columbia UP，1900 年;〔德〕苏杰尼奇（Wiktor Sukiennicki）:《国家主权与现代国际法》（La Souveraineté des états en droit international moderne），Paris: A. Pedone，1927 年;〔瑞士〕拉奇（Luigi Raggi）:《主权理论》（La teoria della sovranità），Genoa: A. Donath，1908 年;〔德〕克拉伯（Hugo Krabbe）:《法律主权的学说》（Die Lehre der Rechtssouveränität），Groningen: J.B. Wolters，1906 年，他的《现代国家理念》（Die moderne Staats-Idee），The Hague: Martinus Nijhoff，1919 年，根据书的前言是同《法律的主权学说》密切关联的作品，其英文版:《国家的现代理念》（The Modern Idea of the State），萨宾娜（George H. Sabine）、谢帕德（Walter J. Shepard）译，New York: Appleton，1922 年;〔德〕尼尔松（Leonard Nelson）:《没有法的法律科学》（Die Rechtswissenschaft ohne Recht），Leipzig: Veit，1917 年（转下页）

（接上页）［重刊于贝恩纳斯编：《尼尔松全集》（Gesammelte Schriften in neun Bänden），保罗·贝尔内斯（Paul Bernays）编，Hamburg: Fritz Meiner，（1970-2），第 9 卷，1972 年，第 123-324 页；〔奥〕福尔多斯（Alfred Verdross）：《基于国际宪法的法律世界图景的统一性》（Die Einheit des rechtlichen Weltbildes auf Grundlage der Völkerrechtsverfassung），Tübingen: J.C.B. Mohr, 1923；〔英〕拉斯基（Harold J. Laski）：《主权问题研究》（Studies in the Problem of Sovereignty），New Haven: Yale UP，1917 年；凯尔森：《主权问题与国际法理论》；〔美〕马特恩（Johannes Mattern）：《国家、主权以及国际法的概念》（Concepts of State, Sovereignty and International Law），Baltimore: Johns Hopkins Press，1928 年；〔德〕贡斯特（Dietrich W. Gunst）：《现代国际法中的主权概念》（Der Begriff der Souveränität im modernen Völkerrecht. Eine wissenschaftliche Analyse），Berlin: R.Oppermann，1953 年；〔德〕绍尔（Ernst Friedrich Sauer）：《主权与团结》（Souveränität und Solidarität. Ein Beitrag zur völkerrechtlichen Wertlehre），Göttingen: Musterschmidt Wissenschaftlicher Verlag，1954 年；〔德〕毛瑞斯·布尔奎（Maurice Bourquin）：《国家与国际机构》（L 'État et l 'organisation internationale），New York: Manhattan Publ. Co.，1959 年；凯尔森：《纯粹法学》（英文版）；克鲁格（Herbert Krüger）："主权和国家共同体"（Souveränität und Staatengemeinschaft），载《主权问题——德国社会对国际法的报告》（Zum Problem der Souveränität, Berichte der Deutschen Gesellschaft für Völkerrecht），Karlsruhe: C.F. Müller，1957 年，卷一，第 1-28 页；〔德〕艾尔勒（Georg Erler）："国家主权与国际经济干涉"（Staatssouveränität und internationale Wirtschaftsverflechtung），同上书，第 29-58 页；凯尔森："国际法和国家法的统一"（Die Einheit von Völkerrecht und staattichem Recht），载《外国公法与国家法期刊》（Zeitschrift für ausländisches öffentliches Recht und Välkerrecht），19（1958），第 234-248 页（重刊于《凯尔森全集》，第二卷，第 2213-2229 页）；凯尔森："主权与国际法"（Sovereignty and International Law），载《乔治城法律期刊》（Georgetown Law Journal），48（1959-60），第 627-40 页（此处被翻译的这篇文章是一个早期的英文版本）；〔德〕莱布霍尔茨（Gerhard Leibholz）："主权与欧洲整合"（Sovereignty and European Integration），载《人文科学与欧洲整合》（Sciences humaines et integration europáenne），〔荷〕罗伯特·舒曼（Robert Schuman）作序，Leiden: A.W. Sijthoff，1960 年，第 156-176 页。

论凯尔森的宪法概念*

〔德〕罗伯特·阿列克西

在凯尔森的著作中，宪法具有核心作用。这一结论不仅适用于他在宪法和宪法诉讼方面的文章，也适用于他在法哲学方面的作品。如果没有梅克尔（Adolf Julius Merkl）引入[1]的规范层级构造理论，凯尔森的纯粹法理论是不可想象的，而若是没有宪法概念，层级构造理论也是不可想象的。人们在法体系中追问：为什么某个东西在法律上有效？例如，相比“强盗的命令”，为什么声名狼藉的“税务官的命令”[2]在法律上是有效的？几步推导之后，人们会将宪法当作一国实证法的效力的最终实证法基础。如果人们继续追问宪法的效力基础，而还不到国际法上寻找那些很自然就会从该问题延

* 本文原文为：Hans Kelsens Begriff der Verfassung，载《汉斯·凯尔森——20 世纪的国家法学者和法律理论家》（Hans Kelsen. Staatsrechtslehrer und Rechttheoretiker des 20. Jahrehunderts），斯坦利·L. 鲍尔森、米夏埃尔·施托莱斯（Michael Stolleis）编，Tübingen，2005 年，第 333-352 页。（译者注）

[1]〔奥〕汉斯·凯尔森:“国家法学的主要问题”（Hauptprobleme der Staatsrechtslehre），1911 年第 2 版，Tübingen 1923 年，第 15-16 页；对此参见斯坦利·L. 鲍尔森:“论汉斯·凯尔森在形成奥地利宪法过程中的作用及其对违宪审查的辩护”（On Hans Kelsen's Role in the Formation of the Austrian Constitution and his Defense of Constitutional Review），载《作为理性的合理性？——奥利斯·阿尔尼诺纪念文集》（The Reasonable as Rational? Festschrift für Aulis Aarnio），〔德〕维尔纳·克拉维茨（Werner Krawietz）、〔美〕罗伯特·S. 萨默斯（Robert S. Summers）、〔奥〕奥塔·魏因贝格尔（Ota Weinberger）、〔英〕格奥尔格·亨里克·冯·赖特（Georg Henrik von Wright），Berlin，2000 年，第 391-392 页。

[2]〔奥〕汉斯·凯尔森:《纯粹法学》（Reine Rechtslehre）第二版，Wien，1960 年（以下简称：纯粹法学 2），第 8 页。

展至国际层面的规范效力根据，[3] 那么，人们必定离开实证法的有效性领域，转向一个可以证立实证法规范的效力同时自身还不是实证法规范的规范。这就是基础规范。凯尔森宪法概念中的首要问题——宪法与基础规范的关系——就来源于这种转向的必要性。这个问题涉及宪法与实证法以外的事物之间的关系。与这个问题相对的是宪法与实证法以内、宪法以外的事物之间的关系，也就是宪法与普通法律的关系。通过这两个问题，凯尔森对宪法概念的定位就可以获得确定。

在纯粹法理论的整个大厦中，凯尔森的宪法概念具有体系上必要的地位。乍看起来，这一事实似乎使得对之加以广泛地探讨变得不可或缺。若是人们对凯尔森的基本命题加以质疑，法——因而也包括宪法——先是由规范，进而由实证法规范组成，那就成功地进入这样一种全面的探讨。人们可以通过两个断言来化解这个命题。第一个断言认为，只有考虑宪法的事实性，才能理解宪法到底是什么。例如，施米特批评凯尔森“将国家统一体和国家秩序的政治存在或变动……转化为一种功能（Funktionieren）”；[4] 第二个根本性的异议强调宪法的道德性而非事实性。例如，施米特以理性法和自然法“一以贯之的规范性”——它单独便可证立“真正的应然”——来反对凯尔森的实证法的规范性。[5] 从中不难看到，事实性反对和道德性反对所涉及的完全是两条战线的斗争。通过主张，

[3] 同上注，第222页。

[4]〔德〕卡尔·施米特（Carl Schmitt）:《宪法学说》（Verfassungslehre），1928年第五版，Berlin，1970年，第8页。

[5] 同上注，第9页。

既不必化约为事实性也无须道德性的支撑，规范性就具有可能性，凯尔森在完全一般性的意义上将纯粹法理论引入了上述斗争。

如果人们拆除掉凯尔森按计划阐明的基础，其理论也不会自行崩溃。这是凯尔森著作的伟大之处。因此，人们能够既坚持基础规范的想法，同时又反对法与道德在概念上的分离。[6] 他的其他很多观点也是如此。因此，并非任何一个对凯尔森命题的讨论都必须首先以全面讨论纯粹法理论的基础作为开始。人们能够既反对纯粹法理论的基本命题，同时又接受凯尔森的主要命题。这个事实开启了有限讨论的可能。这里的思考限定于下面两个问题：第一，对凯尔森而言，宪法的性质（Natur）或本质（Wesen）或实质（Essenz）是什么？第二，他如何界定宪法与基础规范的关系？

一、凯尔森宪法概念的实质

凯尔森宪法概念的核心有两个二分法：一个是实质意义上的宪法与形式意义上的宪法；另一个是法逻辑意义上的宪法与实证法意义上的宪法。

实质的 / 形式的区分在法律上很常见。它有不同的变形，其中，有两个变形在这里具有特殊意义。第一种也是比较流行的变形将实质的 / 形式的二分与内容和程序的对立联系在一起。这种二

---

[6]〔德〕罗伯特·阿列克西:《法的概念与效力》(Begriff und Geltung des Rechts)，第二版，Freiburg/München 1994（2002 年重印）(以下简称：概念与效力)，第 167 页以下，第 185-186 页。

分在宪法上具有重要的意义，它的一个表现是形式的与实质的合宪性和违宪性的区分——这也是凯尔森所采纳的。[7] 形式的合宪性以遵守权限、程序和形式等规定为前提条件。这三个概念描述了程序性（Prozedurale）的不同方面。这是第一种变形中内容的概念和程序的概念形成对立的基础。与之相对，实质的合宪性涉及一个措施在内容上符合还是违背宪法。将形式的 / 实质的二分的这种变形运用在宪法概念上则更明显。形式的宪法概念有如下特征：①某个特殊权威带来的法制性；②高位阶；③难以修改；④对法律设定（Rechtssetzung）尤其是立法的授权。这些都没有涉及宪法的内容。当构建实质的宪法概念时，宪法的内容才起作用。实质的宪法概念可能包含其他四个互不相同、可具体化的特征：①国家的基本结构和目标的确定；②最高国家机关的任务和权能的划分；③通过给予（Gewährung）或不给予基本权利规定公民与国家的关系；④政

[7] 参见〔奥〕汉斯·凯尔森："国事诉讼的本质与发展"（Wesen und Entwicklung der Staatsgerichtsbarkeit），载《德国国家法教师协会会刊》（VVDStRL），第 5 册，1929 年（以下简称：本质与发展），第 37 页。凯尔森马上对它增加了"限制"，"实质的违宪性在下面这点上也是形式的：如果与宪法中的规定相抵触的法律作为宪法律被制定，它便失去了违宪的瑕疵"。（同上）。将实质的违宪性解释为形式的这种可能在下面这点上没有任何改变：被解释为形式的东西是内容的东西，也就是法律的"内容"与宪法规定的内容"相矛盾"。这个内容上的矛盾是实质违宪性的必要条件，但不是形式违宪性的必要条件。

治统一体构建的目标。[8]

第二种形式的/实质的二分与第一种不同，它定位于本质的（Essentiellen）和非本质的（Akzidentiellen）区分而非程序和内容的区分。就此，宪法上的一个例子是实质意义上的法律和形式意义上的法律的区分。实质意义上的法律是所有“抽象的—一般”的规范，不论是否由议会决议通过。相反，形式的法律包含类似预算案的规范，也包含“具体的—个别的”规范，还有就是缺少对法律来说具有根本性特质的规范。对于赋予法律以谓项——“形式的”——来说，外部特征，即议会以法律的形式颁布之，已经足够。这一例子表明，实质上具有“本质”意义的东西并不一定就是实质上具有“内容”意义的东西。“抽象的—一般的”是一般意义上的形式的/实质的二分的形式方面。[9]

凯尔森的宪法概念遵从的是形式的/实质的二分的第二种解释本质的/非本质的区分这条线索。因此，“凯尔森所理解的实质意

[8] 很容易看出，即使是这种实质的宪法概念在一定意义上也具有形式特征。它没有规定如何实现实质性的这四个维度，因此，它对诸如独裁的一党国家和民主的多党国家等不同现象保持开放。这两者既是形式宪法概念的具体化，也是实质宪法概念的具体化。就此而言，这八个特征具有抽象的特点。抽象的、形式的宪法概念和抽象的、实质的宪法概念与具体的宪法概念相区别。当然，人们也可以将分别是抽象概念的形式的宪法概念和实质的宪法概念合并成宽泛意义上的形式的宪法概念，使其与作为狭义上的实质宪法概念的具体宪法概念相对立。这种可能性表达了形式的/实质的二分的多义性。这里只有一点具有重要意义：为了能判断一个宪法的好坏，人们必须有一个具体的宪法概念，然而，在抽象的形式宪法概念和实质的宪法概念那里主要也是判定，当一个宪法存在时它是好的还是坏的。对于具体的宪法概念的分析，参见〔德〕彼得·翁鲁（Peter Unruh）:《基本法的宪法概念》（Der Verfassungsbegriff des Grundgesetzes），Tübingen，2002 年。

[9] 这里，形式性既不在于程序特征，也不在于非本质特征，而在于，在抽象的—普遍的特征那里涉及的是规范的结构，而非内容。因此，通过结构的/内容的区分，就可以观察到形式的/实质的二分这又一变形。

义上的宪法是什么”等同于“根据凯尔森的观点，什么对宪法来说是本质的”。

乍看起来，在 1925 年出版的《一般国家学》中，不仅程序的东西对宪法来说是本质的，内容的东西也是。也就是说，形式的/实质的二分的第一种解释意义上的形式的东西和实质的东西对宪法来说都是本质的。凯尔森在这里写到，人们所理解的“实质意义上的宪法”是与“最高的机关”和“臣民与国家权力的关系”相联系的规范。[10] 至少，后者是“内容”意义上的实质的东西。进一步观察则会发现，凯尔森在这里只是在评论一个至少部分是“内容的”意义上的实质的宪法概念，而非据为己用。他不仅谈到如何通过“历史的考量”“达致”这个概念，以及这个概念建构立基于“几百年的旧的历史传统”，[11] 而且将该传统的产物与自己的定义——根据他的定义，实质意义上的宪法由“涉及最高的规范制定机关的法规范”构成——相对比。[12] 将实质的宪法理解为最高的、实证法的、创设规范的规范，表明某种东西是“实质的”，但根据形式的/实质的二分的第一种理解，它被描述为“形式的”。如果把在“形式上”称呼的东西描述为“实质的”，则必须在弱意义上理解形式的概念。在《一般国家学》中，这是通过将形式意义的宪法概念化约为只有在“更困难的条件下才能被制定或修改”的法律来实现的。[13]

[10]〔奥〕汉斯·凯尔森:《一般国家学》(Allgemeine Staatslehre), Berlin, 1925 年（以下简称：一般国家学），第 252 页。

[11] 同上注，第 252-253 页。

[12] 同上注，第 252 页。

[13] 同上注，第 253 页。

凯尔森把后者称为“宪法形式”。[14] 无疑，这是个形式标准。但是，由于这只是形式性标准的众多可能之一，仅以此为基础的形式宪法的概念是一个较弱的形式宪法概念。

像任何的多义性一样，形式的/实质的二分隐藏着混淆的危险。在凯尔森这里就存在这种危险，因为两种变形他都用到了。第一种变形不仅仅表现在他对实质的违宪性和形式的违宪性的区分。他也极为普遍地在内容和程序区分的意义上使用形式的/实质的二分。[15] 在《纯粹法理论》第二版中，他强调，宪法——在一个段落之前，他称为“(这个词的实质意义上的)宪法”——主要表达的是形式法。[16] 这种双重的用法会产生混乱，它最明显的表现为：通过“实质意义上的宪法是形式意义上的宪法”这个字面上矛盾的语句来表述凯尔森的实质意义上的宪法概念。这个矛盾的印象只有当该语句被解释为“本质意义上的宪法是一种程序意义上的宪法”时才可消解。

这种混乱可能诱发下面的情况：在1928年国家法教师大会的讲演中，凯尔森认为，把“规定法律制定的规则”——就像他简明扼要地提到的——称为实质意义上的宪法是不太幸运的事情。[17] 在那里，他更喜欢“狭义上的宪法”这个称呼，经改进，他也使用“狭义上的和真正意义上的宪法”和“真正的、原初的和狭义上的宪法概念”。通过“法律的创设”定义的狭义上的宪法概念与宽泛

[14]〔奥〕汉斯·凯尔森：“本质和发展”(注7)，第36页。
[15]〔奥〕汉斯·凯尔森：《纯粹法学2》(注2)，第236页以下。
[16] 同上注，第238页。
[17]〔奥〕汉斯·凯尔森：“本质和发展”(注7)，第36页。

意义上的宪法概念相对立。如果宪法不仅包括关于法律创设的规范，还包括关于其内容的规范，那么，这个宪法应该是宽泛意义上的宪法。关于内容，凯尔森给出了一个重要的例子“基本权和自由权的目录”。[18] 这个内容属于宽泛意义上的宪法的前提是通过难以修改定义的“宪法形式”[19]。它也是属于形式意义上的宪法的条件。因此，狭义上的宪法和宽泛意义上的宪法的区分并没有引入新的二分法，而只是对已有区分的新表述。

因此，尽管凯尔森还有个术语可以准确无误地表述他想要表述的东西，但在后面的著作中，在无损于对狭义上的宪法继续讨论的情况下，[20] 他再次将形式的 / 实质的二分摆在突出的位置。混乱在《纯粹法理论》第一版中就产生了。在这里，法秩序的层级结构中总体的实证法上最高的层级被称为“这个词的实质意义上的宪法”。[21] 法律的创设不再是它的唯一对象，而只是它的“主要功能”。此外，“未来法律的内容”也能被确定，典型的是通过“基本权和自由权的目录”形成的。[22] 奇特的是，实质意义上的宪法概念在这里没有对立面了。只有“特定的宪法—形式”这个概念浮现出来，取代了形式意义上的宪法概念，就像前面所言，它通过难以修改来定义。[23]

[18] 同上注，第 37 页。

[19] 同上注，第 34 页。

[20]〔奥〕汉斯·凯尔森：“宪法的功能”（Die Funktion der Verfassung），载《1964 年维也纳第二届奥地利法学家大会研讨会文集》（Verhandlungen des zweiten österreichischen Juristentages Wien 1964），第二册，Wien o. J.（以下简称：功能），第 71 页。

[21]〔奥〕汉斯·凯尔森：《纯粹法学》，第一版，Leipzig/Wien，1934 年（以下简称：纯粹法学 1），第 74-75 页。

[22] 同上注，第 75 页。

[23] 同上注，第 76 页。

《纯粹法理论》第二版则完全不同。在这里，实质意义上的宪法概念在一个明确的定义中被清楚地限定为规定规范创设的规范：

> “这里，宪法是在实质意义上理解的，也就是，通过这个词来理解规定一般法规范创设的实证规范。”[24]

在比它早35年出版的《一般国家学》中，这个被称为“实质的”的宪法概念与形式的宪法概念相对立，其定义如下：

> “形式意义上的宪法必须与实质意义上的宪法区分。前者是一个被称为“宪法”的文件，作为成文宪法，它不仅包括规定一般法规范的创设也就是立法的规范，也包括有关其他在政治上重要的对象的规范，此外和这种规定——根据该规定，这个文件（宪法律）中包含的规范不像普通法律，而是只有在困难的条件下、在特别的程序中才能废除或修改。”[25]

很容易看出，形式意义上的宪法与1925年的定义在关键之处是一致的：难以废除和修改，也就是凯尔森所谓的“宪法形式”。[26]然而，宪法形式出现在这个定义的第二部分，在这个复杂语句结构中唯一的“和”之后。这引出了这样一个问题：在“和”之前，这个定义的第一部分是什么？

[24]〔奥〕汉斯·凯尔森：《纯粹法学2》（注2），第228页。
[25] 同上注，第228-229页。
[26] 同上注，第229页。

这个定义的第一部分包括三个要素。第一个出现在“是一个被称为‘宪法’的文件”的表述中。[27] 如果按照字面，应该是被称为“基本法”的文件，它只有在这个称呼上才与被称为“宪法”的文件相区别。此外，在所有方面都是一样的。反之，就不是形式意义上的宪法。这不会是凯尔森的本意。因此，他的表述要这样来解释：这个文件足以表现出被当作宪法来认知的样子。因此，该定义的第一部分的第一个要素要这样理解：它希望存在一个被当作宪法来理解的文件。在这个意义上，形式的宪法必然是——就像该定义进一步说明的——“成文宪法”，在这个意义上是“宪法律”。[28] 因此，除了宪法形式，宪法律是形式意义上的宪法概念的第二个定义要素。

“它不仅包括规定一般法规范的创设也就是立法的规范”明确表述了这个定义第一部分的第二个要素。[29] 毋庸置疑，“规范”是指实证法上最高层级的规范。但是，处于实证法上最高层级、规定一般规范创设的规范不过是被凯尔森称为“实质意义上的宪法”的东西。“它不仅包括”这个表述说明，形式的宪法一定也包括表达实质意义上的宪法的规范。但是，这意味着，形式宪法的概念包含实质宪法的概念。

因此，这里出现了一个基本的非对称性，它对于凯尔森的宪法概念具有重要的意义。这种非对称性表达了被称为“实质的宪法概念优先”的东西。这种优先表现在，某物是实质的宪法，同时可

[27] 同上注，第 228 页。
[28] 同上注，第 229 页。
[29] 同上注。

以不是形式的宪法，但是，如果不是实质的宪法，不能同时是形式的宪法。凯尔森认为一个纯粹实质的宪法是可能的，这表明了他对“通过习惯的方式形成的而非法典化的”宪法的评论。[30] 根据他的观点，这种情况不仅缺少宪法律，还缺少宪法形式。但在这里，他明显在讨论“实质的宪法”。[31]

纯粹实质的宪法的对应物本应是纯粹形式的宪法。实质的宪法优先导致这个概念是空的。纯粹形式的宪法的一个例子是基本权目录，它被称为“宪法”，包含排除其废除和修改的规范，以至于它在宪法形式上是最高的。尽管有宪法形式和宪法的称呼，凯尔森在这里谈的不是宪法，也不是形式意义上的宪法。如果将基本权目录和与规定立法的法律（Gesetzeswerk）联系起来，才会有所不同。这两者共同构成了宪法。

很明显，实质的宪法概念包含了一些在凯尔森看来对宪法而言是本质的特征。与之相反，就像他在反驳卡尔·施米特对层级结构理论的批评时指出的，宪法形式仅仅是“非本质的”。[32] 就像已经表明的，这也适用于宪法的法制性（Verfassungsgesetzlichkeit），适用于这个定义第一部分的第三个要素。它称，形式意义上的宪法“也”包含“有关其他在政治上重要的对象”规范，[33] 通过这个表述，凯尔森首先指的是基本权以及国家目标和国家结构规定。宪法可以包含这些规范，但在凯尔森看来，它并不必然包含这些规范。如果

[30] 同上注，第 229-230 页。

[31] 同上注，第 230 页。

[32]〔奥〕汉斯·凯尔森：《谁应该是宪法的守护者？》（Wer soll der Hüter der Verfassung sein?），Berlin-Grunewald，1931 年，第 23 页。

[33]〔奥〕汉斯·凯尔森：《纯粹法学 2》（注 2），第 229 页。

它包含这样的规范，则仅仅是形式的宪法。

这表明，凯尔森建构形式意义上的宪法概念的主要动因在于，虽然不把许多宪法中包含的基本权目录以及国家目标和国家结构规定理解为实质意义上的宪法的组成部分，但至少把它们理解为形式意义上的宪法的组成部分。根据《纯粹法理论》第二版中的定义原文，形式意义上的宪法概念包含实质的内容不仅是可能的，而且是必然的。在这里，凯尔森没有说形式意义上的宪法可以包含实质的内容，而是说“包含”。[34] 但是，不能就字面理解，否则，会导致这个特别的结果：既有宪法律的特征又有宪法形式的实质宪法同时不是形式意义上的宪法，就像它不包含——形式的 / 实质的二分的第一种解释程序与内容的东西区分的意义上——实质的内容，例如基本权。这样，作为内容性的实质性会成为作为程序性的形式性的条件。但这是一个次要问题。

重要的仅仅是，凯尔森在 1928 年以“实质意义的宪法”这个“不太运气”[35] 归类的表达指称的东西，也即处于实证法最高层级的创设规范的规范，是他的宪法概念的实质。在“规定法律制定的规则”[36] 之下，存在不同种类的规范。但是，这些规则体系的核心是由一个或多个授权规范组成的。因此，人们可以认为，根据凯尔森的观点，宪法的本质是对规范创设的授权而非其他东西。其他的东西至多是第二位的。

授权这个本质性命题在罗伯特·瓦尔特（Robert Walter）于

[34] 同上注。

[35]〔奥〕汉斯·凯尔森：“本质与发展”（注 7），第 36 页。

[36] 同上注。

1964年宣读的论文《宪法的功能》中得到了确认。凯尔森在这里是在最严格的意义上使用“功能”这个一般表达。这里，他指的是“宪法的本质”，或者——更特定地说——“宪法—特征”。这也就涉及本质。一个重要段落如下：

> “低层级规范以高层级规范规定的方式被创设。如果低层级规范的效力由此被高层级规范的效力证立，那么，高层级规范在它与低层级规范的关系中便具有宪法—特征；因为，宪法的本质在于规范创设的规则。”[37]

这里被描述为“宪法—特征”或“宪法的本质”的东西是两种抽象的结果。第一种抽象在于对高位阶性的放弃。宪法特征并不要求实证法的层级结构的顶点位置，而是上级秩序和下级秩序的关系，在哪个层级都一样。重要的仅仅是，低层级规范的效力建立在高层级规范对创设低层级规范的授权的基础上。如果是这样，高层级规范相对于低层级规范便具有宪法特征。凯尔森说得很准确：宪法的概念“被相对化了”。[38] 它将自己限定于法秩序的层级结构的结构要素——授权。这是1928年演讲中的命题“只有从层级结构理论出发才能理解宪法的基本概念”的准确意义。[39] 第二种抽象在于对实证性的放弃。在所引段落中，他是在极为普遍的意义上谈论规范，而不像在《纯粹法理论》第二版中定义实质意义上的宪法概念那样

---

[37]〔奥〕汉斯·凯尔森：“功能”（注20），第71页。
[38] 同上注，第72页。
[39]〔奥〕汉斯·凯尔森：“功能”（注20），第36页。

谈论“实证规范”。[40] 因此，没有实证性的宪法是可能的。这样的宪法是纯粹的授权。在凯尔森那里，纯粹的授权是宪法概念中最高程度的抽象，而且根本上如此。

卡尔·施米特批评凯尔森为“没有对象的抽象化”，[41] 相反，他可能无权在凯尔森的宪法特征的概念上摆脱尼采的论战转向“可怕的抽象化”[42]。但是，如果凯尔森的宪法特征的概念没有对象，那么，施米特对无对象的批评就是正确的。但是，正如已表明的，它有一个对象，也即对规范创设的授权。因此，施米特只能认为，它作为对象是不充分的，这个抽象因而是差的或可怕的。因此，这种抽象就转化为凯尔森的概念建构的可怕性问题。这在于，凯尔森的抽象所迈出的这一步达到了其他东西所不能达到的体系深度。这是从实证法意义上的宪法迈向“法逻辑”[43] 或“先验—逻辑”[44] 意义上的宪法的一步，是凯尔森的第二个二分所涉及的领域。

[40]〔奥〕汉斯·凯尔森:《纯粹法学 2》(注 2)，第 228 页。

[41]〔德〕卡尔·施米特:《宪法的守护者》(Der Hüter der Verfassung)，1931 年，Berlin，1996 年第四版，第 39 页。

[42]〔德〕弗里德里希·尼采 (Friedrich Nietzsche):《作品集》(Werke in drei Bänden)，卡尔·施拉赫塔 (Karl Schlachta)，第九版，München，1982 年，第 3 册，第 384 页；对此，参见〔德〕京特·帕奇希 (Günther Patzig):“可怕的抽象化——20 年代之德国对希腊哲学的非理性化解释”(„Fuchtbare Abstraktionen“. Zur irrationalistischen Interpretation der griechischen Philosophie im Deutschland der 20er Jahre)，载《两次世界大战之间的自由主义的危机》(Die Krise des Liberalismus zwischen den Weltkriegen)，鲁道夫·冯·塔登 (Rudolf von Thadden) 编，Göttingen，1978 年，第 201 页以下。

[43]〔奥〕汉斯·凯尔森:《纯粹法学 2》，(注 2)，第 229 页。

[44]〔奥〕汉斯·凯尔森:“功能”(注 20)，第 72 页。

二、基础规范的抽象性

先验逻辑或法逻辑意义上的宪法是基础规范。凯尔森曾给出了许多表述。[45] 最简明的一种是:“人们应该如宪法所规定的那样行为。”[46] 在凯尔森看来，这个规范既不是实证法规范，也不是道德规范，而是一个纯粹思想中的规范。如果宪法通过的事实中所表达的制宪者的主观意志应被解释为客观有效的实证法，则必然预设这个规范。像宪法的社会实效一样，制宪行为是一个纯粹的社会事实，是实然。在不引入道德应然的情况下，如果要从这个实然得到应然，则必须预设基础规范。基础规范引入了客观应然或客观效力的范畴。这个规范不能是实证规范，因为，作为实证规范，它的效力必然归功于创设和实效，以至于会再次提出基础规范的问题。如果要使通向道德的大门紧闭，那么，作为法层级结构最终层级的基础规范只能是一个头脑中的规范。

因此，为什么凯尔森的基础规范首先被称为“宪法”，其次被称为“法逻辑的”或“先验—逻辑的”宪法就很清楚了。它具有宪法特征，因为，作为高层级的规范，它证立与它存在关系的低层级

---

[45] 对此参见〔美〕斯坦利·L. 鲍尔森:“‘基础规范’的不同表述”(Die unterschiedlichen Formulierungen der “Grundnorm”)，载《法规范与法现实——维尔纳·克拉维茨纪念文集》(Rechtsnorm und Rechtswirklichkeit. Festschrift für Werner Krawietz)，〔芬〕奥利斯·阿尔尼诺、〔美〕斯坦利·L. 鲍尔森、〔奥〕奥塔·魏因贝格尔、〔英〕格奥尔格·亨里克·冯·赖特奥塔、〔德〕迪特尔·维杜克尔(Dieter Wyduckel)编，Berlin，1993 年，第 53 页以下。

[46]〔奥〕汉斯·凯尔森:《纯粹法学 2》(注 2)，第 204 页。

规范（实证法的宪法规范）的效力。它具有法逻辑的或先验逻辑的特征，因为，它自身不再被创设，而只是在法认识中被预设。“法逻辑的”这个表达以中立的方式表现了前提或预设的特征。“先验—逻辑的”这个表达也包含此意，并且表明，凯尔森——至少在新康德主义阶段——想以基础规范引入应然这个先天范畴。[47]

凯尔森的基础规范理论引发了无休止的争论，[48]这并不是偶然的。它导致了下面的问题：法由什么构成以及法如何能被认识。这个问题不过是一个真正的哲学问题——存在什么以及如何能被认识——的特例。因此，基础规范不仅将实证法与非实证的东西联系在一起，同时，通过这种联系，它也进入了本体论和认识论领域，也就是哲学的核心。

这里不讨论基础规范的一般哲学问题，而是限定在基础规范问题的一个小点上。它涉及基础规范和宪法的关系。由于它涉及基础规范和实证法的联系，因此，在极为普遍意义上，这个问题也一定会对基础规范问题具有重要意义。如果合理构建这种联系的努力没有成功，那么，人们一定会直接怀疑基础规范理论进一步的哲学要求。

基础规范和宪法的关系问题可以分为两组。第一组是范畴的，

[47] 对此参见〔德〕罗伯特·阿列克西：“汉斯·凯尔森的相对先天的概念”（Hans Kelsens Begriff des relativen Apriori），载《新康德主义与法哲学》（Neukantianismus und Rechtsphilosophie），罗伯特·阿列克西、卢卡斯·H. 迈尔（Lukas H. Meyer）、斯坦利·L. 鲍尔森、格哈德·施普林格（Gerhard Springer），Baden-Baden，2002 年（以下简称：汉斯·凯尔森的相对先天的概念），第 179 页以下。

[48] 参见〔美〕斯坦利·L. 鲍尔森、邦妮·L. 鲍尔森（Bonnie L. Paulson）编：《规范性与规范——对凯尔森的命题的批判》（Normativity and Norms. Critical Perspectives on Kelsenian Themes），Oxford，1998 年。

第二组是标准逻辑的。[49] 范畴的问题涉及在哪个基本概念中理解基础规范包含的规范性。基础规范的宪法特征已被定位于授权的概念。因此，范畴问题的对象是这个概念与凯尔森用来理解规范性这种现象的其他概念之间的关系问题。首先是应然、效力和客观性这些概念。其中，客观性应该有特殊作用，因为，它本身与应然和效力的概念相联系。基础规范的任务不在于证立任何应然或任何效力，而在于证立客观的应然和客观的效力。这些围绕客观性产生的概念又构成了进一步的概念（如规范的存在和规范的约束性）的关键。

范畴问题只有在为了将它与标准逻辑问题区分时才被提及。标准逻辑问题不涉及通过什么、创设与实施的事实被转化成什么的问题，也不涉及范畴转化的问题，但涉及什么被转化为客观的应然或效力。这是确定标准的问题。形式和内容的二分如此含糊不清，否则，可以将这个问题称为基础规范的内容，将范畴转换的问题称为基础规范的形式。

基础规范将什么转化为客观的应然？这个问题看起来太简单了，以至于几乎不值得提出。答案是宪法，基础规范赋予其客观的效力。这个答案没错，像通常那样，进一步观察则会发现问题。宪法和基础规范的可分和分离具有重要意义。

处理分离问题的动因可见于凯尔森对革命和通过宪法断裂（Verfassungsbruch）进行的宪法修改的表述。《纯粹法理论》第一卷写到，通过革命，以前的君主秩序被共和秩序取代，在革命成功之

[49] 关于这种区分，参见〔德〕罗伯特·阿列克西:《概念与效力》（注6），第170页以下。

后，人们“预设一个新的基础规范，不再是那个授权君主为创设法律的权威的基础规范，而是一个授权革命政府的基础规范”。[50] 与此很相似，《一般国家学》谈到，如果人们要将通过宪法破坏进行的宪法修改视为有效，人们必然预设“另一个基础规范”。[51]

现在，毋庸置疑，从君主制到共和国的革命性转变意味着新宪法代替旧宪法。但问题是，两个宪法实际上是否如此严格地约束相应的基础规范，以至于新宪法的创设要求预设新的基础规范？君主制或共和制的法律创设机构是典型的宪法决定，在这个意义上是一个具体的宪法要素。如果从一种形式到另一种形式的转变意味着基础规范的转变，那么，基础规范包含一个具体的宪法要素。它就不能与相应的宪法分开。

人们不必再去寻找那些引起对具体的或内容上的联系的怀疑的表述。在《一般国家学》中只有几页提到基础规范“先天的不具有什么内容”。[52] 在它之前是这样的主张：以宪法断裂实现的宪法修改导向了“另一个基础规范”。[53] 没有内容的东西如何能在内容上改变？这个地方并不清楚。凯尔森接着说，基础规范“取决于实质（Material）——将这个实质统一解释为法是基础规范特有的功能，在这里是独裁者，在那里是人民被基础规范作为最高的、创设规范的机关”。[54] “取决于实质”意指什么？基础规范通过改变自己，使自己适应已存在的实质，还是在实质变化时，基础规范促成了改变

[50]〔奥〕汉斯·凯尔森：《纯粹法学 1》（注 21），第 68 页。

[51]〔奥〕汉斯·凯尔森：《一般国家学》（注 10），第 249 页。

[52] 同上注，第 251 页。

[53] 同上注。

[54] 同上注。

而自己保持不变?

下面这个对基础规范的表述应该是回答上述问题的出发点:

> “人们应该按照实际被创设的、有实效的宪法行为。”[55]

这个表述不涉及任何特定的宪法。虽然定冠词“这个”被放在宪法的概念之前，但凯尔森并非指特定的宪法。在前面不几行处可以发现这样的表述:

> “被预设的基础规范——根据该规范，人们应该与一个实际被设定的、总体上有实效的宪法保持一致。”[56]

这表明，凯尔森在“各自的”意义上使用定冠词。“宪法”代表一个称呼，该称呼适用于所有具有宪法特征的东西，也就是每个特定的宪法或——从逻辑上看——每个宪法个体（Verfassungsindividuum），这属于凯尔森的实质宪法概念。对此，正如已表明的，立法的规定已经足够。[57] 因此，这些都表明，当宪法改变时基础规范的改变之小，就像当犯罪行为改变时刑法规范的改变之小一样。但是，凯尔森是如何得出这一点：在从一个宪法到另一个宪法的革命性改变中基础规范发生了改变？这是一个他不断坚持而非偶然出现

[55]〔奥〕汉斯·凯尔森:《纯粹法学 2》(注 2)，第 219 页。

[56] 同上注。

[57] 这里所引的基础规范的逻辑结构表达如下: $(x)(V_x \wedge S_x \wedge W_x \rightarrow OB_x)$. “*V*”代表“是宪法”，“*S*”代表“实际被创设”，“*W*”代表“有实效”，“*O*”代表道义逻辑符号“……被要求”，“*B*”代表“被遵守”。

的观点。

在《纯粹法理论》第二版中，对于改变命题，凯尔森给出了一个比先前的表述更详细的证立。他在那里谈到，基础规范发生改变“意指”什么：

> “随着新宪法变得有实效，基础规范，也就是那个预设——在它之下，制宪的事实构成以及按照宪法被设定的事实构成能够被解释为创设法规范的事实构成和适用法规范的事实构成——也发生了改变。”[58]

据此，基础规范的改变在于预设的改变——在它之下，两个事实构成能够被解释为法规范的创设（和法规范的适用）。第一个是制宪的事实构成，第二个是依宪法创设的事实构成。对“事实构成”的讨论似乎是这个问题的主要来源。凯尔森的“法创设的事实构成”[59]这个概念表达了他整个体系的两个基本命题：实证性命题和规范性命题。根据实证性命题，法只有通过创设才能产生，并且只有在有实效的条件下：“在基础规范中，创设与实效构成效力的条件。”[60]这两者都涉及“事实”。[61]事实性（Tatsächlichkeit）是事实构成概念的第一个维度，它直接涉及事实。第二个维度，规范性维度，也有作用，因为，事实既不能独自证立应然，也不能独自证

[58]〔奥〕汉斯·凯尔森：《纯粹法学 2》（注 2），第 213-214 页。
[59] 同上注，第 232 页。
[60] 同上注，第 219 页。
[61] 同上注。

立效力。就此而言，规范是必不可少的。因此，第二个维度涉及这个事实由此——它满足了前置句中包含证立效力规范的预设——成为法创设的事实。这个预设是这个规范的事实构成。由于这个规范规定了在哪个实际的预设下某物在法律上有效，因此，这个事实构成是“法创设的”事实构成。法创设的事实与事实满足法创设的事实构成一样多。法创设的事实构成与证立效力的规范一样多。因此，存在“立法的事实构成”和“习惯的事实构成”[62]。根据一个特定的宪法，前者被满足，因此才有法律产生。如果长期的习惯（*longa consuetudo*）和承认为法律（*opinio iuris*）这两个经典条件都具备，后者被满足。在上面所引的凯尔森的表述中，正如已提到的，出现了两种事实构成：“制宪的事实构成”和“依宪法创设的事实构成”。基础规范主要涉及制宪的事实构成。因此，它可以放在这个问题——革命对于基础规范的制宪的事实构成意味着什么——中来理解。如果从绝对君主制向议会制共和国的革命性转变成功了，那么对新宪法而言，实际上存在着一个新的制宪事实。它存在于推翻绝对君主制、建立议会制共和国的历史事件中。这个事实可能很复杂，从逻辑上看，它是个单体。如果个别事实存在于基础规范的前置句中，凯尔森的基础规范改变的命题无疑是正确的。那么，人们必须这样解释“制宪的事实构成”这个表达：他指的是满足制宪事实构成的事实。反之，如果基础规范的前置句中存在定义制宪事实构成——个别事实涵摄于该事实构成之下——的“谓项”，情况就不同了。因此，一切取决于该谓项——它界定宪法的客观效力的条

[62] 同上注，第 231 页。

件——是否实际上总在改变。在第一种情况中，人们可以说个别的或具体的基础规范，在第二种情况中，人们可以说一般的或抽象的基础规范。

两种变形在凯尔森这里都存在，这对他而言是比较典型的。在下面的段落中，凯尔森明确表述了被个别的或具体的新基础规范代替的个别的或具体的旧基础规范：

> 如果旧宪法具有绝对君主制的特征，新宪法具有议会制共和国的特征，那么，描述基础规范的法条就不再这样表述，强制行为应该在这种条件下并以这种方式设定：像它在没有实效的旧宪法以及由此在——由依宪法运行的绝对君主和由他授权的机关创设和适用的——一般规范和个别规范中所规定的那样；而是表述为，强制行为应该在这种条件下并以这种方式设定：像它在新宪法中以及由此——由依宪法选举的议会和在这些规范中授权的机关创设和适用的——一般规范和个别规范中规定的那样。[63]

在这里，旧基础规范和新基础规范以双重的方式建立起具体联系：第一，这两个宪法分别以“旧宪法”和“新宪法”的措辞来表达；第二，在这两个“由此结构”中指出了相应宪法最重要的立法规则。

凯尔森的例子表明，以这些方式与具体的宪法相联系意味着什

[63] 同上注，第214页。

么。凯尔森在这里用“基础规范”指称的东西，不过是将基础规范运用于宪法创设和实施的结果。“基础规范”这个名称所承载的是基础规范演绎推理的结论。[64] 它的第一个前提是抽象的基础规范，是我们思考基础规范的改变的出发点：

（1）“人们应该按照实际被创设的、有实效的宪法行为。”[65]

这里，法创设的事实构成由“宪法”“实际被创设”和“有实效”三个谓项构成。[66] 只要是（1）而非其他规范被适用，在“制宪的事实构成”上就没有变化。

凯尔森对绝对君主制转变为议会制共和国的这部分表述讨论的是旧宪法，下面的事实陈述是第二个前提：

（2）君主制宪法虽然曾被创设，但不再有实效。

这意味着，这个要求——按照它行为——不能再被化约。

在解释革命性转变的第二部分，虽然没有明确谈到新宪法的实效，但很明显，这是转变的基础。因此，第二个前提可以表述如下：

（2′）议会共和制宪法被实际创设，且有实效。

[64] 对此参见同上注，第 219 页。
[65] 同上注，第 219 页。
[66] 对此参见注 57 中的基础规范的形式化。

（2′ ）表述的不是新的“制宪的事实构成”，而只是新的创设宪法的事实。（1）和（2′ ）在逻辑上可以推导出：

（3）人们应该按照议会共和制宪法行为。

这个语句包括或暗含了凯尔森对基础规范的具体表述中所表达的所有东西。由人们应该按照议会共和制的新宪法行为，也就是（3），可以推出具体的基础规范：

（4）“强制行为应该在这种条件下并以这种方式设定：像它在新宪法以及由此在依宪法选举的议会所创设的规范中被规定的那样。”[67]

因此，凯尔森的“新的”[68]或“另外的”[69]基础规范不是真正意义上的基础规范，而是将包含宪法、法制性、实效三个概念的抽象的基础规范运用于制宪或推翻宪法的具体情况。[70]当这样运用时，抽象的基础规范没有什么变化。因此，宪法和基础规范分离的命题

[67]〔奥〕汉斯·凯尔森：《纯粹法学 2》（注 2），第 214 页。

[68]〔奥〕汉斯·凯尔森：《纯粹法学 1》（注 21），第 68 页；汉斯·凯尔森：《纯粹法学 2》（注 2），第 214 页。

[69]〔奥〕汉斯·凯尔森：《一般国家学》（注 10），第 249 页。

[70]〔奥〕根据鲍尔森的观点，凯尔森的“与一定的、具体存在的法制度有关”的基础规范与康德先验图示具有“一定的相似性”（斯坦利·L. 鲍尔森：“导论”，载《新康德主义与法哲学》，罗伯特·阿列克西等编，Baden-Baden，2002 年，第 20 页）。为了解决范畴应用于现象的问题，康德引入了先验图示的概念。范畴与现象之间必须存在一个“第三（转下页）

是正确的。凯尔森这个抽象化大师由于他的新基础规范以及另外的基础规范的想法而陷入了具体化——这里有事实构成和事实的区

（接上页）方"，"一方面，它必须与范畴是同类的；另一方面，它必须与现象是同类的，这样才能使前者运用于后者。这个中介的表象（Vorstellung）……是先验图示"（伊曼努尔·康德:《纯粹理性批判》(Kritik der reinen Vernunft)，A版（以下简称：A版）第138页，B版（以下简称：B版）第177页。现象发生于时间中。因此，如果图示能够把自己与时间中的东西联系起来，那么，它只能把范畴与现象联系在一起，"因此，图示只是按规则的时间的先天规定"（A版第145页，B版第184页）。作为将范畴与时空中的东西联系在一起的规则，图示给范畴"带来""与客体的联系，因而带来意义"（A版第146页，B版第185页）。人们可以将基础规范的演绎推理视为将应然的范畴［参见〔德〕罗伯特·阿列克西："汉斯·凯尔森的相对先天的概念"（注47），第181页以下］。应用于特定的宪法，因而应用于特定的法制度的程序的表达。因此，在这个应用程序中，什么发挥图示的作用的问题转化为基础规范的演绎推理的哪句话表达了图示的问题。有两个候选项：第一个前提中的抽象的基础规范（1），和结论中表达的具体的基础规范（3）。乍看起来，（3）比（1）更有对图示的标题（Titel）的要求。（3）与时空中的一个具体对象联系在一起：议会共和制的新宪法。如果为了成为康德意义上的图示这个属性，使与特定对象的具体联系成为决定性的，那么，在（3）中表达的具体的基础规范的归类实际上不可避免地成为图示。但是，图示是否在个别意义上是具体的东西则有疑问。康德没有把"与客体的关系"称作图示，而是"带来条件……与客体的关系"（A版第146页，B版第185页）。他把这些条件称为"普遍的""形式的"和"纯粹的"（A版第140页，B版第179页）。在这里，纯粹性不应排除图示包含某些"感性的"东西。如果不包含感性的东西，它就不能与现象也就是感性的东西联系在一起。但是，它应意味着，图示没有任何经验的东西（A版第138页，B版第177页）。排除经验的东西是必然的，因为，图示不是包含现象作为组成部分，而只是作为"规则"与它联系在一起（A版第142页，B版第181页）。所有这些不符合（3）中表达的与宪法的个别性联系，但很符合由（1）表达的抽象的基础规范。它要求，不仅将（1）中包含的三个谓项理解为普遍的，而且将其理解为感性的"形式的和纯粹的条件"——对（普遍）可感觉的东西（感性的但实际上还没经验到，因此是纯粹的）的形式特征的称呼，这些在运用中限制作为范畴（"知性概念"）的应然（A版第140页，B版第179页）。对所有方向（包括道德）开放的应然范畴被（1）"限制"在实证法。正是这定义了图示。如果按照这个解释，（1）的归结句表述的应然是范畴，（1）是图示，（3）是在图示的帮助下将范畴运用于现象的结果。
当然，更宽松地安排图示的标题也是可能的。就像可以将（1）归为抽象的基础规范，将（3）归为具体的基础规范，人们也可以把（1）当作抽象的图示，把（3）当作具体的图示。这种宽松由此得到证立：基础规范只有在与宪法——其效力由基础规范证立——有关时，才是个别意义上具体的基础规范。相比宪法授权其创设的规范，宪法是抽象的。这导致了下列问题：在极为普遍的意义上，授权的概念与图示的概念的比较是怎样的。这里不应再深入下去，因为，这里重要的是，至少（1）可以被称为"图示"，而且，这个称呼比较符合康德所说作为"隐藏在人的灵魂深处的技艺"的"我们的知性的图示法"（A版第141页，B版第180页）。

分——的混乱。但是，这种混乱很容易澄清——这是一种清楚的混乱，而且，这种澄清的好处在于，人们现在比没有混乱的情况看得更清楚：对于所有种类的宪法，只存在一个与宪法有关的[72]基础规范。

---

[72] 与宪法有关的基础规范在法体系中的一个位置（即宪法）提供规范性。人们可以将这种规范性赋予的方式称为“体系的”。体系的规范性赋予与个别的或特别的规范性赋予不同［参见罗伯特·阿列克西：“汉斯·凯尔森的相对先天的概念”（注 47），第 192 页以下］。如果个别的规范创设在没有实证法的授权规范在中间连接，而直接由基础规范赋予法创设的意义，它就开始了。原始法秩序的习惯法就是这样［汉斯·凯尔森：《纯粹法学 2》（注 2），第 64，232 页］。因此，人们可以赋予基础规范命题下面的形式：只存在一个基础规范，有时以体系的形式，有时以个别的形式。

由于凯尔森把通过习惯的规范创设也归为“创设”［汉斯·凯尔森：《纯粹法学 1》（注 21），第 64 页］，运用注 57 引入的符号，赋予规范性的特别的和“直接的”［汉斯·凯尔森：《纯粹法学 2》（注 2），第 233 页］基础规范具有下面的形式：$(x)(S_x \wedge W_x \rightarrow OB_x)$。习惯法的特殊之处在于它的创设包括实效性。这意味着，与宪法有关的基础规范 $(x)(V_x \wedge S_x \wedge W_x \rightarrow OB_x)$ 和与习惯法有关的基础规范 $(x)(S_x \wedge W_x \rightarrow OB_x)$ 不能互相冲突。如果 $S_n \wedge W_n$ 适用，规范 n 就只是一个习惯法规范。在这里，创设要素（S）存在于习惯中表达的建立习惯的个人意志行为［汉斯·凯尔森：《纯粹法学 2》（注 2），第 231 页］。人们不仅可以为 $(x)(V_x \wedge S_x \wedge W_x \rightarrow OB_x)$ 中的 x 放入个别的整部宪法，而且可以放入个别的宪法规范。n' 是一个与习惯法规范 n 不一致的个别的宪法规范，它属于宪法。宪法通过制宪行为创设，并通过它的所有规范真正的获得实效。由于 $V_n' \wedge S_n' \wedge Wn'$，$OBn'$ 也适用。因为 n 已经有实效（W_n），与 n 不一致的规范 n' 不再有实效。也就是 W_n' 不再是真的。因此，与宪法有关的基础规范 $(x)(V_x \wedge S_x \wedge W_x \rightarrow OB_x)$ 的预设不再能被满足。因此，OB_n 能被证立，而 OBn' 不再能被证立。这表明，习惯法与内容与之相同的宪法律之间的冲突总是以有利于习惯法的方式被解决。由此，人们才可以说基础规范有两种形式。其统一性由实效要素（W）提供。在凯尔森的论断的背后，可以认为：如果一方面实证法的宪法不把习惯当作法创设的事实构成，而另一方面习惯又被判定为习惯法，也是相对于贬损作用的形式的宪法律［汉斯·凯尔森：《纯粹法学 2》（注 2），第 233 页］，那么，“基础规范必然被预设”。它不仅将制宪的事实构成，而且将适格的习惯的事实构成当作法创设的事实构成［汉斯·凯尔森：《纯粹法学 2》（注 2），第 232 页］。如果人们将实效从基础规范中移除，或者将抑制实效的力量的东西加入基础规范，则是另外的情况。这里只有第二种可能有意义。因为，纯粹的法制性（S）和纯粹的宪法特征（V）都不能抑制实效的力量，因此，必须加入某种超越了形式为 $(x)(V_x \wedge S_x \wedge W_x \rightarrow OB_x)$ 的实证化的基础规范的东西。因此，可以看到下面这种可能：通过加入非实证化的要素，使只与实证法有关的基础规范转化为始终主要与实证法有关，但总体上是非实证化的基础规范［参见罗伯特·阿列克西：《概念与效力》（注 6），第 167-170 页］。这里不再进一步讨论。

总结一下，可以得到两个命题：第一，宪法的本质在于对立法的规定。第二，基础规范，作为抽象的规范，与具体的宪法——基础规范证立它的效力——相分离。基础规范仅仅通过宪法、法律性和实效这三个概念与具体的宪法相联系。

这两个命题会引发内容空洞的批评。说的只是宪法的实质或性质吗？提出这个问题几乎是要否定这个问题。一个发展完善的宪法概念不能放弃把宪法也理解为实质的、规范的基本秩序。[73] 但是，在这一点上甚至更进一步，都没有深究凯尔森拿走了什么。通过这个论断，必须得出：人们在宪法概念中一直接受的东西，但是，它必须包含凯尔森——肯定太狭窄——定义为其本质的东西以及——在无损于可澄清的不明晰的情况下——以几乎不可超越的明晰性规定的东西。

[73] 参见〔德〕罗伯特·阿列克西：《宪法与普通法律——宪法诉讼与专门法院诉讼》（Verfassungsrecht und einfaches Recht - Verfassungsgerichtsbarkeit und Fachgerichtsbarkeit），载《德国国家法教师协会会刊》，第61卷，2002年，第8页以下。

无国家的法：凯尔森的国家理论及其限度*

〔美〕亚历山大·索梅克**

一、圣像崇拜者（Iconoclast）

当汉斯·凯尔森在20世纪将国家解释为法律秩序，并教导人们，法律与国家具有“同一性”（identity）之时，所为何来呢？[1]在对斯门德的著名分析中，凯尔森曾不无自豪地总结了他所认为的自己学说的成就。“维也纳学派的规范国家理论”对当时主流的宪法学说产生了重大冲击。他声称，维也纳学派业已证明：

> “他们的（即主流的）国家概念只不过是对一个统一体采取了方法上不允许的实体化，也即人格化而已；实际上，不存在也不可能存在一种作为权力‘享有者’的集体性主体——

* 本文德语原文为：Staatenloses Recht: Kelsens Konzeption und ihre Grenzen，载《法哲学与社会哲学文丛》（Archiv für Rechts- und Sozialphilosphie），Bd. 91，Nr. 1，2005年，S. 61-82；作者后修改并翻译为英文为：Stateless Law: Kelsen's Conception and its Limits，载《牛津法学研究》（Oxford Journal of Legal Studies），Vol. 26，No. 4（2006），pp.753-774。本文的翻译以英文本为主，同时参考了德文译本。（译者注）

** 亚历山大·索梅克（Alexander Somek），美国爱荷华大学法学院教授，研究领域为欧盟法、比较宪法、国际公法与法理学。（译者注）

[1] 关于一个总结性的声明，参见〔奥〕汉斯·凯尔森：《纯粹法学》，1934年，第117-119页。

> 国家，不同于自然人主体，它在占据空间、具有‘灵魂—身体’的实质方式上（soul-body substance）外于或超出自然人主体。”[2]

在他看来，维也纳学派已经将法学从具有严重误导性影像的怪圈中拯救出来。将国家视为超人的影像在当时正是居于主流的公法学说所热衷的理论。照凯尔森的说法，使用“国家”这一指称是对如下复杂事实的过分简单化：每一法律秩序为维系其存续而预设其自身的统一性（unity）。若无上述统一性，单个规范何以具有效力就是含糊不清的。凯尔森承认，人的推理很容易误将事情的核心所在加以简单化。由此，以“国家”名义创设的法律秩序的影像与其对应的全部灾难性含义得以盛行于世。宪法理论倾向于借助以决定力为主要品性的人的“直观图像”（*anschauliches Bild*）来对法律秩序进行想象。[3] 但上述超人（Makroanthropos）[4] 的影像不仅仅具备误导性。它在逻辑上也非常危险，因为这为反对法治的人提供了弹药。[5]

即便凯尔森在 1930 年自豪地回顾其思想的知识成就正确无误，这并不能就此令人们相信他的反圣像论题必胜无疑。凯尔森从未在

---

[2]〔奥〕汉斯·凯尔森：《国家作为整合——一个原则性的辩论》（Der Staat als Integration. Eine prinzipielle Auseinandersetzung），1930 年，第 4 页。

[3]〔奥〕汉斯·凯尔森：《社会学和法学上的国家概念》（Der soziologische und der juristische Staatsbegriff. Kritische Untersuchung des Verhältnisses von Staat und Recht），1928 年，第 205 页。

[4] 参见〔奥〕凯尔森：《纯粹法学》，第 116 页；凯尔森：《国家作为整合》，第 28 页；凯尔森：《社会学和法学上的国家概念》，第 210 页。

[5] 参见〔奥〕凯尔森，注 3，第 137-139 页。

德国法学界获得广泛认同[6]。按考克（Koch）的说法，凯尔森是魏玛时期同时代的公法教师中最不受尊敬的学者。[7]之后，他在德国差不多被遗忘[8]。直至今日，凯尔森主义者仍为数不多[9]。这绝非贬低凯尔森，也不是说德国的坏话。这可能同一种理论内在的冷静潜质相关，它可以令人在讨论如何创设良善的国家方面远离价值上的高谈阔论。[10]

不过，凯尔森的反圣像论题背后不仅仅是一个主题或一个意图。毫无疑问，从理论上摧毁（destruction）国家[11]是关键之点。然而，这一摧毁源于若干相互关联、互为基础的动机。笔者将逐项检讨这

[6]〔德〕克里斯托弗·穆勒斯（Christoph Möllers）:《国家作为论证》(Staat als Argument)，2000 年，第 125 页。

[7]〔德〕汉斯 - 约阿希姆·考克（Hans-Joachim Koch）:“导读”(Einleitung)，载《国家法的法学方法》(Die juristische Methode im Staatsrecht. Über Grenzen von Verfassungs- und Gesetzesbindung)，1977 年，第 67 页。

[8] 参见穆勒斯：注 6，第 125 页。

[9] 参见〔德〕霍尔斯特·德莱尔（Horst Dreier）:《凯尔森的法学、国家社会学与民主理论》(Rechtslehre, Staatssoziologie und Demokratietheorie bei Hans Kelsen)，1986 年;〔德〕诺博托·阿合特伯格（Norbert Achterberg）:“联邦德国的国家理论中的纯粹法学”(Die Reine Rechtslehre in der Staatstheorie der Bundesrepublik Deutschland)，载《纯粹法学对不同州的法律理论的影响》(Der Einfluss der Reinen Rechtslehre auf die Rechtstheorie in verschiedenen Ländern)，1978 年，第 222 页；另参见〔德〕莱茵纳·利波德（Rainer Lippold）:《法与秩序——法律秩序的动态与静态》(Recht und Ordnung. Statik und Dynamik der Rechtsordnung)，2000 年。

[10] 今日，德国宪法理论进入凯尔森非常厌恶的那样一种状态。这可以简单概括为一种持有理性地寻求权衡的信念的法理学。关于这样一种理论的强意义上的陈述，参见罗伯特·阿列克西:《宪法权利理论》(A Theory of Constitutional Rights)，2002 年。

[11] 这个词是在胡塞尔引入的意义上来使用的。另参见〔法〕加希尔（R. Gasché）:《镜子的锡箔纸——德里达与反思哲学》(The Tain of the Mirror. Derrida and the Philosophy of Reflection)，1986 年，第 111-115 页;〔德〕马丁·海德格尔（M. Heidegger）:《存在与世间》，1977 年，第 22 页。它意味着要克服概念所承受的那种扭曲，即将之视为共同的、一般性理解的结果。

些动机。首先从凯尔森的认识论动机开始。不得不承认，这并未给人留下什么特别的印象；更吸引人之处在于，凯尔森试图实现所谓的国家“义务论”（deontologization）和去魅化（demystification）。他对国家义务论的重构反映了他的法与国家同一性理论的不对称。他关于国家是法律的产物的观点预示着一种深刻的洞见。镜像观点（mirror-image contention），也即一切法律在某种程度上都是“与国家相关的”，几乎没什么知识上的吸引力。上述不对称恰恰解释了本文的标题。凯尔森的同一性理论实际上意味着一切法律在本质上都是与国家无关的法律。

另外，笔者试图确定边界，以确保凯尔森的反圣像论题在这一边界内可切实得到辩护。笔者相信凯尔森不愿意肯定激进的国家义务论。在凯尔森所拒绝的“二元事物”（dual thing）理论中还残留着一个这样的事物，即作为规范体系的法律秩序。然而，这种残留内容的具体化本可避免。而且，通过这一尝试，后实证主义的宪法理论可以同其实证主义的初始形式区别开来。本文最后的分析专门论及这一问题，它可被理解为，在分析凯尔森理论的动机的同时忠实于其精神，即使将其部分颠覆。

二、认知即形成

在最基本的水平上，凯尔森追求的是一个认识论目标。就此角度而言，认识到国家不是一种事物至关重要。特别是，国家并非那种可从社会逻辑层面与法律层面加以描述的事物。相反，运用不同的认知方法产生不同的对象。从社会学层面观察的国家与从法律观点理解的国家不尽相同[12]。凯尔森认为这是很重要的见解。他不厌其烦地指出，“国家”不能作为不同学科的一成不变的对象：

> 认为法律方法和社会逻辑—心理学方法所涉及的只是被称为“国家”的同一“事物”之两面的观点，违背了基本的认知原则，两种不同的、不相容的认知过程必定同样形成两种不同的、不相容的事物。[13]

采用何种方法决定了从方法上加工出的主体。对于以格奥尔格·耶利内克为主要支持者的主流“二元”国家理论来说，上述新康德主义哲学[14]的老生常谈成为主要的冲击性力量[15]。根据这个二元理论，国家一方面是规范体系，另一方面是现实的人民联合体。现实联合体的存在是规范体系存在的必要条件。因为只有在现实的人民联合体中，才能产生使得法律的存在和有效性得以可能，并可对之加以说明的权力。[16]

按耶利内克的说法，作为现实联合体的国家由两个不同的层面

---

[12] 参见〔奥〕凯尔森：《一般国家学》(Allgemeine Staatslehre)，1925年，第6页；另参见凯尔森：注2，第21-22页。

[13]〔奥〕凯尔森：注3，第109-110页(笔者德译英)。

[14] 对凯尔森新康德主义阶段的勾勒，参见斯坦利·鲍尔森(S. L. Paulson)：“导读”(Introduction)，载斯坦利·鲍尔森、邦妮·鲍尔森主编：《规范性与规范——凯尔森论题的批判性观察》(Normativity and Norms. Critical Perspectives on Kelsenian Themes)，1998年，第xxiii-liii页。

[15]〔奥〕凯尔森：注2；然而，凯尔森后来也急于将鲁道夫·斯门德列为这一理论的主要支持者。

[16]〔德〕格奥尔格·耶利内克(Georg Jellinek)：《一般国家学》(Allgemeine Staatslehre)，1913年，第137-138，174-83，365页。

组成。首先，国家预设着统治权关系（relation of dominion）[17]。无权力则无统治能力。一个配得上“国家”这样高级名号的组织，更须有权力在任何对抗或抵抗意志面前维护其自身意志。实际上，它必须拥有的是最高权力。其次，国家表现为具有共同目标的人的联合体[18]。由此，耶利内克将国家结构总结为“具有原始的统治权力的、共居在一起的人民的统一联合体”[19]。

凯尔森对耶利内克的主张很不耐烦，原因何在将在下面逐项审查。在他看来，原始权力纯属法律虚构，而谈论统一联合体无异于是对社团的法律存在的困惑不解的描绘[20]。因此，国家只能有一个维度，即法律秩序维度。不过，这一主张已经超出凯尔森认识论观点的范围。

三、义务论

在对耶利内克的社会学意义上的国家概念进行批判的过程中，凯尔森更深一层的用意变得明晰起来。事实上，这一用意起源于认识论批判的极端化，而这一极端化进而转化为本体存有的领域，并运用到国家这一客体身上。这一转化产生出可被称为国家义务论的事物。由此，在笔者看来，凯尔森将国家描绘成：

[17] 同上注，第 180 页。

[18] 同上注，第 179 页。

[19] 同上注，第 180-181 页，“利用起源的统治权而装备起来的居民的联合统一体”。

[20]〔奥〕凯尔森：注 3，第 114，129-130 页。

> 法律秩序的效力……它被证实是对人的行为的多样化的解释图像，这些人的统一性仅存在于赋予他们的行为以国家行为之意义的规范体系的统一体之中。[21]

作为一种社会现象，国家并不表现为一系列特殊的事实行为，确切说，其存在仅反映在法律的义务论模态当中。

通过将社会学意义上的国家描述为缺乏实质内涵的事物，凯尔森来到了他的国家义务论。缺乏实质内涵涉及的是社会学意义上的主张，该主张认为要有国家这一指称，它有别于法律秩序内在固有的规范性。反圣像论题的这一层面引发了若干疑问。首先不清楚的是，凯尔森的批判观点意欲提出的是一种经验上的还是概念上的主张。[22]

就前者而言，他认为凡是谈及国家乃是一种“现实联合体”或“超越个人的实体”的言论都缺乏经验内容。[23] 人的联合体不是由人们自身的心理学经验所标识的，它们也不具备天生的行动能力。他们是不可分的实体。只有人才是存在的，而联合体与人不同。联合体的经验上的现实，若有的话，只有通过将个人的心理学经验和意图纳入考量才可弄明白，除此之外，就没有其他可处理的材料了。因而，联合体只有在属于同一联合体的人的心理学经验之间的相互联系中表明自身的存在。据此，只有当有人揭示出个体经验和行为

---

[21] 凯尔森：注 2，第 33-34 页。

[22] 这个可能同关于经验的和概念的内容之间的区分缺少明晰性相关，参见〔美〕奎因（W. V. O. Quine）:《从一个逻辑视角的观察》（From a Logical Point ofView），1961 年。

[23] 凯尔森：注 3，第 130 页。

意图之间的因果关联时，作为调整个人经验的关系结构[24]的国家才可存在。面对个体经验和意图的多样性，凯尔森认为这是无意义的任务[25]。他确信，使得国家得以表明自身存在的个体经验所产生的实际作用（或相互作用），要么是社会学国家理论那种简单的反事实状态的设定，要么超越了国家的界限，当在偶然的行为中确实产生此种作用的时候。[26]

凯尔森用以得出上述结果的方法属于内在批判的方法[27]。他试图确定出国家独立于法律的社会维度，用以甄别其实际或潜在的经验内容。如此一来，凯尔森沿此道路所欲达致的理论，反而是仅依据他的认识论前提无法证实的理论。根据其认识论前提，方法决定对象。这就没法排除非规范的宪法理论[28]。如果这是可能的话，此类理论无法整合到凯尔森的规范主义进路当中。因此，凯尔森在认识论批判之外又引入对社会学宪法理论的内在批判。这意味着他封闭了通向社会学的国家含义的道路。不可能存在社会学的国家理论。到此，凯尔森的论证攻势开始转向概念层面。他说，国家概念若要具有意义，就不能有社会学维度。在最后的分析中，这种否定性结论在同一性理论中变成了肯定性表述。国家仅能被描述为一种“法

[24] 凯尔森在此所想到的是将“社会的”定位于相互行动的过程这样一些理论。参见凯尔森：注 3，第 14-15 页。这些理论的主要代表是齐美尔与斯潘，参见〔德〕齐美尔（G. Simmel）：《社会学——关于社会化形式的研究》（Soziologie, Untersuchungen über die Formen der Vergesellschaftung），重刊于 1992 年；〔德〕斯潘（O. Spann）：《社会学》（Gesellschaftslehre），第 43 版，1930 年。

[25] 凯尔森：注 3，第 125，128 页。

[26] 凯尔森：注 12，第 12 页。

[27] 参见上注，第 16 页。

[28] 穆勒斯：注 6。

律秩序”（*Rechtsordnung*）[29]。无论采用何种描述方法，国家只能是一种规范体系[30]。从事此一主题就会令人意识到，任何对国家的其他说明，若不是自相矛盾便是自欺欺人。[31]

四、内在批判

内在批判的核心前提在于：若存在独立于法之外的类似现实的人民联合体这样的国家，那么，它必定只能是一种独立于法律规范的描述[32]。以此为基础，凯尔森试图证明上述理论的拥护者无论情愿与否都不得不承认，该理论具有双重不可能（double impossibility）。首先，若不假设法律规范的有效性，就无法识别出国家的行为。其次，若不建立与“被假设有效的规范体系”的联系，就无法理解被赋予国家的统一性[33]。此外，凯尔森还希望澄清为何上述双重不可能对社会学上的国家理论拥护者隐而不显。他的解释是，他们将下列情形都视为社会事实：①建立在含糊的规范预设基础之上；②对规范含义的歪曲表述；或③完全的理想化（idealization）。

（1）凯尔森声称，任何对国家权力的说明均需借助隐含的规范预设。统治权关系，在凯尔森看来其特征在于，一个人的意志成为

[29] 凯尔森：注 12，第 16 页。
[30] 凯尔森：注 1，第 99-100 页。
[31] 凯尔森：注 3，第 133，206 页。
[32] 同上注，第 121 页。
[33] 凯尔森：注 2，第 34 页。

另一人意愿的动机[34]，若其未被理解为一种法律行为，则无法被定义为国家规则：

> 从社会意义上定义为国家的“统治力”（*Herrschermacht*）完全有可能实施野蛮的暴力，但无法变成法律上的义务或授权。后者只有在把法律秩序的统一性表达为一个人格的时候，才可得以实现，也即统治力作为一个法人。[35]

在诉诸为了贯彻权威而运用的实际权力方面，凯尔森没给人留下什么印象。如果实际权力不具有法律规范性，那么，它和国家一点都不沾边：

> 传统上理解国家权力的一切外部内容——监狱、堡垒、绞刑架和机枪——就其自身来说均为无生命物体。它们要成为国家权力的工具，只有当人们按某一体系来运用之，只有当人们受该体系的观念支配，以及坚信应当遵照该体系而行为[36]。

因此，没有效力这一体系性中介，就没有国家统治权威。可是，难道人们不该期待这一体系得到现实中的集体意志的授权吗？按凯尔森的说法，耶利内克确信国家是个体意志相互关联的统一体[37]。

[34] 凯尔森：注 3，第 121 页。
[35] 同上注，第 130 页。（笔者翻译）
[36] 凯尔森：注 1，第 104-105 页。
[37] 凯尔森：注 3，第 121 页。

但鉴于人的主观能动性的多样化，被假定构成国家的意志统一体无法等同于个人意志在经验上的简单叠加。确切地说，每当意志重新塑造出的现实行为同规范创设的系统连贯性的背景相悖的时候，上述统一体就属于一种被创设出来的构造物[38]。若不是围绕着法律角度提供的焦点，所有的统一体将全部消失。

可是，难道不存在一种“共同归属感”的事物吗？这种归属感不正解释了促使人们遵守法律秩序之限制的集体意志的存在吗？如此理解，归属于某一社会的感觉为作为集体现象的国家之缔造提供了基础。然而，诉诸“归属感”却遭到凯尔森从经验上的微妙批判。事实上，可算作是公民身份明显标志的统一性可以从经验上感受到，但它既不能从属地上也不能从属人上对公民加以限制[39]。对自然灾害或恐怖袭击带来的伤害的自发同情超越了国家边境的限制。归属感甚至无须真的是对国家的（归属），还可以通过社会地位调整[40]。同情感或团结感太不稳定，由此作出行为的意图太不可预料，因此无法据此证明构成国家基础的真实联合体的统一性。凯尔森下结论说，意志关系的统一性仅当将其重构为规范体系的统一性后才能实现。[41]

（2）另外，凯尔森暗示对国家的社会学描述其实是一种规范的扭曲表述。耶利内克关于国家拥有“不可阻挡的权力”的预设当然是经验上的臆想。要对此加以理解，只有将其视为对法律规则中相

---

[38] 同上注，第 122 页。“毫无疑问，让‘统治关系’主要体现为国家同一性的体系即法律体系，该体系反映在耶利内克经常重复的关于国家从根本上就是法律的推断中。”

[39] 同上注，第 125 页。

[40] 同上注，第 112-113 页；也参见凯尔森：注 2，第 37，40 页。

[41] 凯尔森：注 3，第 126 页。

关的“应当”的规范力量的稍有偏离的重构[42]。尤为引人注目的是凯尔森对国家权力的来源（originality）的表述。在因果事件的真实世界中不存在类似国家权力的事物。对国家权力的来源（即非衍生性质）的美化只能被解释为根据国际公法赋予国家的相对主权的遗迹。据此，起源反映的是法律上非衍生的国家权力。[43]

（3）最后，在所谓的描述的背后可以发现隐藏着理想化。描述因自身的介入而具有了规范性质。凯尔森将此视为一种尝试，力求在个人意识层次使得现实的国家统一体明确可见。[44] 可以想见，将上述统一体回溯到作为同一政治组织之成员的公民们的自我共享意识应该是可能的。这一点在对统一体的真实感知之中也很明显，特别是每当人们得到国家机构的情感上的肯定（“支持”）之时。按凯尔森的说法，两方面的“观察”——统一体存在于个体意识当中与支持的态度——只有在理想化的基础上才能成立。以斯门德的思考为例，一方面即便睡眠中的人、精神不正常的人和小孩也须纳入假定支持国家的人当中，另一方面与此事实相反，肯定支持的态度又要寄希望于这些主体，故凯尔森将这种把人的经验从规范上加以改头换面揭示为恶的社会学（bad sociology）[45]。凡有社会事实的地方规范解释就会介入，这在斯门德的下述主张中获得确证：支持共

[42] 同上注，第 128 页。

[43] 同上注，第 129-130 页。

[44] 凯尔森：注 2，第 39-46 页。

[45] 照斯门德的说法，“高贵的生命链”在“群众”的“深度”也有效。例如，它通过参与世界大战得到调整。上述参与在相互归属感中产生长久印象。凯尔森对参战确实传递的东西持怀疑态度（参见凯尔森：注 40-42）。参与世界大战“经历练兵场训练、战壕、突袭、枪林弹雨及许多许多其他方面，总体的组合（整体经验）说明了社会学国家的真实统一性（尤其是特定国家的统一性）以外的一切”。

同体团结的纽带是否被破坏取决于公民权的放弃与否，这是一个纯粹法律尺度方面的事实。[46] 所谓的“社会事实”要么是在反规范背景下的构建，要么与法律行为相一致。[47]

五、令人困惑的结论

内在批判并不能得出国家不存在的结论。国家确实存在。只不过它并非作为自然事实存在[48]，并非作为“独立于需预设有效性的规范体系之外的自然、心理学、根据因果关系确定的客体的世界的统一性”而存在[49]。确切地说，国家作为规则的化身而存在，由此形成制度性事实。此类事实可理解成因构成性规则的存在而出现的行为或条件的意义。[50] 据此理解，凯尔森将国家当

[46] 凯尔森：注 2，第 41 页。

[47] 凯尔森简洁地作了如下证明：“属于某个国家的人期望同样的东西，即同样的国家体系，因为他们按该体系获得相应对待，如同他们都知道该体系并同意其内容那样。这是以前对立法的好幻想。从特定价值观角度而言，因证立国家体系的需要所形成的东西可成为将作为真实事实发明的国家体系的有效性的理由。强化国家权限的同样努力，让斯门德想象国家联合体的现实，这最终体现其自身。”同上注 43。（笔者翻译）

[48] 凯尔森：注 12，第 16 页。

[49] 凯尔森：注 2，第 35 页。

[50] 关于“制度性事实”的概念，参见〔美〕约翰·塞尔：《话语行为》（Speech Acts. An Essay on Philosophy of Language），1968 年，第 80-81 页；塞尔：《社会实在的建构》（The Construction of Social Reality），1995 年，第 43-52 页。这个词在法律理论领域产生了极大的反弹，特别是对于麦考密克和魏因贝格尔，参见〔英〕麦考密克（N. MacCormick）、魏因贝格尔（O. Weinberger）：《制度法实证主义的基础》（Grundlagen des institutionalistischen Rechtspositivismus），1985 年，因为它总是暗示地运用在法律理论当中。关于后一点，参见〔德〕鲁伊特（D. W. P. Ruiter）：《制度法事实、法律授权及其作用》（Institutionelle Rechtstatsachen Rechtliche Ermächtigungen und ihre Wirkungen），1995 年。

作“精神实体”（*geistiges Gebilde*）[51]，即就国家而言，法律乃是一套规范体系。更精确地说，他认为国家完全就是同法的体系性质具有构成性的事物。用康德的术语来说，国家提供“想象焦点”（*focus imaginarius*）[52]，据此法律秩序表现为规范证立的连续一致性（*Begründungszusammenhang*）。[53]

笔者将在下文（第六部分和第十三部分）回到如下事实，凯尔森易于在这方面犯错而且一再试图对其见解加以错误地说明。不过，关于此点必须要问的是：凯尔森如何能从一开始就得出上述著名论断呢？肯定不能说它实际上确实可以不证自明。

首先，对凯尔森而言，国家的社会学概念缺乏根据因果联系调整的经验内容，这表明“国家”称号可能指的是一些同因果现实（causal reality）根本不同的事物。在此，他的批判转向概念层面。就含义来说，人们提及国家时所传达的经验与因果现实中遭遇到的很不一样。这种不同的经验源于不同的解释[54]。某些事情通过另外一些事情来识别。某些行为被视为犯罪，一份书面材料被视为文件，举手被视为同意。

在概念层面，国家的存在预设着对解释图示的运用。没有解释，国家无法成为社会现象。而且，解释行为扎根于规范的证立语境中。

[51] 凯尔森：注 2，第 25 页。

[52]〔德〕康德：《纯粹理性批判》（Kritik der reinen Vernunft），1787 年，第 565 页（B 672）。

[53] 现代法学历史很大程度上以此思想尚未被理解为实际证立标准（如康德和德沃金），而是法律科学上的理论假定的事实为基础。参见〔美〕亚历山大·索梅克：《法律体系与共和国》（Rechtssystem und Republik. Über die politische Funktion des systematischen Rechtsdenkens），1992 年。

[54] 穆勒斯：注 6，第 37-38 页，他非常准确地洞悉到这一点。

当单个解释未与法律行为的证立相匹配时，就可看到这种情况。选出共和国总统，这并非规范。但上述事宜必须作为有约束力的制度事实公布，以评定规范有效性（例如，当总统正当参与立法程序显得可疑时）。需用解释方案保持证立语境完好，其存在解释了法律要么真要么假的主张的事实。仅当构成上述语境的组成部分的规范被认定有效时，才可能确定某个法律行为是否产生了新的规范（或制度事实）。因此，法律秩序起了解释方案与证立语境的作用。解释方案用来证立与规范有效性相关的主张。对适用于规范创设的规则的应用，是国家机构的经验现实的必要条件。国家仅从该角度表现自身。否则国家就很模糊。

显然，凯尔森的观点具有强烈的分析意味。[55] 他辩称，将国家描述为社会现实，仅当从规范体系角度来看国家时才有意义。但上述观点仍不足以证明国家与法律的同一性。用解释结果来混淆解释方案是错误的。语言并不等同于口语单词。口语单词并不意味着有意义讲话的语法和语义规则。它有不同含义。只是运用这些规则，才能将它表达清楚。乍一看，凯尔森的同一性理论肯定让人非常困惑。

六、国家唯名主义和法律本质主义

国家是为法律之间相互证立赋予统一性的事物，这是凯尔森义务论的最激进的版本。它确实很激进。不过凯尔森并未像人们所

[55] 参见〔德〕卡尔-奥托·阿佩尔（Karl-Otto Apel）:《哲学的转向》（Transformation der Philosophie），第一卷，1973 年，第 340-344 页。

预料的那样激进地论证。倘若凯尔森明确拒绝对国家的任何“具体化”从而避免将作为法律秩序的国家视为一种制度事实的话，则义务论的确很激进。但凯尔森并未走这么远。依笔者推测，凯尔森没这么做的理由有二。两点理由均与想要将同一性理论讲得让人信以为真的难度相关。第一点理由与直觉有关。第二点理由则与此无关。笔者会在本部分回到第一点理由。第二点理由与凯尔森因对他同一性理论的切实热情误入歧途并设想法律秩序属于制度事实有关。他忽视了如认真对待义务论论题则国家会变成什么的问题。笔者将在第十三部分回到这一话题。

凯尔森将国家视为制度事实的第一点理由源于他认识到，有必要将作为“实质法律概念”的国家与为维护同一性主张而使用的“国家”称号相区分。法律秩序的解释图示将一些国家行为识别为法律行为，但不是把行为的每种情形都归责到这种制度当中：“所以国家是法律秩序。但并非每种法律秩序均构成国家。”[56] 因而，国家的义务论产生国家唯名主义。“国家”（或“国家的”）就是实定法所指定的那种称之为国家的事物。历史上，将法律秩序的部分描述成“国家”预设了一定程度上的规范创设和执行的中央化。[57] 的确，凯尔森认为作为法人或社团的国家这种法律构建创造了制度事实。在国内法和国际法中可以发现它的构成性规则。

不过凯尔森最初希望走出单纯的国家唯名主义。他的反圣像论题肯定了笔者称之为“法律本质主义”的立场。因此，从本身性质

---

[56] 凯尔森：注 1，第 99 页。实际上，这是建立在对意义的批判性考察的基础之上。

[57] 同上注，第 99-100 页。

来看，国家就是法律。按凯尔森的说法，每一国家行为本质上属于法律行为。法律本质主义并非同一性理论的代名词，其用于解释从法律角度而言同一性是什么。相反，从国家角度而言，仅当每一法律行为也属于国家行为时才可实现同一性[58]。一切法律都是“国家的”。但这要表达什么见解呢？根据义务论，国家只剩下国家行为的法律构建和作为法人的国家。同一性理论的全部意义就是法律化约主义。但由于此种化约主义，为其辩护变得非常困难。对未由法律秩序定义为“国家行为”但仍为法律行为的行为，如私法主体之间的合同，我们如何处理呢？它们本质上也属于国家行为吗？倘若凯尔森希望我们可不加进一步解释就全盘接受的话，我们不禁怀疑同一性理论要么空洞、要么虚假。

若同一性理论只是将国家唯名主义扩张到甚至包含制定法所认定的并非国家行为的法律行为，则它是空洞的。显而易见，无法通过引入语义规则获得什么。范围更广的“国家”概念，则只能用来作为法律概念的代名词。如果同一性理论是从唯名主义国家概念中推断出来的，则它是虚假的。国家唯名主义须将国家与法律的同一性视为附条件的制度事实。当且仅当法律秩序将法律行为归入同一法律秩序指称为“国家”的实体的时候，该法律行为才是国家行为。但是，法律秩序吸纳上述规则并不具有必然性。凯尔森主义的法律本质主义也不会受到缺乏这一必然性的影响。人们仍旧可以主张每一国家行为本质上为法律行为。反之则不真实。将一切法律行为等同于国家行为，很难得出相应的学术成果。

[58] 凯尔森：注 3，第 248 页。

七、同一性理论的含义

表面上，解决上述矛盾有简单方法。法律本质主义认为每一国家行为均为法律行为。有关二元论和社会学方式的内在批判总体上证明国家只是为法律秩序赋予“统一性”。由此，似乎可得出每一法律行为须为国家行为，因其源于法律秩序。形式上，法律行为由规范体系的统一性确定。因此，可从深层次证实其为国家行为。但此矛盾解决方案并不让人信服[59]。这只是形而上学。根据将其包含在内的体系语境来确定说明并不是真正的推断。不管存在源于规范体系统一性思想的任何先验映象（*Schein*）[60],相信法律行为的体系语境确定它是什么仍然是错误的。这简直就像说属于世界的组成部分是事实的特征那样。

在笔者看来，要解决矛盾，只能将同一性理论理解成来源于凯尔森的法律学说的一个一般性前提。国家唯名主义实为对上述学说的应用。对凯尔森而言，法律主体并不具备人性现实（flesh and blood reality）。它只是观念化，即从规范创设的一系列归责（规则）。他也将上述系列规则称为部分法律秩序（*Teilrechtsordnungen*）[61]。对国家是真实的[62]，则对人也是真实的。“自然人”和“法人”均为在法律证立语境中起重要作用的解释方案。它们是法律秩序创设

[59] 索梅克：注 53，第 33 页。

[60] 康德：注 52，第 308-311 页（B 350–55）。

[61] 凯尔森：注 3，第 134-135 页；凯尔森：注 1，第 55，119-120 页。

[62] 凯尔森：注 3，第 134 页：“国家的人格是全部法律体系的人格化，而这一国家人格的剩余部分则是部分法律体系的人格化。”（笔者翻译）

的归责点。法律将自然人设置为集体国家人，其分支则担负法律执行的任务[63]。从法律秩序角度而言，这与认定此类构建的心理学关联性无关。重要的是，在设置的主体中创设了附有制裁措施的义务。如满足该条件，则在主体之间存在法律关系。每一法律关系授权一个人控制另一个人，因为法律秩序是由通过强制力予以执行的规范组成的。[64]结果，人们授予国家的权力在法律秩序中无处不在，特别是私法领域。

法律是同类的强制体系。在最后分析中，一切法律均关系到强制力的授权。由此理解，法律从性质上与国家具有一定程度的相似性。情况糟糕时，一方发出指令，对方可能认为有必要服从。但这也适用于私法。这样，凯尔森在法律通常与“国家”相关的方面建立起弱的联系。由此推断，对规范的不同假定与强制力的施加通常包含在国家权限内。上述包含是进入凯尔森的法律概念的社会学国家概念的核心内容[65]。这是笔者能为彻底说明同一性理论找到的唯一基础。

从凯尔森的内在批判角度，无法让同一性理论自圆其说。按上述观点，社会学国家理论的倡导者只是懵懂地理解国家解释了法律秩序的体系统一性。上述统一性需予以预设，否则无法认定制定法的表述的真假。法律规范属于规范体系。国家是将混合规范转化为某一体系的组成部分的整体。但国家当然既不在此类组成部分中，

[63] 凯尔森：注 1，第 100-104 页。

[64] 凯尔森：注 1，第 26，106 页。

[65] 这在凯尔森的理论中是非常明显的，参见注 12，第 17 页。德里达作品的学生们从这点可能很容易看出，社会学的国家概念充当的是凯尔森国家概念的补充。

也不以神秘方式“植入”此类组成部分中。它也不仅仅是组成部分之和。

八、同一性理论的内部不对称

即使在上述解释中，同一性理论仍存在奇怪的不对称。从外部视角观察，同一性是一种相互完全包含的关系。国家包含在法律中是还原主义的，因为就法律自我的系统性组成（*Eigengesetzlichkeit*）之外的方式而言，各种对国家加以理解的尝试都失败了[66]，由此可以推断出，法律包含在国家中只能源于附有主从关系的“国家（statal）”权威的含义。这无法充分证明法律必然同“国家”这种形式的统治权相关。结果，同一性理论有二重根。一方面，沿着凯尔森论证的“失望之路”[67]，它辩证地反映在社会学国家理论通向自我颠覆当中；另一方面，它兴起于表现为“国家”的统治权的有效关系的含义。如前已述，凯尔森将上述含义纳入他的法律概念里。

照凯尔森的说法，相互包含关系产生了以下综合物：由于诉诸国家无异于求助于法律秩序的统一性乃是源自国家与法律的同一性，故该秩序就表现为一种同质性的强制秩序。凡是运用法律为其设定了边界的权威均具有“国家的”特征。只要以法律关系为基础，没有什么权威的运用以及统治权关系会比其他事物带来更少的损害性。甚至劳动法和家庭法都是“公法”，至少就义务人发现自己处于服

[66] 凯尔森：注 2，第 6 页（采用了斯门德的一个表达）。

[67] 在这个意义上使用这个词来自 G.W.F. 黑格尔：《精神现象学》（Phänomenologie des Geistes），重刊于 1971 年，第 72 页。

从法律的地位而言。因而，凯尔森关心的是，对国家的性质予以澄清。完全解释清楚的同一性理论并非还原主义的。相反，它具有扩张性。它将暗示地包含在每个法律创设行为中的权力运用加以明确化，并将之解释为法律上有正当依据的权威运用。按凯尔森的说法，“合同所创设的私法在成为政治权力的竞技场方面并不比立法和行政中创设的公法逊色”。[68]

不过，相互包含关系以先天不足的奇怪方式提供了新视角。当关于国家具有独立于法律的社会现实性的主张从辩证逻辑上看不得不承认乃是对自身的否定，从“权力”和“国家”的历史含义中借来的关系仅在凯尔森对自诩不涉及政治的私法的挑战性立场的背景下才有意义。就其论述的分析水平而言，后面的观点未达到为证明第一种包含关系所需达到的概念水平。当然，就笔者为何会认为完全阐述清楚的同一性理论受不对称性影响来说，这并非唯一的理由。如要冷嘲热讽的话，甚至可以说它具有两面性。完全阐述清楚的同一性理论之所以是不对称的，就在于国家包含在法律之内是因为凯尔森将典型的“国家”因素捆绑入法律概念当中。这最多不过是平淡无奇。同一性理论令人感兴趣的一面仅仅在于断言国家不过就是一种法律现象而已。事实上，同一性理论在这种还原主义中穷尽自身。在笔者看来，这是凯尔森反圣像论题的真正关键之处。从社会学国家理论角度而言，国家就是法律秩序意味着一切法律都是无国家的法律。

[68] 凯尔森：注 1，第 96 页。

九、去魅化

凯尔森在义务论的基础上转向去魅化。他有效地运用了奥卡姆剃刀（*entia non sunt multiplicanda*）。假如所谓的“国家”只是法律秩序的另一种表达，或同样地，只是诸规范相互证立的统一性关联，那么，将“国家”假设为新的社会实体纯属臆断。[69] 将法律翻倍成除了自身，还预设了法律自身之外的国家的念头应予以彻底摒弃。应意识到的是，作为法律秩序统一性的国家起着认识论预设的作用。国家是一种有意义的法律思想的功能。[70]

回顾凯尔森的隐喻性分析[71]，事关“上帝”及“国家”各自在神学和宪法学说中发挥着一致的功能，[72] 去魅化的重点就更清晰了。正如上帝在神学中乃是创造一切的造物主那样，国家在法律思想中充当法律秩序的缔造者。作为起源，它们居于其造物之外或左右。上帝和国家均是全能的。他们通过创造物的行为进行自我限制[73]。通过在法律与社会学概念之间的秘密转换，凯尔森关于尽管是政治神学，但国家并非基本动力的主张似乎言之有理。人们赋予国家的真正的“创造性的”和“强有力的”作用起源于一种解释图示。这

[69] 凯尔森：注 3，第 209，217 页。

[70] 凯尔森：注 3，第 212-213 页（追随恩斯特·卡西尔）。

[71] 关于此点的进一步论说，参见〔美〕索梅克：《法律认知的对象》（Der Gegenstand der Rechtserkenntnis. Epitaph eines juristischen Problems），1996 年，第 20-26 页。

[72] 凯尔森：注 3，第 249 页；凯尔森甚至断言，国家与法律的关系表达的是上帝与自然关系在神学上确定的模式。

[73] 同上注，第 221，223-234，227 页。

一图式提供了必要的背景，若无此背景，想要对什么是或不是国家行为作出真实的陈述是不可能的。

正如凯尔森那样，主张统一性对于做出一个有效的法律陈述是必要的，这不无道理，但无论如何，要跟从凯尔森采纳的那种对法律进行不涉及内容的描述。这在动态的法律体系概念中有详细阐述。根据动态概念，当法律规范通过其效力来自于另一程序的另一法律规范所支配的程序而被创设出来的时候，它就具有效力。这个规范间相互证立的关联性的层级结构最终有其顶点——假定、虚构或先验逻辑上必要的——基础规范[74]。正如法律创设链条中的所有其他规范充当的都是使授权得以可能的条件那样，基础规范也是授权规范，并得到由社会权威发布的规范的尊重。[75]

十、凯尔森不评论什么

动态观点为对道德有深刻怀疑的法律学说提供了很大便利。法律的效力可被建立在无涉内容的理由的基础之上。没有什么涉及规范的实质。效力取决于如下事实：享有必要管辖权的机关在已有法律的基础上来创设法律。通过认知相应有效性所需预设的是法律行为关系不间断的连续性。在此，动态观点预设着法律秩序的“统一性”。统一性是法律创设链的连续性。当然，它并非一件事物，而

[74] 基础规范思维的特点在凯尔森作品中不断改变，参见〔美〕斯坦利·鲍尔森：“‘基础规范’的不同表述”（Die unterschiedlichen Formulierungen der “Grundnorm”），载《法律规范与法律现实》（Rechtsnorm und Rechtswirklichkeit . Festschrift Krawietz），1993 年。

[75] 当然，人们可能无休止地去思考基础规范的义务论格式，参见同上注。

是评定个别规范效力的不可或缺的综合原则。按凯尔森的说法，主流理论为超人“国家”赋予人格化的连续性，间接为实际上的主从关系蒙上一层意识形态的面纱[76]。主要犯错的人还是耶利内克。对他来说，国家无非是“当权者”（*die Obrigkeit*）。[77]

不过，在这一点上，可以发现凯尔森理论中的严重瑕疵。他根本未考虑解释权的问题。[78] 这并非说他从未觉察到法律规范有很大解释空间的事实；他甚至相信不存在解释冲突的理性解决方案[79]。他未认识到的是，法律主张的成功实际上取决于法律制定者的社会权威性。他未考虑到，连续性是在作为一种社会活动的规范创设过程中建立起来的。第一个揭示他理论中的这个盲点的是他的学生桑德尔（Fritz Sander）。[80] 由于上述盲点，同一性理论始终不尽如人意。凯尔森之后，作为解释图示的法律秩序将不得不以认知主体相信特定事项作为必要条件。法律认知原则上是被动的。在这点上，去魅化冲劲不足。它没意识到，解释属于社会活动这一事实。恰恰由于解释性链条以及特定解释被否决，甚至更糟，直接被忽视

[76] 凯尔森：注 1，第 105 页。

[77] 凯尔森：注 3，第 127 页。“尽管未成为作者的自觉意识，但从这样一种不可思议的维度中实现精神跳跃仍旧可能，对此只可做如下解释，通过这一跳跃可以达致一种立场，此种立场是一种思想方式的表达，面对一种思想统一体被假设为一种现实的、意志力强大的、充满力量的本质，它想当然地将之视为自然的、绝对有效的思想。”（笔者德译英）

[78] 这一点在凯尔森思想中很明确，参见凯尔森：注 12，第 17 页。倘使说凯尔森曾意识到“解释”也包含一种“意志的行为”，那就更令人惊讶了。参见凯尔森：注 1，第 83 页。

[79] 参见凯尔森：注 1，第 81-82 页。

[80] 关于此点更多的论述，参见〔美〕索梅克：“授权与义务”（Ermächtigung und Verpflichtung），载斯坦利·鲍尔森、米歇尔·施托莱斯主编：《汉斯·凯尔森——20 世纪的国家法学者与法律理论家》（Hans Kelsen. Staatsrechtslehrer und Rechtstheoretiker des 20. Jahrhunderts），2005 年，第 58-79 页；索梅克：注 71，第 102-103 页。

所赖以为基础的社会权力的构建，凯尔森对“国家”的真实情况给出了意义深远的洞见。[81] 国家，他可能会如此认为，并非一个整体（颇具讽刺意味的是，凯尔森全神贯注的“统一性”中保留着社会学方法的整体论），而是法律分析必定关注的社会现象，因为那些手握法律权柄的专家的活动是处理法律文字，熟练运用在先判例，以及排除不受欢迎的论证。

十一、保　留

即便如此，笔者仍倾向于认为，凯尔森的论题原则上可以获得辩护。当然，笔者的倾向以如下三项保留为前提。

首先，笔者发现凯尔森的认识论上的意向所包含的问题（见第二部分）并非完全耍心机。笔者相信，其与晚近洞见到的所谓“首语重复法”（anaphora）发挥的作用并不相容。首语重复法通过反身指称，可从不同角度指称同一现实情况。由此，我们可将自己对事物的看法明白易懂地告诉他人。[82] 此种可能性存在于语言中，笔者认为毋庸置疑。因此，可以得出结论，社会学的描述和法律的描述并非注定离题万里，因为它们谈话内容不同，始终不可化约地构

[81] 参见〔美〕索梅克、〔德〕福尔格（N. Forgó）:《后实证主义的法律思考——实证法的内容与形式》（Nachpositivistisches Rechtsdenken. Inhalt und Form des positiven Rechts），1996年，第143-176页。

[82]〔美〕罗伯特·布兰顿（R. Brandom）:《清晰阐释——推理、表象与商谈性承诺》（Making it Explicit. Reasoning, Representing, and Discursive Commitment），1994年，第7章;〔德〕尤尔根·哈贝马斯（J. Habermas）:《真实性与正当化——哲学文集》（Wahrheit und Rechtfertigung. Philosophische Aufsätze），1999年，第155-156页。

成不同的指称客体。其次，笔者认为凯尔森无视法律交流的社会基础。笔者已在第十部分指出这一点。在本部分，笔者将增加新的评论。最后，由于倾向于将法律秩序认知为制度事实，凯尔森对作为“综合原则”的“国家”缺乏清楚的观点。对凯尔森而言，有法律秩序这样的东西，它由规范组成，规范都是抽象的客体。他未将义务论发展到极致。笔者将在第十三部分继续阐述此观点。

虽然附上上述保留，笔者还是相信国家的“义务论”以及附随的“去魅化”确实都提出了重要的洞见。这些洞见来自于凯尔森对自己在同时代的宪法理论中遭遇到的国家学说给予的内在批判。因此，凯尔森的洞见无法脱离开发现的语境（context of discovery）。这正说明了此洞见的言之成理，否则便缺少些什么。但是，即便不应遗忘凯尔森理论的来源，该理论的应用并不受此严格限制。最后但并非不重要的是，凯尔森的理论面对批判还产生出非常强的抵抗能力。笔者将简述其抵抗批判的弹性。

凯尔森的反圣像论题招致激烈批评。[83] 赫尔曼·黑勒（Hermann Heller）的观点可能直击困难的核心。黑勒认为，凯尔森因放弃国家与法律之间的“根本区别”，由此误将理想的规范体系当作真实的集体行动组织[84]。因而，可能有人会针对凯尔森指出，他的论证建立在近乎荒诞且有删节的社会现象的基础之上。若是仅仅考虑以法律行为为基础的国家行为，凯尔森会非常轻松，而他的反对者则很狼狈。然而，通常被称为“国家行为”的行为范围没有这么

[83] 考克：注7，第67页。

[84]〔德〕赫尔曼·黑勒（Hermann Heller）:《一般国家学》（Allgemeine Staatslehre），1934年，第56页。

狭窄：游行、演讲及国家假日庆典上的例行仪式也都属于“国家行为”。凯尔森忽视了它们，同样忽视了国家机关作出的未创设法律，但对政治实体的稳定性和持久力具有同等甚至更高重要性的一切其他行为。这其中包含谈判、规划、访问、公告、安抚、安慰以及广大的协同与管理领域[85]。凯尔森的批判似乎过了头。他忽视了那些通常无可否认的以法律制度事实为基础但与规范创设不一致的现象。因而，凯尔森错误地将国家权力的行使化约为规范的发布。[86]

笔者深信，凯尔森的立场可以反驳上述异议。只需简单地想一想，在何种条件下谈判、承诺、安抚、考虑、规划或节制才能被视为“国家行为”。正因为此类行为由被任命行使国家机关职责的人做出，才形成存在非规范类的国家行为的看法。决定他们之任命的要求由法律来规定。它们的行为以何种方式被归责到“国家”呢？从功能角度而言，国家行为预设了法律规则，这些规则通过国家为其机关的行为设定了法律责任。在此，凯尔森立于不败之地。如有人仍反驳说政治上重要而法律上不相干的安抚、节制、承诺、粉饰行为完全是国家行为的话，他恰恰陷入了凯尔森希望克服的“人格化”符咒。我们真实面临的只是总理个人的行为，而非国家行为。结果，没有什么可以使得这些行为看起来比其他个人的行为更庄严或更高贵。

从另一角度来看，凯尔森观点的不同之处仍可视为脆弱。在讨论耶利内克的时候，他声称只有法律秩序的客观有效性才能提供用

[85] 更一般性的说明，参见〔美〕富勒（Lon L. Fuller）:《社会秩序的原则》(The Principles of Social Order)，温斯顿（K.I.Winston）编，1981 年。

[86] 特别参见凯尔森：注 2，第 62-63 页。

以确定个人行为的有效性的统一视角（unifying perspective）[87]。凯尔森并未正视此处暴露出的“目的论判断”问题。相反，他躲在自己的新康德主义理论论题之后。该体系的最终导向通过认知主体而归因于客体，如此一来，人的行为和欲望的多样性都可被视为由一个统一的观点而组织起来的。[88] 法律科学提供的法律描述预设了法律秩序[89]。法律秩序在其存续期间将自身设置为统一模式。可以确保法律认知不在无序和困惑的多样性中迷失自我的东西会是什么呢?

应当记住的是，凯尔森的认识论立场是通过一种内在批判显示出来的，这一批判试图逐项揭示用以解释除了法律秩序以外的统一性的一切可能的替代方式。该替代方式无法根据潜在的、让人难以忍受的先验论证加以消除。由此，义务论需要反对一切用以理解国家统一性的替代方式来获得辩护。必须在与替代方法的对抗中来证明其自身的有效性。

哈特提出了一种著名的替代方法。[90] 他认为，通过对法律官员在识别何为有效的法律材料时使用的“承认规则”加以重构，可从外部视角来描述法律秩序的统一性。[91]“承认规则”是哈特为了把握住处理法律规范的社会实践而引入的，这是笔者在上文中指出的凯尔森理论的盲点。是否承认规则可被真正描述为一个规则是个

[87] 凯尔森：注 3，第 123 页。
[88] 同上注，第 124 页。
[89] 同上注，第 123 页。
[90] 在前面提及的第二种保留中，笔者谈到要增加说明。
[91]〔英〕哈特（H.L.A. Hart）:《法的概念》，1961 年，第 98-99 页。

大问题，但我们在此不予考虑。[92] 重要的是，国家现实的问题涉及的是法律规则得以具有效力的充足理由的种类。法律实证主义接受内部视角（internal perspective），直至达到居于法律体系顶端的假定的基础规范，相比起从外部描述法律共同体遵循的用以认定法律效力的惯例，二者哪个更为合适呢？这一问题取决于人们期待从实证主义论题里得到什么。在这一点上，请允许笔者持不可知论立场。

挑战凯尔森观点的另一替代方式聚焦于当前将“国家”视为政治商讨中的论据的用法。国家是国民经济的守护者，是负责促进经济繁荣的机构。政客们以增加 GDP 为己任。国家作为制度而存在，一种通过颁发或废止法规来服务于全国政治经济的制度。从凯尔森的角度来看，可对此回答说，国家相关事宜的对象即为法律秩序。国家始终处于规制性竞争的处境之下，后者关系到一国法律的实质内容。故此，对第一个异议的反驳甚至也可转化为对国家进行上述的说明。支持那些受经济客户影响的政治官员的民众会发现，自己面对的是来自政治制度冲突的压力，而非来自“国家”的压力。

十二、凯尔森眼中的国家现实

无论如何，凯尔森认为国家在特定程度上是一种理念的现实。[93] 某种意义上，可以通过像卢曼（Niklas Luhmann）说的那样

[92]〔美〕费什（S. Fish）:《作自然发生之事》(Doing What Comes Naturally. Change, Rhetoric, and the Practice of Theory in Literary and Legal Studies)，1989 年，第 503-524 页。

[93] 凯尔森：注 2，第 9-10 页。

法律秩序由“交往”[94]组成来对之加以补充。无法在共同体的感受中清楚地说明国家的理念现实[95]。凯尔森对此的看法非常精确。通过法律创设的语境而系统确定的陈述才属于国家的理念现实。[96]同符合规范的行为相关的陈述也是国家的理念现实的组成部分。创设法律的人、日常语言中或运用制定法将之称为国家机关的人——如法官、律师或警察——均不属于国家的理念现实。国家不由人组成。[97]当然，国家唯名主义允许那种法律规范和法律行为，它们明确将特定人指称为“国家”机关。

除唯名主义之外，国家的现实依赖于人的行为。然而由于依赖性，就没有新的“物质”形式增加进来。在规范含义与遵守此类含义的关系上国家并未穷尽自身。[98]创设规范或为了创设规范而对规范的定位或遵守进行描述的人的经历和交道并非国家的组成部分。一个措辞的含义并不包括内在的画面或由其引起的感觉。从语言分析哲学来看，凯尔森的主张正确[99]。此外，规范含义与义务人或执法官员的“内在经历”相分离，也有助于法律推理的完整性。凯尔森认为，后者也可照此方法同道德观念的非法影响相隔离。[100]

[94]〔德〕尼可拉斯·卢曼（N. Luhmann）:《社会的法律体系》（Das Rechtssystem der Gesellschaft），1993年。

[95] 凯尔森：注2，第14页。

[96] 同上注，第12-13页。

[97] 同上注，第14页。

[98] 同上注，第13页。

[99]〔美〕希拉里·普特南（H. Putnam）:《代表与实在》（Representation and Reality），1988年，第70页。

[100] 这是凯尔森所写的，首要的是将他与受斯门德所青睐的国家生活的现实的“经历”或“摇摆”分离开来。

十三、激进义务论

激进义务论将国家化约为实现制定法上的有意义的陈述的必要条件。通俗而言，它意味着，法律主张要真实，必须预设法律秩序为一种体系。在明示或默示地确定权利义务的秩序规范概念中，“体系化”时刻（systematizing moment）很明显。类似案件类似处理的格言反映了其最基本形式。因而，满足秩序概念的要求是个案中法律主张有效性的条件。在此语境中，一旦将法律秩序人格化，就如同它是一种影响人们的神秘实体那样，它们就实现了自己的实际功能[101]。人格化不包含本体论的承诺。它们甚至不可或缺，以至于法律共同体提出的要求都可在审判的层次上予以阐述清楚。在这种情况下，德沃金区分了法律共同体的概念，解释了此类概念之间必定存在的关系以及什么是可接受的法律主张[102]。除了德沃金，可以说此类概念甚至还反映在历史上某一特定法律秩序里出现过的法律推理的方式中。笔者仅顺带地指出，推理方式的意识——对民族精神（*Volksgeist*）的模糊观点的唯一切合实际的应用——指明的是走近萨维尼甚至黑格尔的道路，而非凯尔森。

凯尔森不再坚持激进义务论。只有国家要从“两面性事物”中抹去，而“法律”原地不动。同自己的洞见相左，凯尔森将法律秩序描述成由生效规范组成的制度事实。法律秩序是有序的规范集

---

[101]〔美〕德沃金:《法律帝国》，1986 年，第 170-171 页。

[102] 同上注，第 209-215 页。

群。但这只是义务论的非完全形式（half-hearted form）。特别需要说明的是，在凯尔森自身摇摆的构想中，他将国家分别称为“规范体系或此体系的统一体的表述”，或“法律秩序或此秩序的统一体”。[103] 这些明显未确定的、奇怪的构想暴露出在同一性理论层面，凯尔森倾向于将国家在外延上理解为规范的总体。如上所述，这是明显导致凯尔森相信国家属于制度事实的第二个理由。国家与法律秩序“共存”。法律秩序“由一系列规范组成”。凯尔森暗中作此臆断，完全不管法律秩序是否利用了一种授权上述自我理解（这恰恰是国内法和国际法关系的情况）的自我解释图示。

这种法律秩序的解释与规范是抽象客体的观点重叠，并因后者得到加强。[104] 凯尔森为了避免实体化而借助于最原初的实体化：本体论对“规范”王国的假定，[105] 这简直令人啼笑皆非。“规范”的确发挥了行为理由的具体化的——甚至是在语言上具体

[103] 这些引用出现在凯尔森作品中的同一句子里，凯尔森：注 12，第 16 页。我在此谈及摇摆的构想多少带有一点恶意——凯尔森对于斯门德的“摇摆”的方法深恶痛绝。参见凯尔森：注 2，第 16 页以及其他各处。

[104] 在海德曼看来，凯尔森在他的“后新康德主义时期”采纳了这一观点，参见〔德〕卡斯腾·海德曼（C. Heidemann）：《规范作为事实》（Die Norm als Tatsache. Zur Normentheorie Hans Kelsens），1997 年，第 66，185 页。这一观点确切的内容以及是否它确实为凯尔森所坚持都取决于精细的辩论，参见斯坦利·鲍尔森：“凯尔森法理论可以分为四个阶段吗？”（Four Phases in Kelsen's Legal Theory? Reflections on a Periodisation），（1998）18，《牛津法律研究》（*OJLS*）第 153 页；海德曼：“规范、事实与判断——对鲍尔森的回应”（Norms, Facts and Judgements. A Reply to S. L. Paulson），《牛津法律研究》，（1999）19，第 345 页；斯坦利·鲍尔森：“达致一个可辩护的凯尔森法理论的分期学说”（Arriving at a Defensible Periodisation of Hans Kelsen's Legal Theory），《牛津法律研究》（1999）19，第 351 页。

[105]〔德〕海德曼：《规范作为事实》，注 104，第 66 页。

化的[106]——组合，这是法律规范在激进义务论基础上的表现形式。[107]一旦没有上述具体化，凯尔森引入的“秩序”就走到前台，也即法律证立被引入共同体当中的那种风格。

依笔者推测，凯尔森的道德怀疑论是他为何从激进义务论退缩的原因之一。他可能担心，若未经规范的具体化含义的检验来思考法律规则的安排理由的话，法律推理中必定融入道德推理。这是凯尔森为什么始终——全力且明确地[108]——偏爱这样一种规范性的理解，它用与人无关的同类要素的规范替代了与人相关的理由的有效性。[109]一个规范有效意味着，由于其创设模式它成为法律秩序的组成部分。照此理解，为了规范本身具有意义，规范文本的意义就可能导致对规范自身的含义的误解。

后实证主义法律理论揭示了上述典型的实证主义花招。[110]不过在实证主义之外，所需做的只是抽出凯尔森理论的结果。确实，为此要付出有趣的代价。要一直追溯到法律创设的连续过程中的最

[106]〔德〕德姆令（C. Demmerling）:《语言与具象——维特根斯坦、阿多诺以及批判理论的规划》(Sprache und Verdinglichung. Wittgenstein, Adorno und das Projekt einer kritischen Theorie)，1994年。

[107]〔德〕索梅克：注53，注71；索梅克、福尔格：注81；当然还包括经典作品，如约瑟夫·拉兹:《实践理由与规范》(Practical Reason and Norms)，第二版，1990年。

[108]〔美〕斯坦利·鲍尔森:“弱意义上的权威解读与凯尔森的纯粹法理论”(The Weak Reading of Authority and Hans Kelsen's Pure Theory of Law)，载《法与哲学》(Law and Philosophy)，19(2000)，第131-171页；鲍尔森:“事实与价值的区分：两个世界的学说与内在意义”(Faktum/Wert–Distinktion: Zwei–Welten–Lehre und immanenter Sinn. Hans Kelsen als Neukantianer)，载罗伯特·阿列克西等主编:《新康德主义与法哲学》(Neukantianismus und Rechtsphilosophie)，2002年，第223-251页。

[109] 更多关于法律体系内部等级的创设，参见索梅克：注71。

[110]〔德〕克里斯滕森（R. Christensen）、库德里希（H. Kudlich）:《法官证立的理论》(Theorie richterlichen Begründens)，2001年。

终规范含义越来越难。中心变得难以捉摸。实证主义之后，理论观察到的都是在网状结构中相互作用的理由。[111] 这或许解释了为何不再谈论支撑（*hypokeimenon*）“精神”，而是讨论更难以捉摸的“语言游戏”。语言游戏代表一种确定性的不确定模式，它否定确定性本身（而且，就其自身而言，它在辩证关系上无懈可击）。[112]

在此背景下，可从不同角度审视当前有关国家终结的主流观点。[113] 正如我们所知的那样，其最终与法律秩序的终结纠缠在一起（并穷尽自我）[114]，只不过，这已是另外一个课题了。

[111] 参见〔德〕卡尔-海因茨·拉道尔（Karl-Heinz Ladeur）:《后现代法理论：自我指涉—自我组织—程序化》（Postmoderne Rechtstheorie. Selbstreferenz—Selbstorganisation—Prozeduralisierung），1992 年。

[112] 参见〔德〕伽姆（G. Gamm）:《逃离范畴——不确定的实证化作为现代的出口》（Flucht aus der Kategorie. Die Positivierung des Unbestimmten als Ausgang der Moderne），1994 年。

[113] 譬如参见阿尔布劳（M. Albrow）:《全球的时代——超越现代性的国家与社会》（The Global Age. State and Society Beyond Modernity），1996 年；〔荷〕马丁·范克勒韦尔德（M. Van Creveld）:《国家的兴起与衰落》（The Rise and Decline of the State），1999 年。

[114] 参见〔德〕索梅克:“法律约束作为民主问题”（Gesetzesbindung als Problem der Demokratie），《法政治学期刊》（Journal für Rechtspolitik），第 6 期，1998 年。

论凯尔森的解释学说、宪法法院机制与民主原则之间的关系*

〔德〕迪特·格林**

一、问题逻辑

在联邦德国，宪法法院机制已经变成一个事关民主的问题。[1]《基本法》力图在制度上保障宪法的绝对效力，为此，它赋予联邦宪法法院广泛的权限，任何其他宪法在此方面都无法望其项背。在诸多权限中，政治上尤为重要者，乃是抽象的规范审查权。据此，议会程序中失势的一方可以主张说，多数派的决定违反了宪法，由此，他们可以在联邦宪法法院面前继续展开政治争论。虽然在联邦宪法法院这里展开的争论只能限于法律问题。但是，这种机制导致的后果却是，意志建构过程并没有随着民主多数派的合法决定而结

* 本文原文为：Zum Verhältnis von Interpretationslehre, Verfassungsgerichtsbarkeit und Demokratieprinzip bei Kelsen，载维尔纳·克拉维茨等主编：《意识形态批判与民主理论》（Ideologiekritik und Demokratietheorie），柏林 1982 年，第 149-157 页。（译者注）

** 迪特·格林（Dieter Grimm，1937- ），柏林洪堡大学荣休教授，知名公法学家，曾任德国联邦宪法法院大法官。（译者注）

[1] 对此问题的详尽研究，参见〔德〕迪特·格林："宪法法院机制在民主国家的功能及其功能限度"（Verfassungsgerichtsbarkeit – Funktion und Funktionsgrenzen im demokratischen Staat），载霍夫曼 - 里姆（Hoffmann-Riem）主编：《法学中的社会科学》（Sozialwissenschaften im Studium des Rechts），第 Ⅱ 辑，1977 年，第 83 页。

束。对于政治上存在严重争议问题的最终发言权却落在这样一个机构手中，它的民主正当性基础远弱于议会，而且完全不用承担民主责任。这样一个机构若想消除人们在民主责任方面的忧虑，必须满足的条件是，所缺失的民主责任可以通过其他形式的约束来弥补。议会理事会在起草基本法时，便认为已经存在这样一种约束。它确信，联邦宪法法院只进行合法性审查，为此，宪法已经提供了足够具体的或者至少可以充分具体化的标准。因此，宪法法院并不亲自就问题做出决断，而是只声张制宪者已经做出的决断。就此而言，民主产生的国家机关尽管仍然丧失了一些权力，但是，这里所丧失的，只是不受制约地做出违宪行为的权力。在此条件下，事实上有可能实现如下效果，即宪法法院机制有望成为对民主的强化，而不是威胁。

今天，在某些方面，我们已经更加清晰地看到了这一点。方法论方面达成的核心认知是，法律规范的约束力在原则上是有限的。对于宪法来说，尤其是对于构成控制立法者之典型标准的国家目标条款和基本权利条款来说，规范的有限约束力这个认知更加明显。这些条款几乎不可能直接适用于个案。法律适用者必须解决的任务是，结合相应的问题，从现有的规范当中抽离出具体的裁决规则。就此而言，任何一次法律适用行为都或多或少地包含着法律创设的成分，而且，在法官捍卫宪法对立法者的控制条款时，同时存在着法官脱离控制的成分。因此，从功能上看，宪法法院的规范审查属于对立法的参与，但是，却不受基本法为立法设定的民主要求之控制。一段时日以来，议会中的反对派特别热衷于提起诉讼，联邦宪法法院也大刀阔斧地进行裁决，前文对联邦宪法法院的功能定性在这里更加清楚地得以展现。作为应对举措，很多研究联邦宪法法院的文献都要求强化司法自制。然而，这种应对却不尽如人意，因为自制并没有为法院设定法律上的界限，只是诉诸法官的职业伦理。因此，这一问题的解决亦成为当代的紧迫和棘手问题。凯尔森熟知这一问题逻辑，[2] 其思想在此可有助益，因为他一方面具备现代方法论的核心认知，即任何法官裁决中都包含意志因素，但是，另一方面他又坚定支持宪法法院机制，并且并未因此遭受坚持非民主或反民主之立场的指责。需要回答的问题就变为，他是如何协调不同观点的。

二、凯尔森的立场

1. 凯尔森论解释

凯尔森从法律秩序的层级理论出发，发展出他的解释学说。[3] 据此，从假设的基础规范出发，法调整自身的创设，直至执行行为。宪法调整法律的创设，法律调整裁判的创设，裁判调整执行行为及其所有可能的中间环节的创设。但是，高位阶的规范并未完全

---

[2] 参见〔奥〕汉斯·凯尔森:“宪法法院机制的本质和发展”（Wesen und Entwicklung der Staatsgerichtsbarkeit），载《德国国家法学者协会会刊》（Veröffentlichungen der Vereinigung der Deutschen Staatsrechtslehrer）（VVDStRL），第5册，1929年，第69页及以下；汉斯·凯尔森:《谁应该成为宪法守护者？》（Wer soll der Hüter der Verfassung sein？），柏林1931年，第24页及以下。

[3] 参见〔奥〕汉斯·凯尔森:《纯粹法学》（Reine Rechtslehre），1934年，第90页及以下；汉斯·凯尔森:“论解释理论”（Zur Theorie der Interpretation），载《法理论国际期刊》（Revue internationale de la théorie du droit），第Ⅷ辑，1934年，第9页。

主宰低位阶规范的创设。其中原因是，一方面，规范无法普遍性地事先规定现实中所有的个案情势，另一方面，规范必须通过语言来表达，而语言无法保证足够清晰。规范的相对开放性既可能是有意造成，也可能是无意造成，但是，无论如何，这种开放性都无法完全避免。因此，高位阶规范只能为低位阶规范的创设设定一个框架，在此框架中，必然还需要独立的具体细化。区别只在于具体化之空间的大小。这个空间可发生大小的变化，典型的规律是，层级越高，空间越大，层级越低，则空间越小。通常来说，立法者拥有较大的空间，而执行官拥有很小的空间，法官则位居其中。实证主义严格坚持的诸种区分，即法律教义和法律政策之别，法律创设和法律适用之分，在层级理论的视野下都被相对化。任何一个司法决定都部分程度上属于认知，部分则属于决断。不过，凯尔森认为这两个领域可以区分开：认知领域牵涉到规范为法律适用者设定的那个框架，决断领域涉及的则是规范的实施。

这种区分是否成立，这里暂且不论。重要的是，凯尔森借助于这一区分划定了法律科学和法律实践之间的界限。[4] 科学之宗旨在于认知。决断则不属于科学的分内之事。在法律适用的维度上，法律科学的认知止步于实定法律规范存在的地方，也即止步于规范所设定的那个框架。在此规范框架内，所发生的是根据法外标准在不同可能性之间进行选择，而这是法律政策的范畴。因此，法律科学若企求寻找正确的决断，便自始注定徒劳无功。一旦缺少实定法规

[4] 参见〔奥〕汉斯·凯尔森:《纯粹法学》，第 94 页及以下；特别是汉斯·凯尔森:“什么是纯粹法学？”（Was ist die Reine Rechtslehre?），载《民主与法治国——贾科梅蒂祝寿文集》（Demokratie und Rechtsstaat, FS f. Giacometti），1953 年，第 150 页及以下。

定的框架，那么，法律科学对于如何填充这个框架，便根本不可能指手画脚。然而，法律科学却经常涉足于此，甚至明确以此为己任，实际上，这是披着科学外衣的意识形态。与此相反，法律实践的使命不在于认知，而在于行动。与法律科学不同，法律实践面临的任务是，从法律上权重相同的实施选择中抽出一种，而且，在此过程中，起决定作用的是法律之外的抉择规则，从法律科学的立场来看，这必定是一种决断。作为决断，它既无法求助于法律科学的帮助，也因此脱离其控制。法律科学只能指出法律实践的错误，即证明它超出框架界限，然而，它不能为法律实践提供行动指南。所有的法律实践，从立法者一直到法院执行者，都是政治，因此不能被纳入法律科学的核心领地。

2. 凯尔森论宪法法院机制

虽然卡尔·施米特恰恰根据规范审查中包含立法因素这一点，指出其与司法的本质相冲突，因此反对设立法院作为宪法的守护者，[5] 但是，凯尔森却提出截然相反的建议。在与施米特的争论中，他虽然承认宪法守护的要求乃是法律政策性要求，人们对其合目的性也可发表不同观点；[6] 而且，对于如何设立宪法保障的法律技术问题，也肯定存在不同方案。但是，凯尔森在维也纳举行的国家法学者年会的演讲中，却非常明确地指出，他认为宪法法院机制在根本上是任何一部深思熟虑的宪法在逻辑上的必然推论。[7] 如果宪法

---

[5] 参见〔德〕卡尔·施米特:《宪法的守护者》(Der Hüter der Verfassung)，1931 年。

[6]〔奥〕凯尔森:《谁应该成为宪法守护者？》，第 5 页。

[7]〔奥〕凯尔森文,《德国国家法学者协会会刊》，第 5 册，第 78 页及以下。

调整法律的创设，借此为立法者设定特定的程序，并在可能的情况下为其预设特定的内容，那么，在凯尔森看来，这些防范措施只有在下述条件下才有意义，那就是，它们在面对相背而行的立法者时具有执行力。如果一部宪法虽然调整法律制定，但是却不关心这些规范是否被遵守，那么，它就缺乏完整的法律约束力。在法律技术上看，这样的宪法表达的只是一个“毫无约束力的愿望”。[8] 更准确地说，这部宪法认为其关于立法的规范不具有强制力，而是可被随意处置：“或者如此行为，但如果不如此，那么也——近乎随意地——可以做其他选择。”[9] 如果宪法规范未被一贯认知和适用，那么，其中原因只能从心理学上去把握，这并不是法律上引起的后果。未规定实施机构的宪法实际上放弃了自己的规范内涵，从纯粹法律学的立场来看，这样的宪法在法律上毫无意义。

卡尔·施米特主张，帝国总统作为国家政治统一体的化身，应该担负宪法守护者之责，以对抗沦落为“社会多元力量之镜像”[10] 的帝国议会，凯尔森在进行回应时详细地阐明了为什么司法性控制机构具有优势。凯尔森以阐述宪法的政治功能入手，在他看来，此种功能即对政治权力的行使施加法律上的限制。因此，若由权力拥有者自己来捍卫此限制，这肯定无法发挥应有功能。只有把实施宪法保障的权力交付其他机关，而不是其行为本应受到限制的那些机关，该宪法保障才有望得到尊重。只有独立的控制机关才能发挥有效的控制。凯尔森关心的是这种控制职能，至于这个机关是否是

[8] 同注 7，第 78 页。
[9] 同注 7，第 79 页。
[10]〔德〕施米特：《宪法的守护者》，第 141 页。

"法院"，其职能是否可被定性为真正的"司法"，在凯尔森看来则并不重要。[11] 即使由法院来承担此职能，也无可厚非，凯尔森虽未明言，但却始终暗示了此中缘由，那就是，合宪性审查与合法性审查在结构上并无差别。施米特反复提出的反对观点认为，宪法审判把法官提升为立法者，进而使司法变为政治，这并未让凯尔森感到难堪，因为他在任何法律适用行为中都发现了立法因素，就此而言，司法本来就具有政治性。因此，在凯尔森看来，施米特的核心论点只剩下一个原则上反"多元化—权威性"的国家观，[12] 这种观念会逐步消解规范性宪法，自然也会把宪法法院机制看成干扰因素，而凯尔森认为，恰是这种宪法法院机制才赋予宪法应有的规范力。

3. 二者与民主原则的协调

如果人们把两条思考进路结合，一条是解释理论的进路，据此，任何一个法律适用行为都具有法律创设和不可避免的政治特征，其幅度取决于法律秩序的层级构造，另一条是国家理论的进路，它探讨宪法法院对立法者进行审查的必要性，这种审查必然涉及法律秩序的最高层级，因此具有特别强烈的政治性，由此产生的问题就是，宪法法院机制与民主是否相容。凯尔森选择民主，是其科学理论上所持的相对主义立场的必然结果。[13] 民主制度的正当性并不是立基于真理，而是通过合意。法律产生于决断。当该决断获得多数支

[11]〔奥〕凯尔森:《谁应该成为宪法守护者？》，第12页。

[12] 同注11，第47页及以下。

[13]〔奥〕凯尔森:《民主的本质与价值》(Vom Wesen und Wert der Demokratie)，第2版，1929年，特别是第101页。

持时，便属于民主决断。多数派在做出决断时，势必置身于一定的框架当中，该框架必然由程序规范和原则性的实体规范构成，且该框架须通过更高比例的多数来设定。在此框架之内，多数派拥有决断自由。如果他们不享有这种自由，实际上就意味着少数派的统治。协调民主原则和宪法法院机制的一种可设想的方案是，宪法法院只审查多数派是否侵越了宪法框架，对凯尔森来说，这种审查关涉的只是认知层面的确定性，而所有在此框架内做出的决断，在法律上必须毫无例外地加以接受。让人倍感诧异的是，人们在凯尔森的报告中找不到明确的这种申明。我们绝不可以说，这种申明可以从报告的上下文中推演出来。如果人们继续追溯这个问题，起初在报告中并不能找到如下类的论说，即宪法法院的法律实施要在原则上不同于普通法院法律实施的条件下进行。与此相反，凯尔森旨在证明，在传统的司法和宪法法院机制之间并无结构性差别。[14] 宪法法院的审查与传统的法律实践一样，其主旨并不在于认知，而是在于决断。如果审查任务只限于法律科学所要认知的实定法框架，那么这种权限认定表面看来并不适用于宪法法院机制。如果对宪法法院机制应该例外对待，必须从其报告中找到明确例证。可是，凯尔森的报告不但缺少这种暗示，对其论述宪法法院机制的文章的解读却指向完全相反的结论。

凯尔森在与施米特的争论文章中，比其国家法学者年会上的报告更加明确地阐述了这个结论。在争论中，凯尔森首先提出其一贯论点，即任何一个裁判当中都因包含法律创设因素，因此具有政

[14]〔奥〕凯尔森:《谁应该成为宪法守护者？》，特别是第 14 页及以下。

治性，他随后指出，宪法法院的判决所包含的政治因素亦不容否认，它甚至还比其他法院判决包含更多的政治因素。[15] 在凯尔森的术语中，政治因素就是指判决所包含的法律创设的成分。然而，这种成分已经不属于规范性的先在框架，而是不受规范指引地对框架的具体化。随后，凯尔森反驳了施米特的如下观点，一旦被适用的规范之内容存在争议，司法性质的工作就结束了。凯尔森针锋相对地指出，当规范内容存在争议时，司法性的工作恰恰才开始登场。到此为止，凯尔森还并未在宪法和法律之间设定区别。他并未主张说，当宪法内容存在争议时，应该以立法者的解释为准。相反，宪法法院必须做出自己的决断，对凯尔森来说，这个决断是对规范内容的“设定”，而不是确定。[16] 凯尔森认为，围绕法律的合宪性的争议始终是围绕下述问题的争议，即如何在宪法框架内最适当地进行法律创设，“以确保宪法法院的判决事实上是沿着特定方向做出的宪法续造”，[17] 自此，凯尔森完全明朗地表明了自己的立场。凯尔森清醒地意识到，在此续造过程中，存在着权力由民主选举的议会向一个脱离民主正当性链条的机构转移的危险，而这种转移并不是宪法之本意（也即是违反宪法的）。对此，凯尔森提出的也不再是法律性的，而是一个法律政策性的应对建议：也就是说，宪法规范，尤其是基本权利规范，应该尽可能地明确，而且尽可能不要使用诸如正义、自由、平等之类的术语。[18]

[15] 同注 14，第 16 页。
[16] 同注 14，第 18 页。
[17] 同注 14，第 29 页。
[18] 同注 14，第 24 页；《德国国家法学者协会会刊》，第 5 册，第 70 页。

三、背 景

凯尔森虽然认为通过人民选举宪法法院法官是可能的，但是，他并没有明确提出这个建议，[19] 因此，我的结论是，在方法论所追求的认知和宪法法院机制的功能之间，并未达成满足民主原则之要求的协调。此中原因我只能诉诸于思辨。原因之一在于：凯尔森追求的是最高的科学目标，那就是，使法学摆脱意识形态羁绊，具体来说，就是把国家法学从所有政治纠葛中净化出来。为此，对他来说，须具备的前提条件是，法学要限定于实定法，且在实定法之内，放弃追求正确的解释。连同宪法法院在内的所有司法系统均需循此而行，否则，宪法的法律特征就会遭受质疑，且沦落到政治的领域，并因此脱离科学的控制。在凯尔森看来，由一位法学权威来评判解释的对错，在法律上是毫无意义的；“因为即使某项解释从纯粹认知的立场来看是错误的，它仍然是法。”[20] 因此，如果法院的裁判“未能展示从法学立场所认知的规范，那么，法律学者只能说，通过该裁判创设了新法”。[21] 由于宪法法院作为最高位阶法的守护者，其本身并未再受其他限制，所以，它自己就是其权限界限的确定者，最终意味着它拥有不受限制的权力。这就是凯尔森追求法律科学的纯粹性而付出的代价，而这种纯粹性并无对应的对象。因为宪法的对象恰在政治领域，而且宪法始终出于政治，且回转过来再

[19]〔奥〕凯尔森:《谁应该成为宪法守护者？》，第 50 页。
[20]〔奥〕凯尔森文，载《民主与法治国，贾科梅蒂祝寿文集》，第 151 页。
[21] 同注 20。

对政治产生影响，对此，凯尔森亦不否认，因此，宪法的意义也要借助于政治来确定，而不能孤立于政治之外。[22] 由于不顾现实地追求国家法学的纯粹性，凯尔森在实践中就必须退让。其表现之一就是，他并未在宪法法院机制、方法论和民主之间成功地达成协调。

另一个原因是：凯尔森追求一个最高的政治目标。由于围绕真理和正义存在不同的观点，且在真理问题上无法达成最终回答，凯尔森关心的便是，如何保证不同的信念和利益能够和平共存。在他看来，最合适的国家形式就是民主，[23] 它区别于其他国家形式的优势在于，它并未认同任何一种政治理念。然而，仅仅被理解为游戏规则的民主并不能实现其目标，因为它无法防止通过民主方式去废止民主本身，它亦无法对抗多数的专断。因此，在凯尔森看来，民主始终还需要对少数的保护。[24] 然而，这就需要额外的保障机制，它旨在防止通过民主的方式废止民主的根本规则，同时也要确保具备民主的意志建构所需要的社会条件。他认为，这类保障机制特别体现为基本权利和宪法法院机制。但是，一旦加入这两个机制，就实际上加入了实体规范，进而再次把真理因素引入纯粹的形式体系

[22] 参见〔德〕弗里德里希·穆勒（Friedrich Müller）:《规范结构与规范性》（Normstruktur und Normativität），1966 年;〔德〕迪特·格林:“国家法学与政治科学”（Staatsrechtslehre und Politikwissenschaft），载格林主编:《法学与相邻学科》（Rechtswissenschaft und Nachbarwissenschaften），第 I 卷，第 2 版，1976 年，第 53 页。

[23] 凯尔森:《民主的本质与价值》，特别是第 98 页及以下。

[24] 同注 23，第 53 页及以下，特别是第 56，65，101 页及以下;《德国国家法学者协会会刊》，第 5 册，第 80 页及以下。

当中，对此，凯尔森从其固有立场当中无法充分证立。[25] 与纯粹性一样，相对主义在此处亦达到其实践边界。民主为越过该边界必须付出的代价就是，要做出内容方面的调整，否则，民主秩序就根本无法证立自身。

[25] 参见〔奥〕彼得·科勒（Peter Koller）:《证立民主需解决的问题》（Zu einigen Problemen der Rechtsfertigung der Demokratie）;〔德〕迪特·格林:“改革法治国是民主的要求吗？”（Reformalisierung des Rechtsstaats als Demokratiepostulat?），载《法学期刊》（JuS），1980 年，第 708 页。

法院的规范控制问题
——对凯尔森方法的批判

〔德〕汉·马可*

20世纪20年代，汉斯·凯尔森积极致力于魏玛德国也建立宪法法院。宪法法院的核心任务在于审查普通法律的合宪性，即规范控制。他的这一立场源自于他的法律理论。然而，凯尔森的纯粹法学理论是否足以为建立一个拥有司法审查权的宪法法院提供正当性，却是完全令人生疑的。

为了回答这一问题，即凯尔森的法律理论能否承担起建立宪法司法权的重任，首先应当对魏玛时期国家法学说中的方法争论，以及当时关于法院的审查权限的争论进行简要的梳理；然后，对凯尔森关于宪法司法管辖权的证立给予阐述；最后用凯尔森方法性的前提对此一证立加以衡量。

一、魏玛共和国时期的方法争论

何为国家法学中正确的方法，德语圈的宪法学者关于此问题的争论至迟在1926年举行的国家法学者会议上开始公开化。该次会议的议题为德国魏玛宪法第109条所规定的平等权。有疑问的是，

---

* 〔德〕汉·马可（Marco Hasse），中国政法大学中德法学院德方院长，宪法与行政法方向教授。

“法律面前所有德国人一律平等”的原则是仅仅适用于法律适用过程中，还是对立法者也有其效力。也就是说，类似平等权之类的基本权利仅仅涉及法律适用，还是同时也涉及立法。埃里克·考夫曼（Erich Kaufmann）认为基本权利对立法者也有约束力，而包括凯尔森在内的其他人则否定之。[1]

考夫曼不仅仅通过魏玛帝国宪法第 109 条的字面含义以及制宪者的意志对平等原则的可适用性进行论证，他还追溯到了法制史、外国的法秩序以及国际法，以期明确在不同法秩序背后的平等原则具有普遍约束力的法律理念。而如纳维亚斯基（Nawiasky）之类的实证主义者则相反，他们认为，从异国的法秩序得不出任何关于魏玛宪法的内容。唯有语义的、历史的以及系统的解释才是被允许的。[2] 同考夫曼尝试着让自然法的思想有益于法的发现相反，凯尔森宣称在实证法的背后仅表明一样东西：权力。[3]

此一争论的中心在于这样一个方法问题：我们应当回答的是法学问题。肇端于第一帝国的实证主义被凯尔森极端化为形式主义。他认为，所有的价值都是主观性的，因此这些价值只属于政治、道德和宗教，而非法学。针锋相对的观点则认为，价值问题

---

[1]〔德〕埃里克·考夫曼（Kaufmann, Erich）:《帝国宪法第 109 条意义中的法律平等原则》（报告）[Die Gleichheit vor dem Gesetz im Sinne des Art. 109 der Reichsverfassung（Bericht）]，载《德国国家法学者协会会刊》（Veröffentlichungen der Vereinigung der deutschen Staatsrechtslehrer）（缩写为：VVDSRL），第三期，Berlin/Leipzig 1927 年，第 2-24 页。

[2]〔德〕纳维亚斯基（Nawiasky）:“帝国宪法第 109 条意义上的法律平等原则”（同主题报告），载《德国国家法学者协会会刊》（VVDSRL），第三期，Berlin/Leipzig 1927 年，第 25 页及下页。

[3] 汉斯·凯尔森之评议，载《关于报告的评议》（Aussprache über die vorhergehenden Berichte），《德国国家法学者协会会刊》，第三期，Berlin/Leipzip 1927 年，第 55 页。

即使不是法学的核心，也是法学的重要组成部分。在法的发现的过程中，他们不满足于仅仅诉诸法律的字义以及形式逻辑的论证，还要将其他的考量也包括与内。道德的、政治的以及社会学的问题在性质上与法学并非毫不相干，毋宁融入法学的论证之中。

1926年，凯尔森不仅拒绝了考夫曼的人文学科的方法，而且他同时还反对考夫曼关于授权法院审查法律是否违反了宪法上的平等原则的要求。两年之后，已是奥地利宪法法院法官的凯尔森在1928年的国家法学者大会上转而支持宪法法院的规范控制。围绕着法院的规范控制权的争论先于他转向支持宪法诉讼而发生。

二、关于法院的规范控制权的争论

魏玛宪法并未就可对帝国法律进行合宪性审查的宪法法院做出规定。当时虽然存在一个国事法院，但是该法院主要对针对部长之诉、联邦争议程序以及各州机关之间的争议程序享有管辖权。缺乏宪法性的规范控制并不意味着法律的合宪性不能够由法院进行审查。早在第二帝国时期就对如下问题存在争议，即法律是否可能因为违宪而无效以及是否所有的法院在适用某一法律之前都可以对该法律的合宪性进行审查。可是，1883年帝国法院否定了这种审查权。理论界以下面的理由赞同该判决，即当皇帝颁布某项法律时，全权负责审查该项法律的合宪性。[4] 此一讨论在魏玛共和国时期的所谓的

---

[4]〔德〕鲁道夫·胡博（Huber, Rudolf）:《德国宪法史》（Deutsche Verfassungsgeschichte），第三卷，第1056页及以下。

升级争议中又一次活跃起来。在通货膨胀期间，法院按照货币贬值的情况对民法上的价格约定进行了调适。当立法者准备通过法律禁止这一司法实践的做法时，帝国法院中的法官协会的理事会以不适用该法律进行威胁，因为这样的法律是不法的。后来，该项法律并未以立法者最初计划的内容公布。自此以后，法院享有了根据合法性标准审查法律的资格，然而他们在实践中很少宣布法律不法或者违宪。[5]

在1926年与1928年产生的两个法律草案中，起草者都试图将国事法院与宪法法院的规范控制相连接，可惜，这两个草案最终都未成为法律。

这项审查权在魏玛时代的法学界也存在极大的争议，不过司法审查权的赞同者与反对者之间的界限和方法争论之间的界限并非完全一致。这并不十分令人惊讶，因为方法争论涉及的问题是，哪些论证是被普遍允许的，而法院对规范的控制这一专业问题涉及的是，哪些论证在这个问题上确实具有说服力。实证主义者，如格尔哈特·安舒茨和理查德·托玛，就如同非实证主义者赫尔曼·黑勒（Hermann Heller）和卡尔·施米特（Carl Schmitt）一样，都对法院

[5]〔德〕克里斯托弗·古斯（Gusy, Christoph）:《魏玛帝国宪法》（Die Weimarer Reichsverfassung），Tübingen 1997年，第217页。

的宪法审查权表示怀疑。安舒茨[6]、托玛[7]以及黑勒[8]担心司法审查权将导致议会的权力被以非民主的方式剥夺，而施米特则视帝国总统为宪法守护者，不想让法院对帝国总统的行动，特别是在例外情况下，施加规范控制。[9]然而，安舒茨后来却赞同国事法院的司法审查权。[10]反过来，在非实证主义阵营中也存在如鲁道夫·斯门德（Rudolf Smend）和埃里克·考夫曼这些对司法审查权的赞同者。而且尽管实证主义者的凯尔森拒绝法院鉴于宪法平等原则而审查法律，但原则上他同意宪法法院享有规范控制权。那么，是什么原因使得凯尔森采取这一立场呢？

三、凯尔森对宪法法院规范控制的论证

谁主张宪法法院的审查权，他就必须克服以下四个问题。首先，他必须论证，不法的法律可能出现，也就是说，法和法律并非完全相同；其次，他必须阐明，宪法优位于法律；再次，他必须解

---

[6]〔德〕格尔哈特·安舒茨（Anschütz, Gerhard）:《1919年8月11日德意志帝国宪法》（Die Verfassung des Deutschen Reichs vom 11. August 1919），（新版第14版，Berlin 1933年），Aalen 1987年，第109条第5项。

[7]〔德〕理查德·托玛（Thoma, Richard）:《德意志帝国宪法基本权利条款的一般性法律意义》（Die juristische Bedeutung der grundrechtlichen Sätze der deutschen Reichsverfassung im allgemeinen），1929年，载霍尔斯特·德莱尔（Dreiser, Horst）主编:《法治国、民主、基本权利》（Rechtsstaat – Demokratie – Grundrechte），Tübingen 2008年，第216页。

[8]〔德〕赫尔曼·黑勒（Heller, Hermann）:《法治国或专政》（Rechtsstaat oder Diktatur），1929年，载《赫尔曼·黑勒全集》，第二卷，Tübingen 1992年，第449页及下页。

[9]〔德〕卡尔·施米特:《宪法的守护者》（首版1931年），Berlin 1996年，第36页及以下，第156页及以下。

[10]〔德〕古斯:《魏玛帝国宪法》，第219页。

释，宪法法院的规范控制为什么不会与权力分立原则相矛盾；最后，为什么民主原则未能排除审查权。在1928举行的国家法学者大会上，凯尔森尝试着用他的纯粹法理论来回答这四个问题，并对宪法的司法管辖权的可能性和必要性进行阐释。在他看来，价值始终建立在意识形态和非理性的信仰之上，所以他尝试着从纯粹法的逻辑来对宪法法院的审查权进行论证。

（1）第一个问题：法与法律之间的区分

对实证主义者而言，法和法律之间不存在区别，他们将法仅限于法律之内。因此，就不可能存在不法的法律。凯尔森通过层级构造理论来解决这个问题。立法与执法不被理解为法律创制和法律实施的不同类别，而是法律创制的不同层级。因此，就像执法可能是对法律的错误适用一样，法律也可能是对宪法的错误适用。[11] 也就是说，此时的不法不是缘于对超实证主义的法的违反，而是缘于对实证宪法的违反。

（2）第二个问题：宪法的优位性

由于可以通过法律来修改宪法，所以宪法相对于普通法律所具有的优位性并非不证自明。按照形式原则可以想见的是，法律作为特别法排斥宪法这个一般法。在内容上，宪法对法律具有的优位性可以通过如下的论据得以证立，即宪法包含了实证法的根本价值。或者这种优位性源于形式方面的原因，即对实定宪法的修改是

[11]〔奥〕汉斯·凯尔森:《国事法院的本质与价值》(Wesen und Wert der Staatsgerichtsbarkeit)(首版1929年)，载《德国国家法学者协会会刊》，第5期；重刊于罗伯特·范奥耶(Van Ooyen, Robert Chr.)主编:《谁应成为宪法的守护者?》(Wer soll Hüter der Verfassung sein?)，Tübingen 2008年，第61页。

非常困难的。凯尔森则驳斥了这两种观点。他认为，实定宪法是授权规范，即授予立法者制定法律的权力。关于如何制定法规范的规则，也就是关于立法的机关以及立法程序的规则，是“宪法所固有的、初始的、相关的概念”[12]。由于这类规则应当具有持续性，所以对它们进行修改的同意要求和多数要求都更高。也就是说，修宪程序更加困难不是实定宪法和法律进行区别的原因，而是其结果。

“最理想的情况”是这种特别程序仅适用于“严格和本来意义上的”宪法。[13] 然而，宪法可能并不仅仅包含规定制定法律程序的规范，也可能包括涉及立法内容的规范。这特别是指这种情况，即一系列的基本权利和自由权利被纳入宪法之中。从这些基本权利和自由权利中可以得出立法的界限。[14] 而这些内容方面要求仅仅能为广义上的宪法概念所包含。然而宪法并非基于其内容，而是由于它是普通法律的授权基础才具有优位性的。

（3）第三个问题：法院的规范控制与权力分立

针对法官的规范控制，可以提出这样的反对意见，即它违背了权力分立原则。司法的任务在于法律的执行而非制定。凯尔森却不这样认为。在他看来，执法和立法并不存在概念上的区别。二者均为对更高一级的法的适用，然而同时也是法的创制。因此，法院是通过个案裁判还是通过废除法律来创制规范并不存在概念上的问题。权力分立的主要作用在于对权力的控制。而宪法管辖权则加强了这

[12] 凯尔森：上注文，第 36 页。
[13] 同上注。
[14] 同上注，第 37 页。

种控制。因此，权力分立原则并非反对而是赞同宪法管辖权。[15]

（4）第四个问题：法院的规范控制与民主

最后，民主原则也被用来反对法院的审查权。法院的规范控制不但限制了通过选举产生的议会的权力，同时也限制了通过全民公决或者民选总统所进行的立法。由于法院并非基于民选而产生，所以，法院规范控制的反对者们认为，法院的规范控制是不民主的。对此，凯尔森反驳道，民主的核心是价值的相对主义，一次民主是以不同利益之间的不断的妥协为标志的。而只有当多数人的权利受到限制，少数人的权利得到保护时，这样一种妥协才是可能的。因此，法院的规范控制确保了不会产生多数人的统治，从而使得利益妥协成为可能。[16]

（5）通过规范控制实现对法秩序法律技术的完善

在克服了上述四个问题之后，凯尔森对与宪法司法审查权的必要性进行了如下的论证，即非如此则违宪行为便不能消除并且从而导致宪法“也缺乏技术意义上的法效力的特征”[17]。仅当宪法法院能够对法律的合宪性进行审查时，才能确保宪法的效力。只有这样宪法才是实际有效的法。

四、对凯尔森方法的批判

凯尔森宣称，他能够价值无涉地对为何宪法法院的规范控制具

[15] 同上注，第 54 页及下页。
[16] 同上注。
[17] 同上注，第 78 页。

有必要性这一问题加以正立。然而，他的论证是否成功却是令人生疑的。

首先，凯尔森给出了一个宪法管辖权必要性的形式原因：唯有存在一个宪法法院，才能确保宪法的法律效力。然而此一论据并不具有说服力，宪法法院的判决也可能是违宪的。没有人会认为宪法将因此失去法律效力，而且我们需要在宪法法院之上再建立一个审级，以便能够对宪法法院判决的合宪性进行审查。在“法律技术”层面而言，是由宪法法院、议会、全民的决定、还是总统对合宪性做出最后的决定，是无足重轻的。仅仅因为存在着最后的不能再进行审查的决定，法秩序才不会失去效力。一种形式的、法律技术上的论证是不够的，我们需要内容上的理由。

对宪法司法管辖权，凯尔森也提及了一个内容方面的理由。宪法法院可以实现对权力的控制。然而，对权力进行控制，以防其过于集中，必须通过价值方面的论证方为可能。而凯尔森却未进行这样的一种价值论证。与此相反：他强调，正如“资本主义法国的法”[18]一样，“布尔什维克俄国”的法也同样是法。然而，布尔什维克的法依据列宁主义的民主集中制原则要求权力集中，而资本主义法国的法则要求权力分立。

当然，凯尔森可以尝试，不从法秩序的概念中，而是从如魏玛帝国宪法这样一个国家的实证宪法秩序中得出对权力进行控制的必要性。从由宪法实证化了的权力分立原则以及由其所规定的基本权利中，我们可以得出这样的结论，这种宪法并非以建立一个集权国

[18]〔奥〕汉斯·凯尔森:《纯粹法学》(1934 年)，Tübingen 2008 年，第 36 页。

家为目的，毋宁致力于建立一个保障个体权利的法治国。这样的话，宪法——同凯尔森的假设相反——就不仅仅是纯粹的、形式的授权规范，而是存在一个具有实质内容的宪法概念，这样一个概念可以作为对实证的宪法权利进行改革的价值标准。就此而言，“严格及本来意义上的”宪法就应当是宪法的核心、宪法的性质，也就是保护个体自由这样一种基本价值。这种基本价值不仅仅是一种形式的基本规范，还是宪法的客观意义，虽然这种意义无须在每一项宪法性法律中都明确提及。此一规范性原则不仅是实行权力分配的国家机关存在的基础，同时也是基本权利体系的基础。

如果宪法不仅仅涉及立法程序这样的形式问题，那么凯尔森关于违反超实证主义的自然法与违反实证宪法的区分就不具有说服力。关于立法程序的宪法性规则应当足够确定，以便当存在违反涵摄适用的时候，无须过多地解释就能确定其违宪。然而，这在很多方面都是有疑问的。一旦关涉到自由权的审查标准时，总是需要进行利益的权衡。此时的违宪性并非来自于对具有涵摄能力的规则的违反。在实证化了的基本权利的框架内进行的权衡在很大程度上与自然法的权衡相若。此外，正如恩斯特·考夫曼（Ernst Kaufmann）所指出的那样，依照平等权对法律进行审查不可避免地会导向自然法的问题，即什么样的不同可以使得不同对待被正当化甚至成为必要。凯尔森将基本权审查描述为次要并且原则上是宪法文本的错误，从而试图避免对该问题的回答。然而，如果宪法的核心并非由形式的授权规范，而是由自由的基本秩序的原则所构成，那么基本权审查就位于规范控制的中心地带。

最后，凯尔森关于宪法管辖权为何并不违背民主原则的论证也是有疑问的。如果对何为正确的利益权衡不存在一个法律的准则，那么在议会和法院的利益妥协之间就不存在任何的差别。当埃里克·考夫曼要求对法律按照魏玛宪法的平等原则进行审查时，凯尔森极力反对。他强调指出，要求对法律进行司法审查难免会倾向于贬低立法者权威所具有的价值。他推测，赞成确定法官审查权的人更多是与法官共同体而非议会的议员们有着共同的利益。事实上，通过对宪法的司法管辖权进行的形式分析，凯尔森仅仅展示了[19]法律创制既可以在议会中也可以在法院中进行。然而，若法律的创制如纯粹法学宣称的那样，始终是非理性的、由意识形态和利益所主导的，那么，究竟是由议会还是法院来从事法律创制都会变得无关紧要。当正如凯尔森所断言的，法院如同议会一样变成政治性的和意识形态化的，那就没有理由支持法院享有司法审查权。只有对议会和法院所进行的法律创制进行价值评判，才能够论证：相比起议会，法院是否更加适合进行规范控制。然而进行评价就得有这样的一个价值评判的标准，哪些制度更好地适用了宪法，依照这些制度对宪法的实施符合法的本性。任何人想要证立法院享有司法审查权，都必须证明，由法院所做出的利益协调比由议会所做出的利益协调更加优越。某一利益协调的方案之所以更优越，是因为它更公正。这就要求，并非所有的利益协调都是同样的，而是存在着公正和不公正的协调。一个公正的利益协调要求，相关的利益不是依据支撑它们的权力，而是依据它们的合理性而得以贯彻。也就是

[19]〔奥〕汉斯·凯尔森："关于报告的评议"，载《德国国家法学者协会会刊》，第三期，Berlin/Leipzip 1927 年，第 54 页。

说，一个公正的协调以对不同利益的价值评判为前提。通过将法院的裁判视为最终也是由利益导向的从而是政治性的，凯尔森绕过了由利益所主导的民主与由法律所引导的宪法诉讼之间的冲突，然而，若我们主张建立法院的规范控制，则我们必须将民主理解为由法所引导，只有这样我们才能避免民主与法治国之间的冲突。这样的话，民主的意志形成程序的目标就不是达成一个任意的利益妥协，而是一个公正的利益平衡。如果承认民主的此一目标，我们可以继续追问，哪些制度——全民公决、民选总统、由选举产生实行代议制的议会以及议会的程序或者由独立的、受过法学教育的法官所组成并按照司法形式性的程序运作的法院——能够更好地达成这一目标。

运用他的方法，凯尔森仅仅能够解释，宪法诉讼是同他的纯粹法学的基本原则相一致的，而且可以在一个法秩序的阶层构造中建立起来。然而，他并不能解释，宪法法院为何是有意义或者必需的。为此，我们必须引进价值评判，此一价值评判并非仅仅遵循主观利益和非理性的教条，而是植根于事物的本性之中。由于纯粹法学并不承认这样一种价值评判的可能性，因此从这一立场出发，就没有理由认定法治国与民主会需要宪法法院。在此，包括社会学的、政治的、法律史的、比较法的、哲学的思考在内的非实证论者们就有了更好的论据。

CHAPTER 4

思想纷争中的凯尔森

汉斯·凯尔森和欧根·埃利希*

〔德〕克劳斯·吕德森**

驱车从美茵河畔的法兰克福往东稍偏南的方向走，离开联邦德国境内后，首先到达的就是布拉格。在这里，流亡中的汉斯·凯尔森度过了几个极其不幸的学期，那些信奉种族主义的德国学生大肆干扰了他的学业。[1] 然后就进入波兰境内，抵达克拉科夫郊外的奥斯维辛集中营，凯尔森和埃利希本来极有可能在这里一起遭受厄运——假如当年凯尔森没有及时逃到美国，而埃利希还健在人世的话。继续往东偏东南方向走，我们最终抵达乌克兰的切尔诺夫策和布科维纳地区。埃利希在这里长大成人，在维也纳大学毕业后又回到这里的大学任教，度过了几十年顶着教授的头衔、却或多或少满腹疑虑的时光。[2] 最终他却声称：自打去世之前的几年他开始对“那些近二十年来一点一滴耗我心血的人”大加抱怨以后，他的

* 本文原文为：Hans Kelsen und Eugen Ehrlich，in: Hans Kelsen. Staatsrechtslehrer und Rechtstheoretiker des 20. Jahrhunderts（斯坦利·鲍尔森、米歇尔·施托莱斯主编:《汉斯·凯尔森：20 世纪的国家法学者与法律理论家》), Tübingen：Mohr Siebeck 2005 年，第 264-275 页。

**〔德〕克劳斯·吕德森（Klaus Lüderssen），德国法兰克福大学刑法学和法哲学荣休教授。

[1]〔奥〕鲁道夫·梅塔尔（Rudolf Aladár Métall）:《汉斯·凯尔森：生平与作品》(Hans Kelsens Leben und Werk），Wien 1969 年，第 70 页及以下。

[2]〔德〕曼弗雷德·雷宾德（Manfred Rehbinder）的传记性作品:《欧根·埃利希为法社会学的奠基》(Die Begründung der Rechtssoziologie durch Eugen Ehrlich），第二版，Berlin 1986 年，第 13 页及下页；雷宾德:“埃利希生平与作品的新资料”（Neues über Leben und Werk von（接下页）

学术论文和文学作品除了给他带来气愤和懊恼，[3] 再无其他。[4] 人们不禁猜测，这些话莫非针对的是凯尔森对他1913年出版的《法律社会学》著作毫不留情的评判。埃利希的回应以及在凯尔森再次表态后做出的最终答复，都十分鲜明地表现出他严肃和忧郁的态度。几年之后，埃利希在异乡死于沉疴，[5] 其年龄对于旁人来说恐怕正是学术生涯如日中天之时。凯尔森则活得比他长久，虽然也客死异乡，却足足比他多活了五十个年头。[6]

这个具有象征意义吗？纯粹法学的诞生地在皇家维也纳，那里高耸入云的建筑超过布科维纳毫无规划的、风格多样的建筑？没那么简单。身为理论学家的凯尔森是个比较彻底的悲观主义者，因为他认为法学家不该跟任何物质的东西有牵连，[7]

（接上页）Eugen Ehrlich），载《法与社会》（Recht und Gesellschaft, Festschrift für Helmut Schelsky zum 65. Geburtstag），Berlin 1978年，第403页及以下；〔德〕本德（G. Bender），载施托莱斯主编：《法学家们》（Juristen），第二版，München 2001年，第194页及下页；雷宾德：《切尔诺夫策大学的法学与国家科学学院》（Die rechts-und staatswissenschaftliche Fakultät der Franz-Josephs-Universität in Czernowitz, ihr Beitrag zur Erforschung des Rechts in einer multikulturellen Gesellschaft），载《汉斯·施托尔祝寿文集》（Festschrift für Hans Stoll zum 75. Geburtstag），Tübingen 2001年，第327页及以下之第330-334页；〔德〕斯蒂芬·沃格尔（Stefan Vogl）：《埃利希思想中的立法政治、自由的法律发现与社会学的法学》（Soziale Gesetzgebungspolitik, freie Rechtsfindung und soziologische Rechtswissenschaft bei Eugen Ehrlich），Baden-Baden 2003年，第73页及以下。

[3] 同欧根·胡博1919年7月26日的通信（Brief an Eugen Huber vom 26. Juni 1919）；转引自斯蒂芬·沃尔格：注书，第99页。

[4] 同马瑞安纳（Hofrätin Marianne von Schrutka）通信的草稿，转引自 沃尔格：注书，第99页。

[5] 雷宾德：《汉斯·施托尔祝寿文集》，第332页及下页。

[6] 梯美尔（R.Thiemel），载施托莱斯主编：《法学家》，第354页及下页。

[7]〔德〕吕德森：《经验作为法的渊源》（Erfahrung als Rechtsquelle），Frankfurt am Main 1972年，第95-97页。

而埃利希则赋予生活充盈富足感，且对此心怀希望。[8] 但希望也意味着抗争，为原则的准入及实现而抗争。凯尔森却无须为这两点操心，因为他认定法律是建立在一个统一的形式结构之上。或许埃利希原本可以在切尔诺夫策做到这一点？那里是国民经济学家约瑟夫·阿·熊彼特事业开端的地方，[9] 他经历了一番困苦才声名大振，此外还有生化学家和文化批评家埃尔文·查戈夫以及保尔·策兰[10] 和露斯·奥斯兰德[11] 也是如此。凯尔森能否在那里功成名就，我无法想象——这个世界是复杂的。

其实只需从当地的建筑就可找到线索。19 世纪下半叶的切尔

---

[8] 参见由雷宾德选编的并为之作序的埃利希的文集：《法与生活》（Recht und Leben），Berlin 1967 年；以及雷宾德在汉斯·施托尔祝寿文集中做出的全面而紧凑的解说，参见《法与生活》，第 338 页及以下；文献来源以及大量出现的全面评价埃利希作品的二手文献，详见沃格尔：注书。

[9]〔德〕伊曼纽尔·图尔钦斯基（Emanuel Turczynski）：《布科维纳》（Die Bukowina）（作者托付给我的特别版），第 256 页；〔德〕埃里克·施奈德（Erich Schneider）：《约瑟夫·熊彼特：一个伟大的社会经济学家的生平与作品》（Joseph A. Schumpeter, Leben und Werk eines großen Sozialökonomen），Tübingen 1970 年。

[10] 在切尔诺夫策的青年时代："多尔夫和埃迪特·西尔伯曼——纪念保罗·策兰"（Dolf und Edith Silbermann, Erinnerungen an Paul Celan），载安德雷·考比亚－霍伊斯（Andrei Corbea-Hoisie）主编：《切尔诺夫策：犹太人的城市图像》（Czernowitz: Jüdisches Städtebild），Frankfurt am Main 1998 年，第 225 页及以下；进一步参见〔德〕罗尔夫·沃格特（Rolf Vogt）：《保罗·策兰之死》（Der Tod von Paul Celan），载《心智》（Psyche）2000 年，第 1038 页及以下（第 1040 页及以下）。

[11] 关于切尔诺夫策，她写道："这里可以遇到并且充斥着四种语言和文化：奥地利德语，依地语，鲁提尼语（乌克兰语），罗马尼亚语"，随后她提到了对里尔克（Rainer Maria Rilke）和克劳斯（Karl Kraus）的狂热崇拜，其中卡尔·克劳斯的影响如此广泛，以至于当他在《火炬》（Fackel）上发表了激动人心的文章"海涅与结果"（Heine und die Folgen）之后，连海涅在切尔诺夫策的重要性都退居后位。（切尔诺夫策："海涅与结果"，载安德雷·考比亚－霍伊斯主编，注书，第 191 页及以下）。

诺夫策，[12]各种传统都浓缩体现在建筑形式里：有东方摩尔式［其代表是大主教的官邸，今日是菲德可夫耶（Fedkovye）大学的法学院所在］[13]，有罗马哥特式（如耶稣之心教堂即基督徒教堂）[14]。同时这一时期的建筑也展示出各个教派的并立：以色列神庙[15]、罗马尼亚教堂、乌克兰教堂[16]、亚美尼亚教堂[17]、帕拉斯基瓦东正教教堂[18]。此外，建筑的外部特征还体现出不同种族的共存："德意志之家"[19]（德国哥特式建筑风格，蕴含起源于高迪的青年主义风格元素）、"犹太之家"[20]"土耳其之井"[21]"俄罗斯之巷道"[22]，以及极尽巴洛克风格的德意志剧院[23]；另外还有现当代的艺术风格，比如，银行大楼的外墙立面为青年主义风格[24]，位于环形广场的观景

[12] 有关这个城市的历史，参见〔德〕哈罗尔德·贺普纳（Harald Hepner）主编：《切尔诺夫策：一个非凡城市的历史》（Czernowitz, Die Geschichte einer ungewöhnlichen Stadt），Köln/ Weimar/ Wien 2000 年。

[13] 图尔钦斯基：注书，第 215 页。

[14] 美丽的插画，参见〔德〕胡果·维泽尔卡（Hugo Weczerka）：《切尔诺夫策：奥地利时代的城市建筑发展》（Czernowitz, Städtebauliche Entwicklung in österreichischer Zeit），Wien 2000 年，第 27 页。

[15] 作者和年代缺失：《1870 年到 1919 年的切尔诺夫策与布科维纳》（Czernowitz und die Bukowina 1870 bis 1919），纪念册，第 21 号图片；图尔钦斯基：注书，（那里极为美丽的彩色图片），第 306 页。

[16] 纪念册，注书，第 30 号图片。

[17]〔奥〕奥托·布鲁萨提 / 克里斯多夫·林格（Otto Brusatti/ Christoph Lingg）：《言及切尔诺夫策》（Apropos Czernowitz），Wien/ Weimar 1990 年，第 40 页；同样还可以参见令人印象深刻的城市风景图，其中包括罗马尼亚式和希腊式天主教教堂，以及俄罗斯式的大教堂。注书，第 35 页。

[18] 维泽尔卡：注书，第 26 页。

[19] 纪念册，注书，第 14 号图片；图尔钦斯基，注书，第 294 页。

[20] 纪念册，注书，第 22 号图片。

[21] 纪念册，注书，第 33 号图片。

[22] 纪念册，注书，第 55 号图片。

[23] 图尔钦斯基，注书，第 316 页。

[24] 图尔钦斯基，注书，第 314 页。

餐厅也采用了这一风格[25]；也有极具专业水准的现代工业建筑，像蒸汽式啤酒酿造厂[26]和趣伏里奶制品加工场[27]，另外还有起于约瑟夫·罗特的喀尔巴阡山脉荒凉风格，“山毛榉旅馆”是其代表建筑。[28]

可见，该城建筑景观的特点就是风格各异、多姿多彩而又并立共存。光有包容是不够的，更重要的是相得益彰——据此欧根·埃利希创造出“活法”（das lebende Recht）。[29] 它虽只在归纳（induktiv）法学的条件下才存在，但是作为罗曼语言文学家的埃利希却可以为了一个新世界，或者还有旧世界（如果人类有这个意愿的话），把萨维尼演讲中围绕“全部生活皆为法”的一般表述示范性地形象化。看来，凯尔森想要正式地阻挠埃利希的这一举措。凯尔森的批判是毁灭性的，不管是对埃利希本人还是对这门新的学科——法律社会学。

为什么会是这样呢，有无其他可能性？比如，回溯到形而上学、到权威、到其他重要的内容？绝不，就这方面来说凯尔森跟埃利希一样清醒。这二位都在20世纪初受到新准确性的影响，正如过去几十个年头自然科学给人文社会科学示范的那样。他们也都不妥协，不接受狄尔泰自信满满地挑战自然科学而提出的理论学说，而只是专注于探究逻辑学和观察。长久以来，多样化的一面如同帝国一样

[25] 纪念册，注书，第7号图片。
[26] 纪念册，注书，第44号图片。
[27] 纪念册，注书，第62号图片。
[28] 纪念册，注书，第61号图片。
[29] 参见注8；对此处有启发性的更深的相互联系：“伊曼纽尔·图尔钦斯基——在布科维纳合意构建的外在和内在因素”（Emanuel Turczynski, Exogene und endogene Faktoren der Konsensbildung in der Bukowina），载《南德文丛》（Südostdeutsches Archiv）1995～1996年，第97页以下。

在政治上也受到威胁。1915 年至 1917 年在伊斯特拉半岛发生了伊松佐河战役，不足几千公里远的切尔诺夫策在战时曾六次被俄罗斯人占领[30]——这是一个整体瓦解的信号，海明威亲身经历过这些，人们可从他的《永别了，武器》中读到这些情节。当维也纳王朝统治已行将就木的时候，布科维纳的罗马尼亚民族国家主义也宣告终结。[31]

这一激烈的争执在实证主义内部[32]如何产生，以上提及的文献都有记载。[33]二十年前胡伯特·洛特路易特纳[34]对这些文献做了较为系统的新的介绍。除去不完整这一点，他也只是详尽分析了法律上不同的效力（Geltung）的概念，尽管这一贡献已颇值嘉许。[35]

---

[30] 贺普纳，注书，第 30 页。

[31] 贺普纳，注书，第 32 页。

[32] 有关这个概念的许多含糊其词的表述（包括历史的和社会科学的），参见〔德〕克劳斯·吕德森："实证主义"（Positivismus），载阿克塞尔·格尔利茨（Axel Görlitz）编:《法学简明辞典》（Handlexikon zur Rechtswissenschaft），第一版，München 1972 年，第 291 页及以下。

[33]〔奥〕汉斯·凯尔森："法社会学基础"（Eine Grundlagen der Rechtssoziologie），载《社会科学与社会政治文丛》（Archiv für Sozialwissenschaft und Sozialpolitik），第 39 卷，1915 年，第 839 页及以下；欧根·埃尔利希（Eugen Ehrlich）："答复"（Entgegnung），载《社会科学与社会政治文丛》，第 41 卷，1916 年，第 844 页以下；汉斯·凯尔森："共和国"（Replik），载《社会科学与社会政治文丛》，第 42 卷，1916 ～ 1917 年，第 609 页及下页；汉斯·凯尔森："结束语"（Schlusswort），载《社会科学与社会政治文丛》，第 42 卷，1916 ～ 1917 年，第 611 页。

[34]《法学理论与法社会学》（Rechtstheorie und Rechtssoziologie），München 1981，第 31 页以下。

[35] 几年之后，〔德〕罗特洛伊特纳展示了一份详尽的研究［"法社会学的法学理论问题"（Rechtstheoretische Probleme der Soziologie des Rechts）；"汉斯·凯尔森与欧根·埃尔利希的争议（1915 ～ 1917 年）"（Die Kontroverse zwischen Hans Kelsen und Eugen Ehrlich），载《法学理论》（Rechtstheorie），副刊 5，1984 年，第 521 页以下］，这份研究在哲学上极为周到。在第五个步骤中他探讨了（科学理解，尤其是法学的特征；法作为"人类行为的规则"：实然规则和应然规则；法律事实和活的法；法律规范和法律语句；法与国家的关系；法律规范与其他规范，尤其是道德规范的界限：法社会学的对象领域，注书，第 324 页），此后他重构了两位学者"讨论关系的历史"以及科学的谱系（注书，第 323 页及下页），对其最重要的立场，以及针对对立面所必不可少的系统工作，这里不再加以复述，而只是做一个明确的参考；有关分歧争论，参见沃格尔，注书，第 125 页。

十年后这些著作全部发表，同时出版的还有凯尔森的另外两篇论文以及赫尔曼·康通罗维茨和马克斯·韦伯的相关主题论文。但是这一著作的标题《汉斯·凯尔森和法律社会学》[36]已经暗示了一种肯定的趋势，只对凯尔森的立场感兴趣的斯坦利·鲍尔森所撰前言也确认了这一趋势。在鲍尔森看来，对这些著作再做研究值得推荐。[37]

粗粗浏览这些文献，人们也许会问，凯尔森和埃利希互相交换各自观点的时期是不是已经远去。时至今日，有谁还会像凯尔森一样，去质疑法律社会学作为一门科学的原则上的可能性呢？但是，这一进步却并未改变那些让凯尔森和埃利希划清原则界限的东西，他们各自的研究方向依然格格不入。比之他们各自的全集作品，这一点在这些论文里体现得更为完备和集中。因此，阅读这些论文，向来都可以获取有关后形而上学的（nachmetaphysisch）法律思想的入门，同时也可了解到这种思想带给法学世界的一个新的、独立的两难问题。

要获取上述知识必须满足一个前提条件，即要从澄清干扰阅读的误解开始——虽然这些论文写得很好，在学术风格上也登峰造极——这是那个年代上乘学术论文的典型特征。彼时自歌德开始，经由海涅最后是尼采的发扬传承，科学语言里生成了一种全新的简洁明晰的特点，[38]这一特点还包括语言优雅造就的欺骗性和撰写论文

[36] Aalen 1992 年。

[37] 新版本参见〔德〕托马斯·弗鲍姆（Thomas Vormbaum）:《法学时代精神》（Juristische Zeitgeschichte），第 7 卷，Baden-Baden 2003 年。

[38] 这无疑发生在某个转变阶段中，但无论如何都与海涅和歌德有关。19 世纪上半叶对通向真理的深切感知充满了锋芒毕露的狂热的，虽然这要归功于哲学理想主义和浪漫主义生活情调的碰撞。

时对此的确信不疑。这些特点有时会缩短思路（在此不能忽视的是，19 世纪下半叶，对论证精准、严格处理出处、论据以及陈述的要求也越来越高），而在有些情况下，长篇大论可能对打开思路更有效果（卡尔·克劳斯，其时在维也纳和切尔诺夫策[39]都曾是学术界的大腕，就是最好的例子）。凯尔森和埃利希这两个作者也是这样，他们使出浑身解数想要在学术思想上盖过对方，以至在关键问题上都说跑了题。

这里牵涉到的是事实上和规范上的效力。[40]事实上的效力即为法律的实效（Wirksamkeit）。由于几乎无法从质量上对社会实效给予可信的测度，因此应该说，事实上的效力是属于法律社会学领域的事物，属于埃利希探究的范畴。埃利希注重的是，不将“效力”概念与“实效”概念等同起来，但他并没给出“效力”概念的定义。在这一点上，凯尔森对埃利希的批评不无道理。凯尔森本人至少准备好了一个定义。他提出以下问题：“在对一定的现实状况的主观意义进行阐释时，如果不求助于元法律（meta-rechtlich）权威，比如上帝或自然，仅依靠一个在法律条文中描述的、具备客观效力

[39] 参见露斯·奥斯兰德的报告（注 11）；关于她对“法与社会”的极大兴趣，参见〔德〕莱因哈特·梅克尔（Reinhard Merkel）：《卡尔·克劳斯作品中的刑法与讽刺》（Strafrecht und Satire im Werk von Karl Kraus），Baden-Baden 1994 年。

[40] 关于效力的概念，参见〔德〕罗伯特·阿列克西（Robert Alexy）：《法的概念与效力》（Begriff und Geltung des Rechts），Freiburg/ München 1992 年，第 137 页及以下；〔德〕克劳斯·吕德森：《法理学中的谱系与效力》（Genesis und Geltung in der Jurisprudenz），Frankfurt am Main 1996 年，第 19 页及以下，94 页及以下；〔德〕鲁佩特·施雷柏（Rupert Schreiber）：《法律规范的效力》（Die Geltung von Rechtsnormen），Berlin/ Heidelberg/ New York 1996 年；〔德〕汉斯·韦尔策尔（Hans Welzel）：《法律的界限——法律效力的问题》（An den Grenzen des Rechts, Die Frage nach der Rechtsgeltung），Köln/ Opladen 1966 年；〔德〕哈索·霍夫曼（Hasso Hofmann）：《正当性与法律效力》（Legitimität und Rechtsgeltung），Berlin 1977 年。

的法律规范的体系，这有可能吗？”[41] 凯尔森尝试着对此予以回答，但是他的答案把那个再尖锐不过的问题重又收了回去。因为他必须承认，在一个著名的（或臭名昭著的）强盗团伙内部，如果有执事权利的强盗头子不宣布行规不是法律[42]，那么这些行规可能就是法律。埃利希可能永远不会承认这一点，他暗示了一个附加条件，就是要获得社会的承认。

那么，凯尔森提出了埃利希给予回答的问题了吗？这么说也许有操之过急的和稀泥之嫌。他们的观点必须要审查一番。最要紧的是澄清以下问题，即社会承认这一标准相对于实效来说是否确实实现了一个质的跨越，亦即是规范性的。毕竟，有时候反对承认的效力相关性的论点会导致承认无法测量，这就暗示了经验主义的存在，也就是说暗示与“实效”等同。就凯尔森的问题而言：有没有一个跟权威（不管这个权威如何形成）决定不一样的、更胜一筹的答案，也就是一个具有中性价值的事实，可以来回答这个问题？

现在就来探讨这个问题。凯尔森最后一句话的睿智是不可否认的：“人们务必按照事实上设定和生效的宪法来行事。”[43] 这是他的所谓“基础规范”在范畴上的表述[44]，所有关乎法律的东西都应归结到这个规范上来，而没有任何评判的空间。就起源来说也许是有

[41]〔奥〕汉斯·凯尔森:《纯粹法学》，第二版，Wien 1960 年，第 205 页。

[42] 同上注书，第 49 页;〔德〕霍尔斯特·德莱尔（Horst Dreier）:《汉斯·凯尔森的法学、国家社会学与民主理论》（Rechtslehre, Staatssoziologie und Demokratietheorie bei Hans Kelsen），Baden-Baden 1986 年，第 48 页及下页；克劳斯·吕德森:《生产性反射》（Produktive Spiegelungen），第二版，Baden-Baden 2002 年，第 103 页。

[43]〔奥〕凯尔森:《纯粹法学》，第二版，第 219 页。

[44]〔德〕阿列克西:《法的概念与效力》，第 169 页。

的，但凯尔森对此不感兴趣。评判是政治上的偶然事件，即便人们在政治上为争取民主和自由而努力奋斗（凯尔森就这样做过）。其他则是演绎逻辑，是逻辑上精心计算出来、为那些评判具体案例之人而设的裁量空间。这种现象可与系统功能性的拜物教相类比，它由卢曼提出，作为所有其他不加评判的推导关系的开端。[45] 属于此范畴的还有具体的秩序，卡尔·施米特选择了它们，却又因为朋友与敌人之分本着秩序的宗旨通过了那些新的、低三下四的黑手党决断[46]（施米特本人也是个国家民族主义的政治家，曾经通过反犹运动真真切切地参与这些决断之中）。凯尔森、施米特和卢曼的共同

[45]〔德〕霍尔斯特·德莱尔："凯尔森与尼可拉斯·卢曼：从法科学与系统政治的视角观察法的实证性"（Kelsen und Niklas Luhmann: Positivität des Rechts aus rechtswissenschaftlicher und systempolitischer Perspektive），载《法学理论》（Rechtstheorie），1983年，第419页及以下。

[46] 克劳斯·吕德森的文章，载吕德森、弗里茨·萨克（Fritz Sack）主编:《偏离的行为Ⅱ》（Abweichendes Verhalten Ⅱ），Frankfurt am Main 1975年，第32页；尤尔根·哈贝马斯:《后资本主义时代的合法性问题》（Legitimationsprobleme in Spätkapitalismus），Frankfurt a. M. 1973年，第135页；克劳斯·吕德森的文章，载吕德森、弗里茨·萨克主编:《社会科学对于刑罚的用处与缺陷》（Vom Nutzen und Nachteil der Sozialwissenschaften für das Strafrecht），Frankfurt a. M. 1980年，第433，439页及以下。此处所引用的类似的情况并没有成为如下饶有趣味且极为重要的书籍的主题：丹·丁纳（Dan Diner）、米夏埃尔·施托莱斯主编:《汉斯·凯尔森与卡尔·施米特——一种并列关系》（Hans Kelsen und Carl Schmitt, A Juxtaposition），Gerlingen 1999年；但却成为如下文章的主题：史特林（Eleonore Sterling）："凯尔森与施米特研究"（Studie über Hans Kelsen und Carl Schmitt），载《法哲学与社会哲学文丛》（ARSP），47（1961），第569页及以下之第570页："虽然凯尔森和施米特从对立的原则出发，并且他们的意识形态在根本上是不同的，在最终结果上可能又面临相同的危险：施米特的存在—人类主义（将规范主义归纳为行动和决断）和凯尔森的多元实证主义（清除对规范主义的个人和社会影响）可以变成专制权力的两种工具"；对这种解释的批评参见〔德〕哈索·霍夫曼（Hasso Hofmann）:《正当性对合法性——施米特的政治哲学之路》（Legitimität gegen Legalität, der Weg der politischen Philosophie Carl Schmitts），第二版，Berlin 1992年，第45页及以下（尽管在这本书中提到对"幼稚的实质思想"的批评方面凯尔森和施米特之间许多的共同点）。

之处就在于一种所谓的物质上的苦行主义[47]——（当然也可以强行要求这三位也支持一种"'颠倒过来'的自然法教义"，但最终只留一堆空文）。[48]就其政治可信度来说，这三位却是各行其道，对卢曼的系统功能性的皈依相对而言平淡无奇。要说三人中谁的政治方向在其法律概念中体现得最为确定，位居首位的是凯尔森的形式主义，由此看来，凯尔森的政治理念很独特地博得了最大程度的好感。所谓民主就是迫切要求始终如一、可资信赖的形式主义[49]，与之相反，（卡尔·施米特的）个人威权方向则希冀层出不穷的狂野对峙，系统权威性（卢曼）的非个人机制则是建立在自我指涉的自动化体系之上。

撇开有点荒谬的强盗团伙这一案例不予考虑，凯尔森的主要观点是，基础规范和国家是合二为一的。而卡尔·施米特则认为国家

[47] 最近作品:〔德〕迪特·冯·福德腾（Dieter von Pfordten):《法伦理学》（Rechtsethik），München 2001 年，尤其明确强调的是：卢曼将之归为法伦理学的虚无主义（第 119 页及下页）；凯尔森和施米特都指责了法伦理学的演绎主义的种类，当然是以完全相反的方式。

[48]〔德〕恩里克·沃尔夫（Erik Wolf):《自然法学问题》（Das Problem der Naturrechtslehre），第三版，Karlsruhe 1964 年，第 61 页涉及凯尔森的部分，（"关于基础规范的先验地位"，也参见霍尔斯特·德莱尔:《凯尔森的法学、国家社会学与民主理论》，第 56 页及以下）；关于施米特，沃尔夫做出过类似的尝试（《自然法学问题》，第 185 页）;〔德〕克劳斯·君特:"汉斯·凯尔森（1881～1973）：民主的清醒的激情"（Das nüchterne Pathos der Demokratie），载"批判的司法"（Kritische Justiz）委员会编:《有争议的法学家——另一个传统》（Streitbare Juristen. Eine andere Tradition），Baden-Baden 1988 年，第 367 页及以下之第 374 页，他令人回忆起凯尔森的格言"独裁的绝对形而上学"。沃尔夫对卢曼没有做出进一步的表述，他大概为他在自然法学中找到了一席之地。

[49] 作为"相对主义经验的世界观"，作为"价值怀疑论"的政治形式［克劳斯·君特（Klaus Günther），注书，《民主的本质与价值——以汉斯·凯尔森为参考》（unter Bezugnahme auf Hans Kelsen, vom Wesen und Wert der Demokratie），Tübingen 1929 年］；凯尔森"反对沉醉于决断主义——论对以程序形式协商妥协中内含的冷静的激情"，注书，第 375 页。

是居主导地位的，在卢曼主张的系统世界里一切都是以国家为中心的。但埃利希则认为社会才是中心，它起最终决定作用，也许有关法律规范性概念这一悬而未决的问题的答案就在于此。在一种社会形势下对立利益的框架里，对一种决定的承认是自下而上、从旁侧进行的，其他一切则取决于这里面特定表达的是一种获得承认的意愿，还是说评判的重要性。如果是第一种情况，实现这一进程就没有可能；起决定作用的是决定的效力达到的“事实性”（Faktizität）。如果在承认过程中评判的可认识性起关键作用，实现目标就不是简单地通过量化承认裁量出来，更多的是存在一些标准，这些标准断言在何种前提条件下可以言称“承认”。

法律生活中有诸多证据表明这些标准是存在的，很多都证明法律效力确实存在一个变体，即规范的变体。属于承认这一概念范畴之内的还有“符合集体需求的、存在内部关联的行为的多样化程度和方式”——“从集体秩序的热情运作和清晰饱满的责任感，到无意识的或纯感情上的假定和不情愿的屈从”[50]，都在此列。这样一来，在概述的活动余地范围之内确立承认的一种可能性，就跟追溯那些决定认可行为的原因是同一意思。它们跟对情境的评判如出一辙。[51]这些让人信服，如同它们没有强制性一样，而保障理想言谈

[50]〔德〕恩斯特·鲁道夫·比尔林（Ernst Rudolf Bierling）:《法原则理论》（Juristische Prinzipienlehre），Aalen 1975 年（第二版，Tübingen 1917 年），第五卷，第 193–194 页;〔德〕吕德森:《法理学中的起源与效力》（Genesis und Geltung in der Jurisprudenz），Frankfurt am Main 1996 年，第 216 页。

[51] 由此可见，相关的只是对意义的确定，而非对实效的确定（吕德森:《法理学中的起源与效力》，注 50，第 145 页）。

情境的自由在法律生活中自然是无法实现的[52]，不过接近还是有可能的——这其实对我们来说已经足够。[53]

埃利希把承认过程中形成的规则描述为“在社会中发挥实效的力量的产物”。[54] 在他看来，承认是一种法律事实。[55] 这一让步开启了通向事实深处的道路。承认实现的东西主要是“事物的属性”的结果——这个他理解为“观察生活的实际过程时为我们展现的生活状况的本质属性”。[56] 对此，埃利希主要列出法律历史作为实例。法官“总是从他（基于本人现有知识或源于证据）断定的法律事实中，即运用（Übung）、支配和占有关系，意愿声明，特别是合同”推导出决断规范。[57]“规范是从事实中生发出来的，事实问题绝不能同法律问题分离开来。”[58]

上述论断给埃利希带来了诸多不快，因他惹恼了法学领域将实然和应然截然分开的新康德主义，其顶峰就是来自凯尔森的批评，在第一篇有关《法律社会学基础》的重要批判著作里，凯尔森

[52] 而且恰恰是不能跳过普遍性（这一跳跃将扬弃承认的重要意义，有利于一种不管可见的主体间性如何的隐秘的超主体性或者理想的权威）。

[53] 关于承认理论的地位和发展，参见〔德〕吕德森:《法理学中的起源与效力》, Frankfurt am Main 1996 年，第 20 页及下页。〔德〕彼得·兰道（Peter Landau）:“格奥尔格·耶利内克的法律效力”（Rechtsgeltung bei Georg Jellinek），载斯坦利·鲍尔森、马丁·舒尔特（Martin Schulte ）主编:《格奥尔格·耶利内克——生平与作品文集》（Georg Jellinek. Beiträge zu Leben und Werk），Tübingen 2002 年，第 299 页及下页。

[54]《法社会学的基础》（Grundlegung der Soziologie des Rechts），第四版（再版）1989 年，第 31 页。

[55] 埃利希对承认理论的表述，参见〔德〕克劳斯·吕尔（Klaus F. Röhl）:《法社会学》（Rechtssoziologie），Köln u.a. 1987 年，第 214 页及以下。

[56] 关于法的漏洞，参见“法和生活”，注书，第 139 页。

[57]《法社会学的基础》，第 139 页。

[58] 同上注。

对埃利希大加挞伐。[59] 此书只需往下读四句，“只有当一条法律语句（Rechtssatz）已经存在，才有可能根据此法条做出决定”。[60] 埃利希对实然和应然之间的逻辑关系认识得一清二楚。但他也清楚地看到，法律条文不是在决断主义应然的大空架子里发展起来的。对于这一点，今天人们了解得更为确切，虽然有些刻板印象保存了下来。对自然主义谬论的谴责[61] 也不再是毫无争议的，甚至已经有“反自然主义的谬论”一说。[62] 凯尔森的形式主义有望减轻无法操控的价值含义的负担，确立推导关系的稳定性，而调节延迟自由评

[59] 之后不久就出现了同赫尔曼·康托洛维茨、埃米尔·拉斯克、拉德布鲁赫等人之间展开的学术论辩，凯尔森：“法学作为规范或是文化科学”（Die Rechtswissenschaft als Norm oder als Kulturwissenschaft），载《施莫勒德意志帝国立法、行政和国民经济年鉴》（Schmollers Jahrbuch für Gesetzgebung, Verwaltung und Volkswirtschaft im Deutschen Reiche），第 40 辑年刊，1916 年，第 95 页及以下（第 121 页及以下）。

[60] 同上注。

[61] 细节参见〔德〕克劳斯·吕德森：“胎儿保护与自然主义的错误结论”（Der Schutz des Embryos und das Problem des naturalistischen Fehlschlusses），《毛雷尔纪念文集》（Meuer-Gedächtnisschrift），Berlin 2002 年，第 209 页及以下；伊尔亭（Karl-Heinz Ilting）：“康德思想中的自然主义错误”（Der naturalistische Fehlschluss bei Kant），载曼弗雷德·里德尔（Manfred Riedel）主编：《为实践哲学平反》（Rehabilitierung der praktischen Philosophie），以及沃尔夫冈·瑙克（Wolfgang Naucke）：《法哲学基本概念》（Rechtsphilosophische Grundbegriffe），第四版，Frankfurt am Main 2000 年，第 23 页及下页。

[62]〔德〕迪克·法布里奇乌斯（Dirk Fabricius）：《自然、历史、法：革命作为法律渊源——克劳斯·吕德森纪念文集》（Natur-Geschichte-Recht: Evolution als Rechtsquelle, Festschrift für Klaus Lüderssen）；Baden-Baden 2002 年，第 55 页及以下（63）。〔德〕埃里克·希尔根多夫（Eric Hilgendorf）：“刑法中的自然主义”（Naturalismus im Strafrecht），载《法与伦理学年鉴》（Jahrbuch für Recht und Ethik），第 11 卷，2003 年，第 83 页及以下；埃里克·希尔根多夫：“法学的哲学与经验——为自然主义研究方案辩护”（Rechtswissenschaftliche Philosophie und Empirie, Plädoyer für ein naturalistisches Forschungsprogramm），载《恩斯特·约阿希姆·兰珀纪念文集》（Festschrift für Ernst-Joachim Lampe），Berlin 2003 年，第 285 页及下页。

判的“目标—手段”链[63]则可解决上述问题，而且这种调节具备以下无可辩驳的优势：附加前提从旁侧进入小心保护的推导关系之中但又很难占有一席之地，这下能够被轻松地整合到法律界“基于事实的决断规范”的运作之中。[64]

规范性的效力概念——它作为埃利希创立的法律社会学和法律理论的基础，同样也跟承认关系（Anerkennungsverhältnisse）和事实的自然属性有关。尽管这里面还牵涉到很多悬而未决、在此无法详细探讨的问题，[65]但我们还是要问，是否在此仍可以架起一座抵达凯尔森的桥梁，这样原来视为可能的和谐化最终还是会实现。恩斯特·阿·克莱默尝试着证明：时至今日，起决定作用的现实主义法律观念脱离所谓的“承认理论”而吸纳了凯尔森创立的唯心主义优先的纯粹法学派，那么“看起来无法跨越的”法律理想主义与法律现实主义观念“之间的对立”在何种程度上可以视作已经消亡，“在何种程度上还缺少一个完全的合题”[66]。在此，克莱默先是把“规范效力的开端”[67]确定为首要讨论的主题。如何让一个规范有效，

---

[63] 克劳斯·吕德森：注文，载《毛雷尔纪念文集》。

[64] 埃利希：《法社会学基础》，第 140 页。

[65] 将近一百年，凯尔森和埃利希之间的对立范围，持续的在法理学中记录和改变具体化方法论发展——从利益法学到“法律现实主义”［吕德森：《丰富的影像》（Produktive Spiegelungen）；第二版，Baden-Baden 2002 年，第 32-34 页］再到“法律作为文学（Law as Literature）”这是尤其令人印象深刻的尝试，使法的许多实质源泉富有生气（吕德森：《丰富的影像》，注书，第 47-48 页）；并且无疑因此重新恢复了——在埃利希很难解决的——问题，区分法律规范和社会规范［〔德〕罗特洛伊特纳（Rottleuthner）：“法社会学的法学理论问题”，注书，第 343-347 页］，在这里只能提及而已。

[66]〔德〕恩斯特·克拉默（Ernst A. Kramer）：“凯尔森的纯粹法学与承认理论”（Kelsens „Reine Rechtslehre“und die „Anerkennungstheorie“），载《阿道夫·J. 梅克尔纪念文集》（Festschrift für Adolf J. Merkl），München 1970 年，第 187 页及以下（第 188 页）。

[67] 上注书，第 189 页。

让人们在遵守和适用它之前就发生效力[68]，就此问题克莱默援引了一个由凯尔森自己提出的建议方案："实际上发生效力的不是规范本身或具备特殊效力的规范性的规章，而是人们想象出来的什么是规范或规章这一事实，正是这一想象让人们照此行事，由此变得有效起来。这样的规范是一个心理学之外的事实，是一种应然的表达，其"效力"不属于因果法则约束的自然存在（Natur-Sein）。因此必须清楚地区分"具备效力的规范"和"发生实效的规范观念"。如果只区分规范的效力和实际作用（Wirkung），就会产生一个仅在此前提下才容许的偏差，那就是人们要对这两个被"规范"一词掩藏的不同概念有清楚的认识。[69] 在此，克莱默认为是对"承认规范的理念"的妥协；凯尔森则顺应法律规范理念的有效性，即其生发动机力，借此来强调这两个概念的不同。[70] 在克莱默看来，接下来又"回归到纯粹的法律唯心主义（Rechtsidealismus）"，凯尔森认为有关法律规范的理念的实效并不重要，对他来说，"人类那些符合一般有效秩序的行为是否正是这一秩序观念的结果，并无所谓"。[71] 克莱默接下来尝试着将凯尔森从自己设下的这个圈套中巧妙地脱身出来：他先是指出凯尔森确实看到了"规范的实效和效力之间的界限"这一问题，凯尔森仍特别强调应然和实然之间的对立关系，这一关系作为内容上的差异的可能性——根据每一个消极的

[68] 凯尔森：《纯粹法学》，第 11 页。（克拉默：注文）

[69] 凯尔森：《国家的本质》（Das Wesen des Staates），载《法学理论国际期刊》（Internationale Zeitschrift für Theorie des Rechts），年刊第一辑，1926 ～ 1927 年，第 5 页及以下之第 7 页（转引自克拉默：注文，第 191 页）。

[70] 上注文，第 191 页。

[71] 同上注。

秩序的本质属性——原则上必须保留。[72] 克莱默接下来写道，“在这个决定关系中，规范性（Normativität）和事实性以特殊的方式结合在一起，形成了一个效力和实际作用并排的独特结构。他在此想要表达的是如下事实，国家和法律秩序的思想体系就其特殊的规范法制来说，是现实生活的一个组成部分，用某种方式划归到实际的、人类的因果法则运作关系之中，另外在‘法律’体系的内容与其归入的‘自然’体系之间必须存在一定的相符关系，这种符合不超越某个上限但也不能降低至一定的下限之下”。[73] 克莱默认为，凯尔森“要没有内心矛盾地坚持这个观点，唯有彻底接受决定承认理论的观念——‘法规具有激发动机的力量’”。[74]

现代法律理论必须在革故鼎新的思想道路上继续前进，社会学的最新研究强调了这一点。米夏埃尔·褒尔曼[75] 在他的文章《法律与内部动机》中指出，一个国家行动者的强制力量如何行之有效，这是很难想象的，“如果授权规范不是发自自愿地得到那些应该屈从于这些规范的权力工具占有者的多数人尊重的话”。换句话说，“如果保证公民在权力面前的流动，让那些立场正确的公民各就其位，反之则离开，那么可以期望的是，作为人口流动的附加效

[72] 凯尔森：《社会学与法学上的国家概念》（Der soziologische und der juristische Staatsbegriff），转引自克拉默：注文，第 193，198 页。

[73] 同上注。

[74] 同上注，第 194 页。这一论证无疑需要深入。此处首先取决于一般承认理论（克拉默：注文，第 196 页）的地位。然而确切说，凯尔森在他尖锐的批判［参见《国家法学的主要问题》（Hauptprobleme der Staatsrechtslehre, entwickelt aus der Lehre vom Rechtssatze），第二版，Tübingen 1923 年（新版 Aalen 1960 年）；第 355 页以下，在那里典型的各种设问参见第 358 页］中也看到了个体性的承认理论的存在。

[75]《克劳斯·吕德森纪念文集》，注文，第 17 页及以下。

果——国家和法律权力持有者自身将有理由开发并保留期望的内部动机”。[76]

假使当年埃利希和凯尔森能预见到他们的学说会在后来的法律理论和法律社会学领域的发展中得到新的阐释，他们的论战也许不会如此尖锐，或者说最终甚至还会达成一致。此外可以清楚地看出，为了给法律效力寻找一个合适的解决方案，究竟有一条什么样的路要走，还有哪些事情需要去做。

[76] 同上注，第29页。

凯尔森与施米特

——从分歧到 1931 年“守护者”之争的决裂*

〔美〕斯坦利·L. 鲍尔森

一、凯尔森与施米特：对勘的研究

面对“宪法守护者”这一二者诸多思想分歧中最值得称道的争议难题，汉斯·凯尔森（1881～1973）与卡尔·施米特（1888～1985）分别提出迥然不同的解决方案，本就不足为奇。两人在法律、政治理论上的各个方面均持不同观点。首先，他们二者的出发点完全不同。[1] 凯尔森从法律规范入手，进而探究其合理的架构及预设。[2] 最终——正如欧洲法学界诸多专家一致将其认定为

---

* 本文系斯坦利·L. 鲍尔森教授的未刊英文稿：Hans Kelsen and Carl Schmitt. Growing Discord, Culminating in the “Guardian” Controversy of 1931，首发于本书。（译者注）

[1] 笔者从凯尔森的著作（1911 年起）（见注 2，注 41）与施米特的著作（1922 年起）（见注 8，注 31）中进行对比分析，但笔者在开始未阐述相应对比的细节，仅作简单介绍。

[2] 凯尔森在他第一部主要著作《国家法学的主要问题》（Hauptprobleme der Staatsrechtslehre），Tübingen: J.C.B. Mohr，1911 年，第 237 页；重刊于耶斯代特（Matthias Jestaedt）主编：《汉斯·凯尔森全集》（计划有 30 多卷），第二卷，Tübingen: Mohr Siebeck，2008 年，第 353 页中提出法律规范的正当解释课题。关于凯尔森如何处理解释，参见鲍尔森：“凯尔森的纯粹法学中有一个‘被证立的规范性’命题吗？”（A ‘Justified Normativity’ Thesis in Hans Kelsen’s Pure Theory of Law?），载克拉特（Matthias Klatt）主编：《制度化的理性》（Institutionalized Reason），Oxford: Oxford U.P.，2012 年，第 61-111 页之第 78-85 页。法律规范的预设可总结为“规范主义”的标题，这涉及凯尔森著名的基本规范，理论上有来自新康德主义观点的支持，参考同上，第 71-78 页，第 102-111 页。

既存法律规范的结构方面最为出色的论说——为方法论二元主义开拓出深远的发展，这种二元主义也即实然与应然的截然分离，其中实然指实际情形，应然指生效法律的规范含义。[3]

施米特作品的出发点甚多，一个可能的选项在于他确定“政治范围”[4]的方式。他声称“政治”要通过“敌友”的标准来加以确定，[5]敌与友是一种并置关系，它从“肉体杀戮的真实可能性”[6]中获得其含义的表达。从施米特的独特方式理解，“政治”是国家存

[3] 这只是凯尔森著作中实然和应然的一种特征，另参见注释 34 ～ 35，注释 41 ～ 42，注释 49 ～ 53 以及注释 69。

[4]〔德〕卡尔·施米特（Carl Schmitt）:“政治的概念”，载《社会科学与社会政治文丛》（Der Begriff des Politischen），Archiv für Sozialwissenschaft und Sozialpolitik，58（1927），第 1-33 页（以下简称：政治的概念 1927）；施米特:《政治的概念》（Der Begriff des Politischen），第二扩展版，Munich and Leipzig: Duncker & Humblot，1932 年（以下简称：政治的概念 1932）；英文版《政治的概念》，乔治·施瓦布（George Schwab）译，New Brunswick: Rutgers U.P.，1976 年（以下简称：英文版）。笔者引用的施米特文章源于德语文本，只有一处例外（参见注释 5）；为方便读者，笔者增加了对应英语文本索引。

[5] 政治的概念应“从标准意义上，而非作为穷尽定义或内容说明书”来理解。施米特:《政治的概念 1932》（注 4），第 14 页；英文版（注 4），第 26 页。在施米特著作中，这是对观点的标准解读（即使对“标准”的明确指称未在《政治的概念》第一版出现，参见注 4。不过，施米特在一定程度上颠覆了该观点：此处“敌友”的并立不一定是标准，而是由对标准的追求所决定的。正如施米特所写:“正确理解‘政治’，只是某个同一性的强度。政治同一性可包含和理解不同的内容。但其始终指明同一性的最高强度，由此也确定了强度最大的区别——敌友之归类。”施米特:“国家伦理与多元国家”（Staatsethik und pluralistischer Staat），载《康德研究》（Kant-Studien），35（1930），第 28-42 页之第 36 页，重刊于施米特:《立场与概念》（Positionen und Begriffe），Hamburg: Hanseatische Verlagsanstalt, 1940 年，后又刊于（Berlin: Duncker & Humblot, 1993 年）（以下简称：立场与概念），第 133-145 页之第 141 页；英文版由大卫·戴岑豪斯（David Dyzenhaus）译，载《卡尔·施米特的挑战》（The Challenge of Carl Schmitt），墨菲主编（Chantal Mouffe），London:Verso，1999 年，第 195-208 页之第 203 页。笔者从戴岑豪斯的译法，非常到位。

[6]〔德〕施米特:《政治的概念 1927》（注 4），第 6 页;《政治的概念 1932》（注 4），第 20 页；英文版（注 4），第 33 页。

在的预设。[7] 紧要关头时，国家存在的问题需要“摆脱一切规范的羁绊”[8] 来做出决断。哈索·霍夫曼（Hasso Hofmann）指出，为人熟知的凯尔森与新康德主义哲学家所辩护的[9] 实然与应然的对立被施米特的存在与非存在（*Sein* and *Nicht-Sein*）的对立所取代。[10]

凯尔森与施米特的第二大区别——各自的主权观——很自然地从第一点区别中推演出来。在凯尔森作品中，传统的“法律上不受限制”的主权教义让位于独特的凯尔森式宪法概念，尤

[7] 参见〔德〕施米特:《政治的概念 1927》(注 4)，第 1，19 页;《政治的概念 1932》(注 4)，第 7，17，41 页；英文版（注 4)，第 19-20 页，第 29-30 页，第 53 页。关于施米特对政治的界定，参见卡尔·洛维特（Karl Löwith):“卡尔·施米特的偶然的决断主义”(Der okkasionelle Dezisionismus von C. Schmitt)，载《洛维特全集》(Gesammelte Abhandlungen)，Stuttgart: W. Kohlhammer，1960 年，第 93-126 页之第 104-111 页（首版于 1935 年，作者用笔名 H. Fiala 发表)；马提亚斯·考夫曼（Matthias Kaufmann):《法可以没有规则吗?》(Recht ohne Regel?)，Freiburg and Munich: Karl Alber，1988 年，§ 3，第 46-55 页；哈索·霍夫曼（Hasso Hofmann):“敌对——政治的基本概念”(Feindschaft – Grundbegriff des Politischen)，载《政治杂志》(Zeitschrift für Politik)，12 (1965)，第 17-39 页；以及一些载于《卡尔·施米特——政治的概念》(Carl Schmitt. Der Begriff des Politischen) 中的文章，莱因哈特·梅林（Reinhard Mehring）主编，Berlin: Akademie Verlag，2003 年。

[8]〔德〕卡尔·施米特:《政治神学》(Politische Theologie)，Munich and Leipzig: Duncker & Humblot，1922 年（以下简称：政治神学 1922)，第 13 页；第二版略有改动并采用了新的页码标注，1934 年（以下简称：政治神学 1934)，第 19 页；英文版：Political Theology，施瓦布（George Schwab）译，Cambridge, Mass.: MIT Press，1985 年（以下简称：英文版)，第 12 页。

[9] 关于对新康德主义的界定，参见斯坦利·鲍尔森:“汉斯·凯尔森与古斯塔夫·拉德布鲁赫”(Hans Kelsen und Gustav Radbruch. Neukantianische Strömungen in der Rechtsphilosophie)，载《马尔堡对西南德——两个新康德主义学派的哲学分殊》(Marburg versus Südwestdeutschland. Philosophische Differenzen zwischen den beiden Hauptschulen des Neukantianismus)，克里嫩（Christian Krijnen)、诺拉斯（Andrzej J. Noras）主编，Würzburg: Königshausen & Neumann，2012 年，第 141-161 页之第 141-145 页。另参见注释 34。

[10]〔德〕哈索·霍夫曼（Hasso Hofmann):《正当性对合法性》(Legitimität gegen Legalität)，Neuwied and Berlin: Luchterhand，1964 年，第二版（新的序言)，Berlin: Duncker & Humblot，1992 年，第 21 页，另参见第 39，48，87 页。

其是实证法[11]的宪法规范以及逻辑—司法宪法（logico-juridical constitution）[12]。凯尔森很轻易地就将他的匈牙利同事菲利克斯·索姆洛（Felix Somló）的观点瓦解掉，后者当时以一篇重要论文闻名于世。该论文支持奥斯丁（John Austin）式主权原则，大量引用奥斯丁的专著《法理学讲演录》[13]。施米特却通过对奥斯丁的理论先驱让·博丹和托马斯·霍布斯[14]的关注发展了自身的主权概念。无论何时，每当对例外状态（*Ausnahmezustand*）做出决断时，人格化、决断主义、"位居法律之上"的主权即显而易见。"主权者即是对例外状态进行决断的人"[15]。施米特进而指出，"法律体系也依赖

---

[11] 参见〔德〕罗伯特·阿列克西："汉斯·凯尔森的宪法概念"（Hans Kelsens Begriff der Verfassung），载《汉斯·凯尔森——20世纪的国家法学者与法律理论家》，斯坦利·鲍尔森、米歇尔·施托莱斯编，Tübingen: Mohr Siebeck，2005年，第333-352页。关于一些有关凯尔森在1920年10月奥地利联邦宪法——包括宪法审查条款——中发挥的作用，参见本文第四部分。

[12] 关于"逻辑—司法宪法"或者说基础规范，参见凯尔森：《一般国家学》（Allgemeine Staatslehre），Berlin: Julius Springer，1925年（下面简称：一般国家学），§ 42（e），第307页。至于实证宪法，凯尔森区分了狭义的（第一种解读）与广义的实证宪法（第二种解读），参见本文第四部分以及注释118-122所列文本。

[13]〔德〕索姆罗（Felix Somló）：《法学基础学说》（Juristische Grundlehre），Leipzig: Felix Meiner，1917年。索姆罗虽然出身在欧洲法理学界，却以比提及其他学者更高的频率经常提及约翰·奥斯丁（John Austin）。凯尔森：《主权问题与国际法理论》（Der Problem der Soveränität und die Theorie des Völkerrechts），Tübingen: J.C.B. Mohr，1920年（下面简称：主权问题），§ 7，第31-36页，该文涉及对由索姆罗描述的奥斯丁主义的法律实证主义的尖锐批判，并且凯尔森的态度使得其批判被用于和哈特著名的批判相互对照。

[14]〔德〕卡尔·施米特（Carl Schmitt-Dorotić）：《论专政》（Die Diktatur），Munich and Leipzig: Duncker & Humboldt，1921年；第二版，1928年，添加了新的前言（以下简称：论专政），第25-42页，第118-119页以及其他各处。另参见施米特：《政治神学1922》（注8），第10-12，19页；《政治神学1934》（注8），第13-16，25页；英文版（注8），第8-10页，第16-17页。

[15]〔德〕施米特：《政治神学1922》（注8），第9页；《政治神学1934》（注8），第11页；英文版（注8），第5页。

于决断，而非规范”。[16]

第三大区别：凯尔森与施米特的民主理论截然不同。凯尔森全力支持议会民主[17]，而施米特认为议会制度反映他认定为未开化的自由主义[18]。作为自由主义的替代，施米特提出以同质性作为核心前提的民主理论——“统治者与被统治者的同质性”[19]。施米特还认为，不仅要理解民主是自由主义的替代，而且“民主与专政并非不相容”[20]，因为“民主的核心”是同质性——“法律与人民意志的同质性”——而专政者具备法律性质的命令也可能反映人民意志。

[16]〔德〕施米特:《政治神学 1922》(注 8)，第 11 页;《政治神学 1934》(注 8)，第 16 页；英文版（注 8)，第 10 页。

[17]〔奥〕凯尔森:“民主的本质与价值”(Vom Wesen und Wert der Demokratie)，载《社会学与社会政治文丛》(Archiv für Sozialwissenschaft und Sozialpolitik)，47(1920)，第 50-85 页；第二版大范围修订版，Tübingen: J.C.B. Mohr，1929 年；凯尔森:《议会主义的问题》(Das Problem des Parlamentarismus)，Vienna and Leipzig: W. Braumüller，1925 年；凯尔森:“论民主”(Demokratie)，载《1926 年维也纳第五届德国社会学日文集》(Verhandlungen des 5. Deutschen Soziologentages vom 26. bis 29. September 1926 in Wien)，Tübingen: J.C.B. Mohr，1927 年，第 37-68 页，第 113-118 页；凯尔森:“民主的基础”(Foundations of Democracy)，载《伦理学》(Ethics)，66(1955)，第 1-101 页。除了《议会主义的问题》外，所有其他上列作品都重刊于凯尔森:《对民主的辩护》(Verteidigung der Demokratie)，马提亚斯·耶斯代特(Matthias Jestaedt)、奥利沃·莱普休斯(Oliver Lepsius)，Tübingen: Mohr Siebeck，2006 年。

[18]〔德〕卡尔·施米特:《当代议会主义在思想史上的危机》(Die geistesgeschichtliche Lage des heutigen Parlamentarismus)，首版于 1923 年，重刊于 1926 年，增加新前言，Leipzig and Munich: Duncker & Humblot(以下简称：议会主义危机)；英文版：The Crisis of Parliamentary Democracy，艾伦·肯尼迪(Ellen Kennedy)编，Cambridge, Mass.: MIT Press，1985 年(以下简称：危机)。另参见卡尔·施米特:《宪法学说》(Verfassungslehre)，Leipzig and Munich: Duncker & Humblot，1928 年(以下简称：宪法学说)，§ 17. Ⅲ，第 234-238 页；英文版：Constitutional Theory，杰弗瑞·塞策尔(Jeffrey Seitzer)译，Durham: Duke U.P.，2008 年，第 264-267 页。

[19]〔德〕施米特:《政治神学 1922》(注 8)，第 44 页;《政治神学 1934》(注 8)，第 63 页；英文版(注 8)，第 49 页。

[20]〔德〕施米特:《议会主义的危机》(注 18)，第 37 页;《危机》(注 18)，第 28 页；总体上参见考夫曼:《法可以没有规则吗？》(注 7)，第Ⅱ章，第 132-217 页。

凯尔森与施米特的第四大区别在于对同一性（*unity*）各持己见。关于如何确定政府、国家、民族的同一性问题——也即何种标志（*indicia*）至关重要以及为什么重要的问题，相当长时期内成为政治和法律的主题[21]，而且，对多元文化的奥匈帝国有着特殊意义。上述问题令凯尔森对同一性保持着深刻持久的兴趣[22]。他的答案以知识论为依据。“关于认知的同一性的预设无条件有效，因为规范范畴亦如此。”[23] 规范的认知表现为“规范体系的同一性和排他性，预先就预设有效”[24]。这样，凯尔森的同一性法律观点贯穿其法哲学，尤其贯穿于他的国际公法领域的法律一元论思想。[25]

[21] 比如参见〔德〕赫尔德（Johann Gottfried Herder）：“论促进人性的信笺”［Briefe zur Beförderung der Humanität（1793 ～ 1795）］，载《赫尔德》（十卷作品集），Frankfurt: Deutscher Klassiker Verlag，1985 ～ 2000 年，第 57 号信（1795），第 7 卷，汉斯·迪特里希·伊尔姆舍（Hans Dietrich Irmscher），1991 年，第 294-338 页之第 301-307 页。

[22] 正如凯尔森所写：“或许我得出（我的）（法律思想）观点，很大程度上是因为我最亲近和从个人经历而言了解最多的国家——奥地利——是明确的法律统一体（Rechtseinheit）。鉴于奥地利由诸多种族、语言、宗教和历史不同的群体组成，关于试图以法律上属于这个国家的人们之间的某些社会心理学或社会生物学联系为基础建立国家的同一性的理论，无异于天方夜谭。由于（我的）国家（即具备法律同一性的国家）理论是纯粹法学的重要组成部分，纯粹法学可视为特别的奥地利理论。”参见凯尔森：《凯尔森自传 1947》，载《凯尔森全集》第一卷（注 2），第 29-91 页之第 59-60 页。也参见下注 104 书。

[23] 凯尔森：《主权问题》（注 13），§ 25，第 105 页。

[24] 同上。

[25] 同上，§ § 25-51，第 102-124 页，另参见凯尔森：“国内法与国家法之间的系统性关系”（Les rapports de système entre le droit interne et le droit international public），《海牙国际法院演讲集》（Recucil des cours），14（第 4 部分），1926 年，第 227-331 页之第 289-320 页。凯尔森认为，法律一元论有两种不同形式，国际法优先的一元论与国家法律优先的一元论。对这两种形式的选择属于政治课题，因此不属于法学课题。这是凯尔森的标准观点。但他一度在《主权问题》中充分阐明他对该课题持司法科学立场。与叔本华的观点类似，凯尔森认为以国家法律优先的一元论导致“唯我论”。参见凯尔森：《主权问题》（注 13），§ 63，第 314-317 页。关于凯尔森的一元主义，参见凯尔森、约瑟夫·G. 斯达克（Joseph G. Stark）和 H.L.A. 哈特的文章，载斯坦利·鲍尔森、邦妮·鲍尔森主编：《规范性与规范：凯尔森主义论题的批判性视角》（Normativity and Norms. Critical Perspectives on Kelsenian Themes），Oxford: Clarendon Press，1998 年（以下简称：规范性与规范），第 525-581 页。

何为施米特的同一性观点呢？他对“政治同一性”的持久兴趣引人注目。在《宪法学说》(1928)中，他谈及制定宪法的行为乃是政治同一性的表达。“该行为构成政治同一性的形式和性质，但其存在是预先预设的。”[26] 施米特所谓的上述政治同一性与其下述观点相形见绌：事实上，政治同一性完全被政治多元主义削弱了。“德国的政治同一性在可怕的三个世纪里分崩离析”[27]，这导致魏玛时期国家社会的同一性，导致所谓的“量的”或“弱的”全能国家(total state)[28]。施米特声称，唯一的解决方案是在议会失灵时[29] 以

---

[26]〔德〕施米特：《宪法学说》(注18)，§ 3.I，第21页，英文版(注18)，第75页。

[27]〔德〕施米特：“强国家中的健康经济”(Gesunde Wirtschaft im starken Staat)，载《关于维护维斯特伐利亚共同经济利益的协会报告》(Mitteilungen des Vereins zur Wahrung der gemeinsamen wirtschaftlichen Interessen in Rheinland u. Westfalen)，第21号(新版)，1932年，第13-32页之第15页；重刊于施米特：《国家、大空间与律法》(Staat, Großraum, Nomos)，君特·马什科(Günter Maschke)编，Berlin: Duncker & Humblot，1995年(以下简称：大空间)，第71-91页(包括编者的说明)，第72-73页。施米特在1932年11月23日对鲁尔实业家所作的讲座中的过度修辞(“在三个贫穷的世纪里”)或许反映了他努力让听众支持他观点的热忱。施米特在其他场合对基本相同的观点做出更为浅显易懂的表述：“戏剧性的转变(到‘定量的’或‘弱的’全能国家，参见注释28所列文献)，可解释为辩证发展的组成部分，具体分为三阶段：17世纪、18世纪的绝对国家，到自由的19世纪的中立国，到(魏玛时期以国家和社会的区别为标志的)全能国家。”施米特：《宪法的守护者》(Der Hüter der Verfassung)，Tübingen: J.C.B. Mohr，1931年(以下简称：守护者)，第79页，另参见第78页。在这一点上，施米特在其著作《守护者》中的第78-91页吸收了“转向全能国家”一文，参见“转向全能国家”(Die Wendung zum totalen Staat)，载《欧洲评论》(Europäische Revue)，7(1931)，第241-250页。

[28] 参见〔德〕施米特：《合法性与正当性》(Legality and Legitimität)，Munich and Leipzig: Duncker & Humblot，1932年，第96页；英文版：Legality and Legitimacy，杰弗瑞·塞策尔(Jeffrey Seitzer)编，Durham: Duke U.P.，2004年，第92页；施米特：《强国家中的健康经济》(注27)，第18，20页；重刊于《大空间》(注27)，第74-75，76页。

[29] 这是施米特在《议会主义危机》(注18)中的论题，是1923年的专著。

联邦总统替代议会，造就“质的”或“强的”全能国家[30]。

1922年，施米特发表了《政治神学》[31]，明确标志着施米特与

[30] 1933年末，施米特夸耀政治统一体即“性质上的”或“强的”全能国家现在已是既成事实，参见《国家、运动与人民》(Staat, Bewegung, Volk)，Hamburg: Hanseatische Verlagsanstalt，1933年，§ Ⅱ，第11-22页；〔德〕沃尔克·诺依曼(Volker Neumann)：《市民战争中的国家》(Der Staat im Bürgerkrieg)，Frankfurt: Campus，1980年，第147-154页；考夫曼：《法可以没有规则吗？》(注7)，§ 18(a)，第347-354页。“全能国家”的体系模糊性——“数量上的”或“弱的”全能国家和“性质上的”或“强的”全能国家——当然没有被忽视。比如参见赫尔穆特·克瓦力什(Helmut Quaritsch)：《卡尔·施米特的立场与概念》(Positionen und Begriffe Carl Schmitts)，第二版，Berlin: Duncker & Humblot，1991年，第24，41页。

[31] 更精确地说有两次转变。第一次，施米特转变了关注领域的重心，以1916年的论文“专政与围困状态”，载《统一刑法科学杂志》(Zeitschrift für das gesamte Strafrechtswissenschaft)，38(1917)，第138-162页(1916年后期出现)为最早标志。那时，施米特仍倾向于接受法治国、权力分立及19世纪所能理解的类似的法律概念。之后，从1922年《政治神学》开始，施米特的著作不仅反映重心的转变，而且转变得偏离他早期对传统理解的法律概念的默许背书。正如施米特当前一再主张的那样，重要课题集中于“例外”而非“通常情形”，凯尔森忙于处理的大量工作均无关紧要——或者施米特会让我们相信。施米特对凯尔森的态度很可能也受个人因素的影响，施米特对凯尔森的亲密同事弗朗兹·维尔(Franz Weyr)的恼怒即为明证。在某个评论中(参见注释77-80所列文本)，维尔写道，《国家的价值》(注释32)与凯尔森的哲学之间的相似程度“几乎难以理解”，他还说施米特在整篇专著中仅有一次提到凯尔森，参见Wert(注释32)，第77页，暗示施米特可能无意间抄袭了凯尔森。施米特在《论专政》(注14)的1921年版序言中，毫不留情地表达他的恼怒，写道：“像维尔如此重要的学者”直接认定“我的法律概念与凯尔森的实证主义‘形式’相同，在我看来这简直是自相矛盾”。施米特还说，回到1921年专著的命题，对于凯尔森来说，“按他的实证形式主义，说专政问题是法律问题，就和说脑部手术是逻辑问题差不多”。同上，第xi页，在第二版(注14)中的第xix页。施米特对凯尔森及其圈内人士的蔑视与日俱增。1926年，施米特在与他的出版商路德维希·弗伊希特温格(Ludwig Feuchtwenger)的函件中，提到法律科学的沉闷状态：“确实很糟，但维也纳和奥地利比其他地方更糟。凯尔森、桑德尔(Sander)及福尔德洛斯(Verdross)这些人像跳蚤一样多产繁殖。每个月出一本新书，用500页论述国家是法律体系；从他们的范围和饶舌而言，他们的历史认知肤浅、彻头彻尾的懒惰。”卡尔·施米特、路德维希·福尔希特万格(Ludwig Feuchtwanger)：《书信往来1918～1935》(Briefwechsel 1918～1935)，〔德〕罗尔夫·里斯(Rolf Rieß)编，Berlin: Duncker & Humblot，2007年，第194页。另参见注释172。

凯尔森的观点开始走向尖锐对立。在其非常早期的作品中，施米特的观点其实在一定程度上接近凯尔森。他1914年的《国家的价值》[32]一书即为明证。读者从中可以发现，施米特对凯尔森和新康德主义者相近的特定主题给予肯定。在第二部分，笔者着重论述两个主题：二元论和“归责（points of imputation）”，除了施米特的立场外，它们具有部分上的相似性。

不过，在笔者展开第二部分的论述前，简单勾勒下本文的其他部分的内容或许有所裨益。在第三部分，笔者接受施米特在《政治神学》中对凯尔森的纯粹法学的批判。对比该著作（1922年发表）以及1914年《国家的价值》中的观点，很难忽视他对凯尔森的态度的转变。施米特早期的二元论——与凯尔森的观点相近——此时消失得无影无踪。在其早期著作中，施米特对凯尔森的“归责”观点总体持友好态度，但此时转向新的学说，在后来被证明是对凯尔森法哲学的严重批判的起点。随后的第四部分，将补充论述凯尔森在1920年奥地利联邦宪法制定过程中的主要作用，包括其最显著的贡献：集中式宪法审查。上述补充论述中，笔者预见了后来发生的宪法“守护者”之争。在第五部分，争议成为直接和中心的内容。施米特认为魏玛共和国总统是宪法守护者的人选，笔者对比考察了

[32]〔德〕卡尔·施米特:《国家的价值与个体的意义》(Der Wert des Staates und die Bedeutung des Einzelnen)，Tübingen: J.C.B. Mohr，1914年（以下简称：国家的价值）；该著作在1916年被当作施米特的斯特拉斯堡的教授资格论文，1917年又由Hellerau-Dresden: Hellerauer Verlag重印，2004年又由Berlin: Duncker & Humblot出版了新版本（其页码标注很混乱）。正如莱因哈特·梅林（Reinhard Mehring）在其著作《卡尔·施米特》[(Carl Schmitt)，Hamburg: Janius，1990年，第38，54页]中正确指出的那样，《国家的价值》是一部哲学专著而这也正是我所认为的施米特唯一一部真正的哲学专著。

施米特的中心观点与凯尔森的反驳。施米特在上述“守护人”争议中的观点，特别是断然反对其认为不可能的宪法审查的观点，在现代很难理解。因而，在结尾部分，笔者转而论述施米特在推动魏玛总统制中所起的作用；施米特在此方面的努力充分说明了其在“守护者”争议中的观点。

二、凯尔森早期著作中的两大主题及施米特的相近观点

在其专著《国家的价值》（1914 年）一书中，施米特为法学二元论作辩护。[33] 二元论反映在对对立事项的并置关系的承认中，诸如实然与应然、事实与价值、现实与理想等，正如它们在《世纪末的新康德主义者》（*fin de siècle* Neokantians）一书中所被理解的，而新康德主义者的二元观在其对当时无数心理学理论和自然主义理论的反驳中展现无遗。[34]

可是，为何在二元论方面重点对比凯尔森的法哲学与施米特早

[33] 这一在施米特著作中处于非常早期的发展并没有获得多少注意。对此重要的论述，参见〔德〕哈索·霍夫曼：《正当性对合法性》（注 10），第 44-56 页，以及〔德〕阿尔纳·亚特内尔（Arne Jaitner）：“法律规范与国家权力”（Rechtsnorm und Staatsmacht），载《国家科学与国家实践》（Staatswissenschaften und Staatspraxis），7（1996），第 479-487 页。

[34] 关于巴登新康德主义，参见〔美〕弗里德里克·拜斯勒（Frederick C. Beiser）：《德国历史主义传统》（The German Historicist Tradition），Oxford: Oxford U.P.，2011 年，第 365-467 页；关于马堡新康德主义具有权威性的论述，参见《当代哲学中的新康德主义》（Neo-Kantianism in Contemporary Philosophy），〔美〕鲁道夫·马克里尔（Rudolf A. Makkreel）、塞巴斯蒂安·鲁夫特（Sebastian Luft），Bloomington: Indiana U.P.，2010 年，以及笔者的评论文章，载《欧洲哲学期刊》（European Journal of Philosophy），20（2012），第 508-513 页。

期的法哲学呢？[35]我们熟悉的凯尔森哲学不是鲜明的、典型的一元论吗？问题引发歧义。在凯尔森法哲学即纯粹法学范围内，他总是攻击二元论——诸如下述二元论：客观法与主观权利[36]、公法与私法[37]、法人与自然人[38]、国际公法与国内法[39]以及法律与国家

[35] 参见注 33，此外也参见施米特非常早期的作品。〔德〕尼克雷蒂（Michele Nicoletti）："施米特《政治神学》的起源"（Die Ursprünge von Carl Schmitts 'Politischer Theologie'），载赫尔穆特·克瓦里什（Helmut Quaritsch）编：《对立统一体》（Complexio Oppositorum），Berlin: Duncker & Humblot，1988 年，第 109-128 页；〔德〕洛伦茨·基尔弗（Lorenz Kiefer）："证立、决断与政治神学——评施米特三篇早期的文章"（Begründung, Dezision und Politische Theologie. Zu drei frühen Schriften von Carl Schmitt），载《法哲学与社会哲学文丛》（Archiv für Rechts- und Sozialphilosophie），76（1990），第 479-499 页之第 479-489 页；〔德〕格雷·乌尔曼（Gary L. Ulmen）：《政治的剩余价值》（Politischer Mehrwert），鲁兹（Ursula Ludz）译，Weinheim: VCH, Acta Humaniora，1991 年，第 102-117 页；〔德〕曼弗雷德·达尔海默（Manfred Dahlheimer）：《卡尔·施米特与德国天主教 1888 ～ 1936》（Carl Schmitt und der deutsche Katholizismus 1888 ～ 1936），Paderborn: Schöningh，1998 年，第 44-48 页；〔德〕莱因哈特·梅林（Reinhard Mehring）："力与法——施米特的法概念变迁"（Macht und Recht. Carl Schmitts Rechtsbegriff in seiner Entwicklung），《国家》（Der Staat），43（2004），第 1-22 页之第 2-7 页；莱因哈特·梅林（Reinhard Mehring）：《卡尔·施米特：兴起于衰落》（Carl Schmitt. Aufstieg und Fall），Munich: C.H. Beck，2009 年，第 32-36 页，第 38-40 页，第 60-65 页；〔德〕福尔克·诺依曼（Volker Neumann）："国家决断的理论家"（Theoretiker staatlicher Dezision: Carl Schmitt），载《柏林洪堡大学法学院 200 年纪念文集》（Festschrift 200 Jahre Juristische Fakultät der Humboldt-Universität zu Berlin），史蒂芬·格龙德曼（Stefan Grundmann）等编，Berlin: De Gruyter，2010 年，第 733-754 页之第 741-744 页。

[36] "主观权利"即个人的法律权利。我保留德语原文表述，因凯尔森将其与"客观法"相对。关于二者的并置关系，参见凯尔森：《法学理论导论》（Introduction to the Problems of Legal Theory），德语《纯粹法学》第一版（1934）的英译，邦妮·鲍尔森、斯坦利·鲍尔森译，Oxford: Clarendon Press，1992 年（以下简称：法理导论），§ 24，第 43-46 页；凯尔森：《纯粹法学》，第二版，Vienna: Franz Deuticke，1960 年（以下简称：纯粹法学 2），§ 33，第 174-175 页。

[37] 参见〔奥〕凯尔森：《一般国家学》（注 12），§ 17，第 80-91 页。

[38] 参见〔奥〕凯尔森：《法理导论》（注 36），§ 25，第 46-52 页；凯尔森：《纯粹法学 2》（注 36），§ 33，第 172-195 页。

[39] 凯尔森从国际公法角度为"法律一元论"辩护，参见〔奥〕凯尔森：《法理导论》（注 36），§ 50，第 111-125 页。但这与本部分前面段落中将一元论与二元论并立完全不同。

的二元论等[40]。与之相反，每当凯尔森处理法律（应然世界）和自然世界（实然世界）时，他都持二元论观点，至少其早期著作反映了“两个世界”的学说。[41]不言而喻，自然世界涉及且包括诸多法律。换言之，法律的日常活动——发现机制（口头处置、对质询书的处分以及其他类似情形）、联合索赔、对证人的质证等，并未出现在应然的理想世界中，而是出现在实然的自然世界中。照此理解，凯尔森的观点属于非常典型的方法论二元论，与新康德主义者观点相近[42]。而且，有意思的是，施米特在《国家的价值》书中以与凯尔森类似的方式为二元论作辩护，虽然不可否认他的辩护是短暂的。

施米特在其著作的开始部分论及法律和权力。二者孰先孰后呢？这个问题与老生常谈的鸡生蛋、蛋生鸡问题一样无意义[43]。施米特实际论述的问题为：

> 法律是否可源于事实。对人而言，承认法律仅仅是事实，这一问题所提出的是事实能否产生法律的问题。如对该问题给予否定回答，就形成了两个世界的对立。如相对于权力，法律

---

[40] 参见〔奥〕凯尔森:《法理导论》（注36），§§ 18-24，第37-46页；凯尔森:《纯粹法学2》（注36），§ 41，第289-320页。

[41] 关于凯尔森“两个世界”的学说，参见下文注释49-53。关于凯尔森学术思想发展的分期，参见〔美〕斯坦利·鲍尔森:“汉斯·凯尔森法理论可分为四个阶段吗？对分期说的回应”（Four Phases in Hans Kelsen's Legal Theory? Reflections on a Periodization），载《牛津法学研究》（Oxford Journal of Legal Studies），18（1998），第153-166页；以及鲍尔森:“达致合理的汉斯·凯尔森法律理论分期说”（Arriving at a Defensible Periodization of Hans Kelsen's Legal Theory），载同上书，第19卷，1999年，第351-365页。

[42] 参见注34。

[43]〔德〕施米特:《国家的价值》（注32），第39页。

本身是自足的和独立的，则二元论成立；它所对应的是以下对立：应然与实然、规范与天生、批判观与自然科学观。[44]

若仅从表面上看附条件表述，则很可能仅对此给予有待证实的解释：如法律本身就是充分的，则二元论成立。施米特澄清了上述疑问，明确二元论正是他辩护的观点：

法律与非法律的区别仅在于规范的引入，而自然世界无此区别。太阳照耀公平和不公平的方式并无二样。[45]

施米特继续论及：

若法律可源于事实，则不存在法律……（法律）规范必须不依赖于经验就有效；因此经验的事实永不可能让法律从属于（其）判断。[46]

总之，1914 年时的凯尔森与施米特确实有诸多共同点。两人都支持二元论，即应然世界与实然世界。

可是，二元论引发了严重的哲学问题。正如施米特明智地论及："问题是如何将两个范畴融合。"[47] 如在其中一个世界不存在接

[44] 同注 20。
[45] 同注 31。
[46] 同上。
[47] 同注 38。

受另一世界的内容的依据，那么针对某事件的实际状态（实然）而发出法律宣告（应然）——按凯尔森主义者的说法，单个的法律规范[48]——是不可能的。就在二元论框架内解决这一问题来说，凯尔森比施米特成就更大，不像施米特，至少他以论证来直面这一论题。下面，笔者从凯尔森对每位学者所建议的方案给予的设定与评估开始。

凯尔森敏锐地意识到因截然分离实然与应然所产生的问题。1911 年，他写道：

> 实然与应然的对立属于形式、逻辑上的对立。只要其中之一不超出逻辑形式观点的界限，则此一世界与彼一世界无相通之路，无法逾越的鸿沟让两个世界彼此隔离。[49]

凯尔森试图引入“模态上中立的基质”学说（modally indiffe-

---

[48] 借助个别或单一法律规范（individuelle Rechtsnorm）来区别法律规范与法律规则，例如司法认定，较之一般性法律规范，是一种法定的认定。可以说，法律规范有两种规格，而法律规则从定义上而言就是一般性的。参见〔英〕约瑟夫·拉兹（Joseph Raz）：“自愿义务与规范性权力”（Voluntary Obligations and Normative Powers），《亚里士多德协会会刊（副刊）》（Proceedings of the Aristotelian Society. Supplementary Volume），46（1972），第 79-102 页之第 79 页，重刊于《规范性与规范》（注 25），第 451-470 页之第 451 页。

[49]〔奥〕凯尔森：《关于法学与社会学方法的边界》，Tübingen: J.C.B. Mohr，1911 年，第 6 页，重刊于《凯尔森全集》第三卷（注 2），第 22-55 页，第 27-28 页。也参见 凯尔森：《一般国家学》（注 12），§ 13（b），第 62 页。

rent substrate）[50] 来解决问题，认为上述学说为两个范畴提供了所需的联系。在《主权问题》（1920）一书中有对该学说的早期论述，[51] 他用实然与应然作为两种彼此不同形式的思想，将实然和应然融合为一个不同的世界 [52]，论述道：

> 虽然实然和应然为两种完全不同形式的思想，其中一个无法还原成另外一个，但仍可具有相同的内容。人类行为可想象

[50]〔奥〕凯尔森：《主权问题》（注 13），下注 53 之引文；也参见凯尔森："法律科学作为规范科学和文化科学"（Die Rechtswissenschaft als Norm- oder als Kulturwissenschaft），载《施莫勒斯之德国法中的立法、行政与国民经济年鉴》（Schmollers Jahrbuch für Gesetzgebung, Verwaltung und Volkswirtschaft im Deutschen Rechte），40（1916），95-153（1181 ～ 1239），123-124（1209 ～ 1210）；重刊于《凯尔森全集》第三卷（注 2），第 551-605 页之第 578-579 页。本论文非常明确地反映了凯尔森从巴登新康德主义者埃米尔·拉斯克（Emil Lask）处借鉴了基础层观点。凯尔森情态不变的基础层也体现在他死后发表的作品中，参见凯尔森：《一般规范理论》（General Theory of Norms），首版于 1979 年，米歇尔·哈特尼（Michael Hartney）译，Oxford: Clarendon Press，1991 年，第 16 章 ii，第 60 页，以及第 51 章，第 194-198 页，以及凯尔森的注释 138，第 376-380 页。诚然，死后发表的作品在很多方面代表完全不同的法律理论，参见斯坦利·鲍尔森："凯尔森的法律理论：最后阶段"（Kelsen's Legal Theory: the Final Round），载《牛津法律研究》，12（1992），第 265-274 页。

[51] 这实际是很早期的陈述，甚至比 1920 年的出版日期更早。文章大部分早在 1916 年，《国家法学》（注 2）出版五年之后就已完成。

[52] 合并反映了凯尔森的理想主义倾向，早期著作特别宣扬这一点。当然是受了康德的影响，哲学家赫尔巴特（Johann Friedrich Herbart）也是如此，参见凯尔森："法律科学作为规范科学和文化科学"（注 50），95（1181），重刊于《凯尔森全集》第三卷（注 2），第 553 页。在这一联系中，凯尔森理论的直接渊源之一，参见齐美尔：《道德科学导论》（Einleitung in die Moralwissenschaft），两卷本，Berlin: Hertz，1892 ～ 1893 年，第一卷，第一章："论应然"，第 1-84 页，重刊于齐美尔：《全集》（Gesamtausgabe），拉姆施代特（Otthein Rammstedt）编，共 24 卷，Frankfurt: Suhrkamp，第 1989 页及以下页；第三卷，克劳斯·孔克（Klaus Christian Köhnke）编，1989 年，第一章，第 1-84 页。凯尔森对齐美尔思想的继受，参见凯尔森：《国家法学》（注 2），第 4，7-8，13，20-21 页及其他各处；重刊于《凯尔森全集》第二卷（注 2），第 81，86-87，92，100-101 页及其他各处。

为实然的内容，作为自然科学或历史的组成部分，或者也能想象为义务，作为规范的内容，进而成为法律科学的对象。只因上述共同“基质”——自身为中立性，从抽象角度而言完全无法想象——才让事务的实际状态可以获得评价，而且尤其是能从法律上予以评判。[53]

因而，凯尔森认为，“事务的实际状态”（实然）能“从法律上予以评判”（应然）。该“基质”造就了既在实然世界又在应然世界的内容，使得从一个世界转换到另一个世界成为可能。

不过，上述观点有个问题，而且凯尔森可能在前引文中的斜体词部分也略微提及。[54] 问题在于“基质”仍旧是个神秘之物。凯尔森有他的同道中人。正是约翰·洛克在其《人类理解研究》中，同时提及实质（substance）或 *substratum*，然后同时提及我们对此的无知——如是两次。[55]

可能有一种错综复杂的解释方式。多年后，1940 年代早期，凯尔森引入“法律命题”（legal propositions /*Rechtssätze*）作为其“描

[53] 凯尔森:《主权问题》(注 13)，§ 24，第 99 页注释 1 。

[54] 凯尔森两年后又在其文章中引用了这几句话，参见“法科学与法”（Rechtswissenschaft und Recht），载《公法杂志》(Zeitschrift für öffentliches Recht)，3（1922 ～ 1923），第 103-235 页之第 211-212 页；而且，他还在最后一句加了强调的标注。

[55] 洛克写道:“预设（不知是何物）为那些我们从外面获得的简单思想的基础层的东西，其他预设为（同样不知是何物）那些我们自身内部经历过的操作的基础层的东西。”《人类理解研究》(An Essay Concerning Human Understanding)，首版于 1690 年，共两册，§ 5。关于洛克对此问题的研究，参见〔英〕埃德温·麦克曼（Edwin McMann):“洛克论实质”（Locke on Substance)，载《剑桥洛克指南之“关于人类理智的文集”》(The Cambridge Companion to Locke's Essay Concerning Human Understanding)，雷克斯·纽曼（Lex Newman）编，Cambridge: Cambridge U.P.，2007 年，第 157-191 页。

述”法律规范的方式[56]。伴随这一转变，凯尔森预料话语行为理论或语用论会在哲学中逐渐流行起来。为证明此点，理查德·黑尔（Richard Hare）在《道德语言》（1952）中引入的语言设备足资借鉴。其中，黑尔引入主要短语（*phrastic*），通常理解为动名词短语——例如“你关门”。[57] 相对于主要短语，黑尔又加入了说明词（*neustic*），在他的用法中大概意味着“点头同意”。黑尔接着将说明词作为区分陈述句（点头，如同说“你在关门”）和祈使句（点头，如同说“请关门”）。总之，对于任何可以想到的语外行为类型——做出陈述的行为或发出命令的行为——说明词均可简约表达[58]。相比而言，主要短语则是陈述句和祈使句的共同部分。黑尔的主要短语，或许会有人不同意，相当于凯尔森的基质——在凯尔森转变后，其陈述句式和祈使句式对应于其早期著作中的实然世界

[56] 法律命题（legal proposition）是新概念，但“法治国”的表述却一直存在。凯尔森在早期著作中经常将其用作“法律规范”的同义词，但有时作为他重构过的法律规范的代名词。譬如参见凯尔森：《法理导论》（注 36），§ 11（b），第 23-25 页。对法律命题的说明，参见凯尔森：“纯粹法理论与分析法理学”（The Pure Theory of Law and Analytical Jurisprudence），Harvard Law Review，55（1941 ～ 1942），第 44-70 页之第 51 页，再版参见凯尔森：“什么是正义？”，Berkeley and Los Angeles: University of California Press，1957 年，第 266-287 页之 268 页，第 390 页之注释。可确定的是，首次对法律命题学说的明确论述要等到他的第二版纯粹法学，参见凯尔森：《纯粹法学 2》（注 36），§ 16，第 73-77 页。

[57] 参见理查德·黑尔（Richard Hare）：《道德语言》（The Language of Morals），Oxford: Clarendon Press，1952 年，第二章，第 17-31 页。

[58] 众所周知，语外行为有多种类型（指令、陈述、要求、询问等）。我仅限于论证陈述类和指令类，因为正好分别直接用于说明实然世界和应然世界。关于语外行为，参见〔英〕约翰·兰肖·奥斯汀（J. L. Austin）：《如何以言行事》（How to Do Things with Words），Oxford: Clarendon Press，1961 年；〔美〕约翰·塞尔（John Searle）：《话语行为》（Speech Acts），Cambridge: Cambridge U.P.，1969 年；塞尔：《表达和意义》（Expression and Meaning），Cambridge: Cambridge U.P.，1979 年。

和应然世界。

诚然，这一切都预示了凯尔森的转变，从有时被称为规范的质素观念（hyletic conception of norms）——在其中为了应然世界而发展出一种规范本体论——转变到规范的表达性观念[59]，也即转变到上面论及的话语行为理论或语用论。抛开大量复杂的问题不论，笔者的重要观点是，上述转变确实在凯尔森的著作中发生了，法律命题的引入即为明证。

施米特也试图走出二元论的两难境地。但形成鲜明对照的是，凯尔森给出了论证，而施米特止步于空洞的主张。国家为其主要观点。如同《国家的价值》开篇暗示的那样，他写道："国家联系着思想的世界（*Gedankenwelt*）与真实经验现象的世界[60]。"他继续说，国家的"本质"就是"为这两个范畴建立联系[61]"，且"从规范和实际经验世界的并立关系而言，之所以引入国家乃在于它是从

---

[59]〔阿根廷〕卡洛斯·E. 阿克兰（Carlos E. Alchourrón）、欧亨尼奥·布柳金："规范的表达性观念"（The Expressive Conception of Norms），载《道义逻辑新探》（New Studies in Deontic Logic），里斯托·希尔皮嫩（Risto Hilpinen），Dordrecht: Reidel，1981年，第95-124页；重刊于《规范性与规范》（注25），第383-410页。魏因贝格尔或许是现在的规范逻辑学者中最著名的提倡者。对于此点，参见魏因贝格尔：《法理学中的逻辑分析》（Logische Analyse in der Jurisprudence），Berlin: Duncker & Humblot，1979年；魏因贝格尔：《规范与制度》（Norm und Institution），Vienna: Manz，1988年；Aus intellektuellem Gewissen. Aufsätze von Ota Weinberger, ed. Michael Fischer et al.（Berlin: Duncker & Humblot, 2000）, part I. 对阿克兰与布柳金的回应，参见魏因贝格尔："规范的表达性观念：规范逻辑的僵局"（The Expressive Conception of Norms: An Impasse for the Logic of Norms），载《法与哲学》（Law and Philosophy），4（1985），第165-198页之第165-191页，重刊于《规范性与规范》（注25），第411-432页。

[60]〔德〕施米特：《国家的价值》（注32），第2页。

[61] 同注，第38页。

一个世界到另一个世界的过渡点[62]”。因而，国家是“法律的框架”，且“完成法律的任务是其唯一意义[63]”。这一“使得国家依赖于法律”的“定义”丝毫未因“作为法律的唯一解释的国家自身融合了目的概念”，即法律本身作为目的的事实而改变[64]。由此，施米特继续说，每种国家均为法治国（*Rechtsstaat*）[65]。

凯尔森也提出相同主张：每个国家均为法治国，但理由不同[66]。斯蒂芬·霍尔姆斯（Stephen Holmes）可能希望让人相信凯尔森由此主张每个国家都表现为立宪主义。他写道，“凯尔森做出惊世骇俗的论断，认为即使纳粹政权也能视为法治国——法律规则至上的宪法国家[67]”。但凯尔森并未做出此类论断。霍尔姆斯归咎于凯尔森的论断实为他个人的臆测，这里面存在着误解。凯尔森明确区分了两种解读——法律与国家同一性的法治国以及日常所理解的法治国。当凯尔森说每个国家均为法治国时，他指的是第一种解读[68]。

---

[62] 同注，第 52 页。

[63] 同上。

[64] 同注，第 53 页。

[65] 同注，第 53 页，“因此，没有不是法治国的国家”。

[66] 正如凯尔森所写：“试图将国家合法化为法治国完全不合适，因为每个国家必须是法治国——只要将‘法治国’理解为具备法律体系的国家。任何国家不可能当前没有或未曾有法律体系，因为每个国家仅仅是法律体系（这并非任何类型的政治价值判断）。当然，不能将法治国的概念与具有特定内容（如包含个人自由、机关运行合法性保障、民主立法方式等特定制度的法律体系）的法律体系概念混为一谈。”凯尔森，LT（注 36），§ 48（e）（at 105）（引号和括号内容都为原文所加）。

[67]〔美〕斯蒂芬·霍尔莫斯（Stephen Holmes）：《汉斯·凯尔森》，载《民主的百科全书》，塞穆尔·李普塞特（Seymour Martin Lipset）编，四卷本，London: Routledge，1995 年，第二卷，第 697-699 页之第 698 页。

[68] 参见注 66 的引文。

丹麦的重要法哲学家阿尔夫·罗斯（Alf Ross，1899 ～ 1979）在 1933 年的主要作品中[69]对凯尔森弥补实然与应然之间的鸿沟的努力提出了有力的反驳。有证据表明，罗斯的批评并不适用于转变后的 1941 年的凯尔森，但显然可适用于早期的凯尔森及施米特，强调了施米特以国家作为弥补应然世界与实然世界之间鸿沟的桥梁有很大的困难。罗斯的论证前提如下。在二元论中，应然世界与实然世界已然穷尽了全部领域，但两者完全不同。因此，两个世界之外不存在“第三个世界”（按排中律），而且，两个世界不会共享任何元素，不可能存在联系两者的“共同元素”。

从罗斯的批评观点出发，可对施米特回应该问题而提出的推定联系，即国家加以评价。国家要么是事实世界的组成部分，要么是规范世界的组成部分。它始终在其中一个世界或另一个世界，所以无法成为两个世界的联系纽带。或者换言之，将国家视为两个世界之外的东西。不过，这样等同于引入第三个世界，同应然世界和实然世界涵盖全部领域的假设相悖。总之，所有施米特关于国家联结应然与实然、法律与自然世界的观点都引发如下问题：国家如何成为法律与自然世界的所需要的联结点？施米特对此没有答案。诚然，施米特的著作有重大转变——某种意义上最初发生在 1916 年，到

[69]〔丹〕阿尔夫·罗斯（Alf Ross）:《所谓实践认知的批判》（Kritik der sogenannten praktischen Erkenntnis），Copenhagen: Leven & Munksgaard 以及 Leipzig: Felix Meiner，1933 年，第Ⅲ章，§ 2，第 33-53 页之第 52-53 页。另参见亨德里克·霍莫斯（Hendrik J. van Eikema Hommes）:“汉斯·凯尔森法律规范概念的发展”（The Development of Hans Kelsen’s Concept of Legal Norm），载《凯尔森理论中的法律体系与社会基础》（Rechtssystem and gesellschaftliche Basis bei Hans Kelsen），克拉维茨（Werner Krawietz）、谢尔斯基（Helmut Schelsky）编，《法律理论（副刊）》（Rechtstheorie Beiheft），第 5 期，Berlin: Duncker & Humblot，1984 年，第 159-178 页之第 171-172 页。

1922年则无论在重点还是态度上都明确坚定地发生了转变[70]。这之后，二元论从其推理中销声匿迹。

关于应然和实然，到此为止。施米特与凯尔森在1914年的相似点还有第二方面背景的体现，即专属于凯尔森的“归责点”（*Zurechnungspunkte*）学说，施米特在《国家的价值》中有若干要点涉及此[71]。虽然该学说在该书中无重大意义，但在凯尔森的早期著作中发挥了尤其显著的作用[72]。施米特在1914年的著作中以友好姿态接收该学说，这让人进而注意到另一面——施米特当时乐于接受凯尔森法哲学中的一些观点。八年后，施米特在《政治神学》中再次采纳凯尔森的“归责点”学说。但这一次，施米特手头的这一学说对凯尔森立场发起了严厉批评。

对归责，不同于“归责点”的一般性说明，经常见诸于道德和法律领域，首要的则是在康德那里[73]。在《法学形而上学原理》中，个体在道德上应对可归属于他的行为负责，同样，在法律的背景下亦然。如果可被视为法律所规定的行为类型的某一事实构成以合乎法律的方式归属或归责到某个个体，那么，这一个体就被认为是法律上负有义务。[74] 到目前为止，这一说法依然有效。

凯尔森走得更远，从人——人类——转变到规范层次，其中

---

[70] 参见注31。

[71]〔德〕施米特:《国家的价值》(注32)，第4，99页。

[72] 参见〔美〕鲍尔森:“被证立的规范性”（注2)，第102-106页。

[73]〔德〕康德:《道德形而上学导论》(Einleitung in die Metaphysik der Sitten)，载《康德全集》，皇家科学院编，第六卷，第211-228页；英文版：Metaphysical Elements of Justice(《法学形而上学导论》)，约翰·拉德（John Ladd）译，第二版，Indianapolis: Hackett，1999年，第7-24页。

[74] 参见〔德〕康德:《道德形而上学导论》(注73)，第227页；英文版（注73)，第21页。

“规范”的旗帜遍布应然世界的实体。

> 如从法律角度而言，将特定自然人的特定行为不视为他们的行为而视为与他们不同的另一人的行为的话，则构成特殊的归责情形。从某些人的行为得出的事实构成未归责于这些人本身，而是归责于另一人。然而，在另一种人类那里未发现归责点。可以说，归责是从物理行为人和行为人意志的心理行为开始展开，未在另一自然人那里终止，譬如与未成年人或雇员造成的损害相关的责任由父亲或雇主承担。在现有案例中，归责的各个方面统一到外在于每个物理主体的共同概念点上[75]。

何谓“共同概念点”？在引文的第一句和第二句，凯尔森提及“另一人”，他根本不是人类。毋宁说，他想着的是法律子系统（*Teilrechtsordnung*），如自治政府。特定人的行为归责于法律子系统——自治政府。作为法律立场或“归责点”集合的子系统成为归责的对象，依次纳入处于更为基础的法律子系统。最终，代表某个法律子系统的归责点链接到更大的法律系统——作为法律秩序的国家，即归责达致的终点，居于每个物理主体之上的“共同概念点”。

以上是凯尔森对其学说的精心阐释，但在其之后的著作中，凯尔森放弃了大部分观点，取而代之的是“边缘归责”，并将之与某

[75]〔奥〕凯尔森：《国家法学》（注 2），第 183 页；重刊于《凯尔森全集》第二卷（注 2），第 293-294 页。在第一行引文中，凯尔森论及“自然人”，在其著作《国家法学的主要问题》中，又提到“一个动物学—心理学意义上的人”，参见凯尔森：《国家法学》（注 2），第 145 页；重刊于《凯尔森文集》第二卷（注 2），第 251 页。不过，之后“自然人”以法人的一个种类而出现，参见凯尔森：《法理导论》（注 36），§ 25（a），第 48 页。

些其他学说相联系[76]。不过当下的语境让我们看到的是凯尔森的早期著作，而施米特则追随凯尔森，在其《国家的价值》中数次引入“归责点”学说。譬如：

> 一个时代当它表现得既可疑又精确的时候，不可能同时标榜自身为个性化时代……若谈及个性化，则在于对这样一个主题加以定义，即断言个性化乃是一个为了按照规范进行评价的归责点。[77]

个性化就是归责点。若是考虑到“按规范进行评估[78]”，个性化就降格到理想世界——应然世界。诚然，施米特所从事的并非凯尔森的将行为归责于法律子系统、最终归责于国家的事业。但施米特著作中的“归责点”同凯尔森对该概念的理解毫无二致；两个思想家均诉诸应然世界中的归责。

弗朗兹·维尔（Franz Weyr）在评论《国家的价值》时指出，凯尔森和施米特各自的研究在结果上是一致的，即均“不知所云”。[79] 维尔（1879～1951）是凯尔森所在的维也纳法理学派的

---

[76] 特别是，边缘归责（peripheral imputation）与成熟的授权学说和基础规范已在很大程度上取代了原始学说（现在称为“中心归责”）及相关的“归责点”学说，参见注75的文本以及下注95-100。参见鲍尔森：“被证立的规范性”（注2），第106-109页。

[77]〔德〕施米特：《国家的价值》（注32），第4页。

[78] 参见同上注，第99页；另参见亚特内尔：“法律规范与国家权力”（注33），第482页。

[79]〔奥〕弗朗兹·维尔（Franz Weyr）：“评卡尔·施米特之《国家的价值与个体的意义》”[review of Carl Schmitt, Der Wert des Staates und die Bedeutung des Einzelnen（1914）]，载《奥地利公法期刊》（Österreichische Zeitschrift für öffentliches Recht），1（1914），第578-581页之第579页。关于维尔的评论和施米特随后回应的重要性的更多内容，参见注31。

姊妹学派布尔诺法理学派（Brno School of Legal Theory）的领军人物[80]，1914年的时候，他是凯尔森著作专家。他深受凯尔森的影响，以三种语言研究凯尔森主义著作[81]。于是便可理解，维尔为何在之后的作品中老是想着找到凯尔森与施米特间的类似点。而且，维尔乐于接受这一事实，正如他那时所觉察到的，“凯尔森所开创的方向在行业内的其他作者那里有着广泛支持”[82]。

至此，笔者考察了施米特早期著作与凯尔森的相似之处，特别是施米特1914年的著作《国家的价值》中的相似性。此外，这种相似性还体现在施米特于1916年对尤利乌斯·宾德（Julius Binder）的《法概念与法理念》（1915）[83]的评论中。宾德在其早期著作中以新康德主义者形象示人[84]，其著作对鲁道夫·施塔姆勒（Rudolf

[80] 关于〔奥〕布尔诺学派，参见《布尔诺法理学派》（Die Brünner rechtstheoretische Schule），弗拉基米尔·库柏斯（Vladimír Kubeš）、魏因贝格尔编，Vienna: Manz，1980年。

[81] 关于维尔用德语和法语写就的法理论文选集，参见《33篇研究纯粹法学的论文》（33 Beiträge zur Reinen Rechtslehre），鲁道夫·梅达尔（Rudolf Aladár Métall），Vienna: Europaverlag，1974年。维尔的主要作品以及三卷本的自传是以捷克语写成出版。

[82] 维尔：“评卡尔·施米特”（注79），第579页。

[83]〔德〕卡尔·施米特：“评朱利叶斯·宾德之《法概念与法理念》”（review of Julius Binder, Rechtsbegriff und Rechtsidee），Leipzig: A. Deichert，1915年，载《立法与法学的批判性季刊》（Kritische Vierteljahresschrift für Gesetzgebung und Rechtswissenschaft），53（第三系列第17卷），1916年，第431-440页。

[84] 参见〔德〕拉尔夫·德莱尔（Ralf Dreier）：“尤利乌斯·宾德（1870～1939）——王朝帝国到国家社会主义之间的法学家”［Julius Binder（1870～1939）. Ein Rechtsphilosoph zwischen Kaiserreich und Nationalsozialismus］，载鲁兹主编：《哥廷根的法律科学》（Rechtswissenschaft in Göttingen），Göttingen: Vandenhoeck & Ruprecht，1987年，第435-455页；重刊于拉尔夫·德莱尔：《法、国家、理性》（Recht-Staat-Vernunft），Frankfurt: Suhrkamp，1991年，第142-167页。

Stammler)《法律科学理论》(1911)[85]一文作了持续批判。施塔姆勒是整整一代法学理论家、哲学家和社会理论家的替罪羊，包括凯尔森、赫尔曼·康托洛维茨（Hermann Kantorowicz)、赫尔曼·柯亨（Hermann Cohen)、马克斯·韦伯和格奥尔格·齐美尔，宾德亦逃不出此列。特别有趣的是，施米特在评论中的论证首先采用施塔姆勒的立场，之后采用宾德的立场，简直就是内在的批评，即在其所批评对象的框架内衍生的批评。施塔姆勒和宾德的观点属于先验哲学——康德和新康德主义者。施米特从先验观点出发，认为施塔姆勒“糅合了形式和经验心理元素”[86],由此削弱了其法哲学的表面上的先验维度。施米特认为，宾德对法律的事实层次与先验层次的区分，仅仅是定义，结果是法律规范表面的“构成性含义”消失殆尽[87]。施米特随后说，就此点而言，凯尔森的观点更可取。

> 宾德对康德主义哲学的公开拥护以及采纳自然科学和人文科学的区分——同（比如）凯尔森坚定地将作为规范科学的法学与阐释学予以并立而言——无重大实际意义[88]。

这些论述充分表明，施米特乐于接受凯尔森观点的态度。可惜共同点是短暂的。到1922年，施米特在其《政治神学》中对凯尔森给予冷峻的批评，对自己在《国家的价值》一书中采纳部分凯尔

[85]〔德〕施塔姆勒（Rudolf Stammler):《法律科学的理论》(Theorie der Rechtswissenschaft), Halle: Waisenhaus，1911年。

[86] 施米特:“评朱利叶斯·宾德”(注83)，第434页。

[87] 同上注，第437页。

[88] 同上注。

森主义观点大加挞伐。

三、施米特从1922年转向批评凯尔森

在《政治神学》(1922)这本书还不算是施米特有关凯尔森的最有意义的批判中，施米特指出了两个紧密相关的问题：第一，明显突出了主权问题；第二，作为主权问题的一个方面的凯尔森的“归责点”。前一个突出主权问题无甚新意，因为施米特的论证苍白无力。不过，当施米特转向“归责点”时，他的批评异常有效，这与他在《国家的价值》中对“归责点”的默许背书形成鲜明对照。笔者从第一个问题开始，简要地谈谈施米特对凯尔森主权的批评。

施米特将该问题表述为“现实强力”如何成为“最高的法律权力”,一个英语学圈熟悉的作为主权基本问题的命题[89]。施米特声称，凯尔森抛出所谓“简化解决方案”[90],该解决方案造成了社会学与法学的“对立”。

> 有关实然与应然、因果关系与规范关系的陈旧的并立……

[89] 参见〔英〕布莱斯（James Bryce):《历史和法理学研究》(Studies in History and Jurisprudence)，两卷本，Oxford: Clarendon Press，1901年，第二卷，第十章(第51-111页)。在该著作中，布莱斯区分了法律上的主权和实践中的主权。同样的区分在戴雪的著作中也很明显，参见〔英〕戴雪（A.V. Dicey):《英宪精义》(Introduction to the Study of the Law of the Constitution)，首版于1885年，London: Macmillan，第八版1915年，第一章(第68-82页)，第14章(第424-434页)。

[90] 此处的表达相对而言“更加简化”，是“简化的解决方案”，而非如英语翻译的那样“简单的解决方案”。参见施米特:《政治的概念1922》(注8)，第20页;《政治的概念1934》(注8)，第27页；英文版(注18)，第18页。

再次造成社会学与法学的对立[91]。

施米特直陈结论，凯尔森的上述立场就是对主权问题的“否定”[92]。这一批评在笔者看来作用不大。凯尔森摒弃了有关主权的一切自然主义观点，相应引入以宪法规范和包含潜在的以逻辑—司法宪法或基本规范为代表的规范性内容。可以说，一系列法律规范拆散了主权，而凯尔森对“更大宪法”（*Gesamtverfassung*）[93]以及宪法审查[94]所赋予的任务加深了凯尔森观点的复杂性。因此，凯尔森识别主权的方式与施米特截然不同。诚然，施米特以“现实强力”与“最高的法律权力”的对立为名提出的主权问题确实存在。但该问题存在于事物本性之中；制度上的安排固然可消除其产生的影响，但却无法解决这一问题。

施米特在《政治神学》第二章及第三章针对上述提出的不同批判，不禁让人回想起归责和埃德蒙·贝恩纳齐克（Edmund Bernatzik）描述的关于国家的“自我设定”的观点。施米特先是设问，是什么产生凯尔森理论中的国家呢？进而代表凯尔森回答说，是凯尔森思想中的归责点学说：

[91] 同上注。

[92]〔德〕施米特:《政治的概念 1922》（注 8），第 22 页;《政治的概念 1934》（注 8），第 31 页；英文版（注 18），第 21 页。

[93] 参见〔奥〕凯尔森:“联邦执行权”（Die Bundesexekution），载《弗利兹 60 华诞祝寿文集》（Festgabe für Fritz Fleiner zum 60. Geburtstag），贾科梅蒂（Zaccaria Giacometti）、辛德勒（Dietrich Schindler）编，Tübingen: J.C.B. Mohr，1927 年，第 127-187 页之第 128-143 页。

[94] 参见本文第四部分。

国家即法律秩序，是一种归责秩序，（引导）到最终归责点及最终的基础规范[95]。

这一引述反映了凯尔森著名的法律和国家同一说。

施米特对凯尔森哲学提出激烈批评，引起埃德蒙·贝尔纳齐克的关注，促生了“自我设定”的规范体系思想。在《政治神学》[96]第一章末尾前后暗示地表达了“规范或（规范）体系‘自我设定’”的思想。虽然施米特在该书这一部分实际上处理的是另外一个主题，但出现的问题是，作为最终归责点的国家如何“自我设定”。在第二章，施米特再次回到“归责问题”，对凯尔森的观点勾勒一番：

从法律角度而言，既不存在自然人，也不存在法人，唯有归责点。国家是最终归责点[97]。

最后，在《政治神学》第三章，施米特采取了可谓是自助运作的方式（bootstrap operation），直接转向凯尔森以前的维也纳顾问贝恩纳齐克[98]，施米特引述贝氏的话写道：

[95]〔德〕施米特:《政治的概念 1922》（注 8），第 21 页;《政治的概念 1934》（注 8），第 28 页；英文版（注 18），第 19 页。

[96]〔德〕施米特:《政治的概念 1922》（注 8），第 14 页;《政治的概念 1934》（注 8），第 21 页；英文版（注 18），第 14 页。

[97] 参见注 95。

[98] 凯尔森在其自传中提到贝恩纳齐克，参见凯尔森:《自传 1947》（注 22），第 37，40，43-44，54，57 页。

> 这就在于法律权能的概念，它的渊源——国家法律体系——必然设定自身为一切法律的主体，因而作为一个法人。[99]

这一施米特推定属于凯尔森的主张，带来了令施米特认为具有雄辩力的反问，比如：国家如何“自我设定”？当然国家不能自我设定，自助运作方式便毫无意义。而且，施米特清晰地看到凯尔森作品中从归责（以“归属点”为代表）到基本规范的转变[100]。施米特关于“自助运作方式毫无意义”的批评延续到基础规范：基础规范如何令国家“自我设定”？关于基础规范学说究竟走向何方，并未形成共识[101]——至今都没有，何况1922年。因此，施米特的批评一直是对该观点进一步发展的重大阻碍。

走笔至此，笔者将在第四部分转向导致1920年10月奥地利联邦宪法起草的学术发展相关附记，特别关注凯尔森的贡献——尤其是关于宪法性质和对集中式宪法审查的辩护方面[102]，这是凯尔森明确参与的奥地利联邦宪法的制度实践。这一实践在凯尔森时代是

[99]〔奥〕贝恩纳齐克（Edmund Bernatzik）：“关于法人以及机关的法人性人格的批判性研究 ”（Kritische Studien über den Begriff der juristischen Person und über die juristische Persönlichkeit der Behörden），载《公法文丛》（Archiv des öffentlichen Rechts），5（1890），第169-318页之第244页。转引自施米特：《政治的概念1922》（注8），第39页；《政治的概念1934》（注8），第53页；英文版（注8），第40页。

[100] 参见注76。

[101] 参见鲍尔森：“有一个被证立的规范性命题吗？”（注2），第85-87页。

[102] 同集中式宪法审查与分散式宪法审查区分相关的权威文献，参见〔美〕卡贝拉蒂（Mauro Cappelletti）：《当代世界司法审查》（Judicial Review in the Contemporary World），Indianapolis: Bobbs-Merrill，1971年，特别是第三章，第45-68页。在实施集中式宪法诉讼的国家里，单一的“宪法法院”有权审理宪法案件，普通管辖权法院将宪法案件提交宪法法院处理。在实施分散式宪法诉讼的国家里，普通管辖权法院享有宪法审查权。

一个全新的事物[103]。它在凯尔森与施米特的论战中起着特别的作用，因为凯尔森将集中式宪法审查作为宪法守护者的候选人。附记是独立的，含有一系列历史资料。

[103] 若“全新”的主张并非指集中式宪法审查实践，而是指奥地利宪法法院的话，这并不完全准确。因为虽然关于奥地利宪法法院是世界上最早的同类法院的说法流传甚广，但学界有人指出，捷克宪法法院于 1920 年 2 月 29 日按捷克宪法设立，它比奥地利法院早了数月。参见〔奥〕哈勒（Herbert Haller）:《法律审查》（Die Prüfung von Gesetzen），Vienna: Springer，1979 年，第 30-33，61-67 页;〔奥〕厄灵格（Theo Öhlinger）:“奥地利宪法法院模式的形成与发展”，载《面临新挑战的法治国》（“Die Entstehung und Entfaltung des österreichischen Modells der Verfassungsgerichtsbarkeit），载《法治国的九个挑战》（Der Rechtsstaat vor neuen Herausforderungen. Festschrift für Ludwig Adamovich zum 70. Geburtstag），B. –Ch. 冯克（B.-Ch. Funk）等编，Vienna: Verlag Österreich，2002 年，第 581-600 页之第 583-585 页。而奥地利人反驳说，捷克法院在 1920 ～ 1939 年期间基本上未运行。参见〔德〕亚纳·奥斯特坎普（Jana Osterkamp）:《捷克斯洛伐克的宪法诉讼（1920 ～ 1939）》[Verfassungsgerichtsbarkeit in der Tschechoslowakei（1920 ～ 1939）]，Frankfurt: Klostermann，2009 年。欧洲的宪法审查理论来源于罗伯特·莫尔（Robert von Mohl）的杰出著作。莫尔在其主要著作《美利坚共和国的联邦国家法》[Das Bundes-Staatsrecht der Vereinigten Staaten von Nord-Amerika，Stuttgart and Tübingen: Cotta，1824 年] 中，赞同美国逐步形成的集中宪法审查体系，据此最高法院——最终普通管辖权的所有法院（包括联邦法院和州法院）——获得在案件审理中“搁置”法院认定违反宪法的制定法条文。参见前文，第 298 页。在 19 世纪中叶的德国，1848 年大革命产生新的德国联邦宪法草案，即 1848 ～ 1849 年法兰克福宪法或保罗教堂宪法。1848 年 3 月 30 日，国民议会在法兰克福召开会议，旨在制定新的德国联邦宪法。同年五月，国民议会选举 30 个人组成起草委员会。在委员会工作基础上形成的宪法共 197 条，包括 125 ～ 129 条中规定设立拥有广泛宪法审查权的帝国法院（Reichsgericht），但该法院无疾而终。参见〔德〕汉斯·约阿希姆·法勒（Hans Joachim Faller）:“法兰克福帝国宪法的可诉性”（Die Verfassungsgerichtsbarkeit in der Frankfurter Reichsverfassung vom 28. März 1849），载《人之尊严与自由法秩序——盖格尔纪念文集》（Menschenwürde und freiheitliche Rechtsordnung. Festschrift Willi Geiger），Tübingen: J.C.B. Mohr，1974 年，第 827-866 页;〔德〕库纳（Jörg-Detlef Kühne）:《保罗帝国宪法》（Die Reichsverfassung der Paulskirche），Frankfurt: A. Metzner，1985 年。在奥地利宪法法院建立的 35 年前，作为世纪之交公法学界的执牛耳者格奥尔格·耶利内克（1851 ～ 1911）写下一篇短论“论奥地利宪法法院”（Ein Verfassungsgericht für Österreich），Vienna: A. Holder，1885 年。

四、附记：作为宪法制定者的汉斯·凯尔森

1.《战后临时宪法》

奥匈帝国 1918 年垮台。弗朗兹·约瑟夫（Franz Joseph）死后，卡尔·弗朗兹 1916 年登基称帝，他在 1918 年 10 月 16 日为拯救旧秩序做出最后努力。他正式宣布，帝国的奥地利部分建立联邦国家，“其中每个民族可在联邦国家中其自身区域内建立自身共同体（*Gemeinwesen*）[104]”，实际即为联邦的民族成员国。但皇帝已无力回天。帝国的非德语民族已在建立独立国家，推动帝国的德语区域于 1918 年 10 月 21 日成立独立德意志奥地利国临时国民大会（*die provisorische Nationalversammlung des selbständigen deutschösterreichischen Staates*）[105]。九天后的 1918 年 10 月 30 日，临时国民大会宣布帝国的德语区域的权力由其接管。正如战后时期人们所知道的那样，这一重大步骤标志着战后奥地利国家“德奥帝国”（*Deutschösterreich*）的成立。

德奥帝国宪法有时被称为“临时宪法”，并非一个单一文件，

[104]《国王的公开声明》（Kaiserliches Manifest），1918 年 10 月 16 日，载《维也纳报》（Wiener Zeitung），第 240 号（专刊），1918 年 10 月 17 日，转引自〔奥〕罗伯特·瓦尔特（Robert Walter）、〔奥〕海因茨·梅耶尔（Heinz Mayer）:《奥地利联邦宪法法概论》（Grundriß des österreichischen Bundesverfassungsrechts），第七版，Vienna: Manz，1992 年，第 23 页。

[105] 参见〔奥〕凯尔森:“德意志—奥地利宪法”（Die Verfassung Deutschösterreichs），《当代公法年鉴》（Jahrbuch des öffentlichen Rechts der Gegenwart），9（1920），第 245-290 页之第 245-246 页；凯尔森:《奥地利国家法》（Österreichisches Staatsrecht），Tübingen: J.C.B. Mohr，1923 年，第 74-76 页。

而是包括临时国民大会通过、并纳入法令的一系列决议。其中包括1918年10月30日的基本决议及1918年11月12日关于临时国民大会宣布该国实施共和制政府的决议。

2. 1920年10月1日奥地利联邦宪法的制定背景

临时国民大会直到1919年春天才着手制定全面的奥地利宪法的中心任务。自1918年11月起担任总理卡尔·伦纳（Karl Renner）的法律顾问的凯尔森，此时被伦纳要求起草新的联邦宪法。照凯尔森自己的话：

> 1919年5月，我收到总理发出的关于以我之前的初步研究和准备为基础起草联邦宪法的指令。1919年夏，在总理办公室宪法部门的协助下，我完成了初稿，整个秋天补充其他若干版本，作为基本初稿的变通版本，也是考虑不同的政治选择需要。我的方针是尽力保留此前宪法中一切可用内容，尽可能保持宪法制度的延续性，将联邦主义纳入现行已验证可行的制度，并借鉴瑞士乃至新的德国（魏玛）宪法，当然要考虑不同的历史政治情况[106]。

凯尔森的这些话提纲挈领地把握住了自身任务，在宪法制定的

[106]〔奥〕凯尔森："德意志一奥地利宪法"，第236页；凯尔森：《奥地利国家法》（注105），第160-161页。

三个阶段他确实都是积极参与[107]。第一阶段以伦纳政府于 1919 年春夏进行的准备为标志。在此第一阶段，凯尔森完成了不少于五种版本的联邦宪法草案[108]，相互的差异反映出伦纳联盟政府各派别的不同立场。例如，在第一个版本中，凯尔森对联邦各州给予特别优厚待遇。而在第二个版本，他加强了联邦各州与联邦中央的联系，并插入最高条款（supremacy clause）。第五个版本与其他版本相比，凯尔森更多地借鉴了魏玛宪法[109]。第二阶段到了 1920 年春天，以与各联邦州的代表进行讨论为标志，后者试图控制进程但未如愿。凯尔森未出席在萨尔茨堡举行的各州会议，而是被要求以宪法专家身份参加在林茨举行的各州会议。会议讨论促使他与伦纳和其他人一道起草出另一个版本。最后，第三阶段为 1920 年夏秋，以议会各派别磋商为标志。在此阶段，凯尔森起草了折中社会民主党与基督教社会党观点的版本，将各方相应草案融合成单一文件，最终获得临时国民大会批准，成为 1920 年 10 月 1 日奥地利联邦宪法。

---

[107] 参见君特·沙夫贝克（Günther Schefbeck）:“1918 ～ 1920 年的宪法发展”（Verfassungs-entwicklung 1918 ～ 1920），载《联邦宪法 75 周年》（75 Jahre Bundesverfassung. Festschrift aus Anlaß des 75. Jahrestages der Beschlußfassung über das Bundes-Verfassungsgesetz），《奥地利议会协会》（Österreichische Parlamentarische Gesellschaft）编，Vienna: Österreichische Staatsdruckerei，1995 年，第 53-107 页之第 88-107 页；厄灵格:“奥地利宪法诉讼模式的形成与拓展”（注 103）；特奥·厄灵格:“奥地利宪法审查模式的谱系”（The Genesis of the Austrian Model of Constitutional Review of Legislation），载《法理杂志》（Ratio Juris），16（2003），第 206-222 页。

[108] 参见〔奥〕施密茨（Georg Schmitz）:《汉斯·凯尔森为奥地利联邦宪法起草的草案》（Die Vorentwürfe Hans Kelsens für die österreichische Bundesverfassung），Vienna: Manz，1981 年。

[109] 特别是“联邦政府的行政机关”和“基本权利义务”等最初条款分别反映了魏玛宪法中关于“帝国行政机关”（第 78 ～ 101 条）与“基本权利义务”（第 109-165 条）的规定，参见施密茨（Schmitz）:《草稿》（Vorentwürfe），（注 108），第 58 页。

3. 奥地利宪法法院

凯尔森多年后回忆道，在他 1920 年的宪法工作中，第 137 条至第 148 条的宪法审查条款对他而言最为重要[110]。宪法法院的审查权在一定意义上类似于此前的帝国法院（*Reichsgericht*）或帝国高等法院,在一定意义上却又是全新的[111]。笔者姑且不论审查权对此前的帝国法院的传承，仅阐述新引入的审查权的详细情况[112]。

在新条款中尤为重要的当属第 139 条和第 140 条。第 139 条授予宪法法院应下级法院的申请，就其对联邦或各州颁布的法令之合法性的责难进行审查的权力。第 140 条授予宪法法院应联邦政府的申请就对州法律的合宪性的责难进行审查、应州政府的申请就对联邦法律的合宪性的责难进行审查的权力。如州法律或联邦法律被宪法法院判决违宪而废除，则相关州长官或联邦总理应立即颁布废除公告。如宪法法院本身未设定废除的执行日期，则执行日期不超过废除公告日期后六个月。只要在法院案件中有必要认定某项法令的合宪性，则法院还有权依职权（即主动）对地方或联邦法令的

[110]〔奥〕凯尔森:《奥地利广播电台访问记录》(Wiedergabe einer Sendung des österreichischen Rundfunks)，载《纪念汉斯 · 凯尔森》，瓦尔特 · 安东尼奥里（Walter Antoniolli）等编，Vienna: Europa Verlag，1974 年，第 50 页。

[111] 参见〔奥〕凯尔森:《奥地利宪法》(注 106)，第 263-267 页；凯尔森、弗奥里西（Georg Froehlich）、梅克尔（Adolf Julius Merkl）:《1920 年 10 月 1 日之联邦宪法》(Die Bundesverfassung vom 1. Oktober 1920)，Vienna: Deuticke，1922 年，第 249-284 页。

[112] 参见〔奥〕凯尔森、弗奥里西、梅克尔:《联邦宪法》(注 111)，第 46-49 页。这一对宪法法院权力的不完全概述来自 1920 年 10 月 1 日的奥地利联邦宪法原初版本。对今天宪法法院权力的完整概述参见特奥 · 厄林格（Theo Öhlinger）:《宪法法》(Verfassungsrecht)，第八版，Vienna: Facultas.WUV，2009 年，第 XI 章，§ 2，第 456-493 页。

合宪性做出裁决。在凯尔森看来，第 140 条授予宪法法院的权力尤为重要，它可算是“(宪法法院)作为宪法守护者这一功能的最高峰”。[113]

笔者就此应该返回到宪法审查，看看凯尔森在论证宪法守护者方面的努力。但在此之前还是让笔者简短地考察下凯尔森的实证宪法概念。

4. 凯尔森的实定宪法概念 [114]

凯尔森探究宪法概念时，存在法律层级学说（*Stufenbaulehre*）的预设，据此“法律调整自身的创造”[115]。这也就是说，规范调整着另一法律规范的制定过程，而且该思想适用于法律层级中的上下各级规范。这属于动态法律概念，一种就法律如何制定来界定的特性[116]。动态法律概念使得法律制定与法律执行的区别相对模糊，进而使得不同种类的法律的地位差别也相对化。尤其是，作为 19 世纪后期欧洲制定法实证主义（*Gesetzespositivismus*）的支撑性标准

[113]〔奥〕凯尔森:《奥地利宪法》(注 106)，第 264 页。

[114] 关于这一主题，参见阿列克西:“凯尔森的宪法概念”(注 11)。

[115] 参见〔奥〕凯尔森:《一般国家学》(注 12)，§ § 32-36，第 229-255 页；凯尔森:《法理导论》(注 36)，§ 31，第 63-75 页；凯尔森:《纯粹法学 2》(注 36)，§ 35，第 228-282 页。法律层级学说原创自梅克尔（Adolf Julius Merkl），关于他对这一学说最后的全面陈述，参见梅克尔:“法律层级理论导言”(Prolegomena einer Theorie des rechtlichen Stufenbaues)，载《社会、国家与法——对纯粹法学的研究》(Gesellschaft, Staat und Recht. Untersuchungen zur Reinen Rechtslehre)，阿尔弗雷德·福尔德罗斯(Alfred Verdross)编，Vienna: Springer，1931 年，第 252-294 页；重刊于梅克尔:《全集》(Gesammelte Schriften)，六卷本，德罗提亚·迈耶 - 马莱(Dorothea Mayer-Maly)等编，Berlin: Duncker & Humblot，1993 ～ 2009 年，第一卷，1993 年，第 437-492 页。

[116] 譬如参见〔奥〕凯尔森:《法理导论》(注 36)，§ 43，第 91 页。

的立法，也丧失了特权地位。

凯尔森论证道，只有通过“层级理论”的优点，才能切入宪法概念的内涵[117]。因为宪法担当的是根本性的制定法规则——更精确地说，是一套根本性制定法规则，它决定立法的机关和程序，制定出的法律依次填充入层级中的各级。凯尔森认为“原始”概念的宪法最重要的是权力分配。他说：

> （宪法）是决定法令即一般性规范的创制规则，对这些法令的执行即为国家机关，尤其是法院和行政官员的活动。这种创制法律规范的规则首先塑造的是国家体系决定立法的机关和程序——此乃实际、原始和狭义的宪法概念[118]。

这样，我们就有了“实际、原始和狭义的宪法概念”，即作为法律权力分配方式的宪法。

宪法的广义概念除包括有关立法权力和程序的规范外，还包括一系列基本权利[119]。凯尔森写道：

---

[117] 特别参见〔奥〕凯尔森：“国事诉讼的本质与发展”（Wesen und Entwicklung der Staatsgerichtsbarkeit），载《德国国家法学者协会会刊》，5（1929）（以下简称：国事诉讼），第30-88页之第69页；重刊于《维也纳法理学派》（Wiener rechtstheoretische Schule），汉斯·克莱卡斯基（Hans Klecatsky）等编，两卷本，Vienna: Europa Verlag，1968年（以下简称：维也纳法学派），第二卷，第1813-1871页之第1852页。该文是凯尔森在德国公法教师协会1928年在维也纳举办的协会大会上作的报告。

[118]〔奥〕凯尔森：“国事诉讼”（注117），第36页；重刊于《维也纳法理学派》（注117），第1819页。

[119]〔奥〕凯尔森：“国事诉讼”（注117），第37页；重刊于《维也纳法理学派》（注117），第1820页。

> 如果在实定法中有与制定法形式不同的特定宪法形式，则完全可使用此种形式，即使相应规范不符合宪法狭义概念，尤其是不决定法令的制定却决定法令的内容规范。由此就形成广义的宪法概念。在这种定义下，现代宪法既包括处理立法机关和程序的规范，又包括系列基本权利[120]。

凯尔森就此提及公民在法律上的平等、言论自由、信仰自由及财产不可侵犯[121]。凯尔森认为，基本权利与自由是对法律权力行使范围和方式的特定限制[122]。

5. 凯尔森论“合法性”与宪法审查的正当性

凯尔森如何证立由广泛审查权汇集成的集中式宪法审查的正当性呢？幸亏有凯尔森在维也纳以及随后在科隆写的若干关键论文[123]，我们可借此对他的解释和抗辩略知一二。他写道，宪法审查“对宪法起司法保护”的作用。换言之，它是旨在保障政府以法律之名履行职权时的“合法性”或“合宪性”的一系列司法技术手段

[120]〔奥〕凯尔森：“国事诉讼”（注 117），第 37 页；重刊于《维也纳法理学派》（注 117），第 1819-1820 页。

[121] 在同一论文的其他地方，凯尔森表达了对“‘正义’‘自由’‘平等’‘公平’‘道德’及类似的理念是否可从法律上予以解释”的怀疑。他说，特别是这些所谓的“准则”或“开口条款”（open-ended clauses）仅代表“典型政治意识形态而已”。参见凯尔森：“国事诉讼”（注 117），第 69 页；重刊于《凯尔森全集》第二卷（注 117），第 1852 页。

[122] 哈特的观点与之相似，这很可能反映了凯尔森对哈特的影响，参见哈特：《法律的概念》，第二版，Oxford: Clarendon Press，1994 年，第 69-70 页及其他各处。

[123] 参见注 117，134。

之一[124]。

显然，合法性问题（*Rechtsmäßigkeit*）是确保法律执行与所适用的法律一致的问题。就宪法而言，则是宪法以（例如）制定法形式来执行同宪法本身是否一致的问题。合法性问题还可通过法律层级说对之予以重述，法律层级说并不认为法律制定与法律执行相互对立，而是将其视为“法律制定过程中的两个层次，其中一个同另一个属于下级和上级的关系”[125]。照此重塑后，合法性便不过是规范层级结构中较低层次与较高层次之间的“对应关系”。

这一思想可使得合法性达致最大程度，将主观专断降至最低。这里有两个预设需要加以说明：首先，预设宪法为具有约束力的法律，而非仅仅是一系列目标；其次，规范层级结构区分了宪法与制定法，将其视为不同类型的法，由此，通过运用著名格言“上位阶法废除下位阶法”（*lex superior derogat legi priori*）可以识别法，也即宪法的“高级性”及优先性。有了上述机制，凯尔森认为，设立宪法法院比不设立宪法法院更能提高合法性。更精确地说，证立某个观点须借助独立于该观点的东西来完成。宪法法院独立于议会。因而，它在对议会立法的合宪性做出判决时，符合上述证立标准。相比而言，正如凯尔森在维也纳讲座上谈及的那样，如议会制定出不符合宪法的法令，则议会在此前后丧失自我监督的能力。总之，凯尔森认为，任何缺少具有废除违宪法令权力的独立机关的想

[124] 参见〔奥〕凯尔森：“国事诉讼”（注 117），第 30 页；重刊于《凯尔森全集》第二卷（注 117），第 1813 页。

[125] 参见〔奥〕凯尔森：“国事诉讼”（注 117），第 31 页；重刊于《凯尔森全集》第二卷（注 117），第 1814 页。

法都不值得考虑。独立机关即宪法法院[126]。

了解凯尔森观点的上述背景后，笔者转而阐述凯尔森与施米特在“宪法守护者”方面的论战。

五、凯尔森与施米特在“宪法守护者”方面的论战[127]

施米特的策略引发了论战。他提出，凯尔森将拥有对联邦立

[126] 凯尔森：“国事诉讼”（注 117），第 53 页；重刊于《凯尔森全集》第二卷（注 117），第 1836 页。

[127] 考虑到现今对宪法审查和凯尔森与施米特著作的兴趣，对二者 1931 年的论战缺乏关注就令人实在感到惊讶。我相信，关于这场交锋的重要文献始于〔德〕沃尔夫冈·曼特尔（Wolfgang Mantl）、〔德〕黑尔格·文登伯格（Helge Wendenburg）与〔加〕大卫·戴岑豪斯，参见沃尔夫冈·曼特尔：“汉斯·凯尔森与卡尔·施米特”，载维尔纳·克拉维茨等编：《凯尔森之意识形态批判与民主力量》（Ideologiekritik and Demokratietheorie bei Hans Kelsen），《法律理论（副刊）》（Rechtstheorie Beiheft 4），Berlin: Duncker & Humblot，1982 年，第 185-199 页之第 196-199 页；之后黑尔格·文登伯格：《关于魏玛共和国的宪法诉讼与国家法学的方向争议的讨论》（Die Debatte um die Verfassungsgerichtsbarkeit und der Methodenstreit der Staatsrechtslehre in der Weimarer Republik），Göttingen: Otto Schwartz，1984 年，第 129-136，179-183 页；紧随其后，〔加〕大卫·戴岑豪斯：《合法性与正当性》（Legality and Legitimacy），Oxford: Oxford University Press，1997 年，第 108-123 页。这是一篇难得具有洞察力的作品。在这之后十年，〔德〕马提亚斯·耶施代特（Matthias Jestaed）和〔德〕薛贝尔格（Christoph Schönberge）也创作了一些重要文章，参见耶施代特：“‘宪法的守护者’作为理解法律采得的问题”（Der ‘Huter der Verfassung’ als Frage des Rechtsgewinnungsverständnisses），载《关于宪法守护者与宪法正义的对话：凯尔森对施米特》（La controverse sur “le gardien de la Constitution” et la justice constitutionnelle. Kelsen contre Schmitt），奥利维尔·保德（Olivier Beaud）、帕斯奎尔·帕斯奎诺（Pasquale Pasquino）编，Paris: Editions Panthéon Assas，2007 年，第 155-175 页；以及薛贝尔格（Christoph Schönberger）：“卡尔·施米特与汉斯·凯尔森的宪法诉讼：共同点与缺点”（Die Verfassungsgerichtsbarkeit bei Carl Schmitt und Hans Kelsen: Gemeinsamkeiten und Schwachstellen），载同上书，第 177-195 页。最近，还有一篇针对施米特的犀利批评，参见〔德〕诺依曼：“国家决断的理论家：卡尔·施米特”（注 35），第 747-750 页。

法进行审查权力的宪法法院列为宪法守护者的候选方式，既不可能，又不可行。抛弃凯尔森的候选方式后，施米特转向自身设定的候选方式，并强调引入联邦总统作为中立性权力（*pouvoir neutre*）的行使者。

施米特的策略主要体现在1931年发表的《宪法的守护者》一书[128]。相关资料显示，早在1931年的著作发表的两年前，施米特已经完成了标题相同的一份较长的论文[129]。更早的是施米特于1928年8月完成的论文《帝国法院作为宪法守护者》[130]，不过这方面的资料很少。在人们的印象中，他写上述论文的动力来自凯尔森关于宪法审查的性质与生命力的报告[131]，是为1928年于维也纳召开的德国公法学者协会会议而作[132]。也是在这次会议上，施米特首次[133]尝试证明凯尔森关于宪法审查的替代性观点并不可行，而是

[128] 参见注27。

[129]〔德〕卡尔·施米特:《宪法的守护者》(Der Hüter der Verfassung)，载《公法文丛》，55(新版16)(1929)，第161-237页。

[130]〔德〕卡尔·施米特:“帝国法院作为宪法的守护者”(Das Reichsgericht als Hüter der Verfassung)，载《德国法律生活中的帝国司法实践》(Die Reichsgerichtspraxis im deutschen Rechtsleben. Festgabe der juristischen Fakultäten zum 50jährigen Bestehen des Reichsgerichts)，奥托·史来伯(Otto Schreiber)编，六卷本，Berlin and Leipzig: Walter de Gruyter，1929年，第一卷:《论公法》(Öffentliches Recht)，第154-178页。

[131] 参见注117。

[132] 对该协会的开始和发展富于启发性的概述，以魏玛政治—宪法讨论的名义发生了种种事情的论坛，见于〔德〕米夏埃尔·施托莱斯(Michael Stolleis)的著作:《德国公法史(1914～1945)》(A History of Public Law in Germany 1914～1945)，东拉普(Thomas Dunlap)英译，Oxford: Oxford U.P.，2004年，第178-197页。他的这部具有伟大意义的四卷本专著的第三卷正是德国公法理论的历史。

[133] 虽然《宪法的守护者》(注129)和《帝国法院》(注130)两篇文章都出现于1929年，但后者写作时间明显更早，是于1928年8月完成的，彼时仅仅是维也纳的协会会议召开的三个月后，凯尔森的演讲文本尚未被发表，施米特在其文章中使用了来自此次会议的报告。相反，在前者(注129)中，施米特获得并援引了凯尔森演讲的已发表版本。

认为联邦总统才应成为宪法守护者。这次的争论较之《宪法守护者》一文多少有些含蓄，虽然可以毫无保留地说，涵摄的模式，这一《宪法守护者》中心命题在其早期文章中就已经出现。

然而，若是以为施米特对联邦总统作为宪法守护者的辩护仅仅因凯尔森对宪法审查的背书而激发，则是错误的。相反，施米特支持魏玛"保留宪法"或总统制（*Präsidialsystem*）的思想规划远远早于1928年凯尔森的维也纳讲座就已成形。笔者将在第六部分回到施米特的上述思想规划。

纵观施米特的守护者观点与凯尔森的反驳[134]，可以清楚地发现四大主题：第一，施米特的涵摄模式的要求；第二，他对"事实构成"的过度狭隘解读；第三，凯尔森就司法决定的政治维度对施米特的反驳——因"决断主义"引发的反驳；第四，国家元首，特别是帝国总统的推定中立性。

1. 施米特的涵摄模式观

施米特是如何支持在我们当代看来已经很难理解的宪法审查不可能或不可行的主张呢？他诉诸于涵摄模式，认为法院裁判只有当

---

[134]〔奥〕凯尔森："谁应成为宪法的守护者"（Wer soll Hüter der Verfassung sein?），载《司法》（Die Justiz），6（1930～1931），第576-628页（以下简称："守护者"）；重刊于《凯尔森全集》第二卷（注117），第1873-1922页。该论文也被作为一个小册子发表，即凯尔森：《谁应成为宪法的守护者？》，Berlin-Grunewald: Walther Rothschild，1931年；其包含了一个附录和一段导言，这些被收录于《凯尔森全集》第二卷（注117）的重印版里。凯尔森在其短暂的科隆任教时期写作了这篇论文，而他在科隆的任职随着1933年4月7日臭名昭著的"职业文员服务修整"这一纳粹法令的实施而终止。该法令要求解雇包括大学教授在内的或者是"政治上不可靠"或者是犹太裔的公务员。凯尔森被认为既是政治上不可靠的，又是犹太裔。

满足该模式要求时才成为可能。既然所谓的宪法裁判无法满足相关要求，也就无法将其作为法院裁判来看待。

模式的第一个要求是其派生（derivation）。它来源于 19 世纪对法治国的理解，也即它在制定法框架中的角色。施米特写道：

> 法治国中法官的特殊地位，包括法官的客观性、相对于当事方的地位、独立性及其不会被撤职的事实，所有这一切均仅基于以下情况：法官依据法令判决，其判决的内容衍生（abgeleite）自另外的判决，即在法令中已然包含的判决[135]。

凯尔森回应说，施米特的“派生”观点纯属推理。他解释道，施米特的思想就是说，“司法裁判已以完成或完备的形式包括在法令中，仅通过逻辑推理从法令中‘派生’出来即可”。他接着又说，但这“是自动贩卖机式法律裁判（*Rechtsautomat*）[136]”！对此，人们可以回忆起鲁道夫·冯·耶林对所谓的机械法学富有文采的贬损。在嘲弄法律建构主义时，耶林说司法裁判模式就像鸭子的消化程序。“从前面将案件塞入裁判加工机器；然后，案件以判决的形式从后面再次出来。”[137]

综合上述，凯尔森将施米特的涵摄模式中的第一点要求解释为推理，进而消解这一模式，将之视为机械法学。可以说，这种反驳

---

[135]〔德〕施米特：《宪法的守护者》（注 27），第 37-38 页。

[136]〔奥〕凯尔森：《守护者》（注 134），第 591-592 页；重刊于《凯尔森全集》第二卷（注 117），第 1888 页。

[137]〔德〕鲁道夫·耶林（Rudolf von Jhering）：《法的目的》（Der Zweck im Recht），首版于 1877 ～ 1883 年，两卷本，第三版，Leipzig: Breifkopf & Härtel，1893 ～ 1898 年，第一卷，1893 年，第 394 页。

不足为奇。凯尔森不仅熟悉对机械法学——概念法学（*Begriffsjurisprudenz*）——的批驳，这种批驳源自自由法学派，他明确同意坎通洛维茨所主导的这一批驳。[138]

涵摄模式的第二点要求又如何呢？施米特写道，仅当涵摄规范在相应语境下既不可疑又无争议时，才可能发生涵摄。

> 司法决定受法律规范之约束，而且（司法）裁决过程在（涵摄性）规范本身的内容既不可疑又无争议时结束[139]。

[138] 参见〔奥〕凯尔森："法学形式主义与纯粹法学"（Juristischer Formalismus und reine Rechtslehre），载《法学周刊》（Juristische Wochenschrift），58（1929），第1723-1726页。同参见凯尔森：《法理导论》（注36），§ 28，第56页："法律体系的独特规范不能经由逻辑演绎得出……毋宁是，它们必须被一个特别的制定或设定行为创造。"简言之，凯尔森断然拒绝衍生即演绎作为司法过程的特征。在此，其立场与耶林形成鲜明对照。但该立场区别于既判司法裁决的事后重构。凯尔森在此并无异议，并且在对施米特的答复中在某一点上言之甚多，参见凯尔森：《守护者》（注134），第589页；重刊于《凯尔森全集》第二卷（注117），第1886页。重构观点与晚近的一些以"内部证成"为名的欧洲文献类似，比如参见〔波〕Jerzy Wróblewski："司法裁判的法律三段论与合理性"（Legal Syllogism and Rationality of Judicial Decision），载《法律理论》（Rechtstheorie），5（1974），第33-46页之第39页；〔德〕罗伯特·阿列克西：《法律论证理论》，首版于1978年，〔奥〕鲁斯·阿德勒（Ruth Adler）、〔英〕尼尔·麦考密克（Neil MacCormick）译，Oxford: Clarendon Press，1989年，第221-230页；〔德〕卡尔斯滕·彼克尔（Carsten Bäcker）：《证立与决断》（Begründen und Entscheiden），第二版，Baden-Baden: Nomos，2012年，第302-304页。另参见《涵摄》（Subsumtion）中刊载的论文，加百列（fried Gabriel）、格略施纳（Rolf Gröschner）编，Tübingen: Mohr Siebeck，2012年。关于19世纪德国关于司法裁判表面上"逻辑—机械"本质的观点的全面论述，参见〔德〕雷吉纳·奥格雷克（Regina Ogorek）："法官王抑或涵摄的自动机？ 19世纪的司法理论"（Richterkönig oder Subsumtionsautomat? Zur Justiztheorie im 19. Jahrhundert），Frankfurt: Klostermann，1986年。表面上，尊重概念法理学或"机械法理学"的长期刻板印象受到普赫塔（Puchta）和耶林（仅限于早期的耶林）之类的19世纪学者的捍卫，这些都被正确地记录于哈弗坎普（Hans-Peter Haferkamp）的著作中，参见〔德〕哈弗坎普：《格奥尔格·弗里德里希·普赫塔与"概念法理学"》（Georg Friedrich Puchta und die "Begriffsjurisprudenz"），Frankfurt: Klostermann，2004年。

[139]〔德〕施米特：《宪法的守护者》（注27），第19页。

顺便说一下，可能需要注意的是，施米特在其早期著作中对上述内容一点都不相信。在《地位与判断》（1912）中，他写道，“无数次修改法律措辞”及“充斥着成千上万个司法科学概念”都无法排除“涵摄规范”是一个无可争议的观点。同样地，法官是“涵摄机器”或“法令自助餐厅”的想法简直是异想天开[140]。

凯尔森对施米特的第二点要求，即“涵摄规范”要既不可疑也无争议，显得大为吃惊。

> 令人惊讶的是，施米特似乎认为，他并不希望质疑司法裁判特征的民事法庭、刑事法庭和行政法庭，所适用的只能是内容上既不可疑又无争议的规范；在由上述任一法院所判决的法律争议的案件中，所提出的始终不过是事实问题，从不涉及所谓的法律问题[141]。

在施米特看来，正如《宪法的守护者》中表达的那样，法院面对的问题始终只有事实问题，因为法律问题仅当拟适用的规范内容可疑或有争议时才发生。凯尔森对此觉得震惊，笔者敢说并非只有

[140]〔德〕施米特:《法律与判决》(Gesetz und Urteil), Berlin: Otto Liebmann，1912年；重刊于Munich: C.H. Beck，1969年，第9页；也参加第8-9页以及其他各处。另参见施米特:“法学虚构”(Juristische Fiktionen)，载《德国法律人报》(Deutsche Juristen-Zeitung)，18(1913)，第804-806页；施米特:“论专政与围困状态”(Diktatur und Belagerungszustand)(注31)，第157-158页。这一施米特的早期观点被记载于下列文献中，譬如参见文登伯格:《关于魏玛共和国的宪法诉讼与国家法学的方向争议的讨论》(注127)，第182页之注释112。

[141]〔奥〕凯尔森:《守护者》(注134)，第588页；重刊于《凯尔森全集》第二卷(注117)，第1885页。

他一人有此感受。

在批评中，凯尔森使用了他最喜爱的修辞手法——倒置。在1911年的教授资格论文中，运用倒置手法，他将传统法律实证主义者或唯意志论者的法律观点安排在开始部分[142]，认为传统思想家主张"意志所在，那么法律上就有效"，实际上不是那么回事，而是反过来：法律上有效，才有意志。"意志"是传统法律实证主义或唯意志论的法律术语，但在凯尔森著作中只是传统的慰藉，并无实质含义[143]。针对施米特关于涵摄性规范应既不可疑又无争议的主张，凯尔森提出了类似的反驳。

> 只有对上述主张的倒置才可回到对每个人来说都简单明了的真理：判决最初都是因规范的内容有疑问和有争议才开启。否则的话，只有对事实构成的争议，而无任何真正的法律纠纷[144]。

如同"倒置"一语所暗示的那样，这确实是施米特观点的对立面。

综上所述，凯尔森认为施米特作弊了。施米特通过上述方式的分析就是为了证明宪法审查不可能也不可行。凯尔森说：

---

[142] 参见〔奥〕凯尔森：《国家法学》（注2），第133-144页，第172-188页以及其他各处；重刊于《凯尔森全集》第二卷（注2），第235-251页，第282-300页以及其他各处。

[143] 关于这一主题更为详细的研究，参见〔美〕斯坦利·鲍尔森："凯尔森最早期的法律理论：批判建构主义"（Hans Kelsen's Earliest Legal Theory: Critical Constructivism），载《现代法律评论》（Modern Law Review），59（1996），第797-812页；重刊于《规范性与规范》（注25），第23-43页。

[144]〔奥〕凯尔森：《守护者》（注134），第589页；重刊于《凯尔森全集》第二卷（注117），第1886页。

> 从“司法决断”的概念得出“宪法法院”制度不可能、不可行的结论，无论是如何设想的，均构成概念法学（Begriffsjurisprudenz）的典型案例[145]，而这在今天已然过时。

2. 施米特对“事实构成”的狭隘解读

凯尔森说，施米特的事实构成观点有可能来源于刑法[146]。对此的典型认定如下：被告的行为属于事实构成的类型中的一种，在刑法中它被视为犯罪。

凯尔森认为宪法裁判也可参照同样的方式来理解。相关事实构成要么是程序问题，要么是内容问题。

> 制定法条文的违宪性……要么在于事实，它并未按照宪法规定的程序而颁发，要么在于事实，它的内容是宪法所不允许的。[147]

无论制定法规范的违宪性是归咎于程序上的瑕疵还是内容上的瑕疵，总之都可以说成是规范未按宪法颁发。正如凯尔森所言，合

---

[145]〔奥〕凯尔森：《守护者》（注 134），第 584 页；重刊于《凯尔森全集》第二卷（注 117），第 1880-1881 页。

[146] 无论如何，这是一个合理的假设，而且有趣的是，在这一联系中施米特完成了其属于刑法领域的博士论文，参见施米特：《债务与债务方式——一个语词上的研究》（Über Schuld und Schuldarten. Eine terminologische Untersuchung），《刑法文集》系列第 120 册，Breslau: Schletter，1910 年。

[147]〔奥〕凯尔森：《守护者》（注 134），第 590 页；重刊于《凯尔森全集》第二卷（注 117），第 1886 页。

宪性审查始终是决定“法令的颁布方式是否合宪”[148]的问题。

由此，凯尔森争辩道，施米特对“事实构成”的解读过于狭隘，未觉察到规范的颁发本身就属于事实构成[149]。如果选择在施米特的模式框架内来理解，则该模式可立即扩大，将法律规范的颁发作为裁判的“事实构成”亦含括在内。施米特毫不遮掩地对此予以否认，简直就是回避问题。

3. 凯尔森从司法判决的政治维度对施米特的批驳——“决断主义”引发的批驳

司法判决的政治维度表达的是涵摄模式的另一面。在此，凯尔森处理的是施米特决断主义的一个方面。让我们从前文第四章所概述的凯尔森关于法律体系的规范层级观点开始。正如笔者在前文提到的，在规范层级中所反映的动态法律概念引发对法的性质独特性的关注——它调整的是法律规范的自我创设[150]。凯尔森论证说，动态法律概念的结果是促成法律制定与法律执行之间差异的相对化。不过这并非说，较低层次规范的颁发完全受较高层次规范的约束。相反，司法判决中包含了一个不可化约的“决断主义”成分——在

[148] 同上。

[149]〔奥〕凯尔森:《守护者》(注 134)，第 590-591 页；重刊于《凯尔森全集》第二卷（注 117)，第 1887 页。

[150] 参见本文第四部分，注 115-116 所列文本。

这点上凯尔森和施米特是一致的[151]。例如，施米特写道：

> 在每个判决中，即使是在法院单纯运用事实构成的涵摄来做出的判决中，仍存在无法从规范内容中得出的纯粹决断。我将其特征称之为“决断主义”[152]。

凯尔森认为，“纯粹决断”的成分意味着，司法判决如同法令一样，确切地说亦是一种法律创设。而这，凯尔森继续道，不足为奇。司法判决如同立法法规，具有政治特征，且“纯粹决断”的成分越高，政治维度越广[153]。于是，施米特以宪法审查具有政治特征为由而对其提出的异议[154]不攻自破。凯尔森争辩道，一切形式的法均具有政治特征，而施米特讲到“纯粹决断”的成分，正是对这一点的确认。

凯尔森以反问方式结束他的论述：如果施米特承认一切法律形式均具政治特征，那么他如何同时又以宪法判决具有政治特征为由认为不能将其视作真正意义上的判决呢？凯尔森对此回应道：

[151] 关于凯尔森的决断主义，参见凯尔森：《守护者》（注 134），第 592 页；重刊于《凯尔森文集》第二卷（注 117），第 1889 页。虽然凯尔森并未在其他地方使用“决断主义”这一术语，但他的立场——“决断的范围”被不可避免地留给立法者——却是清楚的。参见凯尔森：“法学形式主义与纯粹法学”（注 138）；凯尔森：《法理导论》（注 36），§ 33，第 78 页；凯尔森：《纯粹法学 2》（注 36），§ 45（a），第 347 页。

[152]〔德〕施米特：《宪法的守护者》（注 27），第 45-46 页；凯尔森：《守护者》（注 134）中亦对此加以引用，第 592 页；重刊于《凯尔森全集》第二卷（注 117），第 1888-1889 页。

[153]〔奥〕凯尔森：《守护者》（注 134），第 586 页，以及参见第 592 页；重刊于《凯尔森全集》第二卷（注 117），第 1883 页，另参见第 1889 页。凯尔森认为，法律在性质上是政治的，但法学理论是“纯粹”的，因而要免于政治。

[154]〔德〕施米特：《宪法的守护者》（注 27），第 22 页。

（施米特）关于宪法审查不属于司法判决的主张对他而言至关重要，即使在他自身思想观点（与之相悖）的事实面前仍坚持如此，因为这是（他的）法律政策的预设：就因为司法程序中有关法令的合宪性决定和对违宪法令的推翻都无关“司法判决”，所以不应移交某些独立法官处理。相反，它应移交给另一机关处理[155]。

这一有疑问的机关自然就是帝国总统。这就引出施米特在《宪法的守护者》中提出的最后一个命题以及凯尔森对之的批驳。

4. 国家元首（即帝国总统）的推定中立性

在《宪法的守护者》第三章，施米特列举了可证明帝国总统中立性的案例。

有权作出政治决断或者施加政治影响的人之间的意见分歧……一般不会将自身引向司法判决。此类意见分歧要么由更高层的政治力量来消除，即（他们的）上级，更高一级的第三方机构。不过这无法成为宪法守护者；而应该是独立自主的国家元首。要么此类意见分歧由中立第三方机构消除或处理——这是中立权被赋予的意义，一种中立和中间的力量（pouvoir neutre et intermédiaire），它不在宪法设定的其他权力之上，而

[155]〔奥〕凯尔森:《守护者》（注134），第593页；重刊于《凯尔森全集》第二卷（注117），第1889页。

是平行，有着自身的权力和施加影响的方式[156]。

在有关中立性问题这一最后回合，凯尔森失去了耐心。确实，他一度根本就不愿再去揣度施米特的例证的可信力。面对所提出的质疑，凯尔森提到19世纪的宪法，它授予君主权力和特权，与此同时，它还赋予同一个君主以中立权。君主是“大部分国家权力或全部国家权力的执掌者”。他行使权力，颁布法律。现在，他又被视为“中立机关”，利用他的中立性，“可依申请来审查法律的合宪性[157]”。这公然违背了凯尔森关于立法机关无力自我监督的观点[158]。反对声音不可避免。中立性主张的基础是什么？按凯尔森的说法，是一方面授予君主大部分国家权力而另一方面同时要求君主行使权力须遵循中立性约束的“自相矛盾”吗？

严格而言，凯尔森未提出反对。他只是说明其特征：

> 然而，提出这是无法接受的自相矛盾的反对意见根本不妥。（提出）这一反对意见无异于用（司法）科学的知识来衡量只可作政治意识形态理解的事物[159]。

凯尔森对帝国总统“中立性”的大部分讨论的主旨都体现在笔

[156]〔德〕施米特:《宪法的守护者》(注27)，第132页。

[157]〔奥〕凯尔森:《守护者》(注134)，第578-579页；重刊于《凯尔森全集》第二卷(注117)，第1876-1877页。

[158] 参见本文第四部分，注126所列文本。

[159]〔奥〕凯尔森:《守护者》(注134)，第578-579页；重刊于《凯尔森全集》第二卷(注117)，第1876-1877页。

者所引述的文中了。

在笔者看来，凯尔森对施米特试图证明宪法审查不可能或不可行所进行的评价虽然严苛，但却不无道理。为充分体会凯尔森评价的说服力，了解施米特的更为一般的立场则不无助益，特别是后期魏玛时代，虽然笔者在第六部分的陈述很短，甚至称不上是简介。

六、施米特与总统制：后期魏玛共和国思想

德国魏玛宪法第48条是魏玛共和国1930年夏天宪法危机开端的根本内容。表面上，第48条是关于处理紧急状态的明确规定。关键内容是第2款，规定如下：

> 帝国大总统于德意志联邦内之公共安宁及秩序，视为有被扰乱或危害时，为恢复公共安宁及秩序起见，得取必要之处置，必要时更得使用兵力，以求达此目的。联邦大总统得临时将本法114、115、117、118、123、124及153各条所规定之基本权利之全部或一部停止。[160]

[160] 关于第48条的历史背景，参见〔英〕汉斯·博尔特（Hans Boldt）："魏玛宪法第48条：历史与政治意涵"（Article 48 of the Weimar Constitution, its Historical and Political Implications），载《德国民主与希特勒的胜利》（German Democracy and the Triumph of Hitler），安东尼·尼考尔斯（Anthony Nicholls）、埃里克·马提亚斯（Erich Matthias）编，London: George Allen and Unwin，1971年，第79-97页。照第二款，可被临时搁置的条款包括个体自由（第114条），住宅的不可侵犯（第115条），通信秘密（第117条），表达自由（第118条），集会自由（第123条），结社自由（第124条）以及私有财产权（第153条）。

正如格哈特·雅斯贝所写，到 1930 年 6 月，魏玛共和国的经济状况严峻、失业率很高，因此“化解局势的新措施迫在眉睫”。[161] 布吕宁（Brüning）内阁提出关于控制开支及增税的法案，但因国民议会不接受而未通过。总理布吕宁随后请求联邦总统兴登堡援引第 48 条第 2 款通过该法案。兴登堡同意了，该法案于 7 月 16 日以紧急政令的形式通过。7 月 18 日，国民议会中的社会民主党行使第 48 条第 3 款规定的权力 [162]，废除了紧急政令。总理布吕宁本身已预料到社会民主党的反应。他手持帝国总统签发的要求解散议会的明确命令 [163]，内容如下：

> 鉴于国民议会决议要求推翻总统 7 月 16 日紧急政令，总统特此依据第 25 条规定的权限命令解散国民议会 [164]。

随后执行议会解散程序，几天后，曾被国民议会的社会民主党废除的政令由帝国总统重新签发。

上述历程反映出魏玛共和国最后两年半中很熟悉的运行模式：

[161]〔德〕格特哈特·雅思贝（Gotthard Jasper）:《失败的驯化——希特勒权力攫取之路》（Die gescheiterte Zähmung. Wege zur Machtergreifung Hitlers 1930 ～ 1934），Frankfurt: Suhrkamp，1986 年，第 36 页；我大体是从雅斯贝关于这些发展的有价值的陈述中得出的结论，参见〔德〕卡尔·迪特里希·布拉切尔（Karl Dietrich Bracher）:《魏玛共和国的解体》（Die Auflösung der Weimarer Republik），首版于 1955 年，第 5 版，Villingen: Ring Verlag，1971 年。

[162] 第 48 条第 3 款规定联邦总统须立即向国民议会告知依据前述条款采取的措施（第 1 款规定联邦总统对兰德尔的控制），如国民议会要求，则应取消上述措施。

[163] 参见雅斯贝（注 161）。

[164] 引自雅斯贝（注 161），第 37 页。魏玛宪法第 25 条授权联邦总统可解散国民议会，并在解散后 60 天内重新选举。

（a）紧急政令替代议会立法;（b）议会予以废除;（c）帝国总统解散议会；之后（d）重新签发紧急政令，此次无废除风险。结果在很大程度上排挤了议会政府。

新框架——一种总统制的“备选宪法”——是施米特长期以来推动的制度方案。1916 年的论文《论专政与围困状态》表明施米特的学术重点的转向，远离其最早期著作的正统命题[165]。是时，他的注意力集中在行政行为——而且是最明显的行政行为，紧急状态下的行政行为。施米特的重点转移并非心血来潮。他 1919 年用整部专著《论专政》来阐释专政理论[166]。在首版于 1923 年的著作《论议会制的危机》中，施米特提出议会制度功能失调[167]。一年后，在论文《魏玛宪法第 48 条之帝国总统的专政》[168]中，施米特一方面罗列出他那范围广泛的紧急权力，他认为并不局限于第 48 条的规定，另一方面，他增加了限制，紧急政令仅仅是“措施”

[165] 参见注 31。

[166] 参见注 14。

[167] 参见注 18。

[168]〔德〕施米特:“魏玛宪法第 48 条之帝国总统的专政”（Die Diktatur des Reichspräsidenten nach Artikel 48 der Weimarer Verfassung），载《德国国家法学者年会会刊》，1（1924），第 63-104 页；重刊于施米特:《论专政》，第二版（注 14），第 213-254 页。1924 年会议上的附和性演讲由埃尔文・雅科比（Erwin Jacobi）做出，参见《德国国家法学者年会会刊》，第 105-136 页。关于雅科比的作用，参见〔德〕马丁・奥托（Martin Otto）:《从专有教堂到人民专有的企业：埃尔文・雅科比（1884 ～ 1965）》（Von der Eigenkirche zum Volkseigenen Betrieb: Erwin Jacobi（1884 ～ 1965），Tübingen: Mohr Siebeck，2008 年，第 9 章，第 83-98 页。

（*Maßnahmen*），而非制定法[169]。在 1928 年的《宪法学说》一书中，施米特对比了魏玛宪法中的“两种政治领导”。他贬低总理，总理处于仅仅解释政策的地位，以“维护国民议会的信任”，而国民议会则是“不断变化的不可靠的联盟”。截然相反的是，他赞扬帝国总统，总统有全体国民的信任，不受“由各党派组成的议会”的影响[170]。1930 年 7 月下旬，施米特起草一份咨询意见，放弃了他在 1924 年讲座中主张的限制，即紧急政令并非制定法而只能理解成“措施”。在 1930 年 7 月早些时候披露特别事件后，接踵而至的是他在 28 日宣称，按第 48 条第 2 款签发的政令可确认为“具有制定法地位的规章”（*gesetzvertretende Verordnungen*）[171]。这同样并非心血来潮。施米特将咨询意见整体纳入他 1931 年的专著《宪法的守护者》[172]。1932 年 10 月，施米特在接管普鲁士州（*Preußenschlag*）

---

[169] 参见〔德〕恩斯特·鲁道夫·胡博（Ernst Rudolf Huber）：“魏玛时期的宪法紧急状态学说”（Zur Lehre vom Verfassungsnotstand in der Staatstheorie der Weimarer Zeit），载《为法与国家服务》（Im Dienst an Recht und Staat. Festschrift für Wermer Weber zum 70. Geburtstag），施耐德（Hans Schneider）、沃尔克玛·格策（Volkmar Götz）编，Berlin: Duncker & Humblot，1974 年，第 31-52 页。同施米特和恩斯特·雅科比（参见注 168）相比，胡博属于更激进的魏玛思想家，他拒绝对紧急权力作超出第 48 条文字以外的扩大解释，同时承认第 48 条相关条文属于制定法。而施米特和恩斯特·雅科比持完全相反观点。

[170]〔德〕施米特：《宪法学说》（注 18），§ 27. Ⅲ .4.，第 351 页，英文版（注 18），第 370 页。

[171]〔德〕施米特：“关于帝国总统有否权力根据魏玛宪法第 48 条第 2 款颁布财税法方面的规定给出的宪法法上的评议”（Verfassungsrechtliches Gutachten über die Frage, ob der Reichspräsident befugt ist, auf Grund des Art. 48 Abs. 2 WRV finanzgesetzvertretende Verordnungen zu erlassen），Berlin 1930 年 7 月 28 日（打字稿）。

[172] 参见〔德〕施米特：《宪法的守护者》（注 27），第 117-130 页。

的案件中担任联邦政府的代理人[173]。

总统制的“备选宪法”并不一定不可避免地导致希特勒政权。的确，帕彭和施莱歇尔政府（1932 年 6 月至 1933 年 1 月期间）策划了让兴登堡依照魏玛宪法规定解散国民议会并在 60 天内不进行新选举的方案，不过很无力。此类方案据称是防止纳粹威胁的机制；无须多言，每个计划都失败了[174]。施米特在此类方案中的角色

[173] 参见《普鲁士对帝国的国事诉讼》(Preussen contra Reich vor dem Staatsgerichtshof)，Berlin: J.H.W. Dietz，1933 年，后由 Glashütten im Taunus: Detlev Auvermann 出版社重印，1976 年，第 39-41，130-134，175-181，288-291，311-322，350-355，466-469 页；凯尔森:“1932 年 10 月 25 日国事法院的判决”(Das Urteil des Staatsgerichtshofs vom 25. Oktober 1932)，载《司法》(Die Justiz)，8 (1932)，第 65-91 页。但不清楚能否将施米特和凯尔森对普鲁士政变(Preußenschlag)的看法视为第二轮更大的交流，因为凯尔森的讨论以分析和描述为主；参见〔加〕戴岑豪斯:《合法性与正当性》(注 127)，第 123-132 页。完全清楚的是，特别在纳粹统治时期，施米特给凯尔森贴上反犹太主义的骇人标签。参见〔德〕格罗斯(Raphael Gross):《卡尔·施米特与犹太人》(Carl Schmitt und die Juden，Frankfurt: Suhrkamp，2000 年，扩展版 2005 年，第 I 章，§ 4，第 120-134 页。格罗斯在“法律科学中的犹太主义”(Das Judentum in der Rechtswissenschaft)中详细记载了 1936 年会议。虽然不那么著名，但近期出版的施米特在 1930 ～ 1934 年间的日记表明，他在纳粹时代之前就有明确的、无保留的反犹思想。例如，1930 年 12 月施米特提及凯尔森时混杂着反犹主义和低俗，参见卡尔·施米特:《1930 ～ 1934 年日记》(Tagebücher 1930 bis 1934)，沃尔夫冈·施努勒(Wolfgang Schnuller)、伽德·吉斯勒(Gard Giesler)编，Berlin: Akademie Verlag，2010 年，第 73 页(1930 年 12 月 28 日星期日)。

[174] 参见〔德〕沃尔夫拉姆·佩塔(Wolfram Pyta):《兴登堡：霍亨左伦与希特勒之间的统治》(Hindenburg. Herrschaft zwischen Hohenzollern und Hitler)，Munich: Siedler，2007 年，第 701-805 页，非常有价值的陈述。

如何是某些资料讨论的主题，但不甚明了[175]。明了的是，施米特一直在寻找替代议会制的机制——从他职业生涯的最初就这样。

对凯尔森而言，寻求建立总统制的人所冒的风险仍存在。在他 1931 年同施米特论战的一开始，凯尔森提及魏玛宪法剥夺的自由，还说很难看清宪法“如何能避免支离破碎的危险”[176]。悲哀的是，凯尔森的预言应验了。

[175] 参见〔德〕恩斯特·鲁道夫·胡博：“魏玛末期帝国危机中的施米特”（Carl Schmitt in der Reichskrise der Weimarer Endzeit），载《对立统一体》（Complexio Oppositorum）（注 35），第 33-70 页（文本与讨论）；沃尔夫拉姆·佩塔、加百列·塞贝尔特（Gabriel Seiberth）：“施米特日子镜像中的魏玛共和国的国家危机”（Die Staatenkrise der Weimarer Republik im Spiegel des Tagebuchs von Carl Schmitt），《国家》（Der Staat），38（1999），第 423-448，594-610 页；鲁兹·贝尔托德（Lutz Berthold）：《魏玛末期的施米特与国家紧急状态计划》（Carl Schmitt und der Staatsnotstandsplan am Ende der Weimarer Republik），Berlin: Duncker & Humblot，1999 年。

[176]〔奥〕凯尔森：《守护者》（注 134），第 579 页；重刊于《凯尔森全集》第二卷（注 117），第 1876 页。

赫尔曼·黑勒对纯粹法学的批判*

〔美〕斯坦利·L.鲍尔森

一、导 论

“我可以毫不含糊地说，国家的内涵是，通过某种方式达成的‘多样性中的统一体’。在这个多样性中的统一体之产生和存续所需的条件中，一旦鉴别出哪些属于本质性条件，国家的本质也就能相应得到确定”。[1]

借此语句，黑勒提醒人们，一个未给定各变量的值的公式，就像一只空心胶囊。例如，我们熟知的下述宪法规范，“法律面前人人平等”，[2] 或者“无论何州……不得否定管辖区内任何人法律上平等保护之权利”，[3] 皆属此类公式。谁和谁在哪些方面平等？这类解释问题在上述引文中的“多样性中的统一体”这个公式中同样存在，此外，这个公式也尚未告诉我们：此处的“统一体”到底是什么意思？

---

* 本文原文为：Zu Hermann Hellers Kritik an der Reinen Rechtslehre，载克里斯托弗·穆勒（Christoph Müller）、伊尔斯·施塔夫（Ilse Staff）主编:《社会法治国：纪念赫尔曼·黑勒（1891～1933）文集》（Der Soziale Rechtsstaat：Gedachtnisschrift für Hermann Heller 1891～1933），巴登-巴登，1984年，第679-692页。

[1] 赫尔曼·黑勒（Hermann Heller）:“国家学的危机”（Die Krisis der Staatslehre ）（1926年），载《赫尔曼·黑勒全集》（Gesammelte Schriften），莱顿/图宾根1971年，第2卷，第29页。

[2]《联邦德国基本法》第3条第1款。

[3] 1787年《美利坚合众国宪法》第14修正案（1868）。

不过，上述公式提供了一系列非常有价值的参考点，借此可以比较黑勒与凯尔森的分歧。黑勒所理解的国家性的行为结构所展现的统一体完全处于盖伯（Carl Friedrich v. Gerber）、保罗·拉班德（Paul Laband）和格奥尔格·耶利内克（Georg Jellinek）所倡导的个人主义国家学的关注范围之外，与此相反，在个人主义国家学达到其顶峰的凯尔森的著作中，人们所能发现的是一种新康德主义的关于统一体的学说，[4] 对于这种学说，德语国家学传统中尚无先例可循。[5] 但是，黑勒却忽视了凯尔森处理统一体问题的这个新康德主义的维度，或者更准确地说，黑勒主要关注的是凯尔森的早期作品，对其新康德主义转向则未加详审。我这么说绝非意味着黑勒不了解新康德主义传统。众所周知，黑勒曾明确指出凯尔森是新康德主义者，[6] 并提及其“老师”赫尔曼·柯亨（Hermann Cohen）[7] 以及拉班德 / 耶利内克 / 凯尔森学派中的新康德主义因素。[8] 然而，黑勒

[4] 参见下注 10 和注 27。

[5] 在国家学之外，〔德〕鲁道夫·施塔姆勒（Rudolf Stammler）的作品在某种意义上可以算作先例。

[6] 参见〔德〕黑勒：“国家学的危机”，见注 1，第 2 卷，第 18 页及以下；黑勒：《一般国家学》（Staatslehre），吉拉德·尼梅尔（Gerhard Niemeyer）编，1934 年，引文依第 5 版（1971 年），载《赫尔曼·黑勒全集》，注 1，第 3 卷，第 124 页（第 1 版，参见第 31 页及以下）。

[7] 参见〔德〕黑勒：“国家学的危机”，见注 1，第 18 页以下；赫尔曼·黑勒，《论主权》（Soveränität），1927 年，载《赫尔曼·黑勒全集》，注 1，第 2 卷，第 102 页。不过，黑勒把柯亨看作凯尔森的老师，这有失偏颇。

[8] 参见〔德〕黑勒：“国家学的危机”，注 1，第 2 卷，第 18 页及以下；赫尔曼·黑勒：“论当代国家理论与法理论的问题”（Bemerkungen zur staats- und rechtstheoretischen Problematik der Gegenwart）（1929 年），载《赫尔曼·黑勒全集》，注 1，第 2 卷，第 265 页及以下，第 275 页；赫尔曼·黑勒：“欧洲与法西斯”（Europa und der Fascismus）（1929 年），引文依第 2 版（1931 年），载《赫尔曼·黑勒全集》，注 1，第 2 卷，第 522 页及以下；黑勒：《一般国家学》，注 6，第 3 卷，第 124，149-151 页（第 1 版，参见第 31 页及以下，第 54-56 页）。

却没有关注凯尔森思想的实质转向，正是凭着这一转向，凯尔森不仅获得了新康德主义的名，而且还从中借鉴了一些使其受益匪浅的命题。凯尔森的这一实质转向对于评判黑勒的批评是否中肯将发挥关键作用，本文主旨即在展现这一点。

在黑勒提炼的凯尔森命题中，有两个命题暴露了黑勒的批评并未切中要害：首先引起我们注意的是，黑勒经常宣称，凯尔森力图通过独特的统一原则，即基础规范，来捍卫法的规范性。其次，黑勒经常重复的另一个观点是，凯尔森的“统一体”应被理解为法律体系的逻辑封闭性，其宗旨在于促成“纯粹的”法理论，为此，一方面要排除经验科学中的异质因素的干扰，另一方面也要隔离道德和政治中的异质因素。

黑勒坚决反对凯尔森的这两个命题——之所以反对第一个命题，因为在黑勒看来，凯尔森的基础规范不过是“国家意志的别称”[9]，由此，它根本无法捍卫法的规范性；反对第二个命题的原因在于，根本就无法令人确信地解释法律体系何以可能是逻辑上封闭的。

对于黑勒的批评，我可以提前亮出我的原则性回应，那就是，只有把我们的考察限定在凯尔森的早期作品当中，也就是 20 世纪 20 年代的作品，我才会赞成黑勒的批评。[10] 但是，如果我们像黑

---

[9]〔德〕黑勒:《一般国家学》，注 6，第 3 卷，第 296 页（第 1 版，参见第 190 页）。

[10] 具体来说，我认为，凯尔森自 1928 年以后就转向了新康德主义，这是非常明确的；参见下文注 27，以及凯尔森的文章:“自然法学和法实证主义的哲学基础”（Die philosophischen Grundlagen der Naturrechtslehre und des Rechtspostivismus），夏罗腾堡 1928 年；重刊于克莱卡斯基（Hans Klecatsky）、马利克（René Marcic）、山姆贝克（Herbert Schambeck）主编:《维也纳法理学派》（Die Wiener Rechtstheoretische Schule），维也纳 1968 年，第 1 卷，第 281-350 页。实际上，凯尔森甚至在 1918 年左右就放弃了早期的一些立场，譬如关于逻辑上封闭的法律体系的观点。参见下注 46-52。

勒一样，不加限定地把适用于凯尔森早期作品的批评意见也加诸其晚期作品，这就是有失偏颇之举。因为凯尔森自己已经完全放弃了早期持有的逻辑上封闭的法律体系以及与此相关联的观点。相应地，凯尔森早期的确把其看作国家意志之别称的基础规范，后来则被理解为康德意义上的认识论原则，借此，经验领域的那些杂乱的法律素材才能被解释为统一体，也即是说，基础规范被理解为类似于康德哲学中的模态的一个理性范畴。

我首先将阐述规范性所涉及的问题逻辑。这是理解其后所有争议的入口。

二、规范性所牵涉的问题逻辑

钻研法律理论的人都知道，自然法理论与法实证主义乃互相竞争的两大流派。对于拥护法与道德分离，法规范的效力独立于道德原则之命题的我辈来说，法实证主义是我们熟知的脉络。与此相对，自然法学家拒斥该“分离命题”；他们认为，法的效力依赖于道德原则。从对这两种传统理论的此种通行的界定出发，二者乍看起来似乎互相排斥，且穷尽了法与道德关系的所有可能组合。也就是说，这二者不仅互相排斥，而且不容第三种选择。此处的第二个预设——即两种理论穷尽了法与道德关系的所有可能性——我称之为“完备性命题”，且予以着重探讨。

依完备性命题，两种传统理论包含了互相排斥的主张。如果一种主张正确，那么，这种正确的主张必然否定另一种主张。同理：如果一条理论脉络成立，则另一条无法成立。两种传统理论所包含的主张构成一种矛盾组合，这一点不足为奇，因为两种理论最终——依各自的预设——以分离命题为相互区分的标志。分离命题或者被接受，或者被否认，并不存在第三种可能。所有潜在的对手都将归属于两种传统理论的一方。

凯尔森捍卫分离命题，但却断然拒绝两种传统理论——法实证主义和自然法理论。[11] 凯尔森此举相当于否定了完备性命题，于此，他心知肚明。只要两种传统理论以是否接受分离命题为区分标准，二者顺理成章地就似乎能够排除所有其他的理论可能。然而，这一点并不成立。传统的法实证主义遵循还原论的路线：它假定，法的规范性质料可以还原为某种事实，该事实或者表现为心理学上所理解的“承认”，[12] 或者还原为权力意义上的“主权”。[13] 然而——我们在这里触及问题的核心——还原论的法实证主义与自然法理论并未穷尽所有可能性，因为还存在第三种可能，即非还原论的法实证主义，它和还原论的法实证主义一样，都接受分离命题。这种非还原论的法实证主义——即我们所熟知的规范主义——证明完备性命题难以成立。因此，两种传统理论并未涵括互相排斥性的主张，它们所包含的不过是两种相对立的主张。

[11] 主要参见〔奥〕汉斯·凯尔森：“唯物主义历史观之下的一般法学理论”（Allgemeine Rechtslehre im Lichte materialistischer Geschichtsauffassung），载《社会科学与社会政策文丛》（Archiv für Sozialwissenschaften und Sozialpolitik），第 66 卷，1931 年，第 449 页及以下；重刊于汉斯·凯尔森：《民主与社会主义》（Demokratie und Socialismus），诺贝特·勒泽（Norbert Leser）主编，维也纳 1967 年，第 69-136 页。

[12]〔德〕恩斯特·鲁道夫·比尔林（Ernst Rudolf Bierling）：《法律原则学说》（Juristische Prinzipienlehre）第 1 卷，1894 年，第 2 次重印，阿伦 1979 年，第 41-48 页。

[13]〔德〕菲利克斯·索姆罗（Felix Somló）：《法学基础理论》（Juristische Grundlehre）（1917 年），第 2 版重印，阿伦 1973 年，第 279 页及以下。

凯尔森力图建立一种非还原论的法实证主义。这种新理论若想成立，应该在原则上能够设想——至少如凯尔森那样，否定了完备性命题之后，要能够设想这种新理论。人们能够在不诉诸——包含了规范因素的——自然法理论原则的情况下，仍然发展出关于实证法的一套规范性观点吗？凯尔森认为这个问题对法律来说至关重要。因为一旦缺少必需的规范性要素，规范实证主义就难以区别于还原论实证主义。

现在需要回答的问题是，黑勒在多大程度上严肃地对待了规范性所牵涉的问题逻辑。虽然规范性学说并未如正当性学说[14]那样，在黑勒的理论中明显占据体系性的地位。但是事实上，黑勒在其《一般国家学》的一处明确承认了规范性要素的必要性，从而避免了被人看作还原论的支持者。[15]

> “法所具有的建构权力的特性并不允许我们进而把宪法看作不受规范约束的权力的‘决断’。一种事实上的权力情势欲成为相对持久的权力状态，进而变成一种广义或者狭义的宪法，必须满足的条件是，权力拥有者的‘决断’至少要能得到权力服从者中相当大一部分人的服从，而且，这种服从除了出于（习惯、利益考量）等因素外，还必须保证这些人把决断看

[14] 关于黑勒的正当性学说，以及特定的基本法律原则的意义，参见〔德〕克里斯托弗·穆勒（Christoph Müller）：“黑勒”（Heller），载《国家辞典》（Staatslexikon），第6版，弗赖堡1970年，第2册，第291-294页，重点参阅第293页；埃尔斯·斯塔夫（Else Staff）：《国家诸学说》（Lehren vom Staat），巴登-巴登1981年，第405页及以下之第419页。

[15] 参见〔德〕黑勒：《一般国家学》，注6，第3卷，第347页及以下（第1版，参见第235页以下）。

作应该生效的、具有示范作用的或者具有约束力的规范。”[16]

不能说没有讽刺意味的是——如果人们把黑勒看作经验主义者——黑勒一方面强调规范性的不可或缺，另一方面却凭此来批评凯尔森，尤其是他的基础规范。

三、黑勒对基础规范的批评

凯尔森的基础规范是黑勒主要的批评标靶，例如，黑勒在其《一般国家学》中声称，基础规范不过是国家意志的“别名”。

“凯尔森的批判性伟大贡献在于，他孜孜不倦地提醒人们，法的效力不能奠基于毫无规范约束的意志力量的制定行为。他解决效力问题的独特方式是预设一个‘基础规范’，其内容是：你应服从君主或议会的命令，然而，这样的基础规范只不过是毫无规范约束的国家意志的别名。”[17]

黑勒认为，这种批评导致的后果是规范性所牵涉的问题逻辑不容否认的：

“因为基础规范显然是一种毫无规范约束的国家意志的

---

[16]〔德〕黑勒:《一般国家学》，注 6，第 3 卷，第 393 页（第 1 版，参见第 277 页）。

[17]〔德〕黑勒:《一般国家学》，注 6，第 3 卷，第 296 页（第 1 版，参见第 190 页），注解从略。

误用，因此，凯尔森意义上的法既缺乏实证性，也缺乏规范性。”[18]

凯尔森意义上的法之所以缺乏规范性，因为本源规范，即凯尔森的基础规范，不过是“国家意志的别名”，[19] 这样一来，所有法律上的内容最终都将复原为事实性情状——例如，立法者的意志。只有当人们局限于凯尔森的早期作品，黑勒的这个结论才能成立。

在其“奥地利宪法下的联邦法律与州法”（1914）一文中，凯尔森第一次引入作为先定规范的基础规范这个概念。在该文中，他写到，所有法律理论的建构都必须从作为有效的法原则的特定规范出发。不管这里涉及的是具体的事实要件还是特定规范，

“都必须把某个最终被预设为有效的或者最高的规范（或规范系统）作为理论建构的出发点。这个作为所有法律认知之前提的规范的效力问题，已经超出法律认知的范围。”[20]

在这篇文章中，凯尔森尚未尝试为法的效力提供康德意义上的先验论证。此时的凯尔森认为，先定的规范从根本上说：

“不是法律问题，而是一个政治问题，因此，从法律认知

[18]〔德〕黑勒：《一般国家学》，注6，第3卷，第305页（第1版，参见第198页）。
[19]〔德〕黑勒：《一般国家学》，注6，第3卷，第296页（第1版，参见第190页）。
[20]〔奥〕汉斯·凯尔森：“奥地利宪法中的帝国法律与邦法律”（Reichsgesetz und Landesgesetz nach österreichischer Verfassung），载《公法文丛》（Archiv des öffentlichen Rechts），第32辑，1914年，第216页及以下。

的立场出发来看，该问题始终是受意志左右。”[21]

在黑勒经常引述的《主权问题》(1920)这一专著中，凯尔森对基础规范的使用仍未发生根本改变。不过他已经严厉反驳菲利克斯·索姆罗(Felix Somló)和其他人，这些人对于如下问题：人们为何应该做出某种特定行为的回答是，因为国民大会就是这样决定的。[22] 凯尔森毫不含糊地指出，这种观点是明显的错误。从议会做了某种决定这一实然事实当中，永远不能得出该意志的内容应该发生。[23] 到此为止，凯尔森所言不错。但是，凯尔森自己提出的本源规范，他的“法律逻辑意义上的宪法”，只是回避了实然/应然的问题，因为他此处——就像在“联邦和州法”一文中那样——尚未给法效力的规范性提供论证。因此，黑勒向凯尔森提出的修辞学问题：“到底谁把法实定化了：是活生生的、历史上的个人意志，还是基础规范？”[24] 就顺理成章了。

后来，凯尔森在其下一部伟大作品《一般国家学》(1925)[25] 中，仍以类似的方式对待基础规范，不过，他在该书的前言中，已经为其读者写下了具有康德主义味道的暗示，他这样写道：

---

[21]〔奥〕凯尔森：“奥地利宪法中的帝国法律与邦法律”，注20，第217页。

[22]〔奥〕汉斯·凯尔森：《主权问题与国际法理论》(Das Problem der Souveränität und die Theorie des Völkerrechts)，1920年，重印于1928年第2版，阿伦1960年，第33页；参见索姆罗：《法学基础理论》，注13，第62页及以下。

[23]〔奥〕凯尔森：《主权问题与国际法理论》，注22，第33页。

[24]〔德〕黑勒：《论主权》，注7，第2卷，第75页。

[25]〔奥〕汉斯·凯尔森：《一般国家学》(Allgemeine Staatslehre)，柏林1925年，第98页以下，第103-106，248-251页。

（他将）“用一个作为经验之条件的先验范畴取代形而上学的预设和假定”。[26]

直到1928年，在其“自然法学说和法实证主义的哲学基础”一文中，凯尔森才为基础规范提供了真正意义上的康德主义解释。[27] 在本文中，他写到，经验性材料得以由法律科学确认为实证法的条件就存在于基础规范当中。为使人们注意此处所言正是康德意义上的先验条件，凯尔森又写道：

---

[26] 凯尔森:《一般国家学》，注25，第Ⅶ页。

[27] 在其于《纯粹法学》(1934)第一版中彻底完成新康德主义转向之前，已有转向苗头的其他作品还包括：汉斯·凯尔森对赫尔曼·黑勒和马克斯·温泽尔(Max Wenzel)在国家法学者年会上所做的题为“帝国宪法中的法律的概念”(Der Begriff des Gesetzes in der Reichsverfassung)的报告所做的评论，载《德国国家法学者协会会刊》(Veröffentlichen der Vereinigung der Deutschen Staatsrechtslehrer)，第3册，1928年，第174页:“如果存在法律科学、法律认知，这就意味着存在这样一种趋势，人们能够以某种方式把‘法’这一最初由大量法的现象和法的要素构成的认知对象，作为一个统一体来把握，也就是从混沌初元塑造出有秩序的宇宙，建构出一个体系。认识某物并把其看作统一体，道理亦同。”进一步可参见汉斯·凯尔森:《法律史对抗法哲学？一个反驳》(Rechtsgeschichte gegen Rechtsphilosophie? Eine Erwiderung)，维也纳1928年，该书共31页，后与其他短篇文章重刊于汉斯·凯尔森:《作为整合的国家及其他论文》(Der Staat als Intergration u.a)，阿伦1971年，重点参阅第23-29页；汉斯·凯尔森:“法律形式主义与纯粹法学”(Juristischer Formalismus und Reine Rechtslehre)，载《法学周刊》(Juristische Wochenschrift)，第58期，1929年，第1723页及以下，特别是第1723页；凯尔森:“唯物主义历史观之下的一般法学理论”，注11，第426页及以下；汉斯·凯尔森:“纯粹法学的方法与基本概念”(Methode und Grundbegriff der Reine Rechtslehre)，载《批评哲学摘登》(Annalen der critische philosophie)，第3卷，1933年，第69页以下；汉斯·凯尔森:“法学与法”(Rechtswissenschaft und Recht)，载《公法杂志》(Zeitschrift für öffentliches Recht)，第3卷，1922～1923年，第103页及以下；汉斯·凯尔森:《社会学与法学的国家概念》(Der soziologische und der juristische Staatsbegriff)(1922年)；重印于1928年第2版，阿伦1962年，第143页及以下，第211页及以下。

> “正如认知过程中的先验定律并非经验规律，而只是所有经验得以构成的条件一样，基础规范本身也并不是实证法律语句，并不是实证法律条文，因为它并不是被制定的，而是被预设的：它是所有实证法律规范得以构成的条件。正如人们并非从先验律当中推演出经验世界，而只是借助于先验律来认识经验世界一样，人们也不能从基础规范当中演绎出实证法，而只是借助于基础规范来认识实证法。”[28]

问题却在于，基础规范如何扮演这种“沟通协调”的角色？当凯尔森自1928年之后再谈论基础规范时，他把它理解为一种“先验论证”的简称。[29] 抽象地说，这种先验论证如下：人们从如下前提出发，①肯定存在某种经验是确证无疑、不可否认的，②为此，就必定存在某种学理原则，若无此原则，前提①所描述的经验就无法成立。既然前提①所描述的经验是事实上存在的，那么，前提②所言的学理原则就必然有效。换言之，这种学理原则是被预设的。这种先验论证具有某种回溯性特征，它展示了经验与其条件之间的一种关系。

这种论证在法律语境下如何适用呢？我们对于人际关系的客观，也即规范性解释——也就是把这些关系解释为法律关系，例如

[28]〔奥〕凯尔森：“自然法学和法实证主义的哲学基础”，注10，第64页及以下（《维也纳法理学派》，注10，第1卷，第338页）。

[29] 此种犹可参见〔英〕斯特劳森（Peter F. Strawson）：《意义的限度——康德的纯粹理性批判的评注》（Die Grenzen des Sinns. Ein Kommentar zu Kants Kritik der reinen Vernunft），柯尼斯坦/陶努斯1981年（原版为英文：The Bounds of Sense. An Essay on Kant's Critique of Pure Reason，伦敦1966年），特别是第I部分标题1，第2-3章。

法律义务、资格、权限等——体现为上文前提①意义上的经验。这样一种经验成立的条件是，必须预设前提②意义上的学理原则，也就是基础规范所体现的先验范畴。使这种经验得以可能的前提条件就是康德在其《纯粹理性批判》的“先验分析论”部分所展示的那种论证。[30] 如威廉·艾本斯坦所言，凯尔森打算通过基础规范学说为法的规范领域赢得统一原则，同理，康德则在先验自我或先验意识当中为自然科学赢得了统一原则。[31] 事实上，凯尔森沿着赫尔曼·柯亨的路径，[32] 已经超出了康德的思考范围。因为作为法哲学家的康德仍然停留在自然法学的轨道当中，[33] 而柯亨，凯尔森和其他人——虽然以各不相同的方式——但都把康德的先验方法运用到自然科学之外的领域。[34]

从其 1928 年文章中勾勒出的这条脉络在 1934 年出版的《纯粹法学》第一版中得到印证。在本书中，凯尔森思想中的新康德主义维度得到完满展现。认知主体“制造”出其认知对象，对象只有被“制造”出来，才能被认知。也就是说，外界事实情状属于自然系

[30]〔德〕康德:《纯粹理性批判》(Kritik der Reinen Vernunft)(1781 年)，第 2 版，里加 1787 年，B 版第 116-169 页；康德:《全集》(Gesammelte Schriften)，普鲁士皇家科学院(Kg.Preuß. Akademie der Wissenschaften)编，第 3 卷，柏林 1904 年，第 99-129 页。

[31]〔德〕威廉·艾本斯坦(William Ebenstein):《作为法哲学流派的纯粹法学》(Die rechtsphilosophische Schule der Reine Rechtslehre)，布拉格 1938 年，第 109 页。

[32]〔德〕赫尔曼·科恩(Hermann Cohen):《纯粹意志伦理学》(Ethik des reinen Willens)(1904 年)，第 2 版，柏林 1907 年；重刊于斯蒂芬·施瓦茨希尔德(Steven S. Schwarzschild)作序的版本，希尔德海姆 1981 年；艾格特·温特(Eggert Winter):《伦理学与法学》(Ethik und Rechtswissenschaft)，柏林 1980 年。

[33]〔奥〕凯尔森，“自然法学和法实证主义的哲学基础”，见注 10，第 76 页(《维也纳法理学派》，见注 10，第 1 卷，第 349 页)。

[34]〔德〕保尔·纳托普(Paul Natrop)，“康德与马堡学派”(Kant und die Marburger Schule)，载《康德研究》(Kant-Studien)，第 17 卷，1912 年，第 193-221 页。

统，还不是法律认知的对象。只有借助于一条规范，事实要件才能获得特定的法律意义，才能获得特定的法律解释，该规范是一种解释图示，借助于它，才能把特定的条件与特定结果，也就是违法后果，连接起来。[35] 这种连接再次展示了一个普遍的先验范畴在法律领域的运用，也即“归责”，由此，“因果律”这个先验范畴在规范语境中被“归责”范畴取代。[36]（法律怀疑论者仍坚守因果范畴，据此，他们把法所调整的人际关系解释为纯粹的权力关系）。[37] 通过这种基础规范学说，“实证法认知一直运用的方法背后的先验逻辑条件”被揭示出来。[38]

总结来说，从规范性所牵涉的问题逻辑中引发出如下问题，人们是否能够在不诉诸自然法理论——它其中内在地包含着规范性要素——的情况下，仍能捍卫法当中的规范性要素。黑勒指出，凯尔森早期作品中与“毫无规范约束的国家意志”等同的基础规范不足以提供规范性所需要的条件。但是，如果人们从康德意义上的先验论证出发，黑勒的批评则站不住脚。借助于这种论证的回溯性质，人们开始把握到规范性的问题逻辑。凯尔森随即指出，这也与事实相符。因为人们体验到的法是某种不可继续回溯的规范性内容，康德式的问题就是：这是如何可能的？对此问题的回答也必须再次诉诸一个事先预设的先验范畴。这个回答绝不同于凯尔森早期作品中认为法规范就是“国家意志的别名”的观点。

[35]〔奥〕汉斯·凯尔森:《纯粹法学》(Reine Rechtslehre)，第一版，莱比锡 / 维也纳 1934 年，第 4 页及以下。
[36]〔奥〕凯尔森:《纯粹法学》，第一版，注 35，第 22 页及以下。
[37] 参见〔奥〕凯尔森:《纯粹法学》，第一版，注 35，第 36 页。
[38]〔奥〕凯尔森:《纯粹法学》，第一版，注 35，第 67 页。

如果我们考察先验论证的具体应用，就能体会到凯尔森的新康德主义转向对黑勒批评的回击力量。因此，我在这里想探讨另一个问题，即逻辑封闭的法律体系，以及从中推演出的解释规则。在这个问题上，凯尔森的立场仍可分成转向之前和转向之后，对其转向之前的立场而言，黑勒的批评非常中肯。然而，由于新康德主义转向，凯尔森根本性地改变了自己的立场。

四、黑勒对于逻辑封闭的法律体系的批评

主流法理学认为，法律体系的统一体乃是“不证自明”的事实，黑勒把这种观点不仅追溯到历史根源——例如，绝对国家及其国家意志的绝对法律效力——而且还追溯到法律理论上的根源，即自然法的概念建构[39]和拉班德的“逻辑法律实证主义”。[40]正如拉班德曾被称为“盖伯确立的德意志帝国国家法的精神遗嘱执行人”一样，[41]黑勒如今把凯尔森的纯粹法学称为“拉班德的片面的遗嘱执行人”。[42]

凯尔森认为法律体系的统一性只是他从所有社会学和伦理学解放出来的规范逻辑学的产品。用他自己的话说：

---

[39]〔德〕黑勒：《论主权》，注7，第2卷，第111页以下。

[40]〔德〕黑勒：“国家学的危机”，注1，第2卷，第15页；黑勒：《论主权》，注7，第2卷，第112页。

[41]〔德〕恩斯特·兰德斯贝格（*Ernst Landsberg*）：《德国法学史》（Geschichte der Deutschen Rechtswissenschaft），第2分卷，第3部分，慕尼黑1910年，第833页；转引自汉斯-约赫姆·科赫（Hans-Joachim Koc）主编：《研讨课：国家法的法学方法》（Seminar: Die juristische Methode im Staatsrecht），美因河畔法兰克福1977年，第61页。

[42]〔德〕黑勒：《论主权》，注7，第2卷，第153，242页。

> “一套规范体系是一套逻辑封闭的规范集合体，对其内在的无矛盾性、统一性，人们可以用一种形象的人类学术语来表达……，即人们可以把所有的规范内容看作由一个单一主体的意愿。”[43]

黑勒认为，在凯尔森的这句话中，包含了所有逻辑实证主义的错误。在黑勒看来，凯尔森混淆了逻辑效力和法律效力，逻辑统一性和法律统一性——导致所有这些错误的原因皆在于，凯尔森试图把法和国家学说从所有“心理—社会学和政治—价值的走私品”中彻底洗脱出来。[44] 人们的确可以对凯尔森提出如下反驳，“洗脱方法”不足以捍卫法律体系的规范要素。黑勒简明而断然地说：凯尔森关于作为封闭逻辑体系的法律体系之统一性的观点，以及支撑这种观点的规范性观念，“在根本上就是错误的”。[45]

然而，如前文所言，黑勒对于凯尔森完成新康德主义转向之后的观点则完全未予关注。 对于凯尔森转向之后的观点与其早期观点的巨大差异，我想通过一个例证来展示。黑勒引述的逻辑封闭的规范集合体的“内在无矛盾性”一语，出自凯尔森1920年的著作《主权问题》当中。[46] 在上引“联邦法与各州法”（1914）一文中，

[43]〔奥〕凯尔森：《主权问题与国际法理论》，注22，第2卷，第114页；转引自黑勒：《论主权》，注7，第2卷，第113页。

[44]〔德〕黑勒：《论主权》，注7，第2卷，第112页及以下；黑勒：“国家学的危机”，注1，第2卷，第16页。

[45]〔德〕黑勒：《论主权》，注7，第2卷，第111页。

[46]〔德〕黑勒：《论主权》，注7，第2卷，第111页。黑勒：《一般国家学》，注6，第3卷，第381页（第1版，参见第266页）；凯尔森：《主权问题与国际法理论》，注22，第2卷，第114页以下。参见注52。

凯尔森更加集中地探讨了这个问题，在该文中，他力图说明，解释规则的运用，尤其是后法优于前法的规则，在逻辑上能够从法律体系的封闭性当中推导出来。凯尔森对于后法优于前法规则的简明阐述如下：

> “一条新规范废止一条与其内容相悖的旧规范，并取而代之规定新的应该遵循的行为模式，这条法律逻辑原则只有在一个统一的规范体系内部才有效。在规范体系内部，新法废止与其内容相悖的旧法这条基本原则是一个调节器，借此，规范体系的逻辑封闭性——这是所有规范认知的基本预设——才能得到保证。在同一个规范体系内部，如果一条规范让人往东，另一条规范却又让人往西，这二者就不能同时生效……普遍逻辑原则要求，判断 A 与判断非 -A 无法共容，规范认知所遵循的特定逻辑原则与此不同，也就是说，并非像逻辑原则所要求的那样，或者逻辑判断 A 或者逻辑判断非 -A 为真，在规范认知当中，只要两个规范属于同一个体系，那么，只能是新规范生效。新规范优于旧规范，而不能相反，这一要求是一个纯粹的逻辑推论，它出于规范的性质以及规范体系统一性的本质。”[47]

凯尔森认为，后法优于前法规则是一个法律逻辑规则——之所以是“法律”规则，因为它只有在一个法律体系内部才能生效，之

[47]〔奥〕凯尔森：“奥地利宪法中的帝国法律与邦法律”，第 206 页以下。

所以是“逻辑”规则，因为该规则的地位类似于矛盾律这条“普遍逻辑原则”。这种类比之所以能够成立，因为后法优于前法规则从规范体系的“统一体本质”中衍生而来。

凯尔森在这篇早期作品中是如何理解“统一体”的？回答此问题的关键在于他关于规范体系的“逻辑封闭性”学说。凯尔森认为，由于体系必须是规范上融贯的，因此，它需要一种所谓的融贯性预设。根据传统观点，一个体系欲获得规范融贯性，必须保证每个规范在任何情况下都能被遵守，且不会在本质上危害到其他规范。从康德的伦理学来看，这种观点众所周知。[48] 但是，很难证明的是，为何恰恰是后法优于前法规则从融贯性预设中推演出来，因为还存在其他可能，也可以满足融贯性预设。

在黑勒所引述的《主权问题》一书中，凯尔森再次提出后法优于前法规则的性质的问题，他提到自己在“联邦法和州法”一文中发展出的立场，但是，他宣称，自己此后想采纳其同事阿道夫·梅克尔的观点。[49] 梅克尔在一篇发表于 1918 年的题为“奥地利的法

[48] 参见〔德〕康德:《道德形而上学之第一部分：法学形而上学原理》(Die Metaphysik der Sitten, 1. Teil: Metaphysische Anfangsgründe der Rechtslehre)(1797 年)，载康德:《全集》，注 30，第 6 卷，1907 年，第 224 页。

[49] 此处论述采自我的论文:“《一般规范理论》构成凯尔森学说的断裂吗？”(Stellt die Allgemeine Theorie der Normen einen Bruch in Kelsens Lehre dar?)，载《科学论辩中的纯粹法学（汉斯·凯尔森学院论丛）》(Die Reine Recheslehre in wissenschaftlicher Diskussion (Schriftreihe des Hans Kelsen Instituts)，第 7 卷，维也纳 1982 年，第 135 页及以下。同时参见〔奥〕罗伯特·瓦尔特（Robert Walter）:《法秩序的层级结构》(Der Aufbau der Rechtsordnung)，第 2 版，维也纳 1974 年，第 57 页及以下；罗伯特·瓦尔特:“法秩序的层级结构学说”(Die Lehre vom Stufenbau der Rechtsordnung)，载《法学年刊》(Archivum Iuridicum Cracoviense)，第 13 卷，1980 年，第 5 页及以下，重点参阅第 9-13 页。

律统一体”的文章中指出，立法者不仅可以自由地保留新法而废止旧法，也同样可以保留旧法而废止新法。[50] 事实上，在一个法律体系中废止效力的规则是否起作用，完全取决于立法者的自由裁量。

> “认为‘后法优于前法’的规则才使得制定法的变动成为可能，这是错误的看法，正确的看法应该恰恰相反，（正是因为法秩序中存在着）变动的可能，才有后法优于前法规则的存在。”[51]

凯尔森接受了梅克尔的观点，虽然在《主权问题》一文中还不太明显，[52] 但是在1925年的《一般国家学》中已经明确提及，在那里，凯尔森彻底提出了关于废止效力规则的实证主义观点——并且再一次引述梅克尔。[53] 此时的凯尔森认为，当出现规范冲突时，根据后法优于前法规则来做出裁断，仅仅是多种可能的处理方式中的一种，而且只是一种在实证法层面才能证立的解决办法。超出这个限度之后，该规则并无普遍效力。“尽管机关之间可能互相冲突，但只要它们的职能最终能够在基础规范的统一性当中得到调和，那

---

[50]〔奥〕阿道夫·梅克尔（*Adolf Merkl*）：“奥地利国家的法律统一性”（Die Rechtseinheit des österreichischen Staate”，载《公法文丛》（Archiv des öffentlichen Rechts），第37卷，1918年，第80页；重刊于《维也纳法理学派》，注10，第1卷，第1133页。比较黑勒：《论主权》，见注7，第2卷，第116页及以下。

[51]〔奥〕梅克尔（Adolf Merkl）：“奥地利国家的法律统一性”，注50，第83页（《维也纳法理学派》，注10，第1卷，第1136页）。

[52]〔奥〕凯尔森：《主权问题与国际法理论》，注22，第115页，注释1。该注解中存在一个时间差，这可以这样解释：凯尔森的该著作虽然在1920年出版，但他早于1916年就已经完稿，在此期间，梅克尔于1918年发表了上述论文，凯尔森随后加上了第115页的注释1；参见凯尔森：《主权问题与国际法理论》，注22，第Ⅷ页。

[53]〔奥〕凯尔森：《一般国家学》，注25，第308，409页。

么，国家意志的统一性就能得到保证。”[54] 这一立场已经完全不同于凯尔森的早期观点，根据其早期观点，后法优于前法规则是统一体即规范体系的封闭性的“纯粹逻辑推论”。[55]

凯尔森接受了梅克尔关于效力废止规则的极端主张之后，就相当于否定了逻辑实证主义，并在解释规则以及后法优于前法规则的问题上迈出了通向新康德主义立场的第一步。朝这个方向的第二步直到 1928 年发表《自然法学说与法实证主义的哲学基础》一文，才最终迈出。[56] 在列举了一系列解释规则，其中包括后法优于前法规则之后，凯尔森写道：

> “（这些规则）大多数都不是实定法律原则，也不是制定法规范，而是法律认知的前提条件，也就是说，它们内含在基础规范的意义当中，基础规范借此保证了实证法规范的统一体，这个统一体虽然不一定必然是一个符合正义的体系，但至少是一个意义融贯的体系，进而，这个规范结合体才能构成一种秩序。”[57]

正像前文讨论的规范性问题一样，在其“基础”一文当中，凯尔森在解释规则问题上做出的新康主义转向同样明确无疑。法规范之间的相互关系展现出一些特定模式；例如，一个高位阶规范授权制定一个低位阶的规范、一个个别规范构成对一个普遍规范的具体化等。不仅是一条法规范的解释问题，而且包括处理——如本文涉

[54]〔奥〕凯尔森：《一般国家学》，注 25，第 308 页。
[55] 参见注 47。
[56] 参见注 10。
[57]〔奥〕凯尔森：“自然法学和法实证主义的哲学基础”，注 10，第 26 页（《维也纳法理学派》，注 10，第 1 卷，第 300 页）注解从略。

及的——两个法规范之间是否相符的问题，都只有在预设解释规则，包括后法优于前法规则的前提下，才能得到解决。假设一个规范冲突事实上已经得到解决。那么，这就意味着，某种解释规则势必在发挥作用，也就是适用于该规范冲突的解释规则势必发挥了作用。如果不存在可适用的解释规则，那么，规范冲突是无法得到解决的。

这种论证是先验论证；[58] 人们从实际存在的经验入手，即相互关联的法规范是意义融贯的，进一步深入到一个学理原则——即解释规则的运用——若无此原则，经验是不可能。无须费心就可以发现，这种关于解释规则的观点——特别是关于后法优于前法的观点——与凯尔森从逻辑封闭的法律体系中推演出后法优于前法规则的早期观点是完全不同的。遗憾的是，黑勒只关注凯尔森的早期演绎性的主张。

五、结　论

我们已经阐明，黑勒的批评并未触及纯粹法学一丝一毫——至少对于凯尔森完成新康德主义转向之后发展出的纯粹法学来说是如此。黑勒经常抱怨德国国家学由于走上逻辑实证主义道路而空洞无物，[59] 例如，他指出，“封闭性这个教条”告诉人们，法律人通过抽象和涵摄就能够发现“唯一‘正确’的解释”，黑勒认为，这完全是“自然法的腐败遗产”。[60] 凯尔森完成新康德主义转向之后，

[58] 参见注 29。

[59] 参见〔德〕黑勒：“国家学的危机”，注 1，第 2 卷，第 15-24 页；黑勒：《论主权》，注 7，第 2 卷，第 111 页及以下；黑勒：《国家学》，注 6，第 3 卷，第 381 页及以下（第 1 版，参见第 266 页及以下）。

[60]〔德〕黑勒：“论当代国家理论与法理论的问题”，注 8，第 2 卷，第 272 页。

说出了类似于黑勒的话。在回击把纯粹法学贬低为“概念法学”的责难时，凯尔森写道，“从法概念中演绎出法规范，这是赤裸裸的自然法学的做法”。[61]

如果凯尔森和黑勒的这种不谋而合之处并非出于偶然，那我们就可以问，两人的理论是否在许多方面是互补的。例如，凯尔森的实效概念是法的效力的必要条件——一个法规范只有在或者被遵守，或者被适用的情况下，才是有效的[62]——这样的实效概念难以让人满意。如果用黑勒的作为行动机构组织的“现实科学”观点来取代凯尔森的实效概念，结果是否会更好呢？[63]如果做出这种尝试，并能够证明黑勒关于实效的观点能够弥补凯尔森理论的缺漏，这才是真正具有建设意义的做法——而不是围绕所谓逻辑主义的无休止争论。

---

[61]〔奥〕凯尔森：“法律形式主义与纯粹法学”，注27，第1724页。参见凯尔森的会议发言，海因里希·特里普（Heinrich Triepel）、汉斯·凯尔森：“宪法法院机制的本质和发展”（Wesen und Entwicklung der Staatsgerichtsbarkeit”，载《德国国家法学者协会会刊》（Veröffentlichungen der Vereinigung der Deutschen Staatsrechtslehrer），第5卷，1929年，第119页及以下；〔奥〕克里斯托弗·穆勒：“组织社会学视野下的凯尔森国家学与马克思主义国家理论”（Hans Kelsens Staatslehre und die marxistische Staatstheorie in organisationssoziologischer Sicht），载《纯粹法学与马克思主义法理论（汉斯·凯尔森学院论丛）》[Reine Rechtslehre und marxistische Rechtstheorie（Schriftenreihe des Hans-Kelsen-Instituts）]，第3卷，维也纳1978年，第194页。

[62] 主要参见〔奥〕汉斯·凯尔森：《纯粹法学》，第二版，维也纳1960年，第220页。

[63] 参见〔德〕黑勒：《国家学》，注6，第3卷，第339页及以下（第1版，则参见第228页及以下）；穆勒：“组织社会学视野下的凯尔森国家学与马克思主义国家理论”，注61，第291页及以下。关于黑勒借鉴汉斯·弗雷耶（Hans Freyer）从而发展出“作为现实科学的社会学”，参见黑勒：《一般国家学》，注6，第3卷，第130页及以下（第1版，参见第37页及以下）；沃夫冈·施拉赫特（Wolfgang Schluchter）：《社会法治国的抉择》（Entscheidung für den sozialen Rechtsstaat）（1968年），第2版，巴登-巴登1983年，第259页以下。

后　记

汉斯·凯尔森（1881 ～ 1973）如何称得上 20 世纪最重要的法学家？这个问题一直纠缠着我。类似的困惑还有拉德布鲁赫有传说中的那么伟大吗？罗伯特·阿列克西是否他所认为的那样，衡量法则是一个可传世的公式？法学理论中真有不朽可言，足以同牛顿的力学原理媲美，可以向爱因斯坦的相对论看齐。更重要的是，法学思想中若果有真理存焉，中国的秩序建构还有什么悬念？

犹记得在阿列克西的法哲学课上，他一再强调凯尔森因发现规范性而在法学殿堂中拥有一个永久的席位，而将凯尔森思想中的规范性以及授权概念提炼出来则是斯坦利·鲍尔森的功劳。他特别在意学生能够明了法学基础理论工作的追求。而一旦持有此种标准，学界中的各种大神立刻露出原形。如对某个非常令人尊重的德国宪法法院的大法官，他也只轻描淡写地给了一个评价“好”，这是只比及格高一个层次的评价。谈起哈特，他则语带尊重。哈特晚年时的自我质疑，所秉持的正是这样一个严苛的标准。2009 年我的博士论文杀青，在德国博士毕业论文交给导师之后，通常的评阅时间都在六个月左右。令人心慰的一个消息是，越是可能得到高分评价的论文审阅的时间越长。苦等半年无果之后，我着手规划一套“德语法学思想译丛”以免浪费光阴。我勾勒了一个庞大的书目，凯尔森的著作由于版权问题没能入选。当我拿给阿列克西过目时，他直言不讳，没有凯尔森的著作，这套书算不上是德语法学思想。

从那时起，我开始重新审视凯尔森。凯尔森的法学思想有一种韵律美，如其研究对象一样，规范而整齐，比如他的金字塔般的规范层级结构。可是，这种美似乎又很不真实，离现实太远。哪有现实迁就理论的道理，理论应该回应现实。魏玛时代的公法四驾马车中，凯尔森的理论最为精致而不中用，其他三人，卡尔·施米特、鲁道夫·斯门德、赫尔曼·黑勒，都有着明确的现实关怀。甚至有人认为，凯尔森的实证主义法理论将道德判断摒弃在法学的大门之外，以至于面对纳粹的上台，法学毫无抵抗之力。然而，如果就此把凯尔森当成一个书斋里的学者，确实有失公允。凯尔森的学术生涯中有三个实践上的高峰，一是创立欧洲大陆第一个宪法法院——奥地利宪法法院，二是培养了一批法学家和政治学家，三是参与"二战"后国际秩序的重建。在理论上，他不仅是提出规范理论的法哲学家，也是最早提出多元民主理论的政治思想家。这些都提醒我，凯尔森定然不会不懂得理论要回应现实，只不过他对理论的作用有着自己的理解。

凯尔森没有受过系统的哲学教育，早在维也纳大学求学期间，也从未被老师看好。改变凯尔森学术命运的是德国海德堡大学之行。在那里，他接触到了新康德主义，黑格尔去世之后立刻兴起的一股复兴康德思想的思潮，海德堡大学是新康德主义的一个思想重镇。康德思想的核心概念是意志自由，这对于失去宗教依靠的人心有着起死回生的作用。康德有自己的法学思想，晚年写就放在《道德形而上学》的第一部分，后世解读者虽多，但影响力有限。康德去世之后，批判者众。康德的物自身将主观性与客观性处于分裂和对抗之中，而他用主观性压制客观性，用形式压制内容，用应当压制现实，加剧了理论与实践的断裂。很快，康德哲学便无人谈起，黑格尔的哲学如日中天。黑格尔用精神的历史展开替代康德的物自身，吸引了一代青年学者，包括青年马克思。可是，有意思的是，黑格尔甫一去世，重新回到康德的呼声四起，新康德主义思潮在各个大学兴起，这一思潮至少有七个学派，海德堡新康德主义是其中最重要的流派之一。为何学者们如此迫不及待地要复兴康德思想。除了政治原因之外，最重要的原因在于康德的主观哲学尚没有充分地历史性展开，人类的内在精神世界的潜能远远没有开发出来。这一点今日方兴未艾的人工智能发展最有说服力。任何时候，面对外部世界，我们都要问："我能知道什么？"这一最基本的追问在法学领域就具体化为，什么是法，对于经验世界中的法律我们能知道什么。这个问题解决不好，法学理论也好，法制实践也罢，所谓的庞大的法律体系，不过是沙滩上的城堡而已。

时在奥地利的年轻的凯尔森还不知道英国的法学家奥斯丁已经写有相关著述。在他看来，对于法的认知工作远远没有展开，法学如何能够摆脱政治的、宗教的以及道德的侵蚀与干扰，让法学轻装上阵，完成自己应该完成的任务，这在欧洲大陆是当务之急。1934 年第一版《纯粹法学》问世，标志着凯尔森法学思想在新康德主义的道路上走向巅峰。纯粹（rein）一词取自康德的《纯粹理性批判》，对康德第一批判的深研，使得凯尔森明确了法学理论研究的主旨，为法学立法，厘定法律的边界，探寻法律背后的内在结构。在这一法律认知的历史征程中，凯尔森发现了法的本质属性——规范性（normativity），这成为法律思想史上的一个界碑。后来者，如伟大的哈特以及他众多杰出的弟子们，都是这一路标的追随者。

国内法学界近三十年来，少有不受这一历史路标的激励，追随在哈特及其弟子的麾下，学术成果蔚为大观。然而，基础理论转化为法制实践的积极成果从非易事，语言分析哲学的概念加上逻辑符号的推演，在大国崛起的伟大实践面前，显得深奥而无力，年轻人好奇术，囫囵吞枣的理解与勤勉的写作成果，更是令阅读者怀疑法哲学莫不是一种故弄玄虚的学问。坊间怀疑论甚嚣尘上，很多学者更喜欢务实的社会学、历史学。凯尔森晚年也曾坦言，当年如果不是对同在奥地利的埃尔里希与他的法社会学大加挞伐，法社会学也不至于花落美国。那么，有能力压过法社会学风头的凯尔森的纯粹法学意义何在呢？

所有法学的首要任务是解决立法者问题。康德的理性哲学并不是将希望寄托在人的理性上，认为人可以替代上帝立法，而是说人的理性有自知之明，在可以认知与不可以认知之间划出边界，这是理性立法的首要工作。如果理性僭越了自己的边界，就是违反了法律，无论是打着理性的旗号，还是满口的仁义道德，都不是真正的立法。凯尔森继承了康德的事业，在法学领域为法学研究立法，用基础规范（Grundnorm）为法学划定边界，用规范效力（validity）来识别法律规范与非法律规范，用规范的层级结构（Stufenbau）揭示法学内在的冲突规则。凯尔森凭一人之力，将法学的科学认知任务基本完成，凯尔森的知名弟子埃里克·沃格林便是看到这一点，转而投身于政治思想史的研究。凯尔森一生著作等身，这些著作代表了一个时代——人定法的时代。在这个时代，法学家的首要任务是为人定法奠基。“开山立派者没有门派。”凯尔森开创了规范法学，却不是单纯的规范法学家，而是现代意义上的伟大的立法者。凯尔森之前，走出宗教阴影的法学研究不过是“白茫茫大地一片真干净”，凯尔森之后，人定法时代的法学研究才有了理论自信。后世的法学研究，不管承认与否，无不站在凯尔森的肩膀之上。当然，正如晚年凯尔森对法社会学的反省，他所开创的规范法学并非法学理论研究的全部内容，也非研究的唯一目标，而是法学研究的基础和原理。只有从凯尔森出发，而又不拘泥于凯尔森，才是对凯尔森贡献的最好理解。

尼采宣告上帝死亡，意味着生活世界从此再不是一个纯天然的世界，而是一个人全面利用理性来规划的世界。我们今日所看到的现实都是人精神世界的映射，精神世界的丰富性和规范性决定了现实世界的秩序状态。凯尔森是一个地道的现代意义上的法学家，现代性这条道路在自然科学方面取得了惊人的成就，法学在凯尔森的努力下也达到了科学的水准。尽管现代性备受质疑，如果没有思想家将现代性演绎到极致，就人性而言，谁又敢冒天下之大不韪改弦更张，走另外一条道路。就此而言，凯尔森是法学寻求科学性这条道路上的一座丰碑，它固然在理性上是有限的，却是一个世纪以来最高水准的，如果说凯尔森错了，不是因为他的理论，而是现代性这条道路需要反思。在这一点上，卡尔·施米特、列奥·施特劳斯以及沃格林等人，与其说他们不满意凯尔森的法学理论，不如说不满意现代性本身。古希腊和罗马以降的文明之路在历史展开意义上也许还有其他可能，若是没有凯尔森的摸索与建构，无论如何都还轮不上这些所谓的其他可能。

有人会说，即便是在康德开创的现代道路上，凯尔森的理论也已经被批判得千疮百孔。此话不假，但不尽然。一方面，此种批判都属于内部批判，如哈特的承认规则实则是对凯尔森的基础规范继承性创新；另一方面，既然是内部批判，凯尔森法学思想大厦作为整体依然坚固。支撑这一大厦的是法的规范性，也即规范效力。法律效力既不等于物理的强制力，也不等于法的实际作用。规范效力的起源要么源自先验理念，要么有其社会来源，无论哪一种，都是纯粹的神的世界与自然世界之外的人的世界。人创造和设定了自己的意义，这种意义的客观化就是法律规范。在人所主导的法律秩序中，自然界的因果律不再直接起作用，起作用的是人法世界的归责律，凯尔森发现了人法世界的运行法则，这些法则构成了任何一个国家实定法律的基础。只要人的世界不坍塌，人的世界需要法秩序，凯尔森的规范性、规范效力、归责律以及规范的金字塔般的层级结构就永久矗立在那里，熠熠生辉。

20世纪是民族国家与市民社会冲突不休的世纪，法与国家的关系是时代主题。已近花甲之年的凯尔森为避纳粹迫害，远渡重洋来到美国，昔时的大牌教授沦为大学里临时聘用的讲师。艰难时局没有动摇凯尔森的法律观，他以《法与国家的一般理论》为书名系统总结了自己的法律思想，用英文介绍给美国的读者。从那个时候开始，欧陆法律哲学在美洲开枝散叶，中国也间受其惠，借助英译本及时地了解到凯尔森的法学思想。2003年，我到德国求学之前，《法与国家的一般理论》(沈宗灵译)已是案头书，虽然未得内中三味，却好过一无所知。当时国内学界全面迻译卡尔·施米特的作品。

我也机缘巧合，接手翻译扬·维尔纳·米勒的《危险的心灵——战后欧洲思潮中的卡尔·施米特》。相比起凯尔森，施米特直指现实的尖锐性和洞察力更令年轻人心动。我一直不理解为何有人称施米特为“知识的冒险者”，冒险意味着超出了知识的边界，没有边界便无所谓冒险。凯尔森所代表的理性法传统正是边界的研究者和设定者，施米特这一类知识的冒险者正是站在凯尔森等人的肩膀上，看到了规范理论的尽头，在开辟新的精神道路上狂飙突进。

凯尔森以高寿而终，临终前仍笔耕不辍，身后留下的是两万多页的文稿，这些文稿在一个多世纪的时间里翻译成数十国文字，百年之间，流芳万国。由于凯尔森的代表性著作多是德语写就，极大地影响了我国对凯尔森法学理论继受的广度与深度。时至今日，凯尔森的著作也才引进两本，而且都是英译而成。决定编选和翻译一部研究凯尔森的权威的学术论文集，虽非常必要，并非明智之举。完成这么一个大部头，若没有众多师友和学生的帮助，断不能有出版的一日。首先要感谢文集各位作者的慷慨授权，特别是斯坦利·鲍尔森教授，在我联系版权不畅的时候，多次伸出援助之手。遗憾的是，有两篇非常经典的论文（[芬]乔治·亨里克·冯·赖特的“实存与应然”以及[意]诺博托·波比奥的“凯尔森与法律权力”）由于作者已逝，虽已译成中文却不得不中途放弃，在此要对两位译者（董静姝和叶一舟）说声抱歉。本文集是一个合作的成果，译文既有德译也有英译，感谢刘刚、王晖、赵真、邬蕾，没有他们的辛苦付出，本文集就无法完成。文章具体分工如下：

罗伯特·阿列克西：汉斯·凯尔森的“应然”概念（董静姝

英译）

马丁·博罗夫斯基：论梅克尔的法律层级学说（王晖　德译）

汉斯·凯尔森：论主权（邬蕾　英译）

罗伯特·阿列克西：论凯尔森的宪法概念（赵真　德译）

汉·马可：法院的规范控制问题——对凯尔森方法的批判（蒋毅　德译）

迪特·格林：论凯尔森的解释学说、宪法法院机制与民主原则之间的关系（刘刚　德译）

斯坦利·鲍尔森：赫尔曼·黑勒对纯粹法学的批判（刘刚　德译）

其余文章由我翻译，全部文章最后由我统稿和校订。从2011年举办纪念凯尔森诞辰130周年纪念至今倏忽已是五年，越是深入中国人的生活实践，越能领悟到基本原理的奠基性意义：万变不离其宗，洞悉基本原理者可得不朽。

张　龑

2016年10月于常青园

图书在版编目（CIP）数据

法治国作为中道：汉斯·凯尔森法哲学与公法学论集／张龑编译．—北京：中国法制出版社，2017．4

ISBN 978-7-5093-8090-1

Ⅰ．①法… Ⅱ．①张… Ⅲ．①凯尔森（Kelsen, Hans 1881—1973）—法学—思想评论—文集 Ⅳ．①D909.712-53

中国版本图书馆 CIP 数据核字（2017）第 030050 号

策划编辑 王雯汀 责任编辑 王雯汀 靳晓婷 封面设计 蒋 怡

法治国作为中道

FAZHIGUO ZUOWEIZHONGDAO

编译／张 龑

经销／新华书店

印刷／三河市紫恒印装有限公司

开本／880 毫米 ×1230 毫米 32 开 印张／15.75 字数／342 千

版次／2017 年 6 月第 1 版 2017 年 6 月第 1 次印刷

中国法制出版社出版

书号 ISBN 978-7-5093-8090-1 定价：49.00 元

北京西单横二条 2 号 值班电话：66026508

邮政编码：100031 传真：66031119

网址：http://www.zgfzs.com **编辑部电话：66060794**

市场营销部电话：66033393 **邮购部电话：66033288**

（如有印装质量问题，请与本社编务印务管理部联系调换。电话：010-66032926）